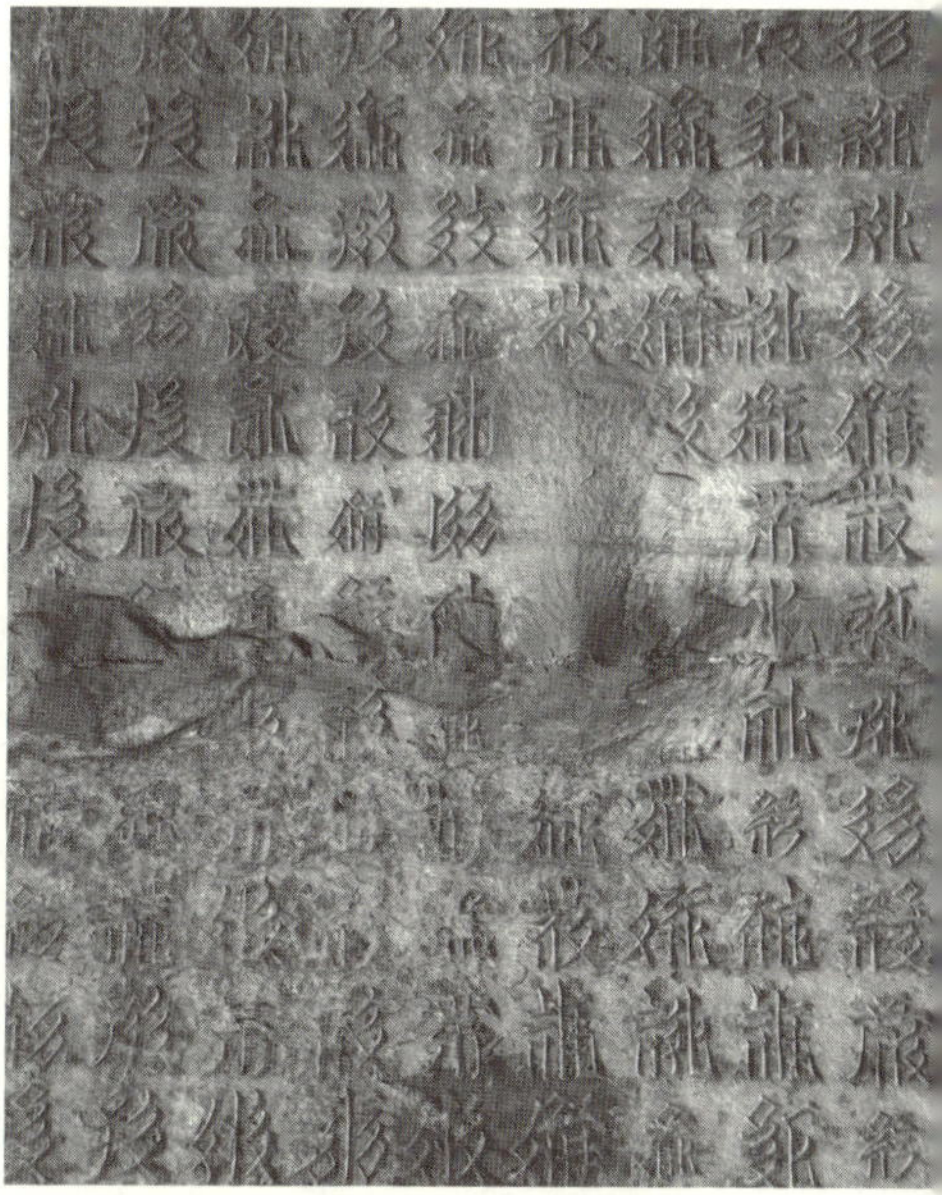

石井知章・緒形康［編］

中国リベラリズムの政治空間

勉誠出版

中国リベラリズムの政治空間

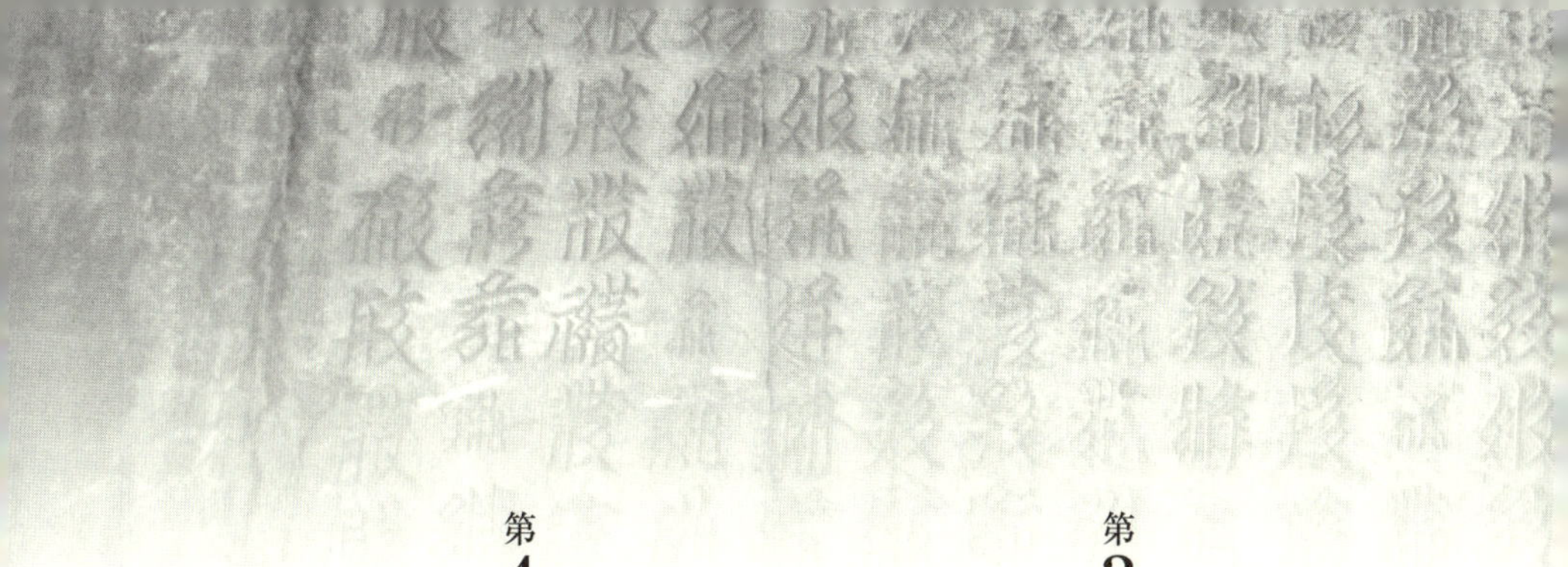

［座談会］

中国のリベラリズムから中国政治を展望する

李偉東・石井知章・緒形康・鈴木賢・及川淳子（通訳）

中国が高度経済成長へと舵を切った一九九二年、「紅二代」と呼ばれる中国共産党の特権階層の間で、権力継承に関する新しいルールが密かに取り決められた。薄熙来、習近平という政治家によって発動されたさまざまなキャンペーンは、中国の「紅い帝国」への変貌を示すものであり、それらとの対決姿勢を強めた中国リベラル派は、今や革命へと急速に回帰している。

一、二十世紀初頭に生まれた中国のリベラリズム

緒形　本日は、李偉東さんをお招きして、中国のリベラリズムの現状を中心に、政治体制改革の可能性や中国政治の今後の進展などについてご紹介いただき、意見交換を行いたいと思います。李さんは、中央政治局常務委員の王岐山が率いる国家体制改革委員会の元メンバーで、国務院が発行する雑誌『中国改革』社長を長く務められました。現在はアメリカを拠点に中国政治をグローバルな視点から論評する言論活動を続けられています。

李偉東　中国のリベラリズムと申しますのは「中国の特色あるリベラリズム」ではありません。社会主義の場合は「中国の特色ある社会主義」ですが、リベラリズムは世界共通です。

中国のリベラル派には、例えば、劉軍寧、アメリカにいる張博樹、清華大学の秦暉、人民大学の張鳴、北京大学の賀衛方、張千帆など多くの著名な学者がいます。また、『炎黄春

リ・ウェイドン――ペンネーム「冬眠熊」。コロンビア大学客員研究員、天下公言文化伝媒研究員、国務院『中国改革』雑誌社元社長。専門は現代中国政治。主な著書に『回到革命：中国大転型前夜的激辯』（共著、香港、溯源書社、二〇一五年）などがある。

すずき・けん――明治大学法学部教授。専門は中国法・台湾法。主な著書に『現代中国相続法の原理』（成文堂、一九九二年）、『中国物権法　条文と解説』（共著、成文堂、二〇〇七年）、『中国にとって法とは何か』（岩波書店、二〇一〇年）、『現代中国法入門』第六版（有斐閣、二〇一二年）などがある。

※他の参加者のプロフィールは、それぞれの論文冒頭を参照。

秋』という雑誌に集う年長者たちもリベラル派です。彼らは私の親しい友人で、私自身もリベラリズムという言論空間の一員です。

リベラリズムは、一九八〇年代に中国の思想界に復活しました。五四運動の時期以来、胡適を中心とする知識人たちがリベラリズムの精神を中国で普及させようと取り組んできました。しかし不幸なことに、一九四九年の赤い革命によって、リベラリズムは徹底的に失われてしまいました。

五四運動当時のリベラリズム、そして現在のリベラリズムは、国際的なリベラリズムと全く同じものです。五四期のリベラリズムは、思想の自由を尊重し、経済活動の自由を強調していました。つまり、個人の自由です。そして、自由を保障するための制度も重視されていました。個人の自由を制限するものは、少なければ少ないほどいいという考え方です。これに対して、第二次世界大戦以降、世界ではリベラリズムから進んだネオ・リベラリズムが盛んになりました。中国でも同様です。

緒形康

二、中国のリベラリズムにおける「左派」「中間派」「右派」

李偉東　中国のリベラル派は、その主張や価値判断に大きな幅があり、「左派」「中間派」「右派」という三つの異なる立場に分かれます。

中国の思想界における「左派」「中間派」「右派」は、国際的な基準と正反対です。リベラリズムや社会民主主義は、中国では「右翼（右派）」と見なされます。中国共産党が「左翼（左派）」だからです。国際的な基準に基づけば、現在の中国共産党は「極右」です。しかし、中国の権力側から見れば、リベラル派が「右翼（右派）」で、権力の側が「左翼（左派）」という具合に、国際的な基準とはまったく逆になります。

習近平政権の発足から三年余り、それまでリベラル派知識人たちは、共産党が主導する政治体制改革を支持していました。穏やかに政治体制改革が行われ、民主や憲政に移行していくのが良いと考えていたのです。

雑誌『炎黄春秋』には、謝韜《シエタオ》というリベラル派の「左派」の代表人物がいました。謝韜を中心とする「左派」の知識人たちは民主社会主義を主張していました。彼らが目指した政治は、北欧の民主社会主義がモデルです。社会民主主義、あるいは民主社会主義を目指すべきだという考え方です。

一方、リベラル派知識人の大多数は、中国共産党の指導については強調しません。将来、党がどうなるか、社会主義制度がどうなるかということよりも、民主を尊重し、人権を保障し、人々の基本的な権利が擁護される憲政民主を主張しています。こうした考え方は、リベラル派の「中間派」です。

李偉東

一九八九年の天安門事件以降、リベラル派知識人の多くは、思想と感情、さらには理論面でも、徐々に「革命」に近づいています。彼らはリベラル派の「右派」で、近年増加しています。彼らは、一九八九年以降の中国では「改革」はすでに死んでしまった、八〇年代のような改革は、中国ではもはやあり得ないと考えています。天安門事件から二十六年が過ぎ、政治改革は大きく後退してしまいました。

「改革はすでに死んだ、近づいているのは革命だ」というのが彼らのスローガンです。

三、習近平政権発足後の中国のリベラリズムの変容

李偉東　では、習近平政権発足後の三年で、中国の思想界にはどのような変化があったでしょうか。

リベラル派の「左派」には、胡星斗や弁護士の陳有西などがいます。民主社会主義を実現するために、憲政を重視し、穏やかに移行していくべきだという主張です。ところが、権力の側は、「憲政」という言葉を禁句にして公然と批判するようになりました。そのため、「左派」が発言する場所はなくなってしまいました。

リベラル派知識人の多くは「中間派」です。彼らも「中国の改革はすでに死んだ」と言っています。しかし、だからといって「革命」なのかと言えば、それは違います。なぜなら、中国ではかつて悲惨な革命の歴史があったからです。「中間派」は、「革命」ではなく「改良」という考え方で、社会変革を促進しようと考えています。

「中間派」の代表人物は、例えば、上海復旦大学の朱学勤、政治評論家の笑蜀、私の元部下で、現在は獄中にいる許志永、同郷の古い友人、王功権などです。「中間派」は中国が抱えている問題について公然と批判しますが、「革命」には反対です。地道な市民（公民）運動[(1)]によって社会変革の道を歩むべきだと考えているのです。彼らが堅持しているのは、いかに革命を回避し、憲政を実現するかという主張で、リベラル派知識人の多くが支持しています。

不幸なことに、彼らのような穏健派も逮捕され、投獄されています。許志永には懲役四年の実刑判決が下されました。彼は政治局中央委員や官僚の資産公開を訴え、街頭でプラカードを掲げる運動をしたところ、公共秩序騒乱罪の容疑で逮捕されたのです。そのような社会運動でも今の中国では逮捕を免れません。リベラル派知識人は革命を回避しようとしていますが、そうした試みは大きな失敗に直面しています。

四、毛沢東式の新しい全体主義

李偉東　中国のリベラル派知識人について、注目すべき書籍をご紹介しましょう。

現在アメリカにいる政治学者の滕彪《トンビアオ》と王天成が、香港で『回到革命――中国大転型前夜的激辯（革命への回帰――中国大転換前夜の激論）』（溯源書社、二〇一五年）と題した論文集を出版しました。滕彪は弁護士で、二〇〇三年に広東省で収容遣送にかかわる行政法規を撤廃しようとする運動がありましたが、その際に許志永と共に活躍した三人の博士のうちの一人で、現在はアメリカ亡命中です。この本には三十名余の論者が寄稿し、「走不通的『紅色帝国之路』」（行き止まりの「紅い帝国の道」）という私の論文も収録されています。

リベラル派知識人たちにとって、中国の現状は苦難に満ちており、今後の打開策も分からない状況です。一方で、現政権に対しては徐々に共通の判断がなされています。

習近平政権の発足当初は、新たな改革者が登場して、新たな改革が始まるのではないかという期待がありました。例えば、「全面的な改革の深化」「全面的な法治」などが提起されています。いずれも、中国の知識人だけでなく一般大衆も長年にわたり期待してきた政策です。しかし、現状について言えば、リベラル派の「右派」の間では「毛沢東式の新たな全体主義」が生まれたという共通認識に至っています。もっとも、公然としかも率直に、「紅い全体主義」「毛沢東式の全体主義」「薄熙来なき薄熙来路線」などと批判する人は非常に少ないです。私と張博樹のほか、恐らく国内外で十人もいないでしょう。

今年の旧正月、私は北京に帰省して様々な分野の知識人と交流しました。そして、現状は「毛沢東式の新たな全体主義」だという分析が、ほぼ共通認識になっていると実感しました。著名な法律家と話をした時も、習近平は「プチ毛沢東」だという結論でした。これも、リベラル派知識人たちの間では、ほぼ共通認識になっています。ただ、分かってはいるけれども、書くことはできず、書いても発表することはできません。

五、中国のリベラリズムにおける「右派」とは何か

緒形　中国のリベラリズムに関して「左派」「中間派」「右派」という三つのグループに即して、毛沢東式の赤い全体主義への対応の現状をお話しいただきました。特に「右派」の人たちが革命へと近づいているというお話しは衝撃的です。そうした動きは、例えば、一九九三年から九四年に出てきた新左派とリベラル派の論争（グローバリズム時代の社会的公正や正義を巡って、それらを妨げる要因を世界金融資本主義に求める新左派と、中国の政治経済体制の変革を重視するリベラル派の間で繰り広げられた論争）における「新左派」の思想とは、どのような関係にあるのでしょうか。また、習近平登場後の三年間のリベラル派の潮流を議論する際に、一九八九年の六四天安門事件以後の思想の連続性を念頭に置く必要があると思うのですが、そうした思想の連続性の中で現代中国のリベラル派を捉えると、どのような姿が見えてくるのかをお尋ねしたいと思います。

李偉東　リベラル派の「右派」が、非常に急進的な革命を主張する自由主義なのかどうかを確認する意味で、右派を代表する急進的な知識人である杭州の温克堅を挙げることができます。もっとも急進的な右派が主張する革命というのがどういうものなのかというと、いわゆるジャスミン革命、エジプトやチュニジアで行われたような革命をイメージしています。共産党が主導する政権を転覆させるというような急進的なものなのです。それに対して、新左派の代表である汪暉は共産党政権を支持している。ここが決定的に違います。汪暉たちは、西側のマルクス主義を当初は批判していましたが、その

ロジックを使って中国の問題を考えるときには中国の政権をかえって擁護するという点に、革命的右派との違いがあるのです。

汪暉は新左派の代表ですけれども、彼が書いたものや言っていることは、本当のところを言いますと、よく分からないんですね。一般の人たちが読んでも分からない。でも、彼が言っていることには二つの注目すべき点があります。

第一に、もともと新左派は西側の資本主義を批判していたのです。ところが、そのロジックによって中国の問題を考える際は、中国の共産党政権が主導する経済体制を、彼らは支持するわけです。だからこそ、新左派は政府や権力の側からは認められ、受け入れられているのです。結果的に言えば、政権のスポークスマンというような役割を新左派が果たしています。

第二の注目すべき点で複雑なのは、資本主義経済に対する評価の仕方です。鄧小平が資本主義を復活させた、悪いことをしたというふうに批判をするわけですけれども、汪暉たち新左派の批判は、毛沢東派の「紅二代」である太子党が資本主義をやっているというのではなくて、リベラリズムを標榜するリベラル派の人たちがその西側の資本主義を中国に引き入れてやっていると言うのです。だから、中国の現状は良くないんだというように、資本主義批判をリベラリズム批判のかたちで提出している。労働者が搾取されてしまうといった問題や市場の問題は全て、リベラリズムのせいで起こったのだというふうな話をします。しかし、実際はどうかと言えば、それらの原因は、権力や権勢を持った「権貴（特権）資本主義」の側にあるのです。

六、現代中国に思想の論争空間はあるのか

緒形　習近平が登場するまでは、思想の論争というような形が見えていたと思います、新左派とかリベラル派というふうにです。ところが、今は、リベラリズムの三つの流派ということを言われましたが、その実体を掴むことさえ難しい。だから、リベラル派が何か問題を出しても誰がそれに答えているのかが分からない。彼らが孤立してしゃべっているというふうな印象しか僕は持てないんですね。もはや、思想論争っていうのは消滅したのではないかと考えるわけです。そうしますと、私たち外国人が中国思想史を書く際に、果たしてどんな角度から書くことができるのか。それについてご意見をお聞きしたいのです。

李偉東　論争の空間が小さくなっている、あるいは論争自体が見えないというご質問ですが、確かにそうだと思います。

特にこの二年来はかつての状況とは違って、その議論の空間、論争自体がはっきり分からなくなっている。では、そういった論争を象徴するような代表的な人物はいないのかといえば、やはりいることはいるわけですね。

たった一人と言ってもいいでしょう。今、アメリカに亡命中ですけれども、張樹博が出版したばかりの書物（『改変中国――六四以来的中国政治思潮（中国の改革――六四天安門事件以後の中国政治思潮）』溯源書社、二〇一五年〔邦訳予定〕）がまさに現代中国の論争を全面的に描写しているんだと思います。張木生や汪暉を批判したり、他にもいろんな人をこの本で批判しているわけです。ただし本書は中国国内では出版できません。海外で、香港で出版されたものですね。残念ながら、ご本人もアメリカにいます。大陸の中での影響というのは、非常に限定的になってしまう。そういうことから見ても、思想の論争空間というのがはっきり外から分からないというのは、全くおっしゃるとおりだと思います。ただ繰り返しますが、中国大陸でも全く何もないというわけではないのです。

「共識網」（http://www.21ccom.net/）というウェブサイトがありますけれども、その公開の空間ではいろんな議論がなされてきました。ただ特に直近の二年間では、このウェブサイトでさえもやはり、発言が難しくなってしまっている。主催者の周志興は、私の親しい友人で、以前は私の文章もそこに掲載してくれたんですね。ですが、私が直接的に習近平の批判をするようになったものですから、「李さん、すみませんけれども、あなたとはちょっと距離を置かなければいけない、あなたの文章は発表できない」というようなことを言われて、今、私の文章はこのウェブサイトで発表をすることはできません。そういったことからも中国国内の言論空間、議論の状況が見えなくなっているというのは、やっぱりあると思います。

「右派」の人たちは発言する空間がなくなってしまった、発言できなくなってしまった。発言するにはあまりにもリスクが大き過ぎるということですね。では新左派の方はどうなんでしょうか。汪暉の名前が先ほどから出ていますが、もう一人劉小楓《リウシアオフォン》という中国人民大学の研究者がいます。もともとはキリスト教研究、神学の研究者で非常に優秀な人だったのですが、彼が最近言っていることは、毛沢東は「国父」であるというような主張です。この二年来、中央電視台で放送されている習近平を囲む座談会にも、彼は登場しています。私たちから見ると、もう完全に御用学者ですね。

それからもう一人、秋風ですが、彼はもとはハイエクの研究者で、中国にハイエクを紹介したという意味では大きな功績がある人ですけれども、最近、儒家思想の研究をしておりまして、古い中国の伝統的な儒教によって現状分析を進めています。その秋風の習近平に対する評価も非常に高いもので、儒教の言葉で「智仁勇」と書くのですが、一人の人物を描写するには最大級の言葉によって習近平を評価しています。

鈴木　変わったっていうことですよね。

李偉東　はい、その人の思想がすっかり変わってしまったっていうことですね。

鈴木　ハイエクで思い出したんですけど、法学者でハイエク研究者の鄧正来という人について、どう評価されますか。

李偉東　亡くなって一年以上たちます。習近平政権が発足してからは特に発言はしていなかったと記憶します。

鈴木賢

七、中国保守主義の群像

李偉東　ある極めて著名なリベラル派の重鎮の話をしたいのですが。彼は自由派、リベラル派というだけではなく、自分は保守主義者でもあるんだと強調しています。保守主義者と自分自身を規定しながら、でもリベラル派として活動している。これが彼の特徴だと思います。だが、私から見れば、彼自身はリベラル派というよりも、むしろ革命派、リベラル派の中でも革命をより支持すると言っていいと思います。中国は革命するしか他に方法はない、中国共産党が主導する改革は、もうどうしようもない、と。私が主張している「紅い帝国」という考えにも彼は賛成してくれています。中国は現在、ポストモダン・ファシズムであるという観点も全く一致しています。革命以外にもう方法がないのであれば、どういう革命をどうしたらいいのかという話を仲間内ではよくしています。

　習近平政権が発足したばかりのごく初期の頃に、習近平は改革派ではないと彼は早くから見通していました。ただ私と違って、彼はそういった文章を発表していません。私ははっきりと言ったり、書いて発表するわけですけれども。習近平政権が発足してすぐの頃に一緒に食事をしたんですね。何人か友人もいました。そこで出た話は、習近平に半年間、時間をあげようと。その間、観察して様子を見ようではないか。半年たったら、私たち知識人の運命というのもはっきり分かるだろうということで、様子を見ようと決めたんです。ただ、期待をしたわけではありません。

半年たって、また彼に会って話をしました。その頃には「七不講（七つのタブー）」〔①普遍的価値、②報道の自由、③市民（公民）社会、④市民（公民）の権利、⑤党の歴史的錯誤、⑥権貴（特権）資産階級、⑦司法の独立、を指す〕というのもすでに出ており、言論に対する引き締めもさらに厳しくなった。知識人たちの運命もはっきりと分かった。もともと彼は習近平に期待をしていなかったわけですけれども、どうしようもないということがその半年間でしっかり分かったわけです。

緒形　秋風がハイエクの思想と儒家の思想を結び付けたことについて、改めてお伺いします。彼によれば、その儒家というのは、中国本土の保守主義ということで、彼は西洋の保守主義とそれを結合させて、新しい現代の保守主義をつくりたいと言います。中国におけるハイエク受容の先駆者は劉軍寧ですが、彼がハイエクに共鳴したわけも、やはり秋風と同じように保守主義を築き上げるもので、私から見れば二人は非常に近いように思えるのですけれども、秋風は既に立場を変えたというふうにおっしゃるのは、どういう点からでしょうか。

李偉東　実は、秋風さんも、私は個人的に非常に親しい友人なんですね。彼がどういう思想の持ち主かということはよく分かっています。先ほど申し上げたようにこの三年で、秋風は、随分と変わってしまった。二つご紹介できるエピソードがあります。

八、現代中国の思潮流派

李偉東　まず、習近平がまだ権力を取る前のことですけれども、茅于軾《マオユーシー》が北京で主催している天則経済研究所で、私が話をする機会がありました。そこで秋風が、非常に私の話を評価してくれました。私がそのときどんな話をしたかというと、中国の現代思潮を十二の流派に分けて分析をしたのです。張博樹は九つに分けていますが、私はこの点では彼と違って十二です。そうした私の考えを非常に評価してくれたんですが、ただ、その後、秋風は随分と変わってしまって、もうすっかり左にいってしまったと思います。

例えば、重慶の薄熙来をどう評価するかについて、北京郊外の香山で議論したことがあります。そのときの印象的なエピソードは、秋風が中国の伝統的な「唐装」といわれる服を着てやってきたことです。彼は儒家とハイエクを合体させて儒家憲政ということを主張し、そのことに全く矛盾を感じていない。リベラル派から見れば、儒家憲政、儒家立憲政治というのは、全く嘲笑すべき対象でしかないのですが。そういった点では、お互いに主張は相容れなくなってしまって、秋風が代表する儒家思想派とリベラル派とは、当時は議論はできたわけですが、今では、もう会うこともなくなってしまった。

第二に、秋風は習近平を今、非常に持ち上げていまして、おべっかを使うような発言をしているわけです。秋風の政治的な態度は、穏健派というふうに言えるとは思いますが、習近平に対する彼の評価は、習近平が中国古来の伝統を復活させ、同時に中国古来の帝国をつくり上げるという、その二つをうまくやっているという論評なわけですね。現政権に対するこのような態度は、中国のかつての伝統的な儒生のような振る舞いだと思います。

石井知章

九、帝国の思想は復活するのか

石井 今、緒形さんの方から中国の国内におけるリベラリズムとかリベラル派の状況について質問がありましたが、私がそれに関連して重要だと思うのは、日本国内の思想的な状況です。かなり複雑な問題で、先ほど李さんは新左派の理論というのは非常に複雑でよく分からないとおっしゃっていますけれども、日本でも同じ問題を抱えているのです。

たとえば、「帝国」論というものが、日本でも最近、たいへんホットな話題になっています。ネオ・マルクス主義に分類されるアントニオ・ネグリやマイケル・ハートが『帝国』（以文社、二〇〇三年）という本を出して、一大ブームをもたらしました。彼らは、グローバリゼーションの進展にともなって形成された新たな主権というものを、「帝国」という形で統合された新たな領域秩序としてとらえ、そうした「帝国」の概念として「帝国」論を再評価したのです。

このような「帝国」の再評価論者の中には、中国や台湾、韓国でも多くの読者を持ち、日本を代表する「進歩的」知識人と目されている柄谷行人氏がおります。彼は最近、中国についても、この「帝国」という概念を適用して、盛んに論じるようになっています。帝国主義的国家からは区別された「帝国」を、伝統中国から呼び起こして、その「帝国」概念を再構成しようというわけです。しかも、そのことを「世界史」として展開することが重要なのだとまで論じています。ここで柄谷氏は、共産党政権の中国というものを、一つの「王朝」に見立てている。私などから見れば、これはまさに「前近代的」帝国に当たるものですが、彼はこれをむしろ「超近代的」、あるいは「脱近代的」なものとしてとらえるのです。

そうした概念を擁護しつつ、世界の社会主義国家が崩壊していった一九八九年以降にも、なぜ中国が今の政権を維持できたのかについて問います。そして彼は、それが「文化大革命の遺産が実質的に残っていたから」だ、というのです(『帝国の構造』青土社、二〇一四年、一七一頁)。さらに、こういうふうにも言っています。「中国に必要なのは、近代資本主義国家に固有の自由民主主義を実現することではなくて、むしろ「帝国」を再構築することです。もし中国に自由民主主義的な体制ができるなら、少数民族が独立するだけではなく、漢族も地域的な諸勢力に分解してしまうでしょう。いかに民主主義的であろうと、そのような事態を招くような政権は民意に支持されない。つまり、天命=民意にもとづく正統性をもちえない。ゆえに、長続きしないでしょう。のみならず、そのような方法をとることは、世界史的な観点から見ても愚かしい」(同、一七一頁)と。

つまり、普遍的価値としての自由や民主主義を擁護するような政治体制が中国に成立したら、「帝国」の秩序がいきなり失われ、少数民族だけでなく、漢民族もすべてばらばらに分裂して、領域国家秩序へと転換する結果、「帝国」の体をなさなくなってしまうだろう、と言っているわけです。だからこそ、かつてのような伝統的な中華帝国というものを改めて再構築すべきだというのが柄谷氏の主張なのです。

こうした考え方に対しては、日本国内で、例えば、子安宣邦という、やはり日本でも中国でも韓国でも影響力のある知識人が厳しい批判を展開して、新たな論争の様相を呈しています。このような帝国論というものは、李さんの立場からどのように捉えることが可能でしょうか。

緒形　柄谷行人氏の中国での反響は巨大なものです。特に若い学生たちへの影響力が大きくて、私のいる神戸大学でも哲学専攻の留学生の何人かが柄谷研究をしています。中国でも翻訳が何冊も出ており、ちょっとしたブームです。

李偉東　柄谷行人氏の思想というのは、中国国内においては、先ほど名前を挙げました劉小楓や汪暉、それから秋風も含めて、彼らに支持されると思いますね。こういった問題をどう考えるのか、一言で言うと、まずちょっと困惑してしまいますよね。つまり、学術的な問題として考えるときに、東洋、あるいは西洋における思想的な問題、古くからある問題に行き当たると思うんです。

現実の政治レベルにどのような影響をもたらすかというのはちょっと置いておいて、この問題を学問的にどう考えるかということですよね。日本では、かつて、明治維新の前後に蘭学というのがありました。蘭学登場以来、日本では西洋のイデオロギーにどう挑戦していくのか、西洋の価値観にどう向き合っていくのかということが、一つの大きなテーマになったと思います。つまり、西洋の歴史に基づく西洋的な哲学であったり価値観であったり、そういったものが、人種も西洋と東洋では違うわけですし、歴史も政治制度も違うわけですから、それにどう向き合うかということは、実は古くからある問題なわけですね。この文明をどう考えるかというのは、アメリカのハンチントンなどが文明の衝突という議論で述べる通り、古くからあり、いまだに解決できていない問題と言っていいでしょう。では、中国の問題をどう考えるのか。中国が非常に急速な発展をしてきた以上、中国の経験は歴史的にも整合性を持っていると言えるのではないかという議論だと思います。

中国というのは、西側の民主制度に基づいて発展を遂げてきたわけではありません。しかし、例えば、インドはどうでしょうか。戦後の日本はどうでしょうか。戦後日本は、民主国家にはなりましたけれども、非常に特異な例だと思います。マッカーサーによる統治があったからこそ民主的になった。もし、それがなく、もともとの伝統に基づいていれば、帝国的な状況に戻っていたかもしれません。インドの内発的近代化というのは、日本とは正反対のモデルと言えると思います。中国の話に戻りますと、中国がどうして急速な発展を遂げてきたのか、その背景に中国の伝統的な帝国の在り方があるからこそ、今、中国が急速に崛起してきたのではないかというような理解がされているんだと思います。

十、なぜ、柄谷行人の考え方は誤っているのか

李偉東　確かにそういった言い方は、全く理に適っていない

とも言えない。ただ、私は個人的には、今のお話というのは、表面的な分析にとどまっているというふうに思えます。その歴史的な過程、それから現在の発展をどう考えるかについて、もっと厳しい評価をしなければいけないと思うんです。

ある西洋の歴史家がこんなふうに言っていました。帝国とはどんな仕組みであるか。これはつまり、国民や民衆が愚かで、その統治をどうするのかというときに最もコストがかからない方法で統治するためには、帝国というのが有用なんだと。東ローマ帝国であれ、西ローマ帝国であれ、あるいはオスマン帝国であれ、その統治が効果的で、コストが安く済むということを考えれば、戦争をするなら戦争をしたで、いかに効果的に勝利を導くかというようなことで、これはヒトラーの第三帝国も同じだったと思いますが、その意味では、帝国というのは非常に有効である。そんなことを言った歴史家がいました。これは確かに、当時はそうだったのかもしれない。ただ第二次世界大戦が終わって以降の国際社会を見れば、これはやっぱり違いますね。

民主、憲政、立憲政治に基づく統治が非常に重視されてきた。そして、国連もそれを重視しているわけです。人類において、かつてのような帝国の時代はもう有効ではない。それに代わって第二次世界大戦後は官僚主義が現れたというのも、やはり、コストの面から一つそう言えるんだと思います。ただコスト、コストと言っていますが、民主政治が帝国の統治よりもコストがかかってしまうと言って、それで終わりというのも、これはちょっと研究が足りない。もっと考えなければいけないと思うんです。コストの面では効率的かもしれませんが、では帝国には問題はないのか。いえ、あります。一番大きいのは腐敗、汚職の問題ですよね。

民主的な統治というのは、今日も議論して、明日も議論してというふうに政策過程のプロセスに非常に時間がかかります。非効率かもしれません。ただし、一度、政策決定がなされれば、「非科学的な後遺症」というふうに申し上げたいのですが、そういったしこりというか、問題が残らない。それが民主政治の良いところだと思います。そういった管理のシステムを築き、そして、世界を平和に導くという意味では、やはり、民主政治というのは非常に重要だと思うわけです。中国は現在もまだ非文明的な、前近代的な統治状態にあります。ですが、徐々に変わってきている。その変化の最中に、再び帝国の在り方とか、帝国の影響を考えるという議論については、私はやはり同意することができません。

その帝国というのが、中国が発展している中で、どのように再考できるかということですけれども、歴史的に見て、ローマ帝国を始めとする帝国は、周辺地域の他者の領土を侵略して拡張をしてきたわけですね。そこに、アメリカのような形の文明統治の形態であるとか、ロシア帝国のようなものが出てきた。また種族主義、人種主義に基づくヒトラーの第三帝国も出てきた。ユダヤ人に対する迫害であるとか、とどまることのない戦争だとか、これも一つの帝国の在り方です。そして、ソ連の「紅い帝国」があります。この「紅い帝国」であるソ連がもたらした災難は、ヒトラーの第三帝国に勝るとも劣らない非常に深刻なものでありました。労働者階級が富農、資本家、地主たちを弾圧して、共産党が天下を取ろうというようなやり方をした。階級闘争をして、敵対的な階級である人々を改造しよう、思想改造にとどまることなく、もう殺してしまえというような極端なやり方も採ったわけです。いずれにしても、この「紅い帝国」は、階級闘争を続け、人を殺し続けてきたことで維持されたという側面があると思います。中国においても、多くの地主がそういった階級闘争の中で弾圧され、殺されてきました。古い歴史的な帝国が新たな帝国に変わっていく中で、その過渡期にある帝国が、人類に多大な被害をもたらしてきたと言えるのだと思います。

十一、毛沢東の「紅い帝国」

李偉東　ヒトラーの第三帝国、そして、ソ連の「紅い帝国」のお話をしましたが、中国の帝国に話を戻しましょう。かつて、毛沢東自身がこのように言いました。「私は、マルクス主義プラス秦の始皇帝だ」と。マルクス主義の上着を着た秦の始皇帝という意味です。毛沢東のユートピア思想の特徴は、まさにそういったところにあったと思います。秦の始皇帝の時代の制度を毛沢東時代に復活させようとしたのです。ただし、秦の始皇帝は、自身を神とは言いませんでしたが、毛沢東は自分のことを神だと考えていた。だからこそ、中国に多くの災難をもたらしたわけです。

習近平の現在の「紅い帝国」はどうでしょう。私は毛沢東が作り上げてきたその帝国の延長線上にあると思います。一九八九年の天安門事件以降、東ヨーロッパの社会主義国家が次々となくなって、そして、中国はどう生き残っていくかということが非常に深刻な問題になった。共産党政権が導く中国にいかに合法性といいますか、正当性を持たせるかということが大きな問題になったわけです。そこで、伝統的な孔子であるとか老子であるとか、そういった儒家の思想が持ち出されてきた。他にも例えば、多大な資源を用いた経済発展、環境破壊ですとか、そういった子どもの世代、孫の世代まで負担をもたらすような発展は良くないのではないかということも議論されてきました。安い労働集約型の労働者を搾取するような、そういった経済発展でいいのかという議論もありました。

十二、習近平の「紅い帝国」

李偉東 習近平の「紅い帝国」は、柄谷氏の高い評価とは裏腹に幾つもの問題を抱えています。第一に、ヒトラーの第三帝国は非常に効率的な統治を行い、内部も団結していたわけですね。外部に対しては、先ほどユダヤ人の迫害とか言いましたけれども、内部はやはり団結して効率的であって、非常によく統治がなされていたんだと思います。それに対し、中国の「紅い帝国」は、そういったヒトラーのやり方を越えることができないと思います。その理由は、強大な官僚主義の存在にあります。官僚主義がもたらす腐敗、汚職の問題ですね。ソ連にしても、中国にしても、そうした官僚主義による腐敗があったからこそ、ヒトラーの第三帝国のような帝国を築きえなかったわけです。

第二に、今の中国は、異なる意見や思想を排除し、排斥し、弾圧するというような、この数十年来、言ってみれば警察国家になってしまったわけです。そうした思想を抑圧・弾圧するやり方は続いていきませんし、社会そのものが全く活力のない社会になってしまいます。

第三に、こういった経済の管理モデルは間違いを起こしてしまう、経済を駄目にしてしまうということがありますね。中国の経済成長率についてはいろいろ語られていますけれども、皆さんご承知のように、この一、二カ月の株式市場の様子を見ても、行政が主導する中国の経済はだんだん駄目になっています。

では、経済がこんなふうに駄目になったとき、どうするのか。そこで呼び起こされるのが愛国主義であり、ナショナリズムなわけです。一九八九年の天安門事件というのは、一種の内戦と言ってもいいでしょう。国内の戦いだけではなく、対外的にも好戦的に戦いを仕掛ける。そういった戦争を引き起こすことによって「紅い帝国」を維持させていくというやり方です。

十三、「紅い帝国」と東洋的な帝国

李偉東 柄谷氏の主張に私が賛成しない理由を申し上げてきましたけれども、やはり、結論として言えば、中国の帝国が新たに勃興してきた帝国というわけではなくて、毛沢東式の帝国の延長線上にあるということから、中国の帝国の特徴をはっきり見定めなければいけないと思うわけです。また、中国が民主的な国になってしまうのは非常に愚かなことで、それでは中国はどんどん分裂してしまうというようなことを柄谷氏が言っているそうですが、私は、その言い方にも同意しません。

なぜかといえば、中華人民共和国が成立してから、これまでの六十六年を見てもいろいろありましたけれども、いいこともやったわけですね。その最たるものが、各地域の軍閥をなくしたことです。中国ではかつて、いろんな地方に軍閥があったからこそ、大混乱があった。その軍閥をなくして漢民族の統治というのを進め、新疆はもちろん、チベットでも、内モンゴルでも問題はあったにもかかわらず、何とかやってこれたのは一つ良かったこととしてあると思います。連邦制などの民主的な形を採用する、それには妥協があるかもしれませんし、どんな形となるかは分からないにしても、中国が民主化を成し遂げていく中で、いかにその混乱を押しとどめ、混乱を最小限のものにしていくか。それを考える上で一つの共通する考え方として、中国国内の左派も、やはり、この問題に関して同じように考えているんだと思います。

鈴木　「紅い帝国」の世界史レベルでの考察をお聞きしましたが、ソ連や中国の「紅い帝国」は東洋的な「紅い帝国」の一類型であるという考え方はできませんでしょうか。

石井　私は、K・A・ウィットフォーゲルというドイツの元コミュニストで、三〇年代にアメリカに亡命した知識人の研究をしていますが、彼の観点もまさに李さんと同じで、ソ連でも中国でも、同じように専制的国家システムがずっと存在してきたと考えている点で、全く一致しています。ただ、彼は「東洋的専制主義（オリエンタル・デスポティズム）」という言葉を使い、「紅い帝国」とは言っておりませんが。

李偉東　これはマルクスの用語ですよね。ちょっと極端な意見かもしれませんけれども、第二次世界大戦の勃発をどう考えるのかという問題が一つあると思うんですね。私は、イギリス、フランスといった国々と、それからドイツ、さらには当時のソ連の間の敵対関係という三極の構造があると考えます。そして、ドイツとソ連が一緒になって第二次世界大戦を発動したというふうに見るわけです。

一九三九年九月一日のポーランド侵攻、その後の北欧侵攻・侵略、これらの結果としてのポーランド大量殺戮（カティンの森事件）から見て、スターリンとヒトラーが一緒に第二次世界大戦を始めたというふうにも考えることができるのではないか。ヒトラーが『我が闘争』の中で書いていることですが、ソ連に侵攻して自分たちの正義を行うんだというのも、名目上は反ファシズムということで言っているんですが、でも、やっていることは、実際はファシズムですよね。この第二次世界大戦の正義がどこにあるのかということが大事で、中国からしてみれば、ここで日本の皆さんにこういう発言をするのはちょっとどうかとも思いますが、しかし歴史の真実として、やはり日本がアジアで、そして中国に対してひどい侵略を行ったことは事実なわけですから、戦争における正義の構造をどう考えるのかということが大事だと思います。

十四、習近平はなぜ「紅い帝国」の道を選択したのか

鈴木　習近平になってから、胡錦濤路線を変更し、毛沢東式の「紅い帝国」に逆戻りするという選択をなぜ進めるに至ったのかについて、どうお考えですか。

李偉東　習近平政権が発足するおよそ半年前のことですけれども、習近平の路線がどのようなものになるのかを巡っていろんな議論がありました。思想界においては、リベラル派の中の左派である張木生ですね。彼の主張が代表的だと思いますけれども、いろんな著作の中で新民主主義というようなことを主張していました。

彼の主張に基づけば、江沢民時代、胡錦濤時代を経て、中国の腐敗というのは、世界で一流のものになってしまったし、経済の状況も悲惨なものになってしまった。中国は問題山積である、国有資産もなくなってしまったし、軍も腐敗している。中国がなぜこんな酷い状態になってしまったかというと、江沢民時代、胡錦濤時代の政治を「紅二代」が担当しなかったからだというふうに考えたわけです。

つまり、江沢民、胡錦濤が統治した二十三年というのは、「紅二代」が彼らに委託をして統治させていた。よくやってくれるかどうかを見ていたんだけれども、その結果は駄目だった。じゃあ、やっぱり、「紅二代」に正当性があるわけだから、自分たちが出てやらなければいけないということで、習近平の時代が来たと言うのです。中国国内が一致団結して西側に対抗し、例えば台湾問題も解決するというような、「紅二代」が誰かに委託するのではなく、「紅二代」自身が、つまり、習近平が政権に就くことで問題を解決しよう。これは、周りがそう考えているだけではなく、習近平自身もそのように考えているんだと思います。だからこそ、今までの路線では駄目だ、路線を変更しなければ、党も駄目になってしまう、国家も駄目になってしまうという大きな危機感があったんだと思います。

十五、「爆弾を抱えながら花束を渡す」

李偉東　張木生は、先ほども述べたように、リベラル派の中の左派なんですね。私とも個人的な交友関係があって、いろいろと話をするわけですけれども、彼の語った言葉で非常に印象的な、そして、よく知られているフレーズがあります。「抱着炸弾撃鼓伝花（爆弾を抱えながら花束を渡す）」というものです。これは、ちょっと背景を説明しなければいけません。中国ではあるゲームがありまして、誰かが太鼓をたたいて、そのリズムに合わせて手にした花束を隣へ、隣へというふうに渡していく。それで、太鼓の音が止まったときに花束を手にしている人が罰ゲームとしてお酒を飲むとか、歌を歌うとか、そういうことをするわけですけれども。張木生がひと言加えたのは、花束を持ってそういうゲームをするんじゃなくて、爆弾を手に持って、その爆弾を隣へ隣へと渡していく。つまり、それだけ危機感があり、リスクもある、そういったゲームをしているようなものだというふうに、張木生が言ったのです。

爆弾を太鼓の音に合わせて隣へ隣へと、つまり、責任を隣に転嫁していくかたちで、江沢民時代から胡錦濤時代へと危険な爆弾が受け渡されてきたわけですね。習近平が考えたのは、引き継いだその爆弾、危険なものを次の世代に引き渡すことはもうできない、自分のところで何とかしなきゃいけない。手渡して、その先、爆発したらいけないわけですから、自分のところで何とかしなければいけない。それがつまり、路線を変更するということなのです。その路線を変更するということについては、習近平政権が発足した際、いろんな人が期待を持っていました。路線を変更するのはいい。では、何をどのように変更するのか、どういう路線に変更するのかというので、私たちリベラル派は、やはり、憲政民主、立憲政治の在り方に変更すべきだと考えたのですが、そうでない路線変更を考えた人たちもいたからこそ、大きな議論になったわけです。

緒形　今言われたことには僕はちょっと異論があるのです。現在から振り返って習近平政権を評価したら、そういう考え方もできるかもしれません。けれども、習近平が四年前に出てきたときは、李克強を総書記候補とする意見があったにもかかわらず、長老がそれに反対したとされています。では、李克強がだめなら、一番目立たない、調整役にふさわしいのは誰かということで、実績のない習近平が選ばれたとも言われています。だから、「紅二世」が爆弾を受け取って自分たちが政権を担うことを最初から構想していたというのは、今から過去を振り返って、過去の行為を正当化する言い方としては分かるけれども、それは真相をどれだけ正確に伝えるものでしょうか。われわれ日本人が一番分からないのは、調整役に過ぎなかった人間が「紅い帝国」への道を進むことを、他の中央政治局常務委員が阻止したり、それと違う意見を言わないのは何故なのかということです。

十六、習近平登場の舞台裏

李偉東　皆さん、外国の研究者が中国のことをよく分からないというのは、全く自然な、当然のことだと思います。やはり、中国の政治というのは、伝統的な宮廷政治です。赤い壁の向こう側でやっている宮廷政治です。

緒形　習近平が「調整人物」ではなかった、もともと大きな力を持っていたというのは確かなことでしょうか。

李偉東　一つエピソードをご紹介したいと思うのですが、天安門事件の後ですね。ある人が、天安門事件が弾圧された後で、鄧小平と話をした。やはり、これからは「紅二代」、つまり自分たちの子弟、自分たちの後の世代の手に中国の政治を取り戻さなければいけない、回復させなければいけないという趣旨の話をした。この話をしたのは誰かといえば、陳雲でした。

鄧小平は、現代中国では国王に例えることができると思います（それとの比較で言えば、毛沢東は皇帝で、習近平は元首です）。いろんな貴族の中から選ばれた一人の国王で、周りにはほとんど同じような貴族、中国で言うと八人の元老、長老たちがいたわけです。陳雲は、その長老の一人でした。その中から選ばれた国王が鄧小平でした。鄧小平は、江沢民を後継者としたわけですけれども、ただ、鄧小平が江沢民を実際に選んだわけではありません。李先念たちが推薦したのです。李先念は上海で静養しており、そこで上海派の江沢民を重用した。ただし、その後、鄧小平は南巡講話を行ったりなどして、もっと改革しなければいけないということを強調したわけです。それがあったからこそ、江沢民もまた改革・開放を続けなければいけないと決意をした。ここまでは表面的な、皆さんよくご存じのことだと思います。

十七、鄧小平は江沢民を失脚させようとしていた

李偉東　こうした一般的に知られていることではなくて、もっと深層レベルのお話をしたいと思うんですが、鄧小平というのは、江沢民に不満を持っていたわけですね。江沢民のやり方に大いに不満を抱いていた。だからこそ、南巡講話を

やって、もっと改革すべきだと強調したわけです。他方で、江沢民を推薦したのは李先念であり、陳雲であり、あともう一人、誰だったかちょっと……。確か李瑞環だったかなと思うんですが、そういった人たちがいた。ただ、その人たちが話をしたときにこんなやり取りがなされました。総書記を四人もやっつけるわけにはいかないだろうと。一人目は華国鋒ですね。それから胡耀邦、趙紫陽と三人も打倒されて、権力の座から下ろされてしまった。四人目の江沢民をまたやっつけてしまうというのは、さすがにやり過ぎで駄目だろう。後で歴史を語るときにとても説明がつかないではないかということで、江沢民に直接話をして、とにかく言うことを聞きなさい、路線を変更して、ちゃんと改革を続けなければ、言うことを聞かなければ、あなたは駄目になっちゃいますよと。言うことを聞くのであれば、引き続き、この権力の座にいても大丈夫ですよ。そんな話をした。じゃあ、その話をしたのが誰だったかというと、曽慶紅だったわけです。九二年のことです。

十八、フィクサー・曽慶紅

李偉東　曽慶紅は、一つは、鄧小平の改革開放を、あなたも尊重しなさいということを江沢民に対して言ったわけですね。

実はもう一つ、曽慶紅が江沢民に語ったことがあります。それは、あなたの総書記続投を支持する代わりに、「紅二代」である私たちの要求をちゃんとのんでくださいという話です。どんな要求かといえば、何々家、何々家というふうに革命世代の名家があるわけですけれども、その家柄、家系から一人は政府の局長レベルの幹部を出し、局長でなければ国営企業の幹部を出すようにしろと。そうやって「紅二代」の利益を保障することを江沢民に約束させたわけです。

陳雲が天下を自分たち「紅二代」の手に戻さなければいけないと考え、それを曽慶紅が江沢民に約束させた。それから十年でどうなったかといえば、各名家の革命世代の家柄から出てきた局長の中の二人が、局長からさらに部長クラスに昇格した。その一人が薄熙来であり、もう一人が習近平であったわけです。

薄熙来というのは、パフォーマンス上手といいますか、非常に表面的なことが目立った人なので、あれでは駄目だろうとなり、薄熙来が駄目なら、では習近平ということで、「紅二代」の利益をいかに守るかという観点から、習近平が後継者に選ばれたのです。ただし、習近平と薄熙来は、その思想についてはほとんど完全に一致していると言えます。習近平が副主席時代にメキシコを訪問した二〇〇九年二月十一日、メキシコ華僑に対して、「有些喫飽了没事幹的外国人，対我們的事情指手画脚，中国一不輸出革命，二不輸出飢餓貧困，三不去折騰，還有什么好説的（腹がいっぱいになって暇になった外国人がわれわれの欠点をあれこれあげつらっているが、中国は革命も輸出せず、飢餓や貧困も輸出せず、外国に悪さもしない。これ以上いいことがあるか）」と述べたのが、その証拠です。

こうして、結果的に選ばれたのが習近平ですけれども、二人の思想は全くタカ派の思想で一致しているわけです。「紅二代」の天下を守るということで共同歩調を取る。ですから、先ほどご質問がありましたけれども、李克強との権力争いだとか、バランサーとしての習近平の登場とかいうことではなくて、曽慶紅が「紅二代」の総代表として、江沢民と話をつけて、「紅二代」の利益を守る、それが彼らの暗黙の了解となっているわけですね。ですから、江沢民派の周永康を汚職事件でやっつけはしましたが、徹底的に最後まで打倒したわけではないですし、ましてや江沢民、さらには曽慶紅にまで手を出すことはできないでしょう。つい先ほどの九月三日の軍事パレードでも天安門上には曽慶紅の姿がありました。

ですから、習近平政権が始まってから彼の思想や作風が突然変わったということではないんです。もともと彼はそういうことを考えて政権に就いたわけです。そして、先ほど、中央政治局常務委員の中にもいろいろな人がいるではないか、なぜ習近平だけが突出しているのかというご質問もありましたけれども、実は、政治局常務委員の中には、「鉄の三角形」が存在しています。トップ、頂点にいるのは習近平です。そして、兪正声と王岐山が両端に就いている。この三人の「紅二代」が構造的に鉄の三角形と言える構造の中で強大な力を持っているわけです。その三人の左側では劉雲山が宣伝イデオロギーを担当し、右側には張高麗が経済を担当している。李克強はと言えば、彼らの中間の、さらにもっと後ろ側にいるという、そういった全体的な構造になっているのです。

十九、リベラル派や中国政治の今後の展望

緒形　リベラル派や中国政治の今後の展望について、簡単にお聞かせ願いますか。

李偉東　リベラル派の思想、そして具体的な政策に関する主張は、この数年来、言っていることが非常にはっきりしてきました。これからの問題は、リベラル派がこの理念をいかに行動に移していくかに掛かっています。もちろんその理論・理念に関する研究も、決して現状に留まるものではありませんけれども、ただ、思想的な準備はもうできているのです。中いかに行動に移していくかということなんだと思います。中

国の民間社会でも、権利擁護を主張する行動派の人々が増えてきました。人権派弁護士もいます。こういったアクションを取る人たちといかに行動を共にしてゆくか。そして、知識人がどのようにそれらの運動の思想的なリーダーとなっていくかが重要なのです。

もちろん、それらのアクションに対する弾圧は、これからもっともっと激しく厳しいものになってゆき、知識人たちの自由も失われてゆくことでしょう。海外に亡命せざるを得ない人も多くなると思います。ただし、リベラル派の力が、それによってなくなってしまうわけではありません。むしろ、民主化を導くプロセスの中でより大きな役割を果たしてゆくでしょう。もっとも、これから直近の十年では、思想的な発展という意味でリベラル派に大きな変化はないかもしれません。しかしながら、大きな変化は思想面ではないとしても、リベラル派の中の行動派と理論派がいかに協力していくか、いかに緊密に結び付いてゆくかということが、まさに中国のこれからの政治の運命を握っていると思います。

緒形　中国においてリベラル派がさらに発展し、現代中国のより良い未来を創造してゆくことをお祈りしております。ありがとうございました。

（二〇一五年九月九日）

注

（1）　中国ではCivil Societyに当たる訳語として、主に「公民社会」、「市民社会」という二つの言葉が並存している。改革開放後、この概念が中国に紹介されてから、当初は「公民」同士によって形成される、国家からは相対的に自由な活動空間として「公民社会」という言葉が使われ、定着していった。だが、この「公民」とは憲法の中でも謳われているように、現在の中国社会のコンテクストにおいて使われており、本来の「市民社会」の概念とは重複しつつも、異なる部分を多く含んでいる。その後九〇年代から二〇〇〇年代にかけて、とりわけ代表的リベラル派である鄧正来らが、ロック、モンテスキュー、マルクス、ウェーバー、さらにウォルツアーへと繋がる、西側における近代的規範性の伴う「市民社会」論を紹介しつつ、これらと中国内在的「公民社会」論とのギャップをめぐって論争をリードしていった（鄧正来『国家与市民社会』上海人民出版社、二〇〇六年、馬長山『国家、市民社会与法治』、商務印書館、二〇〇五年）。しかし、習近平体制以後、中国リベラル派は革命へと回帰しつつあり、「公民社会」から「市民社会」へという新しい戦略を編み出しつつある。ここで語られる「公民」社会には、以上のような思想史的な背景がある。

［総論］

中国政治における支配の正当性をめぐって

緒形康

おがた・やすし――神戸大学アジア総合学術センター長、人文学研究科教授。専門は中国近代思想史。主な著書に『危機のディスクール――中国革命1926～1929』（新評論、一九九六年）、『一九三〇年代の接触空間――ディアスポラの思想と文学』（編著、双文社出版、二〇〇八年）、『アジア・ディアスポラと植民地近代――歴史・文学・思想を架橋する』（編著、勉誠出版、二〇一三年）などがある。

習近平国家主席が語る「中華民族の復興の夢」は、国家を共産党が凌駕するという中国の党国システムをさらに強化し、党の支配の正当性を確立するための装置である。しかし、この装置にはもう一つの含意がある。それは、王岐山が、フランシス・フクヤマなど通じて披瀝した歴史主義に基づく長期的な政治プログラムである。反腐敗キャンペーンは歴史を踏まえながら遂行される全面的改革なのである。

一、中米会談は失敗したのか

九月の米中首脳会談が共同声明が出せなかったことで、習近平外交は失敗であったという論評が数多くなされている。南シナ海と人権問題を巡る対立では共通認識を得られず、わずかにサイバー攻撃への対応に関する閣僚級協議の枠組みの新設と、気候変動に関する声明を出すだけに終わったのは、江沢民、胡錦濤の過去の訪米成果と比べて確かに見劣りがする。けれども、新華社配信の「国事訪問に関する中国側の成果の詳細」が述べる「新しい形の大国関係」については、国事訪問後に急ピッチでその実現に向けた動きが加速しているようである。

日本の報道は全く注目していないが、九月二十八日、ニューヨークで開催中の国連創設七十周年記念行事の合間をぬって習近平とギリシャのチプラス首相との会談が行われた。『人民日報』によれば、習は、二〇一六年の両国の戦略的互恵関係締結十周年を機に、政府・議会・政党の交流を深め、留学生派遣など人材交流を促進し、海洋協力プラットフォームを利用して、海洋開発・海洋利用・海洋保護の協力を進めることを提案した。チプラスも、両国の貿易、農業、航空、金融、投資、海洋関係の協力拡大を通じて、新シルクロード（一帯一路）構想に参加し、EU難民問題の解決を図りたいと応じた。

チプラスがここで新シルクロード構想に言及したのは偶然ではない。ギリシャ最大の港湾であるピレウス港には中国コスコ・グループのコンテナターミナルがある。今年七月にギリシヤ債務危機が発生し、EUユーロ圏からの離脱が現実味を帯びたころ、新シルクロード構想の終着駅とされるピレウス港を管理することで、中国がギリシャを自国の経済圏に取り込むのではないかという憶測が広く流布したのは記憶に新しい。ギリシャの危機が去ってそうした懸念は消え去ったかに見えたが、難民問題に決定的な決め手を欠くEUを尻目に、中国はギリシャへの働きかけを水面下で継続しているようである。

新シルクロード構想は、二〇一三年九月に習がタジキスタンを訪問した際に語った「シルクロード経済ベルト」と、同年十月にインドネシアの国会演説で提示した「二一世紀海上シルクロード」を統合して、一三年十一月開催の中共十八期三中全会において党の正式の政策として提出されたものである。それは、二〇一〇年に世界第二の経済大国となってからの、中国の国際関係におけるプレゼンスの変化に対応した外交戦略であり、アメリカのアジア太平洋への「リバランス」政策と日本の安全保障政策の転換を見据えながら、それに対抗する国際戦略だった。

ユーラシア大陸の多くの国々が、戦前は欧米と日本の帝国主義に蹂躙され、戦後もこれら先進国による経済援助という名の形を変えた新植民地主義によって自国の産業の健全な発展が阻害されたという考え方に立って、習は「和諧、和睦、平和」を中心内容とした、これまでの覇権主義に反対する新しいアジア安全保障概念を提唱した。しかし、世界人口の六三パーセント、世界GDPの二九パーセントを占める「一帯一路」地域の安全保障は、アメリカ、ロシア、日本、インドなどの周辺の国々を牽制する目的と、アメリカが構想するTPP経済圏に対抗する意味を持たされている。

新しい形の大国関係は、これより先の一三年六月、パームスプリングスで行われた米中首脳会談で初めて提出された。習はこのとき、太平洋の西半分における中国の権利を主張した。けれども、この新しい形の大国関係については、一三年十一月の防空識別圏の設置以来、アメリカは一切それに同調する発言を行っていない。

新シルクロード構想がアジアインフラ銀行（ＡＩＩＢ）構想と一体化されて、鉄道・港湾・電気などのインフラ整備に重点を置き、人民元の国際化戦略を内包した世界外交戦略へ変化するのは、一四年十一月の北京ＡＰＥＣにおいてである。この北京ＡＰＥＣで採択された「北京反腐敗宣言」は、中国が当該地域において反腐敗の主導権を握ることをはっきりと宣言したものであり、「中国が国際ゲームの規則を書き改める開始」（十一月八日人民日報社説）となった。

さて、習がチプラスと会談した明くる九月二十九日、中国はインドネシア高速鉄道の受注を巡って、日本を退け、鉄道建設の認可を獲得した。これによって、中国から中央アジアを経てギリシャ地中海に至る「陸路」と、中国沿岸からマレー海峡、インド洋を経て中東・紅海に至る「海路」が高速鉄道で連結されることになった。四月の「シルクロード基金」によるパキスタン水力発電事業への投資、九月のトルコ・イスタンブール埠頭会社の「中投海外直接投資」による買収に続き、新シルクロード構想が本格的に作動を始めた象徴的な出来事であった。

共同声明こそ出せなかったものの、中国が、新シルクロード構想を具体化する中から「新しい形の大国関係」をつくり始めたことは明らかである。「新しい形の大国関係」は「太平洋」の覇権をアメリカから取り戻すことを、そもそもの主旨としていた。それは、一九四五年以後の戦後国際レジーム（ヤルタ体制）において、太平洋をアメリカが、ユーラシアを旧ソ連がそれぞれ管理するという外交関係の原則に対する根本的な異議申立てであると言える。新シルクロード構想は、東に向かう前にまず西を目指すことで、間接的にアメリカの世界覇権に圧力を加えていると考えることもできる。それによって、習は搦め手から「新しい形の大国関係」が主張する太平洋の管理という目標に近づこうとしている。アメリカ国事訪問直後に急ピッチで進められる外交政策は、習政権による新しい形の大国関係への不退転の決意を示すものなのだ。

二、党国システム――新しい形の大国関係の背後にあるもの

既存の国際レジームへの参加者からその主導者になろうという中国の野心をオバマは理解できなかった。いや、この言い方は酷かもしれない。彼はもちろん、中国がゲームの新参者の立場に満足せず、ゲームそのものを支配しようという野心をもっていることは十分に承知している。しかし、彼の理解を越えていたのは、彼が相手にしている国家が、普通の意

味での民族国家（ネイション・ステイト）には当てはまらないことである。張博樹は『中国を改革する――六四天安門事件以来の中国政治思潮（改変中国――六四以来中国政治思潮）』（溯源書社、二〇一五年）の中で面白い例を引いている。

劉亜州と言えば、人民解放軍の国防大学政治委員であり、劉源（劉少奇の子息）と並ぶ軍隊最右翼の対米強硬派の将軍である。一四年十一月、彼は公の場において、「中国はアメリカを敵とはせず、アメリカと肩を並べて未来へ向かい、世界人民に幸福をもたらしたいと思う。中米両国は世界の経済成長への貢献がもっとも大きく、太平洋は十分に広大であるから、二つの大国を包容するに足るものである」と述べた。ところが、同じ時期、彼は「声なき対決（較量無声）」というう解放軍内部宣伝用のドキュメント番組のディレクターを担当し、そこで、次のようなナレーションを記しているのである。

中国が民族の偉大な復興を実現する過程には、アメリカの覇権システムとの絶えざる摩擦と闘争が伴っており、これは人間の意志では動かせない世紀の対決なのだ。

張博樹によれば、このナレーションこそ劉亜州の本音である。つまり、米中関係とは「伝統的な大国」と「新しい形の大国」の間の関係では決してない。二つの異なる民族国家として、最大の先進国と最大の発展途上国が対峙する一方で、二つの異なる政体として、憲政民主主義国家と一党独裁国家である「党国」が対峙しているという両義性が、米中関係には存在する。オバマに見えないのは、この後者の「党国」という政体の側面にほかならない。

ここで言及される「党国」という言葉には説明が必要であろう。中国の国営中央テレビでは、政治ニュースの中で「中央、国務院」という表現がしばしば出てくる。「中央」とは中国共産党中央委員会の略称であり、国務院は日本であれば行政の最高機関である内閣に相当する。私たちの感覚では、内閣は、政党の上位機関であるはずだ。しかし、中国にこの常識は通用しない。中国共産党はたんなる政党ではない。国家（国務院）に優先し、それを超える存在なのである。五年に一度の共産党大会で決まった党内序列に基づき、閣僚ポストが決定されるというルールも、その延長上にある。張博樹の説明によれば、

党が第一義であり、国はかえって党に従属する。しかしながら、中国の事情の複雑さはまさに、抽象的なレベルでは「民族国家」と「党国」を分離して、それぞれを定義付け、分析できるのだが、現実においては、「党国」は「民族国家」と緊密に結びつき、内政においても、外交においても「党の主張が法律を通じて国家意志へと昇

華される」ことで、内政の場合では、党の存在があからさまで少しも隠されていないのに、外交の場合は、党は一般には背後に退き、「民族国家」に主役を演じさせていることにある。

ここから、国家権力が、国家そのものではなく、中国共産党の支配の正当性に根拠付けられるという論理が登場する。三〇年の経済成長で得られた強大な国力によって、「紅二代」の指導集団は「韜光養晦（光を隠して外に現さない）」という鄧小平の国策を改め、国際舞台と対外関係の分野で強さを示し始めるようになった。これは、党国スタイルの「新国家主義」である。「新国家主義」は伝統的な意味におけるナショナリズムと違って、その解釈には次のような三つの意味が含まれる。ナショナリズムのレベルでは、まさに「勃興」する大国の社会ダーウィニズムの表れであり、民族の記憶のレベルでは、党国が宣伝に努めてきた、輝ける過去をもちながら近代になって列強の屈辱を被った古き民族の「復興」の壮挙であり、党国政治のレベルでは、党国システムと党国政権の正当性を確立し、強化する新しい機能、新しい支点である。党国の実際の論理においては、先の二つは必ずや第三のレベルに従属し、かつ第三のレベルへと帰着するのである。

習近平が目指す「中華民族の復興の夢」は、たんなる「チャイナ・ドリーム」ではなかった。復興の夢は、党国システムの「正当性」を確立し、それを強化するベクトルを有しているのだ。オバマの中国関与政策が挫折を余儀なくされるのは、民族国家の相互承認という国際関係のゲームが、中国を交渉の相手とする限り、党国システムの際限なき強化をもたらすほかはない点にある。

さらに言えば、愛国主義や戦争責任を巡る言説が党国システムを強化するメカニズムへと回収されるものである以上、新しい形の大国関係は、ここにおいて超国家主義的なイデオロギーへと転換される。中国が構築しようとしている国際レジームに対抗するには、この党国システムを制御する論理が必要なのである。だが、現状における米中をゲームの主役とする国際レジームは、中国の党国システムを追認する機能しか果たせない状況にある。

にもかかわらず、この世界中に拡散しつつある党国システムも、決して万能ではなく、自らの足元にアキレス腱をもっていることを忘れてはならない。党国システムを支える中国国内の勢力が今や大きく二分される趨勢にある現状が、このアキレス腱である。左翼陣営において、毛沢東思想を奉じる左派原理主義者から、窮乏マルクス主義者と名付けるべき一大勢力が分離しつつあるのだ。その中心勢力は青少年貧困層、そして農民である。

何清漣が世界銀行の統計資料から算出したところでは、中国で一日当りの消費が一ドル以下の人口は三億人、アジア開発銀行の基準で中の下レベル（一日当りの平均消費二ドル）三・〇三億人を合わせて中国の貧困層は総人口の過半を占める。そのうち失業者は三・三億人（前総理の温家宝がChina Development Forumm 2010で語った二億人の失業者と最近の外貨流出に伴う新たな失業者一・二四億人）にのぼる。低く見積もっても、中国の社会最下層者（貧困人口と半貧困人口を合わせた者）は総人口の六〇パーセントを上回る。

さらに、中国社会科学院の新メディアに関する調査（「中国新媒体発展報告No.6（二〇一五）」）によれば、低学歴・低年齢・低収入という「三低集団」に占める青少年（十〜三十九歳）の割合は七八・六九パーセント、そのうち、二十〜二十九歳で微博（中国版ブログ）を使用するのは八八六九・七万人であると言われる。彼らの学歴を精査すれば、さらに衝撃的な事実が得られる。高級中学（日本の高校に当たる）以下の微博使用者は、その中の七〇パーセントにのぼっている。収入面で見ると、微博使用者の平均収入はさらに低く、月収五〇〇〇元（日本円で二万円弱）以上の微博使用者はわずかに九・九三パーセントであり、中でも無収入の層が最多で八八九八・七万人を数えるのである（何清漣「「革命」という靴の片一方は落ちてしまった（〝革命〟的一只鞋已経落地）」（1）（2）『美国之声』(http://www.voachinese.com/) 2015.6.28-29.）。

学歴が高級中学以下であるということは、彼らが学校教育においてマルクス・レーニン主義・毛沢東思想・鄧小平理論・三つの代表論といった中国共産党の宣伝理論の学習経験しかないことを意味する。つまり、彼らは現代中国の「党国システム」の申し子であり、その完璧な洗脳者にほかならない。しかし、微博を通じて、彼ら青少年層は、中国共産党の特権階級と富裕層の存在を目の当たりにし、自らの経済格差という厳しい現実を知るに至る。彼らは、そのとき、自分が生きている現実の不条理に直面することになる。現代中国の洗脳者が、このシステムの最大の被害者にほかならないという不条理に。

このような現実の中で、党国システムの「正当性」はどのように担保されるのだろうか。あるいは、どのように担保することが目指されているのだろうか。

三、二つの正当性

張博樹は、現代中国におけるナショナリズムや民族の記憶が党国システムの「正当性」に帰着するメカニズムを語っていた。だが、この党国システムを支える陣営が、毛沢東主義者と窮乏マルクス主義者（貧困青少年と農民）に分裂しつつある現在、この「正当性」も二つに分裂せざるを得ない状況が生まれているのである。具体的に言えば、それは、中国革命後の七十年の歴史において、前半の三十年の毛沢東時代を評価するのか、後半の三十年の改革開放時代を評価するのかという分裂となって表れているのである。

毛沢東時代の三十年を評価する社会運動が「重慶モデル」キャンペーンとして二〇〇〇年代後半の中国を席巻したことは良く知られていよう。この運動を先導し民衆の熱狂的な喝采を浴びた薄熙来はすでに失脚したが、この「重慶モデル」に対する民衆の郷愁は今だに根強いものがある。現総書記の習近平自身がこの運動の積極的な擁護者であったのは紛れもない事実である。薄熙来の政治的失脚は「重慶モデル」の消滅を意味するものではない。現代中国は「重慶モデル」のレールの上を今も走っていると言って良い。

「重慶モデル」は、「唱紅打黒（革命歌を歌い、犯罪組織を検挙する運動）」の異名を持つ通り、現代中国の大きな社会問題である貧富の巨大な格差を問題視し、「弱勢群体」と呼ばれる社会的弱者に寄り添いながら、毛沢東の大衆路線を復活させ、社会の基層組織から現状打破の運動を引き起こすことを目指すものであった。「重慶モデル」を支持したのは、貧困青少年や農民を代表者とする窮乏マルクス主義者であった。毛沢東主義を奉ずる原理主義者がそれに続いた。アメリカなど海外新左翼も「重慶モデル」をグローバリズムにおける金融資本の偏在を解消する可能性を持つ運動と賞賛し、社会変革における第三の道をこの中に見出そうとした。中国の毛沢東主義者と海外新左翼が「重慶モデル」に新しい革命の可能性を探ろうとした記録として重要なのは、フィリップ・ホアン（黄宗智）が中心となって行った現代中国の支配の正当性に関する連続討論である。

フィリップ・ホアンはＵＣＬＡの中国史の専門家としてアジア研究を代表する学者であり、現在は中国人民大学農業・農村発展学院に在籍している。「中国と欧米の専門家の対話」は、アメリカの中国誌*Modern China*に掲載されたものを加筆修正の上、広州市社会科学院が発行する『開放時代』に二〇〇八年から十二年にかけて七回にわたって掲載された。各号の「対話」のテーマは次の通りである。

第一回「中国国家の性質」(二〇〇八年第二期)
第二回「中国の改革の行方」(二〇〇九年第七期)
第三回「憲政、改革と中国国家システム」(二〇〇九年第一二期)
第四回「重慶の新しい実験」(二〇一一年第九期)
第五回「中国式の〝社会主義市場経済〟?」(二〇一二年第九期)
第六回「中国の経済計画システム、プロセス、メカニズム」(二〇一三年第六期)
第七回「中国政治システムにおける正当性の基礎の起源と行方」(二〇一四年第二期)

ホアンはM・ヴェーバーが仮定した国家と社会の二分法を退け、中国の行政権力が自らのプラクティスを通じて国家と社会を調整する「第三の領域」に注目した。そこでは、社区が推薦し国家が承認した準官僚が紛争解決に従事している。国家は非常事態が起こらない限り、この紛争解決に直接介入することはない。このような「準公式的な統治」は、中国共産党の編み出したプラクシスであると同時に、過去の帝国の地方行政の伝統を受け継ぐものである。汪暉によれば、この「準公式的な統治」は、大清帝国から中華民国を経由し人民共和国に至る近代の歴史過程の全てに貫通している。帝国を否定して近代的な民族国家が生まれたという近代化論はここでは通用しない。そこにあるのは、多民族統一というイデオロギーの連続性(反近代という近代性)だった(以上、第一回の対話)。

憲政における「準公式的な統治」の表れは、強成功によれば、党権・軍権・政権の三位一体のシステムが、憲法の暗黙の慣例として、つまり「非成文化」されたプラクシスとして組み込まれていることだ。しかし、リン・ホワイトが批判するように、中国における権力のプラクシスの実態は、成文化されるか否かという点に関わるものではない。権力のプラクシスが常に憲政システムの外側で行使されながら、それを誰もチェックできないことが問題なのだ。また周雪光は、二〇〇八年以後の世界金融危機への対応で示された中国経済の優勢が、農村の「非正規経済」を通じて得た初期投資を上回る利潤を産業資本の拡大に結びつけた点にあったと述べる。しかし、ホアンが言う通り、中国農村の貧窮化と深刻な環境破壊を生み出したのは、まさにこの経済の奇跡であった(以上、第二回の対話)。

三十年来の改革開放において、国家と社会を調整する新しいプラクシス(「第三の領域」)が生み出されたのは事実である。だが、その一方で、医療・教育・福祉などの公共サービスの健全な向上はみられず、農民工やレイオフ労働者の待遇改善が急務となっている。ここでも新古典派経済学のパラダイムである市場と私有化モデルは破綻している。フライブルグ学派が提唱する「秩序自由主義（ordoliberalism）」を参照する必要がある。現代中国の経済政策に見られる「試行的な調整（experimental thikering）」と「プロセスの優位性」を踏まえながら、新古典派経済学を越える新たな経済プラクシスの探求が必要なのである（以上、第三回の対話）。

薄熙来が進める重慶の実験（重慶モデル）は、このような新しい経済プラクシスの探求として注目されるべきものである。第一に、重慶モデルは、土地交易所を通じて、野放図で無計画な農村耕地の転売を抑制し、それらを都市の建設用池の地価と連動させ、農民工に公共住宅を提供し、都市戸籍への転換を図った。その結果、農村耕地は増大したのみならず、その地価も合理的な範囲で上昇したのである。第二に、公有資産の市場収益を株式化し、所得税控除の対象とすることで、重慶の国有資産と財政出動の間に理想的な相互循環を生み出した。第三に、薄熙来の指示により、行政幹部のほとんど全てが基層組織の調査に赴き、基層社会の実情を理解し、貧困や福祉の具体的問題点を解決する手掛かりを得た。崔之元は、現代中国に文化大革命時代の諸制度を復活すべきことを説くアメリカ在住の毛沢東主義者である。彼は、薄熙来のこの指示を、イタリアのマルクス主義者であるグラムシがかつて試みたような、「支配権（domination）」ではない「覇権（hegemony）」の表明であると高く評価した（以上、第四回の対話）。

崔之元がこの文章を『開放時代』に発表したのは、二〇一一年九月のことである。重慶市の公安局長であった王立軍がアメリカ大使館に身柄の保護を求めて駆け込み、薄熙来夫人によるヘイウッド殺害などの事実が次々と明るみに出始めるのは明くる一二年二月のことであった。

薄熙来事件の混乱の中で、『開放時代』の共同討議は中断された。それが再開するのは、一年後の一二年九月である。社会主義市場経済を再検討するこの対話において、重慶モデルの積極的な賛同者であったイヴァン・シュレジェンスキーは、このモデルの持続可能性について疑義を表明した。このモデルは「(すでに罷免された）特別な指導者」との結び付きがあまりにも強く、その理念は崇高だが、確固とした制度的な基盤を欠いていると言うのである（以上、第五回の対話）。ホアンも、中国はいまだ「計画経済」の世界を脱していないのではないかと主張し始めた。かつての指令的な計画が指導的な計画に変化したのは確かである。その意味で「計画」という言葉は、中国語の「規画」(planning)と表現する方がより相応しい。けれども、現代中国がコントロール型の政府からサービス型の政府に転換したかについては検討の余地がある(以上、第六回の対話)。

二〇〇八年から続けられた対話の最終回(第七回)は、中国政治システムの支配の正当性を巡る討議であった。遺憾ながら、重慶モデルを取り巻く状況の変化を真摯に再考した形跡はここには全くというほど見られない。ラリー・ベイカーは、強成功の「非成文化された」憲政プラクシス、すなわち憲法を超越する中国共産党の「主権性権力」に立ち返り、立法・行政・司法の分権システムではない、実体憲法(中国共産党党章)と手続憲法(中華人民共和国憲法)の二元構造が、中国政治における支配の正当性を保障するものであると述べた。これは、党国システムの再確認であり、国際レジームにおける民族国家の機制を乗り越える決意を改めて語ったものであると言えよう。また汪暉は、文化大革命の政治性が去勢されて、人民を真に表象する政治システムが機能不全に陥ってしまったことを強調した。汪暉のこの「脱政治化」の主張は、改革開放時代の三十年を、毛沢東時代の三十年によって超克するという、党国システム論者のモチーフをこの上なく明瞭に示したものである。彼の議論にかかれば、憲法や法律などは党の大衆路線を前にしては一片の価値さえ持たないものとなる。

薄熙来事件は、これらの論者の思考にほとんど影響を与えることはなかった。そして、これは、重慶モデルの支持者である習近平にも通じる姿勢であった。

四、トクヴィルの影

薄熙来事件は、中国の毛沢東主義者と海外新左翼に、党国システムの再検討を促すものとはならなかったと書いた。そして、党による支配の正当性に関する習近平の確信も微動だにするものではなかったことにも触れた。窮乏マルクス主義者の立場からグローバリズムを批判し、毛沢東時代の三十年を復活させることで、彼らは、貧富の格差、環境破壊、福祉制度の崩壊といった現代中国が直面する諸問題を解決しようと考えているに違いない。けれども、窮乏マルクス主義者が、その窮状を放置する党に対する懐疑と批判を強め、革命へと近づいている現実に、彼らが気付いていないはずはない。そうした新たな革命への志向が、彼らの信じる支配の正当性を根底から揺るがす危険性に無自覚のはずはない。

実際、習近平における支配の正当性には二つのものがある。正当性の根拠を党国システムに求める一方で、習は、もう一つの正当性について密かにメッセージを発し続けている。彼自身が、ではない。十八回党大会で選出された政治局常務委員のうち、彼がもっとも信頼を寄せる一人の人物を通じて、そのメッセージを、中国と世界に送り続けているのである。その人物とは王岐山である。

十八回党大会終了後の一二年十一月二十九日、習が、中国国家博物館における「復興の路」展覧会において、「中華民族の偉大な復興は、中華民族の近代以来のもっとも偉大な夢である」と語ったことは良く知られている。明くる一二月七〜九日、彼は総書記就任後の最初の地方視察を深圳から始めた。一九九二年に鄧小平がこの地を訪問し、より大胆な改革開放を指示する南巡講話を発表したことを、習は強く意識していた。一三年一月中旬、このときの習の講話が「新南巡講話」として広く伝達されたが、そこでの発言の主旨は二つあった。一つは「中華民族の復興の夢」であり、もう一つは、旧ソ連崩壊という「亡党亡国」の轍を踏まないためには党はいかにあるべきかという強い問いかけであった。そして、この新南巡講話が広まるのと並行して、習近平秘密談話と称される文書が流通し始める。この文書には、新南巡講話以上に、旧ソ連崩壊を巡る習の態度表明が示されている(「私は大番頭にすぎない——太子党に伝わった「習近平談話」(〝我只是個大掌櫃〟——太子党伝閲的〝習近平談話〟)」石京岳『中国版秘密報告』明鏡出版社、二〇一三年、所収)。

それは、支配の正当性に関するもう一つのメッセージと関係している。王岐山の名前は、この新しい正当性に関するメッセージの中で二度にわたって言及されるのである。

我々は現在、理論やシステムなどの面で信念を欠如しているのに、もっと良い理論やシステムを見つけることができないでいる。ソ連共産党の崩壊という経験の教訓とは、ゴルバチョフがまず党のイデオロギーと理論を改革したが、それを始めるや否や収拾がつかなくなったことだ。王岐山同志が皆にフランス革命に関する書物を読むように薦めているのは、こうした教訓なのだ。政治体制改革は、いったん始めるや、引き返すことは難しいし、コントロールすることはもっと難しい。

現在、多くの人々が、我々の発展モデルの弊害を批判している。しかし、このモデルは、我々のシステム、我々の理論、あるいは我々の統治権と関係しているもので、我々はそれを手放すこともできないし、妥協することもできない。理論、道理、制度を変えられない以上、党員幹部の世界観や価値観も変えようがない。したがって、私と王岐山書記はトラどもを退治しようと言うのだ。水が沸騰してこぼれるのを防ごうとしているのだ。王岐山書記は、今のところは応急措置だと言っている。では、いつ根本的に解決するのか。私の見るところ、我々の理論や進路、制度がみなほんとうに調整できる時期になってからだろう。しかし、そのときが来ても、時期すでに遅しかもしれない。やはり、王書記が推薦するあの本、『旧制度と大革命』を再読すべきだと思う。

王岐山は、アレクシス・ド・トクヴィルが書いた『旧制度と大革命』と共に、二度にわたって言及されている。王は一二年十一月三十日、中央紀律検査委員会書記就任後に初めて開いた専門家座談会で、反腐敗キャンペーンの意図を理解するためにトクヴィルの同書を読むよう語ったばかりであった。習の発言の意図は明瞭である。旧ソ連崩壊の轍を踏まないためには、党の制度面での検討を行うことが急務である。反腐敗キャンペーンは、この制度変革の応急措置として発動されるのだ。そして、こうした共産党の制度変革について理論的に考察するために、トクヴィルの『旧制度と大革命』を研究すべきだと言うのである。

王岐山と言えば、日本では中国共産党に巣食う犯罪者（トラやハエ）逮捕に辣腕を振るう恐るべき政治家としか見られていない。しかしながら、王岐山とは誰なのか。

粗野な野人でありながら、知識人でもある。紅衛兵でありながら、赤い貴族でもある。我が道を行く、聡明かつ無礼な人物――ある書物は、彼をこう評している。陰影に富んだ複雑な人格は、一九七〇年代に歴史家として出発しながら「中国学術界の失踪者」として政界入りをしたその経歴から生まれた。

六九年、二十一歳の王岐山は陝北の革命聖地、延安に下放された。七一年、陝西省博物館に配属、工農兵の身分で西北大学歴史系に入学した。七九年、北京の中国社会科学院近代史研究所の民国史室で歴史研究者としての活動を開始する。賀覚正と『辛亥武昌起義人物伝』を編纂し、『民国人物伝』の中の東北・西北地域の三〇〇名に関して、その原稿の整理と、一部の伝記の執筆を担当した。八〇年、夫人の姚明珊の父親である姚依林が中央書記処書記となった。王は、中国経済の研究に転じ、姚依林が十二回党大会で政治局候補委員となった八二年、中央書記処農村政策研究室に配属された。

これ以後、中国農村信託投資公司党委員会書記、中国人民銀行党組書記、中国建設銀行党組書記、広東省副省長、国務院経済体制改革弁公室党組書記、海南省党委員会書記、北京市長、北京市党委員会副書記と続く輝かしい経歴、また中国共産党内においては、十五回党大会での中央委員会候補委員、十六回、十七回大会での中央委員、十七回大会での中央政治局委員を経て、十八回大会で序列七位の政治局常務委員として中央紀律検査員会書記に就任、反腐敗キャンペーンの最高責任者となった経緯については、詳述しない。重要なのは、歴史家から政界入りした八〇年代における、王岐山と思想解放運動との関わりである。

八〇年代の思想解放運動を先導した輝ける出版物に『走向未来（未来に向かって）叢書』がある。八四年から八八年に政治的急進主義を理由に閉鎖されるまで七十を越える書物を出した。現代中国の主だった論客は、ほとんどすべてこの叢書を踏み台に世に出た人々である。編集長は金観濤。副編集長は陳越光と唐若昕。顧問には包遵信、厳済慈、杜潤生、張黎群、陳一咨、陳翰伯、鐘沛璋、侯外廬、銭三強が名を連ねる。そして編集委員の名簿に目を転ずるや、私たちはそこに王岐山の名前を見出すのである。

八九年四月から天安門に集まった学生を擁護したために国外亡命を余儀なくされた厳家祺。逮捕に追い込まれた包遵信、陳一咨。中国文化の激しい批判を展開したドキュメンタリー番組『河殤』のディレクターとして批判され香港に逃れた金観濤とその夫人、劉青峰。こうした思想解放の旗手たちの中に王岐山の名前を見出すとき、人はある感慨を抱かざるを得ないであろう。『読書』の元編集長の沈昌文によれば、王はこの叢書の運営資金として五〇〇〇元を最初に寄付したと言う（以上の経歴については、次の書物を参照。夏寒冬・程恭義『一八回党大会常務委員（十八大常委）』明鏡出版社、二〇一一年。莫一潭『官僚界の公然たる敵、王岐山（官場公敵王岐山）』明鏡出版社、二〇一四年）。

二〇一三年以後、中央紀律検査委員会書記に就任した王岐山に、この『走向未来叢書』編集委員時代の名残は色濃く残っている。中央紀律検査委員会のＨＰを閲覧すれば分かるが、党の風紀取締の司令塔を任ずるこの役所は、その本来の役目に不釣り合いなほど知識人的な雰囲気を漂わせている。そこには反腐敗キャンペーンが発動される度に、あらかじめ読むべき「推薦図書」が掲載されるのである。反腐敗キャンペーンに向けた同委員会の方針や態度をあらかじめ示唆する意図でなされるのだが、そのやり方たるや、知識人の前歴をもつ王ならではのものなのだ。習近平が秘密談話で言及したトクヴィルの書物も、一三年十一月以後、まずここに掲載されたのである。

この辺りで、王岐山が反腐敗キャンペーンを始めるに当たり、なぜトクヴィルのフランス革命論に注目したかを考えてみよう。トクヴィルはこの書物で、革命をイデオロギーや運動からではなく、制度面から考察する。革命が経済的な後進地帯で発生せず、経済的には裕福であるが貧富の格差が激しい地域で発生したのはなぜか。革命が後に多数の暴政を引き起こしたのはなぜか。革命は中央集権を弱める結果とはならず、むしろ他国の君主たちが羨望したほど強力な中央集権を実現できたのはなぜか。

いずれも、革命当時のフランスではなく、現代中国に向かってなされた問いかけではないかと見紛うものである。王は、ここに現代中国が直面する諸課題の解決を示唆するヒントが隠されていると確信したのであろう。確かに、中央集権が革命後に強化され、強固な官僚制度ができあがった結果、多数の暴政と個人の平準化が生まれたというトクヴィルの指摘は、反腐敗キャンペーンをいかに進めるかについての重要な手掛かりを与えるものだった。

この『旧制度と大革命』に関する論評で、おそらく王の真意をもっとも良く代弁するのは、胡徳平の評論であろう。現在、全国政治協商会議常務委員、経済委員会副主任を務める胡は、あの悲劇の宰相、胡耀邦の長男である。一九九一年に創刊された『炎黄春秋』が憲法を政治体制改革の中心に据える提言をしたことから、一四年九月、国家新聞出版広播電子総局より、二ヶ月以内の雑誌管轄権の変更を通達されたことがある。この混乱の中、同年十月二十四日に新社長に就任したのが胡徳平であった。「紅二代」として習近平、王岐山と良好な関係を保ってきたことが評価されたに違いない。

胡の評論は、社会が繁栄し、民衆の負担が軽減された時期にかえって革命が引き起こされるといった一種の革命待望論を退け、フランス革命の社会経済史的原因と、革命前後の社会変化の有り様を正しく描き出すために書かれたものである(胡徳平「『旧制度と大革命』の問いを読み解く(破解『旧制度与大革命』之問)」于今主編『大国前途』中央編訳出版社、二〇一五年、所収)。

フランス革命は、何よりも第三身分である都市市民や商工ブルジョアジーによる異議申立であって、経済的に遅れた農民の居住地域から発生したものではなかった。周縁の農村は革命前に一定の繁栄を遂げたかもしれないが、都市ブルジョアジーに対する抑圧は強化されていた。フランス革命は、彼らブルジョアジーによる所有制度改革の主張であって、社会経済史的に起こるべくして起こった革命であった。

フランス革命が勃発した原因については、このような社会経済史的な説明が可能である。しかし注意すべきなのは、中央集権システムの変遷について言えば、旧制度が打倒されたにもかかわらず、新たな革命政権における「行政の専制」がそれ以上に強化されたことだった。第一共和政と第二共和政が崩壊し、ナポレオン三世による第二帝政が発足するのは、フランス革命がもたらした「行政の専制」にその原因があると、トクヴィルは考えた。

胡徳平の評論が興味深いのは、トクヴィルの書物を考察するに当たって、彼より十三歳年少のカール・マルクスによる、一八四八年の二月革命やナポレオン三世のクーデターを考察した書物を参照していることである。胡によれば、トクヴィルが発見した「行政の専制」は官僚システムの諸問題に要約できる。そして、マルクスとトクヴィルの両者を参照することで明らかになるのは、官僚システムの弊害を乗り越えるための「斬新な国家学説」であった。その特徴は次の四点に要約される。

第一に、革命を経由しても旧制度における官僚の専制システムは執拗に生き残った。それを真に廃絶するには、未完に終わったパリ・コミューンが目指したように、人民主権を徹底させるしかない。中華人民共和国憲法は一切の権力が人民に由来することを明記している。にもかかわらず、建国以来、官僚主義の弊害を人民主権によって断ち切ることはできず、「権力による超法規的収奪」を消滅させることもできなかった。共和国の主権在民の原則を徹底して、革命によっても成し遂げられなかった「行政の専制」を克服しなければならないのである。

第二に、旧帝国の中で、イギリスとアメリカという議会制民主主義を採る帝国を、マルクスは帝国一般から慎重に区別している。鄧小平が「党と国家の指導制度の改革」（一九八〇年）で述べたように、官僚主義、権力の過度の集中、家父長制、幹部終身制といった「行政の専制」をもたらしたのは、我が国の「封建専制主義」である。これらを消滅させるためにも欧米の国家制度を参照する必要がある。

第三に、プロレタリア独裁について、マルクスの『フランスの内乱』は、その過渡性を強調している。中国においても、プロレタリア独裁は過渡的なものであって、人民が制定した憲法に基づき、人民代表大会・国務院・最高人民法院・検察院が正常に機能する体制こそが本来の姿である。

第四に、「行政の専制」は退けるべきだが、行政の集権を退けるべきではない。マルクスが言うように、議会という権威への服従は必要である。中国における「行政の専制」は、行政権力が過度に集権的であるため起こったものではない。憲法の下位に属すべき行政法規や規章が、上位法との間でしばしば齟齬をきたしたことに問題がある。

このように整理した上で、胡徳平は、胡錦濤前総書記が行った指示を引用する。

共産党の権力は人民が賦与したものであり、共産党による政権の掌握は一度実現すればそれで終わりではなく、現在掌握する権力を永遠に掌握できるわけでもない。

これこそ、王岐山を代弁して胡徳平が提示した、現代中国の堅持すべき「国家学説」と反腐敗キャンペーンの目標にほかならなかった。

だが、注意深い読者はすぐに気付かれると思うが、「行政の専制」という観点に限ってトクヴィルを論評する胡徳平の姿勢は片手落ちである。トクヴィルのフランス革命論のもう一つの独創は、「通説では、革命の根本的・究極的目的は宗教権力を打破し、政治的権力を弱体化することだったとされているが、実際はそうではなかった、その理由は何か」という、それまで誰も想定しなかった問題を発見した点にある。

おそらく、現代中国の党国システムにおいて、民族国家の背後に隠れた党の優位性を暴露されることと並んで、その宗教的性格（正統教義の宣教のあり方、異端審問の態度や方法）を指摘されることほど、政権の維持に脅威となるものはないだろう。王岐山が、反腐敗キャンペーンにおいて、トクヴィルを援用した意図にも、そのことは想定されていなかった。ところが、王岐山は思わぬ場面で、党と宗教の関係に関する態度表明を迫られることになる。それは、二〇一五年四月二十三日に中南海で行われたある対談でのことだった。

五、支配の正当性に関する新たな議論の展開

一五年四月二十一日から二十四日にかけて、スタンフォード大学のフランシス・フクヤマと青木昌彦は、北京で開催された外国専家局が主催する改革建言座談会に参加した。問題の四月二十三日午後、二人は、中南海で中央紀律検査委員会書記の王岐山と対談した。同行した徳地立人（中信証券董事総経理）が行った対談筆記は、二十八日に「共識網」と「大公報」という二つのサイトに掲載されたが、あっという間に削除された。その内容は幸いにもすでに広く転載されていたから、識者の関心は、中国共産党の宣伝部がなぜこの記録を削除したかに向けられた。普遍的価値について発言することを禁じた党の方針とは異なる考えを王岐山が表明したことが、削除の原因であるというのが、識者の一致した考えである。しかし、ここで重要なのは、支配の正当性に関するもう一つのメッセージが、この対談から聞こえてくる点である。

この興味深い対談を、その順序に沿って再現してみよう（王岐山、福山、青木、徳地立人（整理）「忘れ難き会談――王岐山、

フクヤマ、青木の会見記（難忘的会談——記王岐山与福山、青木的会見）」（『縦覧中国』（http://www.chinainperspective.com/）2015.5.13.筆記における明らかな事実誤認は修正した）。

討論は、まず王岐山が口火を切る形で、歴史的な視点を持つことの重要性を指摘することから始まった。岡田英弘の『世界史の誕生』（一九九二年）が取り上げられ、ミクロからマクロへと歴史の視点を拡大する際に、語源学（エティモロジー）が決定的な役割を果たすことが述べられる。

続いて、一九八〇年代に社会科学院近代史研究所から中央書記処農村政策研究室に移った頃の輪読会の思い出が語られる。

そこで読んだもので思い出深いのは、ローマクラブの『成長の限界』、トクヴィルの『アメリカのデモクラシー』などであった。トクヴィルのものは人に翻訳を勧めた。また、二〇一四年には『アメリカの憲政プロセス——アメリカに影響を与えた二五の裁判事例』という分厚い本をラテンアメリカ視察の途中の飛行機の中で読んだ。イギリス史を読むことはたいへん困難で、エリザベス女王の就任前で挫折してしまった。最近、春節時に、バチカン図書館の利用証でそこにある中国書を読める友人の経験談を聞いたが、読めば読むほど切りのないくらい大事な中国書があると言う。その意味で、あなたが言う国家・法治・アカウンタビリティーのＤＮＡは中国にもあると思う。

人類学、経済学は難しい。いずれも医学から語彙を借りた。語源学が大事だ。政治学で言うなら、中国における政治の語源は「人々を管理すること」である。

フクヤマがこれに応答した。「“Politics”の語源だが、“Poli”は都市、“Public”は大衆が原義。中華人民共和国の共和、つまり“Republic”も同じ語源である」。

王岐山が応じる。

アメリカの食事は割り勘だが、中国はこれには不慣れだ。しかし東西の文化の本質は同じだと思う。

ここで、宗教という翻訳語を考えてみたい。この訳語はまずい。「教宗」とすべきだろう。中国でも古代には鬼神信仰があった。中国人も神を信じたのである。この点、外国人は誤解している。

歴史の浅い国には文明がないと言うが、アメリカはヨーロッパ地中海の文明を継承した。世界文明は、岡田英弘が述べるように、地中海のギリシャ・ローマと中国しかなかったのだ。ただし、岡田は、中国史の編纂が司馬遷から始まったと言うが、孔子から始まったとすべきだろう。

つまるところ、中国は歴史と文明において優秀なＤＮＡを有している。しかも、中国文明は世界各民族の優秀なものを吸収してきた。

二〇一三年は中国史の新しい起点である。反腐敗キャンペーンにおいて、中国共産党は統治能力を点検し、全面的改革を進め、法治を行おうとしている。執政党である共産党によるこの始まりは、たいへんな困難を伴う。先進国全部で十一億の人口に対して、我々は十三億から十四億だ。中国の重要性がここから分かる。キッシンジャーともここで話したが、十三億の貧困を解消することは途方もなく困難なのだ。

だからこそ、習近平国家主席も歴史を学習することを重視している。何世代にもわたる改革の継続性に関する鄧小平の考えを理解しているのである。

先進国で中国の近代化を願う人々との交流から、我々も自らの問題を理解するようになった。改革の道のりはまことに長い。マルクス・レーニン主義が指導する党が市場経済の道を歩み、一三億の人々を指導することには、並々ならぬ困難さが伴っている。

アメリカ憲法をつくった人々は聡明だった、まず自分の利益を確定し、罪人を解放し、貧困者を解放し、ゆっくり二百年をかけて女性や黒人の解放へとつなげていった。このやり方をコピーするようアメリカは求めるが、混乱をもたらすのでは、どうしようもない。エジプト動乱において、ムスリム同胞団は元総統に二十年の判決を言い渡したが、これではアメリカの特徴をどうやってコピーするのか。

公有制を基礎とする国家の腐敗は、党が市場経済を指導し、国有企業がその経済の主流であることに起因している。この執政党に腐敗が生まれれば、改革における法治をどうすれば良いだろうか。長期にわたる政党の自己監督、自浄努力は難しいが、これまでの実践から得られた信念によってやりぬくしかない。自分が自分を監督することは、シベリアの外科医が自分の盲腸を切った例がインターネットにたった一つあるだけだ。

宗教内部の統治はどうだろうか。カソリックにも多くの問題点があり、バチカンにもあるようだが。

フクヤマが応える。「ポイントは法治である。『政治の起源』で書いたが、法治の精神的な起源は宗教である。各宗派の抗争を「相互チェック」する働きをした。最後の神だけが真理を区別する唯一の基準で、統治支配の力であった。だから、法の前で人々は平等であり、宗教の精神は、司法が統治者を含めた政府からは独立するという、法治のコンテキストの起源となったのだ。中国憲法でも、同じように法治における司法独立ができるだろうか」。

この問いかけに、王岐山は語気を強めて反対する。「できない。党の指導のもとに進めるのが中国の特色だ。共産党が憲法であると言うのも、人間が書いたものだ。大統領、国会のほかに憲法があり、憲法は神聖だと言われているが、憲法は神ではなく、公衆の法にすぎない。中国皇帝も神で、天子と呼ばれた。日本には天皇がおり、イギリスにも女王がいて、立憲君主制を採っている。フランス革命とイギリス・ブルジョア革命の改革のどちらが聡明だったろうか。フランス人は革命を徹底して問題を解決したと言うが、イギリスは革命のコストが少なくて済んだと考えている。中華帝国の崩壊に際しても、「立憲君主」か「共和」のいずれを採るかで激論があった。

孔孟の道を研究せねばならない。老子道徳経はわずか五千字だが、中国文化への影響は巨大だ。国内の研究は進んでいないが、海外に良い研究がある」。

こうして、対談は終わった。この後、王岐山はフクヤマから『政治の起源』の寄贈を受けて、「読書は大事だ。しかし実践も大事である。王陽明の心学の重要性を考えることがある。「良知を致す」と「知行合一」の二つだ。王陽明と日本武士道が結び付くことで、明治維新の精神が生まれたのではないだろうか」と語った。

続いて、青木昌彦が中国経済の「ニュー・ノーマル」に関する呉敬璉との共著を寄贈した。ここで、徳地が青木の考えを補足して述べた。「国有企業改革において一定の株主権を社会保険などの公有基金に割り当て、政府と企業の分離を実現し、専門管理者の積極性を高め、人民が資本利益を分かち合えることを目指している」と。

最後に、徳地が「中体西用」の可否を問うた。王は直ちに、この考え方を否定して述べた。「中国文化のＤＮＡは、世界の基本的価値と同じである。そうでなければ、どうやって今日のような対話が成立するだろうか」。

この対談の内容を理解するには、二〇一一年に発表されたフクヤマの『政治の起源』を見ておく必要があるが、ここでは、彼の訪中時になされたインタビュー記事に基づき、フクヤマがこの書物に込めた狙いについて簡単に整理をしておこう（「良き政治秩序はバランスで決まる（良好的政治秩序取決於平衡）」張蕊燕・胡福星責任編輯『新常態改変中国2.0――全球走勢与中国機遇』中国文史出版社、二〇一五年）。

中国がフクヤマに寄せる関心の最大のものは、冷戦終結時に自由民主主義と市場経済の最終的な勝利を確認し「歴史の終わり」を宣言した彼が、『政治の起源』において、中央集権的な政治制度の重要性を唱え始め、中国の古代国家の成立にもっとも優れた統治体制の実例を見出すに至ったのは、一種の思想的な転向ではないかということであった。これに対するフクヤマの回答はノーであった。彼の政治制度の考察は三つのカテゴリーから成り立っている。国家、法治、アカウンタビリティー（説明責任）を持った統治機構の三つが、それである。中国の制度設計は、第一のカテゴリーでは成功したと言えるかもしれないが、法治に関しては形成途上であり、アカウンタビリティーに至っては極めて不十分である。だからフクヤマは、経済成長のために政治的民主主義を一時期犠牲にすることが許されるだろうかという中国人記者の問いについても、明確にそれはあり得ないと答えたのである。

フクヤマは、著書の中で、中国の封建制とヨーロッパのそれが大きく異なることに注意を促している。領主と農民の間の封建的な契約関係は、ヨーロッパでは、キリスト教の影響によって、親族集団内での関係を離れ、縁故主義とは無縁のものに近づいた。これに対して、中国では、領主と農民の世界は親族ネットワークを離れることがなかった。だから記者が、アメリカでのここ数十年の政治はブッシュ家とクリントン家の親族闘争の様相を呈しているではないかと問うても、この現象は、親族集団が社会構造において根本的な決定力を有することを示すものではなく、市民の自主的な選択を通じた社会的名士に対する偏愛を示すにすぎないと、フクヤマは反論できたのである。

フクヤマの認識で重要なのは、共産党と政府の腐敗が、政治における正当性を崩壊させるという考え方である。その意味で、フクヤマは王岐山の反腐敗キャンペーンを基本的に支持する立場を採るが、中国が進めるような上から下への取締りではなく、司法の秩序に基づくと同時に腐敗摘発に関するアカウンタビリティーを伴う方法を理想としていた。もちろん、彼も中国が直面する問題がすぐに解決できるとは思っておらず、政治体制改革の前に、法治に関する改革が急務であるという現状認識を語るのである。

四月二十三日の対談において、王岐山は、制度を語る上で歴史に基づいた長期的な視座をもつことの緊急性をフクヤマと共有しつつも、歴史語源学（エティモロジー）に言及することを忘れなかった。そして、この語源学の立場から、フクヤマが重視する「法治」、「アカウンタビリティー」や、その前提条件である「宗教」の問題について意見を交わしたのである。

まず、"religion"を「宗教」と翻訳するのは間違いで（実際、この訳語は明治日本がつくった和製漢語であった）、「教宗」とすべきだという王岐山の考えは重要である。宗教という訳語が定着する以前、中国では確かに「教」という言葉で"religion"を理解する時期があった。しかし、宗教という訳語が定着したために、儒教や道教は西欧的な基準における宗教とは違うということばかりが強調され、中国人は神を信じない民族であるという考えが広まったのである。王岐山も述べるように、中国人も実際は神を信じてきたのだ。「教宗」という訳語であれば、儒教を宗教のカテゴリーに編入しても大きな違和感は伴わない。また、明治維新が王陽明の心学の影響を受けて成立したという観点は、中国人には新鮮に響くはずで、中国革命における宗教の重要性についての再認識を促すであろう。

ただし王岐山は、フクヤマが重視する親族集団のネットワークを宗教が打破するという観点には一顧すら与えていない。自らが「紅二代」という親族集団の一員であり共産党の赤い貴族であるからには当然だが、ヨーロッパの親族集団は、キリスト教によって打破されて、より開かれた社会ネットワークが形成されたというフクヤマの指摘は、儒教の復興に共産党が本気で取り組むならば、早晩、この党が直面すべき問題として真剣に取り上げられるであろう。そして、「紅二代」のネットワークを打破する力として働き、政治の民主化に一定程度の寄与をするに違いない。人も知る通り、春秋時代末期に生きた孔子は、諸侯の国々の境界を越えて遊説を繰り返した。それは、親族ネットワークではない新しい社会関係を創造する試みだった。

さて、宗教以上に現代中国の改革に直接の関係をもつのは、法治に関する語源学だ。ギリシャ・ローマは、都市国家における市民の公共的活動を「法治」という言葉で表した。これに対して、中国の法治（政治）の起源は「人々を管理すること」である。こうした「法治」観の違いは「憲政」に対する姿勢の違いとなって表れる。王岐山は対談で「憲政」の歴史的展開を重視している。アメリカ憲法は、女性から黒人までの広範な市民権を認めるのに二〇〇年を費やした。フランス革命が王権を徹底的に破壊したのに対して、イギリスや日本は、国王や天皇を温存した立憲君主制である。王岐山の述べる通り、社会的コストの面でどちらが望ましいかは再考の余地があろう。しかしながら、そんな違いは、食事のルールとしてアメリカの割り勘を採るか、中国の同じ皿での食事を採るかの違いにすぎないのである。いずれにせよ価値の上下とは関係がない。

中国の人口が十三億で、これは先進国を全て合わせた十一億を上回ることに、王岐山は注意を促す。のみならず、この十三億には圧倒的に貧しい農民が含まれる。キッシンジャーとの会談でも、王岐山は、中国における改革には時間を要することを強調したと言う。改革は何世代にもわたって続けられるだろうという鄧小平の認識は正しい。習近平もまた、こうした鄧小平の見方に基づき、過去から未来へ続く歴史的なパースペクティヴから改革を志向していると言うのである。

支配の正当性に関するもう一つのメッセージが、四月二十三日の対談からは明らかになるであろう。それは、党国システムの確立ではなく、歴史主義に基づくマクロな思考によって中国革命を再認識することにほかならない。中華民族の復興の夢という習近平の文学的な表現を、王岐山は理論的かつ歴史的な語り口で説明したことになる。「中国学術界の失踪者」の面目躍如たるものがある。

周永康、徐才厚、郭伯雄、令計画と超特大のトラ退治を終えた現在、反腐敗キャンペーンは静かな幕間にある。聞くところでは、アメリカに逃亡した腐敗官僚のキツネ狩りが、アメリカ司法と共同で行われるらしい。支配の正当性を巡る二つのメッセージは、そこでもまた火花を散らすことであろう。

二十一世紀におけるグローバル化のジレンマ：原因と活路
──『21世紀の資本』の書評を兼ねて

秦暉（翻訳：劉春暉）

南北の格差は縮小しているが、西側諸国の国内の経済的不平等は深刻化しつつあるとピケティは指摘している。西側諸国の右派はピケティの指摘したことを否認しようとしたが、成功していない。しかし、ピケティが自ら指摘した事実についての解釈もまた、必ずしも成功したとは言えない。筆者からすれば、それはr（資本の収益率）＞g（経済成長率）という「法則」が働いているためというより、むしろ相反する二種類の「社会主義市場経済」が、グローバル化の進行の中で相互作用した結果の一つである。本論文では、「社会主義市場経済」のA、B二種類の経済モデルを定義したうえで、両者の相互作用には優越性を競うという契機だけでなく、低劣性を競うという注意すべきリスクも孕まれていると主張する。

チン・フイ──清華大学教授。専門は中国農民史、経済史。主な著書に『田園詩與狂想曲──関中模式與前近代社会的再認識』（共著、語文出版社、二〇一〇年）、『走出帝制──従晩清到民国的歴史回望』（群言出版社、二〇一五年）などがある。
リウ・チュンフイ──東京大学総合文化研究科国際社会科学専攻博士課程。専門分野は日本政治外交史。

一、「資本主義VS社会主義」でもなければ、「同質化論」でもない

最近出版界では、ある本が広く知られ議論を呼んだ。世界を風靡した『21世紀の資本』である。その中において、「資本主義はどこに向かっていくか」という大問題が提起された。筆者はピケティの著書を真剣に拝読した。彼は、基本的には西側の左翼によって提起された古典的問題を扱っている。しかし、古典的問題であるにせよ、華々しい議論を繰り広げることは可能である。しかし、彼は自分のことをマルクスとは自ら任じなかった。書名の「二十一世紀の資本を論ずる」は、わが国〔以下、中国を指す〕で「二十一世紀の『資本論』」と

訳された。たしかに人目を惹きつけはした。だが、現代の世界では、「資本主義」がいまだにあるのだろうか。当時マルクスが批判した資本主義は早い段階ですでにその姿を消している。現代世界におけるすべての国家、少なくとも主要な国家は、中国からアメリカに至るまで「社会主義市場経済」を採用している。その「社会主義市場経済」は、十九世紀の「自由競争資本主義」でもなければ、レーニンの計画経済やマルクスの思い描いた朦朧たるものでもない。ほとんどの国の実情は「計画もあれば市場もあり、国有もあれば私有もあり、社会平等も重視しながら利益競争も重視している」と言える。

しかし、ここで「同質論」を唱えるつもりはない。両者とも「〜もあれば〜もある」が、これらの国家の体制が同じであるというわけではない。政治体制が異なることはいうまでもないが、経済体制にも実は根本的な違いがある。根本的な違いがあるといえるのは、量や割合だけから見た結果ではない。「〜もあれば、〜もある」というような両者の割合は問題ではあるが、主要な問題ではないばかりか、両者を区別する基準になるとも限らない。中国国有企業の雇用者の割合はアメリカより高いが、オーストリアより低い。しかし、中国とアメリカ、オーストリアとの間の差異はアメリカとオーストリアとの差異よりずっと大きい。福利においてはなおさらである。

ここで強調したいのは国家利益の衝突ではなく、体制の差異のことである。両者を一括りにしてはいけない。一九七〇〜八〇年代において、中国とソ連は国家利益上での不倶戴天の敵であった。毛沢東はアメリカと連携しソ連を牽制するとまで主張したものの、毛沢東時代における中国の体制がアメリカに近くソ連とはほど遠いことを意味しているわけではない——周知のように、実は事実は正反対であった。当時の毛沢東はソ連の体制を非常に崇拝し、ソ連人自らによる「修正」さえ許さなかった。したがって、中国の台頭を筆者は望んでいるが、「中国モデルの台頭」を望んでいるわけではない。むしろ、そのモデルを改変すること、少なくとも「修正」することはごく自然であると考えている。実は、国家間とりわけ大国間の矛盾といえば、「新冷戦」時代に向っていくのではと心配するほどの事件があるにもかかわらず、「旧冷戦」終焉後の二十年間において、大国間関係は明らかに緩和に向っている。しかし、大国の体制が「同質化」しているか否かとは、別問題である。筆者からみれば、中国と他の大国を比較すると、一九八〇年代の体制はたしかに、同質化に向っていた。しかし、一九九〇年から、同質化に向う部分もまだあったが、全体的にいえば、体制面での差異は多くなりはじめ、同質化へ向っていたわけではない。一九九二年に中国が市場経済へ転換すると明確に宣言したからといって、この結論は変わらない。

ある人はこう尋ねた。「あなたは今の世界において純粋な社会主義も、純粋な資本主義も存在しておらず、みな「社会主義市場経済」を採用していると言いながら、実際には体制面での差異は大きくなっていると言っている。それは自己矛盾ではないか。どうして差異は大きくなっているか」。

二、相反する二種類の「社会主義市場経済」——まず、「Aモデル」について話してみよう

その原因はここにある。いわゆる「社会主義市場経済」についてて明らかに異なった理解が二つある。一つ目を「社会主義市場経済A」と呼ぶことにしよう。その理解によれば、「社会主義」は庶民が政府に対して公共サービスのアカウンタビリティをさらに問わなければならないことを意味する。つまり、政府からより多くの福利と保障を得ることは、政府の「ご恩」ではなく、われわれ市民の権利であり、われわれ市民に支えられた政府にとっては、これは責務である。そのような公共サービスを提供するのは当たり前であり、恩返しする必要はない（「ゆりかごから墓場まで」の福祉国家スウェーデンでは、市民は支配者に対して深く感謝する気持ちはないだろう）。一方、もしそうしないならば、市民としては政府のアカウンタビリティを問い、政権交替を求めることになる（それゆえに、スウェーデン自由党は理論上では福祉国家を好まないが、政権をとったら、福祉へ取り組まざるをえない。市民がその責任を問う権利を放棄しない限り、政府はそうしなければならない）。政府は「人民のために奉仕」すべきと言われており、決して人民が政府のために奉仕するというわけではない。「社会主義A」はそれに従い運営されている——それをスローガンとして標榜することはないが。

それでは、「市場経済」とは何か。Aモデルにおいては、いわゆる市場経済とは「市長に任せるのではなく市場に求める」ものだ（注意すべき点としては、「アカウンタビリティを市長に問わず市場にもとめる」のではない。「市長」の権力を制限するのだ。市民が「市長」にアカウンタビリティを問うのを制限するというわけではない）。政府の権力は制限されるべきであり、無限大の権力を持つ政府があってはならない。政府の権力は市民の与えたものであり、越えてはならない明確な境界線があるべきだ。境界線の外側は市民の自由である。その中には契約の自由や市場活動の自由が含まれている。とにかく、「社

会主義市場経済A」の「社会主義」は市民が政府に対してアカウンタビリティをより強く問うことを意味する。一方では、「市場経済」は市民が政府の権力に対して厳しい制限を加えることを意味し、無制限の権力をもつ政府が現われると、すでに市場経済は実現不可能だ。

この「社会主義市場経済A」は「分配的社会主義」であり、国家は分配だけをしており、生産をしない、と言っている人がいる。実はそうとは限らない。最初に政権を取ったスウェーデンの社会民主党にせよ、イギリスの労働党にせよ、ないしは第三世界国家におけるこのモデルの代表者であるインドにせよ、本来は「生産的社会主義」を採用するつもりだった。しかし、それを採用したくないわけではなかったが、あとになって採用するのは難しいことだったとそれらの政党が気付いた。民主的体制下において、生産型国有制度をとることは、相当な困難があるからである。その困難は民主的体制下で「赤色の搾取工場」を経営することはありえないということだ。東ヨーロッパも同じ問題を抱えている。東ドイツ政権が成立してからほどなくして、一九五三年に六・一七ストライキが発生した。その中で「赤色の搾取工場反対」が唱えられた。社会主義を採用すると決めた以上、資本家より搾取工場のほうが搾取的であることは許されるはずがないだろう。資本家でさえ労働者に低賃金でさほど多く働かせられないのだから、「社会主義」であれば資本主義下の労働者に比べて、労働時間が短く、賃金も高く、福祉もよい、ということを意味すべきだ。しかし、社会主義がどうして反対に労働者に対して「一は苦労を恐れず、二は死を恐れない」「まずは生産、それから生活」「命さえあれば仕事しつづける」というように要求するのだろうか。資本家でさえ労働者にそのようなひどい要求を突きつけなかった。

経済学者は通常国有企業の「ソフトな予算制約」とよく言っている。実は民主的体制下の国有企業の「ソフトな予算制約」が最も典型的である。専制的体制下ではこの問題はさほど突出しているとは限らない。なぜかといえば、専制的体制下での官僚は上司の言いなりで、労働者に「ハードな制約」を加える能力が十分あるからである。その結果、国有企業が「赤色の搾取工場」になり、労働者はより多く働き、より少ない賃金しかもらえないことになった。たとえば、レーニンはテイラー・システムに心酔し、ソビエト経済の優越性の一つはテイラー・システムを強制的に普及させることだと考えた。ブハーリンは「無産階級の専制」は資本家に対処するもののみならず、無産階級自身への超経済的な強制も含まれているとさらに赤裸々に主張した。彼が挙げた強制的な方式はストライキ禁止、「労働軍」制度、強制的な無償労働、労働権利を労働義務に、「労働の自由」の取り消し（労働の自由は計画的に労働力を分配することと相容れない）などである。(1)

しかし、「社会主義A」はそのような施策では維持できない。スウェーデンの社会民主党が政権をとったあと、たくさんの企業を国有化したが、経営が非常に困難だと気付いた。民主的条件下での国有企業において、労働組合はしばしば強い。かつ民主的条件下での国有企業の管理者はわが国の国有企業の幹部のように、上の指令の通りに上手くできたら昇進できるわけではない。民主国家の政府の官僚は、政務官僚だと選挙を頼りにし、事務官僚だと「科挙」（専門性の審査）を頼りにする。「工場長は上の人に認められれば、閣僚に抜擢される」という昇進ルートはない。昇進のインセンティブもなければ、資本累積の激励もないので、国有企業の「ソフトな予算制約」問題を解決するのは難しい。東欧の民主化の初期において、国有企業の民営化を急いだのは別に「新自由主義の経済学者」の影響を受けたからではない。民主化後、国有企業の「ソフトな予算制約」がより顕著になったからである。端的にいえば、民主化した以上、工場長は上の人の機嫌だけをとるわけにはいかず、労働者の機嫌もとらざるをえなくなった。工場は工場長のものではない。労働者と管理者がみな国家に養ってもらっていては国家は耐えられるだろうか。ユーゴスラビアの「社会所有制」企業もあとになって同様な問題にぶつかった。

生産的社会主義の立場からいえば、ある時期労働党あるいは社会民主党が政権党だった国家の多くは国有経済の比重も大きい。たとえば、イギリスの労働党があげられる。スウェーデンの社会民主党に比べてより「右」であると言う人がいる。実のところ、政治上ではイギリス人はより温和で、「革命に別れを告げる」点においてはスウェーデン人に比べてより徹底的である。一方、経済上では、国有化については労働党はより熱心だ。もちろん、一部の国家の社会党、たとえばオーストリア社会民主党はイギリスの労働党に比べてより積極的であり、国有化の比重は一時期イギリスより大きいことがあった。しかし、一九七〇年代になると、ほとんどの国は国有企業の経営が難しいことを認識するようになった。インドはもうひとつの典型的な例である。インドのいわゆるネルー社会主義は、「政治はイギリスに学び、経済は（スウェーデンではなく）ソ連に学ぶ」ものだった。インドの国有企業の経営状況はどうだっただろう。改革初期にあたる一九八〇年前後、わが国の体制改革部門の代表団がインドを訪問したことを筆者は覚えている。代表団は帰国後、報告講演をした。その中で最も印象深かったのはインドの国有企業の経営管理がわが国より劣っているが私有企業の経営状況はわが国より良いという点である。ここで注意してほしいことがあるが、一九八〇年の時点で中国には私有企業はない。インドの私有企業の経営状況はわが国よりよいというのは、わが国の国有企業と比較した結果である。端的にいえば、インドの民間企業の経営状況はわが国の国有企業よりよいが、インドの国有企業の経営状況はわが国の国有企業より劣っている。それは、政治民主化が企業の内部に浸透し、企業の民主化へとつながり、「労働組合による工場管理」になったためである。資本累積と政治的な昇進というインセンティブがなくなると、国有企業の経営はたしかに難しい。その結果、インドは一九九〇年代、つまりラジーヴ・ガンディー政権時代、市場経済へと方向転換した。中国より十年間遅れた。要するに、専制的国家の国有企業の経営状況はよいかどうかは言えないが、少なくとも正常に経営できると言える。あるいは民主的国家の民間企業の経営は悪くないと言うべきだ。

かくして、「社会主義A」の国営企業は経営難に陥り、次第に「社会主義的分配」に転換していった。これは社会党の「変質」であり、資本家に買収されたと言う人がいる。実は民主的体制下の既存の企業の国有化は普通没収でなく買戻しにより実現した。さらに新しくできた企業の国有化は資本家の好みと関連しづらい。国家は資本家の企業を買い戻し、政府がそれを経営するか。それとも累進の高課税を行い、資本家を政府のためではなく国民のために金を儲けさせるか。資本家はどちらに対してより抵抗的なのか。その答えはまったく確かではない。理由は簡単である。買戻しにせよ、徴税にせよ、いずれも優遇の条件次第であるからである。資本家にとって、企業を売り大金をもうけたら、このお金は自分のものなので、高額の税金を納め自分の儲けた金をほとんど政府に持っていかれる選択肢をとる理由はどこにもない。したがって、スウェーデンの左派は国有企業を大いに発展させるのを諦め、「分配的社会主義」に転換した。これは、資本家の好みと関わりなく、絶対多数の有権者（もちろん主に労働者）の選択であり、実は実現性に起因しているのである。こうした体制は現在に至って、すでに先進国の普遍的形態となっている。アメリカにおいてさえ、そうである。周知のように、アメリカには国有企業がほとんどない。軍事工業関連の企業ですら私有企業である。しかし、分配についていえば、公共財政が国家財産に占める比重は相当大きい。さらに重要なのは民主的体制下の公共財政は「公有」であり「官有」や「皇有」ではなく、「社会」のために使われる、社会平等のためのものである。皇室や朝廷のために使うわけがない。これが「社会主義」でなくてなんであろう。古代の専制的体制下の「塩鉄官営《えんてつかんえい》」は生産を管理するものだが、それを社会主義とはしない。したがって、「社会主義市場経済A」は社会主義市場経済と呼ばれるべきではなく、「社会市場経済」と呼ばれるべきである。根本的な差異はないと思う。簡単にいえば、国家の役割と市場の役割は同時に存在しており、個人の意志や利益と公共の意志や利益は同時に経済活動に重大な影響を与える。この条件の下で、政府のアカウンタビリティを問う民衆の能力が強くなることと、政府の権力も民衆に厳しく制限されていることも達成できる。前者は「社会主義」のあらわれであり、後者は「市場経済」のあらわれである。

三、そして「社会主義市場経済B」について話してみよう。A／B二種類の地球規模のインタラクティブ――改め難い奇形的相互補完も合わせて論じる

しかし、もう一つの種類の「社会主義市場経済」がある。とりあえず、「社会主義市場経済B」と呼ぶことにしよう。[2]この経済には二つの調節手段があるわけだが、調節の論理はAとは正反対である。この体制の下で、「社会主義」は政府が無制限の権力をもつことを意味する。民衆はそれを制限することはできない。一方、「市場経済」は政府が責任から逃れることができることを意味する。民衆は公共サービスについて政府のアカウンタビリティを問うことはできない。前者により自由市場がなくなり（あるいは市場はない、あるいは独占と特権に満ちる「市場」しかない）、後者により福祉国家への道はなくなった――民衆はほんのすこしの福祉を政府からもらったら、政府に感謝しなければならない。もらえなくても、それを要請することは許可されない。庶民は「市場に権益を求め市長のアカウンタビリティを問わないで」といわれ、「市長」は恣意的に庶民に対して過酷に税を取り立てることができる。要するに、「社会主義」にせよ、「市場経済」にせよ、Bモデルにおいて、人民は「政府のために奉仕する」――政府が標榜したスローガンとは逆なのだが。

換言すれば、前節で論述したモデルAにおいて、「社会主義」は政府の責任が重くなることを意味する。「市場経済」は政府の権力が弱くなることを意味する。「社会主義市場経済」は政府の責任がますます重くなり、その権力はますます弱くなることを意味する。それとは逆に、本節で言ったモデルBにおいて、「社会主義」は政府の権力が強くなることを意味する。「市場経済」は政府の責任が軽くなることを意味

する。「社会主義市場経済」は政府の権力がますます強まり、責任がますます軽くなることを意味する。かくして、二種類の「社会主義市場経済」AとBの区別はますます大きくなる。換言すれば、「同質化が進む」のではなく、「異質化が進むことになる」わけである。

今日、世界のあらゆる国家は「混合所有経済」であり、その混合所有経済の中に二つの異なるモデルがある。筆者の言葉でいえば、ある国々は「社会主義的な権力」、ないし「超社会主義の権力」を有するが、「資本主義の責任」だけを担う、その程度の責任すら担いたがらない。ある国々は、政府が非常に限られた権力しか有していない、あるいは「資本主義の権力」を有するが、民衆はその政府に「社会主義の責任」を担わせようと要請する。その責任は「共産主義の責任」とさえ言えよう。福祉国家の分配や社会の平等をここまで追い求めることからみれば、以前のある教条によれば、すでに「社会主義」のようなものでなくなる。「共産主義」のほうにより近いように思われる。福祉国家の分配方式は「必要に応じて受け取る」方式であり、「労働に応じて受け取る」方式ではない。福祉保障は労働模範に奨励金を与えることではない。いわゆる福祉は貧しい人の需要を満たすものであり、その中には労働能力のない人あるいは労働機会のない人の需要が含まれている。もしも一般的な公式によれば、「必要に応じて分配する」方式をとる福祉国家では、実のところ、国家に「共産主義の責任」を担わせるのではないだろうか。

AとBとの比較を通して、その差異が鮮明にあらわれてくる。ある国々の政府は無限大に強く、恣意的に過酷に税を取り立てることができるが、責任は小さく、福祉をあたえるかどうかは政府の判断次第で、定年を遅らせること、公共サービスの過剰な値上がりなどは、政府の鶴の一声で、決められることである。一方で、ある国々の政府の権力は弱いが、責任は果てしなく重く、民衆は減税を要請する（あるいは増税に反対する）と同時に、福祉の増加を要請する（あるいは福祉の減少に反対する）。二種類の体制の開きはますます大きくなりつつある。この二種類の体制はグローバル化を背景に興味深い形で影響しあっている。つまり、「社会主義市場経済A」モデルの国家においては、国民は豊かになったのに対して、政府はますます財政難になり、大きな負債を負うようになった。一方では、「社会主義市場経済B」モデルの国家においては、国民は豊かではなく貧しい状況にあるのに対して、政府は使い道がわからなくなるほどお金が多い。その際、政府が講じる手立ては二つある。ひとつは、政府は思う存分に「セルフサービス」する、日増しに贅沢になり、国民を弾圧するために用いられる金もますます多くなる。もうひとつは、「Aモデルの国家」に金を貸し、大きな負債を負わせたのである。

一般的にいえば、やりたいことをすきなだけできれば、支配者は自らの権力を最大化し、責任を最小化しがちである。専制的体制下においては、特にそうである。それに対して、庶民は支配者の権力をなるべく小さなものにし（民衆がなるべく多くの自由を得るために）、支配者の責任をなるべく重いものにしたがる（民衆がなるべく高いレベルの福祉を得るために）。民主的体制下においては、特にそうである。しかし、グローバル化の度合いが今ほど大きくなかったとき、上述した二つの状況の発展はある程度制限されていた。筆者がここで言うグローバル化は必ずしも地球規模のグローバル化ではなく、ある地域内のグローバル化、たとえば欧州化、つまり欧州の一体化も含まれている。欧州の一体化にせよ、グローバル化にせよ、市場経済が「国境を越えて」大いに発展し、Aタイプの国家の民主制度下の民衆の間に「馬に走ってもらうが、馬に草を食べさせない」という病的な考え方を根付かせ、国民の消費が過度で、累積能力が足りなくなったが、グローバル化のもとでの貿易赤字と国債によって、世界範囲の貸越しができ、問題の解決を引き延ばすことができた。一方、Bタイプの国家は「世界（搾取）工場」となり、国民の消費が不足で、累積能力が過度になっており、他国の貸越しに耐えられるばかりか、それを「必要」としている。Bタイプの「馬」は国民の頭の上にまたがって乗り、山海の珍味を思う存分に食べながらも「走」らないし、食べきれない分を他国に貸す。このようなグローバル化のもとでのA／Bのインタラクティブがあるため、両方ともたくさんの問題を抱えるようになった。なおかつ、両方は相反し矛盾しながら、互いに成り立たせあう、互いに因果関係を持ちながら、互いに不平を言いあっている。これらの問題は次第に山積して解決不可能になりつつある。

したがって、今は本当に人類社会は重要な関門直面している。過去において「資本主義」の時代及び冷戦時期、「資本主義」と「社会主義」という「二つの平行市場」は互いに交流しなかった。それに比べ、今はもちろん大きな進歩があると言える。Aモデルは高い消費量と高いイノベーション力を獲得し、Bモデルは高度成長と強い「国力」を獲得した。なおかつ、互いの交流はモデル転化の進展をもたらした。Bモデルは Aモデルに「市場経済」を学び、その「社会主義」をも学んだ。福祉国家がわれわれに与えた影響はわれわれの搾取工場が福祉国家に影響を及ぼしたことと同じであるのは言うまでもない。

しかし、危機といえば空前の危機が潜んでいると言ってもいい。それは、明らかに異なる二種類の「社会主義市場経済」はグローバル化を背景に、互いに奇形的に相互補完しながら「どちらがより劣っているかを競う」かのように発展している、ということである。(3)

四、ピケティVSウォーラーステイン——南北間格差は縮小しているが西側内部の格差は拡大している?

このような奇形的な相互補完がもちろんある問題をもたらしたわけである。つまり、多くの人は平等の危機が発生したと考えている、ということである。『21世紀の資本』もそのような背景の下で書かれた本である。すくなくとも左派からみれば、十九世紀の『資本論』は十九世紀を批判する著書として不朽の名著であり、資本主義下の不平等を糾弾する点については、言えることはすでにマルクスに言い尽くされた。解釈が求められるのは、目の前のグローバル化におけるインタラクティブによる不平等問題にほかならない。

この問題の解釈について、ピケティは間違いなく象徴的な人物である。ここ数十年間、マルクスの言う「貧困化」とくに「絶対的貧困化」は欧米諸国ではなかなか実証しがたい。欧米諸国の左翼はほとんど批判の矛先を貧困国と富裕国との格差に向け、「南北間の格差拡大」を非難した。つまり、「資本主義の世界システム」の「周辺と中心」との対立に対して飛びぬけて批判的なのである。たとえば、ウォーラーステイン、サミール・アミンなど有名な学者もこれを強調した。欧米諸国の内部の格差を批判した学者にしても、「富の分配や社会階級の問題について、ほとんど関心を失ってしまい」(4)、経済的格差にめったに言及せず、今度は「文化批判」に移る。たとえば、過度の世俗化による人生の意義の迷走、いわゆる人の「一元化」「マスメディアのコントロール」「品位による区別」、「象徴的暴力」「記号的権力」と「文化資本」との不平等問題などである。フランクフルト学派からブルデューにかけて皆そうである。

しかし、ピケティはこのような議論の趨勢の方向を変えたのである。彼は再び人々の視線を先進国としての「資本主義」社会の内部の経済的格差問題へ向けさせた。この点からいえば、彼はたしかに大きな成功を成し遂げた。

中国の書評において、ピケティも「南北間の格差」を批判していると指摘された。筆者も一度は信じたが、実際に本を読了してはじめて、そういう観点はただ論者の当て推量あるいは本を読まず書いたもののようだと気付いたのである。実はそのようなことはまったくない。それとは正反対だ。ピケティはグローバル化により先進国と発展途上国との格差が全体的に縮小したことを認めており、この点を相当強調している。(5) ウォーラースティンらと異なり、彼は再び西側国家内部の経済的格差を槍玉に挙げた。(6) この点からみれば、彼はむしろ「マルクスに立ち戻った」と言える。彼は著書の中で、たくさんのデータを駆使し、十九世紀末から一九七〇年代にかけて経済の繁栄と福祉国家の実現により、人々の平等への楽観的な予期がすでに幻滅してしまったことを実証した。一九八〇年代以降西側各国の貧富の格差が広がるようになったと彼は指摘した。これらのデータに対して、疑問を投げかけた人もいるが、一部のデータは疑わしいかもしれないが、西側国家内部の格差問題の浮上についての判断は一般の人々の直感と一致している。学界でこの問題を初めて提起したのはピケティではないが、この判断は事実に基いたものである。

ピケティが解釈しようとしたのは、なぜ現代グローバル化が進み、西側先進国内部の格差が拡大したかということである。この点において、彼はたしかにウォーラースティンより敏感である。実は、いわゆる「グローバル化のなかでの貧困国と富裕国との拡大した格差」はおそらく存在しておらず、存在しているのは失敗した国と成功した国との格差だけである。この二種類の国家の格差は拡大しつつある。失敗した国と成功した国は従来の貧困国と富裕国に当たらない。グローバル化に参入した先進国の中には失敗した国もあれば、成功した国もある。途上国も同様である。

たとえば、海外の左派はここ数十年のラテンアメリカの衰弱をとりわけ強調している。あたかもこれはグローバル化によってもたらされた格差と主張しているようである。実は、ラテンアメリカの衰弱というのは、最も典型的なのは「貧困国がますます貧しくなる」のではなく、「富裕国は貧しくなる」ということである。ハイチは本来非常に貧しかったが、現在も同様である。失敗したことは失敗なのであるが、「ますます貧しくなった」とは言いがたい。ベネズエラとアルゼンチンは本来「貧困国」と呼べるだろうか。ベネズエラは石油によって、「豊か」になっているが「発達」していない。しかし、「ラテンアメリカの衰弱」の最たる典型はアルゼンチンである。アルゼンチンはラテンアメリカ国家において唯一ともいえるぐらいの白人国家であり、「純西側型」の社会である。根本的には「発展途上国」ではなく、昔は豊かかつ発達した国であり、その近代化は欧米諸国とほぼ同時に進行し、たくさんのヨーロッパ国家たとえばアルゼンチンの元宗主国であるスペインよりもずっと豊かであった。しかし、ペロン夫婦時代から衰え始めた。「ペロンニズム」の経済方面の主張はヒトラーのそれと大差なかった。いわゆる国家社会主義である。そのあとの軍事政権時代も基本的にはそうであった。アルゼンチンの一人当たりの所得は二十世紀の初めごろ、世界の第七位を占めていた。当時のドイツ、フランス、カナダ、オランダを上回っていたが、なぜ今日に至って衰退したのか。つまり、富裕国が貧困国になった（貧困国というのはすこし言い過ぎだが、世界で屈指の最も豊かな国から「中上所得国家」へと衰えたとは言える）。ということから、グローバル化は必ずしも富裕国にとって利益になるとは限らないことが窺い知れる。

他方で、数十年来、貧しい国が一層貧しくなるケースもある。しかし、それは世界的な趨勢ではなく、グローバル化と関係ないケースもある。たとえば、北朝鮮は間違いなくより貧しくなったが、グローバル化に参入しなかったからだろう。北朝鮮は鎖国で内弁慶だからこそ、貧しくなったのではないか。言うまでもないが、グローバル化により貧しい国から豊かな国になったケースもある。中国はその例ではないか。中国は最も積極的にグローバル化に参入しようとした国ではないか。より貧しくなったと言う人はいないに違いない。インドの発展の絶対的なレベルは中国より低いが発展の速度は中国に次ぐ第二位の国であり、すべての先進国よりずっと速い。これだけの規模をもつ中国とインドが貧しい国から豊かな国になった——少なくとも過去の極度の貧困から脱出したことをみても、全体的にグローバル化が貧困国をさらに貧しくしたとは言えないだろう。

しかし、ピケティが正確に指摘した現象もある。それは、とくにポスト冷戦時代のグローバル化がたしかに先進国の内部に格差の再拡大をもたらしたということだ。ピケティが主に用いたのは「パーセント—倍数」指標（すなわちトップのnパーセントの人の所得が総所得に占める割合は下層のmパーセントの人の若干倍に相当する）である。ほかの学者が用いた指標としてはジニ係数があげられる。その結論は往々にして似ている。つまり、格差は拡大した。これはまさに筆者が前述したA／B二種類の国家は経済方面に止まるグローバル化における奇形的インタラクティブと密接に関わっているのである。基本的な事実関係を確認しよう。A／B二種類の国家はともに市場経済のグローバル化を享受している。Aモデルの国家の資本が大量にB種類の国家へ流入し——これらの国家は専制的体制で生産要素のコストを低下させ投資を募るための「低人権優勢」（人権が保障されないことが逆に対外的に有利になること」を備えている。Aモデルの国家の資本はこれらの国家に流入し、搾取工場を経営し、そこで生産された廉価な商品が逆にA種類の国家の市場を占領している。この占領はA種類の国家に本来あった産業が取って代わられる効果をもたらした。経済総量からいえば、両方にとっては悪いことではなく、むしろ良いことである。B種類の国家にはGDP（国内総生産）の高度成長をもたらし、A種類の国家は結果としてGDPはさほど高くないが、GNP（増やした国民の富）は明らかに上がった。

しかし、分配状況からいえば、資本の流出と商品の輸入を特徴とするAタイプの国家の分配状況に明らかに衝撃を与える。なぜかといえば、労働と資本との収益の分配は、市場均衡の角度からいえば、両要素の構成状況にかかっているからである。資本が過剰になればなるほど、労働力は相対的に不足していき、労働側の交渉能力が強くなる。それに対して、労働力が過剰になればなるほど、資本が相対的に不足していき、労働側の交渉能力が弱くなる。先進国で過剰状態にあった資本は民主的体制下における福祉と強い労働組合を前にどうすることもできない。しかし、グローバル化の中で、資本側は「逆らえなくても避けて通れないことはないだろう」と認識し、「低人権国家」に資本を移し、そこで搾取工場を建てた。そのため、先進国の資本はさほど過剰でなくなった。甚だしくは相対的に不足するようになり、そこの労働力は相対的に過剰するようになった。端的にいえば、ここ二十余年のグローバル化の波の中で、先進国の就職率は全般的に低下していった。就職率の低下は福祉へのさらなる需要をもたらし、失業の増加は政府の再分配をさらに必要とするようになる。一方で、資本の流出は税源の減少を意味し、政府の福祉の供給能力を抑える要因ともなっている。グローバル化の一つのルールも上述した現象に拍車をかけた。つまり、「二重課税を回避する」というルールである。Aタイプの国家の資本はBタイプの国家で搾取工場を経営することを通じて、超過利潤を得たが、自国の就職機会を減らした。また、「二重課税を回避する」というルールを利用し自国の課税を回避できた。かくして、税源の減少と福祉需要の増加は分配のアンバランスをもたらした。ある外国資本が中国に進出し、もしいっそのことで会社の登録地まで中国に変え、これらの外国の社長も中国籍に加入し中国人になり、会社そのものも完全に中国の会社になるとしたら、まだいいのだが、つまり、本当にそのようになったら、これらの会社は当然中国の人権問題に関心をもつようになり、中国の市民的権利と財産権の保障や中国の政治体制に関心をもつようになると考えられるわけである。しかし、資本の「祖国」は依然として西側にある。一方では、これらの会社は民主国家の人権保障と財産権保障を享受しつつ、本国の課税の責任を負わない。他方では、西側の資本家は中国の人権問題に関心をもつ必要もなく、中国の工場で超過利潤を得ている。このようなやり方は両方でも要領よく立ち回ることができた。かくしてたしかに本来西側国家内部にあった均衡状態が崩され、西側での貧富格差の拡大とジニ係数の上昇の重要な原因となった。

五、「双子の黒字」と高度成長、どちらが「新興国家」の経済が平等になる原因か——中国はどうして例外なのかをもあわせて論じる

先進国の労働者あるいは社会的弱者集団にとっては、グローバル化における資本の流出と商品の流入がたしかに彼らの交渉能力を悪化させた。したがって、欧米諸国の左翼はグローバル化に対して強い非難を浴びせた。グローバル化によって、欧米諸国の分配状況の逆転及びジニ係数の上昇がもたらされた。これは完全に理解できる。

中国の状況から見ると、同じような左派でも、直面している問題は正反対である。市場条件下における労働力と資本の配置は不足や過剰などの状況に左右される以上、外国の資本が中国に流入し、中国の商品（実は商品に付着する労働力）が外国に輸出されることによって、中国の資本不足問題や労働力過剰問題を緩和し、さらに資本過剰問題や労働力の相対的不足問題をもたらした。かくして、労働争議における中国の労働者の地位が向上し、利益分配の際、優位に立つようになった。換言すれば、このように資本と商品の双方向の流動によるグローバル化のプロセスは、論理的に欧米国家の社会の不平等問題を引き起こすと同時に、中国の社会の格差を縮小させ、労働者の交渉能力を向上させ、資本側の交渉能力を低下させた、という対照的な結果になる。

実はピケティがその著書において、経済高度成長期では「資本の優位性」が下がり、分配は比較的平等になりうるが、経済低迷期では資本の優位性が突出しており、格差が拡大していく、と強調した。グローバル化時代において、たしかにこのようなことが存在している。筆者はその理由は説明しやすいと考えている。なぜならば、上述のように、市場における均衡条件が変わったためである。別にピケティが主張したようにr＞gという「法則」が働くためではない。

ここ数十年、経済高度成長を遂げた国はほとんどグローバル化の潮流の下の外向き型経済の牽引により、資本が流入し、

商品が輸出されるという「双子の黒字」をもたらす。これは、これらの国の顕著な特徴である。ピケティは、高度成長期におけるこれらの国の所得分配は相対的に平等であることに気付いた。しかし、彼は経済発展の速度をその原因とし、「双子の黒字」が市場の均衡に与えた作用を故意に見落としている。彼はグローバル化により、南北の格差が縮小し、新興国家の高度成長を促進したことを、的確に指摘しているが、これは科学技術や知識の伝播の効果にすぎない、資本の流入や商品の輸出を特徴とする外向き経済とはかかわりがないと主張する。

ピケティのこの見方は論理からみても、常識からみても、統計からみても筋が通らない。(7) 投資と貿易がなければ、科学技術と知識はまさか学術交流だけを通して伝播したのではあるまい。事実上、投資と貿易は経済高度成長を促進したのみならず、大規模な資本の流入や労働力（商品に付着する労働、中には労働力の直接な輸出）の流出はさらにこれらの外向き型の新興国家（地区）における労使関係のバランスを変えた。資本の流出や商品の輸入を特徴とする先進国で格差が拡大した、とは異なる様相を見せている。これらの国家はほとんど「資本収支と経常収支の双子の黒字」が最も顕著な時期にジニ係数が下がり、社会は平等に向って発展するという「平均的に豊か」である傾向にあった。日本、韓国、台湾、スペインはいずれもそうであった。アパルトヘイトが行われていた南アフリカですら、「双子の黒字―高度成長」の一九七〇年代に不平等の程度が小さくなる趨勢が現れた（本来非常に不平等な状況からの変容であるが）。(8)

実は、大多数の旧先進国は経済高度成長期において、資本の流入（あるいは自国での大規模な資本蓄積）と商品の輸出を特徴とした。この時期もちょうど平等への楽観的予期（十九世紀の「アメリカ例外論」から二十世紀の「クズネッツ曲線」理論にかけて）が流行っていた時期と重なっている。興味深いのはこの時期の欧米左翼と労働運動がグローバル化に反対しなかったことだ。反対に、「世界の無産階級の連携」「インターナショナルを必ず実現しよう」というような「国際主義」的なスローガンを声高に叫ぶ機運が盛り上がった。今の欧米国家の労働組合が貿易保護や関税障壁に熱中するあり方とは明らかに対照的である。

もうひとつの明らかな反証がある。二十世紀半ばたくさんのラテンアメリカ国家たとえばブラジル、メキシコなどでは一度経済高度成長の「奇跡」が起こった。しかし、これらの国家は「輸入代替」型の発展戦略をとっており、投資を募り商品を輸出するような双子の黒字外向き型ではなかった。したがって、高度成長に伴う分配の平等化が現われなかった。かえって、この時期の不平等はさらに深刻化になり、「中所得国の罠」の例証として著名である。南アフリカの例はさらに明らかである。アパルトヘイト時期の最後の二十年において、不平等の度合いは低下していったが一九九四年黒人が政権を取ってから、不平等の度合いは明らかに上昇していた。その時期はアパルトヘイトがすでに廃止され、執政者は南アフリカ共産党が三〇パーセント前後を占める左派政府であったが、経済成長についていえば、この時期の南アフリカには「経済的奇跡」を再び見せられなかったが、その成長率はアパルトヘイト時期の最後の数年間や政情不安の移行期のそれと比べて低くはない。しかし、新・旧南アフリカの経済のモデルは明らかに変化した。従来の製造業を主とする「双子の黒字」の輸出牽引型から第三次産業を主とする大きな赤字で輸入牽引型へと変わった。いうまでもないが、不平等の度合いが変化する主たる原因はここにある。

もちろん、不平等の状況に変化をもたらす要素がひとつしかないというわけではない。ピケティは成長率を唯一の原因とし、制度変化という「きわめて重要な要素」を考慮に入れないことはすでにピケティの批判者が指摘している。[9]筆者は、成長率は重要ではないと考えている。しかし、資本と商品の双方向流動による「双子の黒字」が格差縮小の唯一の原因とは考えていない。事実上、前述した南アフリカ後期の格差縮小はこの時期のアパルトヘイト制度の弱体化と明らかに関わっている。さもなければ、一九七〇年以前「双子の黒字—高度成長」だった南アフリカは人種差別の最も深刻化した時期に不平等問題もますます深刻化していったことを理解しがたい。ただし、単なるアパルトヘイト制度の強弱だけで解釈してはいけない。さもなければ、一九九四年以降アパルトヘイトが徹底的に廃止されたあと、所得格差はなぜ拡大したのか、を解釈できないだろう。[10]それと同様に、一九八〇年代以前の欧米労働者及び下層の人々の地位の上昇と社会の平等化の趨勢について、左派は通常それは労働運動と民主主義的福祉国家制度の成果と強調するが、右派はこの時期の先進国の資本累積が過剰化し、労働力が相対的に不足しているため、労働争議における労働力の実力が上がった、というように「市場均衡」論で解釈する。筆者は、この二つの解釈は矛盾しておらず、当時の「欧米諸国の平等」は両者の総合的な結果であると考える。

このロジックで考えてみれば、「双子の黒字—高度成長」状態にあった中国の格差がなぜ明らかに拡大したことかが理解しやすいだろう。近刊の拙著『南アフリカの示唆』(原題

『南非的啓示』において、中国と身分的差別が存在した状況下で「双子の黒字―高度成長」の経済的奇跡を遂げた旧南アフリカとが非常に似ていると指摘した。一九七〇年代以前南アフリカは「双子の黒字―高度成長」時期に高度な差別のため格差拡大に至ったという歴史的事実に照らしてみれば、中国がなぜ「例外」なのか分かるようになる。

六、西側の左翼と中国の「左派」
――ピケティの問題設定の誤り

残念なのは、前述したように、欧米、東アジア、スペイン、南アフリカ（一九七〇―九〇年代）の状況とは異なり、中国（一九七〇年以前の南アフリカと似ている）の状況が非常に「特殊」なことである。ちょうど「双子の黒字―高度成長」という特徴が最も顕著な時期において、中国のジニ係数は急速に上がり、格差問題が悪化し、資本流出―商品の輸入を特徴とする欧米諸国よりもひどかった(11)。これはなぜなのだろうか。欧米では、上述した問題の悪化は論理的に容易に解釈できる。市場経済（要素間の均衡条件の変化）の論理からも、社会主義（福祉国家の危機）の論理からも、いずれも容易に解釈できる。しかし、それによって中国の状況を解釈することは難しい。「社会主義」の角度からいえば、中国は「社会主義国家」なのに、なぜ資本主義の欧米諸国より格差も大きくジニ係数も高いのだろうか。「市場経済」の論理からいえば、中国は欧米とは異なり、グローバル化により資本の不足と労働の過剰が緩和されたにもかかわらず、労働争議における労働者の地位はなぜ依然として弱く、欧米よりもずっと弱いのだろうか。

「経済以外」の原因があると言わざるをえない。なぜならば、Bモデルの国家の政治体制があるため労働者の交渉能力が人為的に低下させられ、労働の報酬は市場均衡条件下のそれより低くなるからである。極端な例であるが、近年「労働力不足」による「企業人件費の上昇」（紛れもなくこれは労働者に有利な市場均衡の変動である）が発生した際、多くの地方政府の間で「投資を誘致し投資を募る」という競争が繰り広げられ、政府の力を動員し「企業のために労働力不足問題の解決に手助けし」「政府は企業の求人活動という経済活動を行政化」し、「求人のノルマを各レベルの政府に割り当て」、納税者の税を奨励金として労働仲介会社に渡した。とりわけ教育の行政化体制の助けで、教育の管理部門は職業専門学校や技術専門学校に対してより規模の大きい「実習」学生を工場に派遣するよう迫った。その上、「実習」期間の長さは企業の受注量により決められ、企業の「弾力性のある人手需要」を満たそうとした。「実習」の賃金は低くてたまらないうえに、学生の専門とは「いつもまったく関係ない」。しかし、「実習しないと卒業させない」という規定があるため、大勢の学生は本来あるべき学習時間を削ってまでたくさんの時間を生産ラインに費やした。二〇一〇年の「建物からの飛び降り」事件に悩まされた富士康〔フォックスコン・テクノロジー・グループ〕は、このような方法で苦境から脱却できたと同時に、「人件費」の「過度な上昇」を回避できた。ある調査によると、夏休みの間、十万人の在学生が深圳《シェンジェン》市の富士康に派遣された。昆山《クンシャン》の富士康の工場の「実習」学生は六分の一を占めている。重慶の富士康に学生を派遣した職業技術専門学校は一一九校ある。太原、武漢などの富士康の状況も似ている。(12) 中国のインフラ建設のすさまじい競争力を示す建築業では、いうまでもなく低賃金はもちろん「賃金の年末支給」も体制に認められており、「中国の特色」となっていた。二〇一三年に至っても、月ごとに農民工に給料を支払いしないという現象が至るところでみられる。全国の建設現場のうち、月ごとに給料を支払うのは一九・九パーセントにすぎない。北京は最も低く、五・五パーセントしかない。なぜかというと、北京政府の工事が多く、工事費の支給を引き延ばすのは「常に政府」であり、年末支給すれば、未払いとはいえないと考えているからである。かくして、「要求せず」賃金を獲得した人は四六・六パーセントにとどまっている。一二パーセントの人は一円たりとももらえない。(13) このルールにより、農民工は自ら利子の損失を負わざるを得ないばかりか、年内仕事の場を離れる権利まで剥奪された。

集団交渉において、中国の過去の労働組合や商会などは完全に官製の飾り物で、実のところ、政府の言いなりであり、交渉などはまったくなかった。数十年の市場経済の発展に伴い、今の商会の多元化は大きく進展し、官製の「工業商業聯合会」のほかに、たくさんの民間商会が生れており、とくに外国商人や香港・台湾商人の商会は完全に独立している。しかし完全に独立した労働組合はなく、官製労働組合は「上層が官僚の管理下に置かれており」、「中下層は官僚の管理下のものもあれば企業側の管理下のものもある」が、労働側が運営するものはひとつもない。(14)「企業を誘致し投資を募る」ために、労使紛争において政府と官製の労働組合が企業側に比べてより強硬な姿勢を示し、企業側が譲歩しようとしたところ、政府が前面に出て労働者を弾圧するニュースも多くあった。一九九〇年代の「リストラ」ブームの中、官製テレビで繰り返し放送している歌の歌詞は以下のようなものであった。「勝敗を目の前に、豪邁に人生に臨んで、一からやり直せばいい」という「公益の歌」などだ。これは徹底的に労働者の交渉権を否定するためのとてつもないプロパカンダでなくてなんであろう。西側国家では、労働組合の役割について、とくに強すぎる集団交渉権が個体の契約自由への障害になっていることについて論争が多々あった。しかし、商会だけが許容されるが労働組合が許容されない、というのは誰も賛成できないだろう。もちろん、政府が企業の権利を侵害するケースも跡を絶たない。中国政府が「資本階級の利益」を代表すると一部の左派は見ているが、それは間違っている。しかし、労使関係において、中国の体制は労働者への弾圧（企業への弾圧に比べて）が強いものである。なかんずく、今日ブルーカラーの根幹となった「農民工」への弾圧はなおさらである。

政府が権力を以て「企業を誘致し、投資を募る」活動に加えて、手段を問わず「農民工」への制度的差別を行い、本来あった資本―労働力との間のバランスを崩してしまったことは、一目瞭然である。本来、たとえ福祉国家や強い労働組合のような「社会主義」的要素がないとしても、市場均衡の条件を頼りにし、労働者たちはさらなる利益交渉の余裕と価格交渉能力をもつはずである。しかし、「経済以外」の条件がその実現を遮断し、すくなくとも十分に実現できなくさせた。一九七〇年前の南アフリカと現代の中国は、この点において似ている。

したがって、筆者は自分のことを左派と称しないが、もし筆者がヨーロッパの左派であるならば、グローバル化に反対するわけである。なぜかといえば、このグローバル化により、資本が流出し、外部の搾取工場の廉価な商品が流れ込み、われわれの失業を増加させ、労働組合が凋落し、福利が水の泡になり、貧富の格差が広がるようになったからだ。しかし、筆者が中国にいる左派だとしたら、なぜこのようなグローバル化に反対するか。このプロセスによる影響は中国と西側国家では正反対なのではないだろうか。中国の場合、資本が流入し、商品が輸出され、それによる市場均衡の変化は中国の労働者に有利ではないか。

したがって、中国で左派の役を演じるならば、このようなグローバル化に反対すべきではない。それでは、中国の格差の病弊はどうすればいいか。政治体制の改革を推進し、現在の政治体制が労働者の権利擁護能力発揮に加える圧力を減らすべきである。まず、第一歩としては、市場均衡条件下で受け取るべき利益を受け取れるように、次は、それに基いて、「福祉を得るために政府のアカウンタビリティを問」い、福祉国家の再分配による利益を受け取れるように、と進んだほうがいい。しかし、市場均衡条件下での利益すら受け取れないとしたら、第二歩に踏み出せるだろうか。

左派であれば、西側の民主主義的福祉国家ではグローバル化に反対すべきだが、中国ではグローバル化に賛成すべきであり、同時に政治体制の改革を推進し、グローバル化によって中国の労働者や弱者集団にもたらされる利益を真に入手できるように力を入れ、さらにBモデルをAモデルへと変えて、「社会主義」と「市場経済」がともに効率と公平を増加するようにすべきである。

もしこれが実現できれば、上述した地球規模のA／B「奇形的インタラクティブ」による危機への対策ともなる。われわれの「社会主義市場経済」がBモデルでなければ、住民の消費率が低く、累積率と投資率が異常なほど高く、生産能力が極めて過剰しており、民衆の保障が脆弱だが政府の金はあまりに多く、どう使えばいいかと悩んでいるため、「他人の当座貸越しに利用される」ことにより高度成長を維持している、という状況は生じない。また、Aモデルは無制限に当座貸越しすることができなくなり、「馬に走ってもらうが草を食べさせない」意識をわがまま放題にさせず、合理化の方向に向うだろう。両方の「社会主義市場経済」は目前の奇形的インタラクティブから良性のインタラクティブへと変化していく。

これこそが先ほど筆者が言った世界的な問題を解決する根本的な活路である。ピケティは左派であるために、彼の著書が右派に嫌われるのは自然である。しかし、マルクスの著書のように、左派の本も名著になりうる。しかし、ピケティの本はだめである。彼の本はたとえ左派の論理からみても、問題への把握と問題解決の対策はいずれもたいしたことない。筆者の本書に対する評価が高くない根本的な原因はここにある。

七、「二十一世紀の資本」と二〇〇〇年余りにわたる資本の優勢――歴史と論理の二重の誤謬

「二十一世紀の『資本論』」と十九世紀におけるマルクスの『資本論』の最大の差異のひとつは、マルクスが歴史的進歩論者だということだ。以後、いわゆる「五段階の社会が順次に発展する法則」としてマルクス理論は受け止められた。彼はたしかに「資本主義」を一つの「歴史的段階」と捉え、市場経済の「交換関係」における労使の二元対立関係がこの段階にだけ決定的な意義があると考えたのである。マルクスはずっと「人身従属関係」が「交換関係」に取って代わられるのは「市民社会」だけにおいて実現できることであり、決して数千年そうであったわけではなく、さらにはすべての場所が

そうであったわけでもない、と考えていた。

『資本論』の雛形である一八五七—一八五八年の手稿によれば、「すべての労働生産物、力能および活動の私的交換」は、「諸個人相互間の上位下位の位階的秩序のうえに打ち立てられた配分」と対立しているのみならず、「生産手段の共同的な領有と統制の基礎のうえに協働結合している諸個人の自由な交換」とも対立している。[15] この三者はそれぞれマルクス学派が定義した資本主義、前資本主義（家父長制的、古代的あるいは封建的）、ポスト資本主義（彼が理想とする共産主義）のことである。共産主義が実現できるかどうかはともかくとして、すくなくとも前資本主義の分配は「支配—従属関係」の上に行われ、資本主義の分配は「交換」の上に行われる。両者の区別は明らかである。「すべての労働製品や能力や活動が個人間交換を行う」時代に限り、労働と資本はこれでなければあれであるというような分配対象になる（それで「無産階級」と「資産階級」との二元対立がはじめて形成される）、というのは明白である。

この前の時代に、流行していたのは「支配—従属関係に基く支配」であり、「労働」も「資本」も「支配」者に服従しなければならなかった。分配のルールは「労働に応じて分配する」のでもなく、「資本に応じて分配する」のでもない。「権力（政治権力と身分的特権）に応じて分配する」。あるいはマルクスの言葉でいえば、格差の形成という点では「古代の世界では政治が主要な役割を果した」。[16] もちろん、マルクスの経済決定論（生産力は生産関係を決める、経済基礎は上部構造を決める）は資本主義に限らないが、「取引分配」論は資本主義に限られる。すなわち、「前資本主義」の分配が政治性（「超経済強制」性）を帯びてくるのは、当時の生産力が低く、交換が発達していなかったからである。今からみれば、必ずしもそうではない。工業時代において、政治強権の抑圧を受けた交換が政治的分配につながることを、われわれはみたことがないだろうか。したがって、マルクスの経済決定論を受け入れなくてもいいが、マルクスの指摘した政治的分配と取引分配との差異に対して否定する必要もない。さらに見落としていけないのは、前者（すくなくとも民主的体制でない場合）は後者に比べてより野蛮的だという観点である。

しかし、ピケティは彼の定義した「資本主義の基本法則」が「歴史上のあらゆる段階のあらゆる社会に当てはまる」ことを証明してみようとした。[17] この意味において、彼の書名は『21世紀の資本』というより、むしろ「二十一個の世紀の資本」と呼ぶほうがより適切である（マルクスのあの本は『19世紀の資本』と呼んだほうがいいように思われる）。資料の制限があるにもかかわらず、ピケティがあげた図表は十九世紀以来の状況を示すものであるが（ここからもわかるように、彼は実証を通じ慎重で緻密な研究を行おうとした）、機会があれば、彼はいわゆる資本優勢（「資本収益率が経済成長率より高い」あるいはr＞g）はごく稀にみる通常レベルではない経済成長段階を除き、古今東西に適用する「法則」であることを論証しようとした。彼はもっともらしく紀元〇年から二二〇〇年にかけての「世界の課税後の収益率と産出成長率との比較」表を作成した。r＞gは古代から『第一次世界大戦』前夜にいたるまでの人類の歴史では成り立ち、二十一世紀も同じになる可能性が高い」と宣言している。[18] 地域的にいえば、西側に当てはまるばかりでなく、中国をも含む「世界」に当てはまると主張している。換言すれば、稀に見るほどの、かつ持続不可能な「経済的奇跡」のなかでだけ、「労働」はなんらかの利益を得るが、ほかの古今東西のあらゆる状況下では、格差の唯一の原因は、「資本」が「労働」を搾取したことにある。それを緩和するための唯一の手段は政府を引き立て資本に「対抗」させることである。専制的権力が「専断的な租税、差押え、諸特権、商工業への官僚制度のわずらわしい干渉などよって財産を苦しめる」[19]というマルクスが激しく非難した中世の病弊はピケティの論理によれば、救世の妙案になるのではないか。

時空を超えた、無条件の「資本―労働」二元対立論を立証するために、ピケティは「人的資本」論に批判を加えた。彼は資本を自由に取引できる富と定義し、人間は取引できないとした。したがって、「人間」は「資本」ではない。彼からすれば、「人的資本」論は資本と労働の区別を覆い隠すためのものである。[20] 自由人（人間は取引の対象にならない）と自由市場（物は自由に取引できる）の条件下では、彼の見方は一理あるといえる。市場経済の各要素の競争の中で、「人的」と非人的「資本」とはたしかに異なる要素であり、「人的資本」論はこのような要素間の競争についての分析に論理的な混乱をもたらすわけである。しかし、問題になるのは、古今東西のあらゆる時空のなかに自由人と自由市場しかなかったのか。人間（人間が提供した労働のことを指すわけではなく、労働を提供する人そのもののこと）はある程度取引の対象になりうる（奴隷制、農奴制やほかの人身従属制度など、専制的国家に依存する体制、つまりマルクスのいわゆる「アジア的生産様式」及びその論理がみられる近代的体制）。しかし、物の取引はたくさんの障壁と束縛に直面する。ないしまったく取引できない（完全に市場のない指令経済）。これは不可能なのだろうか。これらの条件の下で、「資本」と「労働」は「分配」に影響を与えうる二つの要素であるが、それ以外の要素はないのであろうか？

ピケティは肯定するに違いない。彼は彼の「資本―労働」二元対立モデルが奴隷制にも当てはまることをわざわざ説明した。彼からすれば、奴隷の人身が取引できるので、奴隷はその持ち主の「資本」といえ、分配に参与する「労働」ではない。しかし、奴隷と奴隷主しかいない経済（現実には必ずしもそのような経済はなく、必ずしも労働者と企業の所有者しかいない経済がないと同様のようである。しかし、論理的分析として、このような「典型」を避けて通れない。労使関係の分析を回避してはいけないのと同様のように）の中で、もし奴隷が「労働」といえないなら、「資本」という利益の独占者しかいないのではないだろうか。こう考えてみれば、資本と労働の収益分配ないしは資本優勢という「普遍的法則」を論ずることは可能なのか。奴隷はもちろん法律上の財産権を持っていないが、消費はしている。マルクスの説でいえば、奴隷も「必要な労働」を必要とし、奴隷主が搾取したのは「余剰労働」（「余剰価値」ではないかもしれいが）である。したがって、奴隷が分配に参与していないというのも辻褄が合わない。もしピケティの説に即していうと、奴隷の待遇はどうであれ、それは奴隷主の「資本収益」の中のものでなければならない。そうならば、奴隷が待遇の改善を要請するのは何の正当性があるのか。もし待遇の改善さえ要請できないならば、解放を要請することはできるか。ピケティの「法則」は論理的に以上のような結果になってしまい、彼自身はそこまで思わなかったであろう。

さらに重要なのは、「半奴隷」状態の場合、たとえば農奴制や他の従属関係などの場合、農奴は経済的独立を有するので、分配に参与していないといえるのか。それでは、農奴は「労働」といえるかどうか。もし言えるならば、分配において農奴と競争するのは「資本」だけなのか。「自由市場の中で、資本は労働に対してつねに優勢にたつ」というピケティの観点から考えると、自由は農奴にとって不利なものになるのではないか。

ピケティもまた「農業社会」にはしばしば言及した。しかし、彼は自由小作農制度（土地を「資本」とする地主と自由な小作農による「労働」との対立）と内戦前のアメリカ南部の商業奴隷制度（荘園内では「資本」しかなく、「資本」の「労働」に対する優勢は奴隷の主人と北方の自由労働者との関係においてだけのもの）しか知らないようである。これは、中国あるいはアメリカの文脈では理解できるかもしれないが、ピケティの祖国フランスでは、隷属農民制度が歴史上流行していたことを考えれば、彼がそう主張するのはおかしい。農奴が領主にコントロールされるのは財産関係によるのではなく、身分関係（マルクスの言う「支配―服従関係」）によるのであり、中世のフランスの農奴の土地は封邑や封臣制の原則に基いたものであり、こうした土地は農奴の自由な財産でもなければ領主のそれでもない。領主は土地を封邑として最下級の封臣の農奴に封じる。それは、領主の土地も上のレベルの領主に封じられた封邑であることと論理上では同じである。各レベルの依存関係は取引できないかつ不自由な身分関係の上に築かれたものである。したがって、（封邑以外の）土地を購入した農奴は依然として農奴であり、土地を失った主人（騎士）も依然として主人である。前者はそれまで通り後者に対して義務を負わなければならない。もしピケティがそのような農奴に、君は「労働」だから、「資本」に反対するために「自由」に抵抗すべきだと言ったら、農奴たちはどう反応するだろう？

一八六一年以前のロシアでは、貴族自身が私有する土地は少なかった。当時のロシアの土地はほとんどミールや「農民集団」が所有していた。ミールが専制的国家のコントロール下に置かれていた。貴族がロシア帝国に奉仕するため、ツァーリがいくらかのミールを貴族に与え、ミールの成員が命令を受け貴族に仕えて働く、というようにして、ロシアの野蛮な農奴制度が形成されてきた。しかし、ツァーリは貴族に土地私有の権利を与えなかったため、農奴はミールの成員として農地を耕す権利（及び土地から離れてはいけない義務）を持っており、「貴族の土地を借りているので、地租を納める」という考えを持たなかった。農奴はミールの成員として「ミールの父」（ツァーリ）の命令を受け貴族に仕える存在である。農奴制度が廃止されて、ツァーリが土地を「分割する」政策を施行し、ミールの土地の一部分を貴族の私有物にしたため、貴族は農奴を使うことに頼らず、土地の収益に頼って利益を獲得し地位を維持することができてはじめて、「地主」の身分になった。それでは、それまで農奴は「土地がないため」に、「搾取」されていたのか。当時ロシアのマルクス主義者は、自由にミールから退出することと自由に土地の取引を行うこととは農民解放の「唯一の要求」としていた。プレハーノフは「ロシアの農民は二つの階級に分けられる。搾取者であるミールと搾取を受ける個人」、ミール化は「中華帝国やベルー帝国の再現――共産主義の基盤に築かれた専制的帝国」[21]とさえ言っている。彼らがそう主張したのは、果たして「資本」の「自由」を求め、「労働」と対抗しようとするためなのか。それに加えて、ピケティはr＞gが常態と言いつけ、経済高度成長の「奇跡」の場合だけが例外である。経済成長が遅ければ遅いほど、この「法則」がますますはっきりする、と断言する。不自由な制度が流行していた古代や中世は、経済が普段は停滞状態にあり、ピケティの言葉で言えば、「経済成長は人類の歴史上においてほとんどゼロに近い」[22]。その状態では、r＞gあるいは「資本」が「自由貿易」により「労働」を翻弄する病弊はさらに深刻である。論理上では、「自由」を減少する必要があることと制約を受けない権力により手厳しく「資本」を打撃することを意味している。つまり、農奴時代はことに「自由」を弾圧すべき、という結論に導く。これは人を驚愕させるものに違いない。不幸なことに、ピケティの「法則」を農奴時代に適用するとしたら、論理上この推論にならざるをえないのだ。

ピケティの著書が世に問われてから、少なからぬ経済的自由主義者からの批判が次々と現れてきた。彼らはピケティとマルクスを一括りにして論じ、二人とも「資本主義の一般法則」についての論証に失敗した、と主張している[23]。実は、マルクスの資本主義に対する具体的な批判（たとえば余剰価値論など）は学術的には成り立つか否かはさておき、自由競争経済がもたらした「結果的不平等」に異議を唱えることは、マルクスから始まったのではなく、彼の「失敗」で異議申し立てが静まるわけもない。彼は明らかにこの異議申し立ての最も象徴的な代表となっている。今日の「社会主義市場経済A」あるいは民主主義的福祉国家の出現自体はまさにこの異議申し立ての巨大な影響を物語っている。この点からいえば、マルクスはもはや不滅である。

しかし、マルクスの「資本主義の一般法則」は成り立つか否かはさておき、少なくともマルクスはこの法則を「歴史上のあらゆる段階のあらゆる社会」に当てはめようとは考えなかった。農奴制度下で「自由」が多いと評価しない（その時代の自由主義者は農奴が享受できる「福利」が多いと評価しないのと同じように）。マルクスは資本主義を批判する大家であるが、周知のように資本主義が歴史上では「かつて巨大な進歩的役割を果した」とした資本主義を高く評価したのもマルクスである。マルクスは十九世紀の半ばのヨーロッパで暮らしていた。当時の大多数の国家（彼の祖国ドイツも含む）において、憲政と民主はまだ建設中にあり、専制の要素も濃厚であった。彼は資本主義を批判しつつ、政治上の専制主義と経済上の前資本主義の専制国家の介入を身にしみて感じたので、それへの批判も激烈であった。

二十一世紀を生きているピケティにとっては、「資本主義」以外にすでに非難攻撃する対象はないようである。自由主義あるいは「右派」からすれば、彼の観点は勿論受け入れ難いが、マルクスの観点からすれば、彼の「汎資本主義」論はおそらくさらに受け入れ難い。しかもこの問題に関してはより正しいのはマルクスであり、ピケティではないかもしれない。

八、何の「捲土重来」を防ぐか？——自由市場と福祉国家はともに「低人権優勢」からの挑戦に直面している

これはピケティがマルクスに比べてより「左」あるいはより「右」であることを意味しているわけではない。表向きからいえば、マルクスは「資本主義社会」時代における資本主義批判を繰り広げ、「前資本主義」時代における資本主義を批判しないどころか、資本主義の進歩性を強調する——「封建」や「専制」政治に対しての「資本主義民主」の進歩性を強調するのみならず、「封建社会主義」と専制国家の介入と管理に対しての自由市場経済の進歩性を強調する。しかし、ピケティは資本主義批判を「歴史上のあらゆる段階のあらゆる社会」に当てはめようとし、マルクスに比べてより「左」のように思われる。一方、ピケティは政治上の革命を主張しないし、経済上の国有化をも主張しない。彼が出した処方箋は資本に対して「民主的監督」を行うことと「世界的な資本」課税だけである。世界政府が存在しない状況下ではいかに「世界的な課税」を行うかについて大きく疑われるが、このような主張は基本的に民主主義的福祉国家、すなわち筆者の言う「社会主義市場経済A」という文脈の従来の考え方である。「二十一世紀の資本を論ずる」を故意に「二十一世紀の『資本論』」と捉え直す中国語版とは異なり、ピケティはマルクスと以後のマルクスの名を借りた運動に対して、意識的に距離をおいている。序言において、ベルリンの壁の崩壊時代に育ったと述べ、「彼らの世代は『ソ連崩壊』を経験し、このような政治制度あるいはソ連に対して好きだとか懐かしいとかという気持ちは毛頭ないと述べられている。「反資本主義」のような伝統的ながら粗雑なレトリックに対して免疫ができている」[24]と述べた。したがって、極左派は歓呼の声をあげるとともに、不満を抱く。「ピケティはいるのだが、やはりマルクスが必要だ」と主張している。一方、ピケティとアダム・スミスやマルクスとの比較を極めて重要視している論者もいる。[25]

実は、ピケティの著書の背景には現代「社会主義市場経済A」が直面する重大な苦境がある。この論戦は基本的に長期間にわたる「自由市場vs福祉国家」論戦の延長線にある。自由市場寄りの「右派」はほとんどピケティを批判しているが、「福祉国家」寄りの「左派」はほとんどピケティを支持している。つまり、これは「社会主義市場経済A」内部の論戦である。ピケティの味方はより多くの「社会主義」的要素

を求め、今のＡモデルの「社会主義」的要素が減少しつつある（ますます不平等になりつつある）ことに抗議し、十九世紀の「野蛮な資本主義」がまさに捲土重来しているとみている。一方、ピケティ反対派は「市場経済」的要素を求め――少なくともこの要素の減少に反対している。と同時に、事実関係の判断として、彼らはＡモデルの「社会主義」的要素は減少していないとし、未来の「クズネッツ的楽観」も幻滅しておらず、ピケティのデータにたくさんの疑問を投げかけた。(26)

筆者からすれば、反駁者はデータの問題を指摘することによって達成感を得るものの、全体的に人々（ピケティに限らず）の印象を覆すことはできない。すなわち、ここ三十年間欧米諸国内部の格差は拡大しつつあり、クズネッツ曲線に基づく平等への楽観的予期も逆転した。しかし、この事実をめぐる解釈は成功したとは言いがたい。論争の双方はＡモデルの内部において議論を行っている（ピケティは古今に論及しているが自称している。実は古今の社会を「資本主義」社会とみなし、本当の歴史をみる眼があるわけではない）ということこそ問題だ。十九世紀以来の左派と右派の論争の続きである。

しかし、今日のわたしたちは斬新な課題に直面しているといえるかもしれない。すなわち、上述したように、高度なグローバル化時代におけるＡ／Ｂ二種類のインタラクティブが悪い結果をもたらすだろう、ということである。それは欧米諸国の内部の左右論争では捉えきれなく、上述した左あるいは右あるいは左右の「中間」という見方では解決しえない。ピケティは十九世紀の「バルザック的資本主義」の再来を懸念するのに対し、彼の反対者は彼の懸念を払拭しクズネッツ的楽観を取り戻そうとする。筆者はピケティの解釈に賛同しないが、彼に比べてより悲観的である。民主政治の下で「社会主義市場経済Ａ」モデルは今日に至るまで発展してき、十九世紀の「純資本主義」に立ち戻ることはほとんど不可能である。しかし、Ａ／Ｂ両モデルのインタラクティブの見通しを立てがたい。自由競争市場の支持者と民主主義的福祉国家の支持者との間にさらに新たな論戦を繰り広げる際、確率が低いかもしれないが明らかに存在しうる可能性に思い至ったのだろうか。つまり、自由市場と福祉国家が共にある種の自由も福祉も欠けている体制に打ち負かされ、再来するのは「十九世紀資本主義」よりも悪い体制（左派にせよ右派にせよ）と考えたことはあるだろうか。

十九世紀の論争に照らしてみれば、上述したように、当時のマルクスは資本主義を批判するとともに「反封建」（ここでは広義の封建を指す、つまり前資本主義の各種の専制を指す）問題にも大きな注意を払った。自由主義者は「反封建」と同時に、マルクスらと論戦を展開した。一方、両者以外の「負のエネルギー」として、中世の勢力から近代の専制主義に至るまでが、自由民主派に損害を与えたのみならず、社会民主派にも損害を与えつつ、その抵抗と反撃も受けたわけである。しかし、西側はこの一世紀の成功のために、自己満足に陥った。現在の論争はかなり「単純化」したものである。つまり、ピケティは「資本主義」を批判し、彼のライバルは「資本主義」を守る立場をとる。[27] 両者はどうもひたすらその問題だけに一心のようである。ピケティの「資本主義批判」をそのまま中世に適用したらどうなるかはすでに見たとおりであるが、それは、もし彼のライバルの「福祉国家批判」をそのまま中世に適用した場合、もたらされた結果と同じく荒唐無稽である。

無論、古典的な奴隷制や農奴制は今日ではおそらくないであろう（ごく例外なものを除く、例えばＩＳＩＳ）。しかし、不自由な人と財産、とりわけ独裁国家における不自由は依然として少なからず存在している。さらに重要なのは、今日のグローバル化の深さと広さは十九世紀のそれとは比べるものにならない。十九世紀の左派と右派がインドや中国のいかんにかかわらず、イギリス資本主義の問題で論争することにより、正確で鋭い見解を得られるが、今日のグローバル化の世界では、Ｂモデルのことが分からない人は中国問題を論じることができないばかりでなく、おそらくＡモデルの直面する問題についても説得力のある分析もできない。

ピケティは西側でこの数年間に生じてきた貧富の格差が資本の「自由放任」だけに起因していると分析する。マルクスの時代ならこの主張はまだ許されるのだが、そもそも今西側の「社会主義市場経済Ａ」の下では「自由放任」はあるか？この問題について、西側の「右派」に同調したくない。では、中国の官製「左派」の言い分を見てみよう。

二〇一〇年数名の「左派」が集まり西側のことを批判したことがある。いつのまにか怒りが「福祉国家」に集中するようになった。ある所長は「金融危機は実は福利主義の危機だ」「西側はローズベルトのニューディール以降、庶民に対して目先の利益で釣っている政策を行ってきた。でも、福利主義政治は大量の問題を山積んで、とうとうこの危機を醸成したのだ」と言った。もう一人は続いてこう言った。「西側の問題は端的にいえば、（福祉国家が）人を怠け者にしたことにあるんだ」「中国人は君たちより勤勉で努力を惜しまず、しかも、低い生活水準でも我慢している」。どこが間違っているか!? 副所長はこう言った。ここ数年西側の「人権政策の重点は草の根に移されるようになって、中国の現在の社会のではないか。

的矛盾に狙いをつけている」、これは「非常に恐ろしいもの

だ」[28]。はっきり言えば、西側は彼らの「社会主義」でわれわ

れの「中国特色のある資本主義」を転覆し、われわれの搾取

工場を平和裏に憎らしい福祉国家に変質しようと考えている

のではないか。

ピケティは不思議に思わないかもしれない。西側でも、「自由放任」論者の福祉国家を批判する声が聞こえる。ただ、それはさほど厳しいものではない。しかし、彼が知らなかったのは筆者の友人たちが自由放任論者なわけではなく、むしろ自由にも福利にも反対する人だということである。さらに興味深いのは、これらの友人は西側の福利にも自由にも批判的な姿勢を示す。にもかかわらず、西側の福利主義者からの賞賛を得る（君たちは自由市場を拒否しているのか？　よくやったね！）と同時に、西側経済自由派の賞賛を得た（君たちは福祉国家を拒否しているのか？　よくやったね！）「自由市場と福祉国家論争」しか知らない西側の人からすれば、君は自由がないから高福祉を享受しているに決まっている。あるいは君は福利がないから誰よりも自由であるに決まっている。自由もなく福祉もない状態は、彼らにとっては理解しようもない。

九、国民から取ったものを官僚は貯めこむ？——ピケティの「公共資本」概念とBモデルの「高税収低福利」モデル

ピケティはこのような事情に対してまったく理解できない。彼の論証の一部は筆者からみれば非常におかしい。例えば、彼は西側の「民間資本」が「公共資本」より圧倒的に多いと述べている。国民資本に民間資本の占める割合は「すべて九〇パーセント以上であり、一〇〇パーセントを超える国もある。例えば、イタリアの公共資本がマイナスになっている。つまり、公共債務が公共資本を超えているため、民間資本の割合が増大するというわけである」とも述べている。中国はぬきんでて格段に優れており、中国の「公共資本が国民資本の半分を占めているよう」だと彼は見て、中国へ高い評価を与えた[29]。

しかし周知のように、今の西側諸国ではほとんど高課税高福祉の「分配的社会主義」が行われている。ピケティのあまり好きではない最も自由競争寄りアメリカにしても、その税率はヨーロッパより低いが、アメリカの過去のそれよりずっと高い。わが国の一部の「左派」の友人は、アメリカをモデルとし、中国政府の「金銭吸収能力」はアメリカより弱

いと主張している。この主張はどうも控え目に（謙虚すぎる）みた結果のようであるが（わが政府は税収のほかに「土地財政」〔土地や不動産関連の収入に強く依存している財政のこと〕、「予算外」収奪など「あらゆるルート」があり、その収入はアメリカより実は高い）、ということからわかるように、われわれの「公共資本」を拡充する手段は少なくとも表向きはアメリカから学んだ。ピケティの説明によれば、われわれの「公共資本」は西側諸国よりずっと多くなる。そういう結論になるのははなぜであろう。

実ははっきり言えば、ピケティの言う「公共資本」は公共支出を差し引いたあとの純資本である。論理上では、彼が言うこの定義は「資本主義」なのかそれとも「社会主義」なのか、「自由主義」なのかそれとも「福祉国家」なのか、という問題と関係ない。理由は簡単である。低課税低福祉の自由放任経済においてはもちろん収支相殺すると国庫残額は多くないだろう。高課税高福祉の国家もそうではないだろうか。事実上、現代の左派と各種社会主義者は通常「自発的な市場」に反対し国家の経済的役割を強調するが、国家が高い比率にある既存の生産性資本を掌握すべき（ピケティはこの主張を支持しない立場）と主張する「生産的社会主義」者を除き、ほかの論者は分配的資源に対して、国家の介入も強調するが、これは「民から取るもので、民のために使う」べきで、このような「公共資本」を累積しようと主張する人はいない。

分配の角度からいえば、論理上では高課税＋低福祉、収入は多く支出は少ない状況であれば、国庫は満ち溢れるようになりうる。しかし、これはピケティの鼓吹する「民主が資本を監督する」とはあたかも正反対ではないだろうか。ブキャナンらはかつて証明したように、ほかの条件は同じとしたら、民主的体制下の政府財政は非民主的体制化の政府のそれより赤字になりやすい。[30] 彼の論証は比較的複雑であり、筆者は「二種類の尺取虫効果」という比喩でより簡潔な論証を出したことがある。[31] つまり、民主的体制下の左派にせよ、右派にせよ、彼らは庶民の機嫌をとろうとするので、庶民は生来の行動をとるが、右派を利用し減税に取り組んでもらい、左派を利用し福祉の増加に努力してもらう。いわゆる、馬を走らせるが草を食べさせない、ということである。それと同様に、皇帝は生来右派を利用し権力を拡大し、右派を利用し責任逃れをする。いわゆる、馬は人の頭に乗って山海の珍味を好きなだけ食べ、走ってくれればその恩に感謝するが走ってくれなければお手上げだ、ということである。欧米諸国の税収はもちろん多いが、国民は福祉をめぐる政府のアカウンタビリティを厳しく問うわけであり、「社会主義市場経済A」

というモデルに規定されて、公共財政はかならず掛け値なしに「民から取り、民のために使う」ものであり、「民から取り、官のために使う」わけにはいかない。往々にして民から取ったものは相対的に少なく、民のために使ったものは相対的に多いため、大量の公共債務につながることが多い。ピケティの見方を借りていえば、「公共資本はマイナス、民間資本は一〇〇パーセントを超え」た、というわけである。

それでは、いかにすればいいか。ピケティはさんざん悩んだようである。しかし筆者からすれば、この問題は非常に簡単である。民主制度を廃止さえすれば、皇帝は過酷に税を取り立てることができるようになり、福祉のアカウンタビリティを問うことも不可能になる。皇帝が国民にすこしぐらい何かをあげれば、国民は皇帝に対して感謝するばかりで、皇帝が何も与えなくても国民はそばでやきもきするだけでしかない。皇糧国税《こうりょうこくぜい》は「民から取り、官のために使う」、さらには官僚はそのお金を無駄遣いしてもまだ残される分を自分の所有物としたり、外国に貸したり、国庫が満ち溢れるようにするのは容易に達成できることである。いわゆる「朝廷の穀倉の粟は、古いものが集まり重なり、倉に溢れて外にはみだし、腐敗して食べられない」状態である。

したがって、「社会主義市場経済B」にとっては、「公共資本の累積」は簡単すぎる。不幸なことに、ピケティは官僚の生きていくすべのない極悪の西側諸国に生きているから、このようなよい話しを知らなかった。ピケティが西側の「公共資本」不足問題に悩まされることは、「民から取り官のために使う」ような社会に憧れることを意味するのではなく、「人民が政府のために奉仕する」Bモデルになってほしいというわけでもない。逆に、彼はいままでの「社会主義市場経済A」は続けられるようと願っており、民主国家の税収は国民の福祉支出を満たせるようと願っている。彼の頭脳のなかでは「民間資本」と「公共資本」との争いしか考えていない。そのいずれとも異なる「皇糧国税」というものの存在すら知らなかった。彼は以下のような問いを出している。「資本を放任してその成り行きに任せるか」、それとも「資本を民主的監督の下に置くか」。これを見て、もう笑い出すといったところだ。彼はなんと両者以外の選択肢をまったく知らなかった。つまり、資本も労働も皇帝の監督を受けることである。

ピケティのこの分厚い本において、労働（彼の言う労働の中には経営管理も含まれる）で財を築くことは遺産を引き継ぐことより理性や正義の精神に合うと繰り返して論証されている。マルクス時代は区別をつけず「資本」家を批判したのとは異なり、二十一世紀のピケティは「資本への民主的監督」を強調しているが、企業家、起業者や経営管理の意義を否定しない。彼は主に努力をせず獲得した相続「資本」に対して反感を抱いている。彼は、今の先進国の出生率の下降によりこの問題はさらに突出するようになったと指摘した。たとえば、一世帯は十人の子供がいるとしよう。たとえ金持ちを親に持っていても、十分の一の遺産で「金持ちの二代目」になるのは難しい。しかし、今の家庭は一人か二人の子供しかいないため、「世襲金持ち」になる可能性が一段と高くなるわけである。この問題はたしかに誰の目にもあきらかである。ピケティは中国で長期にわたり一人っ子政策が施行されているので、この問題も突出していることを知っている。それゆえに、これは、中国を大いに賞賛する一方で、僅かだが中国を憂慮する理由となっている。

ピケティが出した処方箋は累進所得税で「富を抑える」だけでは足りなく、大幅に相続税を課税すべきことである。西側の左派の立場からすれば、彼のこれらの考えは疑うべくもなく辻褄が合うが、初めての提案ではない。相続税は西側に本来あったもので、「社会主義市場経済A」の特徴の一つとなっている。ただし、税率はピケティの求めた数値に達していないだけである。

十、「ホーネッカー寓言」はただの寓言であるように願っている

しかし、「Bモデル」の国家では、たとえ左派の立場からみても、ピケティの処方箋は症状に合っているか。「労働によって豊かになる」と「相続財産で金持ちになる」以外に、ほかの方法はないのか。フランスで左派としてのピケティはおそらくほかの可能性を考える必要はないかもしれない。しかし、Bモデルの国家ではどうなるだろう。権力で財を築くことは不可能なのか。略奪で財を築くことは不可能なのか。相続で——財産の相続ではなく権力や身分や特権の相続で財を築くことは不可能なのか。ピケティは「俺の親父は李剛《リゴウ》だぞ」という話〔二〇一〇年十月、中国河北省保定市の河北大学構内で一名重傷一名死亡のひき逃げ事件が起きた。容疑者が地元公安局の副局長の李剛の息子である。当時酒に酔っていた彼は学生たちに取り込まれ構内からの逃走ができなくなり、『やれるもんなら訴えてみろ。俺の親父は李剛だぞ』と叫んだ。そのような傲慢な発言が、インターネットで反響を呼び一夜にして全国に知らされた〕を聞いたことがあるか。この李剛は「資本家」なのか。庶民出身の「康先生」〔「康師傅」というブランドのこと〕は自分ばかりでなく家族皆金がうなっているような大富豪になった。こ

れは「康先生」の労働によるものなのか。それとも「康先生」が父親から遺産を相続したからなのか。

ピケティのみならず、西側の一般的な学者も左右を問わず「第三の可能性」があることを考えたことないであろう。それは、西側にはそうした可能性が生じえないからである。一般的には、今の西側の学者の中の左派は福祉国家を追求する妨げとなるのは自由放任しかないと考えており、右派は自由放任を追求する妨げとなるのは福祉国家しかないと考えている。したがって、ある自由の少ないところを目にしたら、そこの福祉は多いであろうと主観的に決め込み、大喜びになりがちである。一方、ある福祉の少ないところを目にしたら、そこは最も自由なところであろうと大喜びになりがちである。ちょうどそこの経済成長も速いことも加わり、左右双方がともにそこから自分自身に有利な根拠を見出すことができると考えている。そこで、「左派は自由のレベルが低いことを褒め称え、右派は福祉のレベルが低いことを褒め称える」という可笑しな合唱を演じている。実は、いつかそこの経済に大きな問題が生じたら、「左派は福祉のレベルが低いことを罵倒し、右派は自由のレベルが低いことを罵倒し」、左右双方ともそこから根拠を見出し相手の誤謬を攻撃するだろうと想像しうる。

これについて、筆者は何と言えばいいか。中国の暮らしの苦楽をともに味わったのはわれわれ自身なので、われわれの問題を最も敏感に感じ最も分かっているのはわれわれ自身である。彼らのような頭の中が自分たち自身の問題で一杯になっている他人（左派にせよ右派にせよ）に盲目的に追従してはいけない。

しかし、ここで指摘しておきたいのは、「われわれの問題」と「彼らの問題」は永遠に変わらない文化的宿命や特殊な「国情」から由来したものではない。実は現在われわれの問題は彼らの歴史上にはあったが、今はすでになくなったのである。それゆえ、当時彼らの国家の思想家は左派の思想家も含めて今のピケティのように考えなかった。たとえば、十九世紀に『資本論』（『19世紀の資本を論ずる』ではない）を執筆した左派の大家であるマルクスは「資本主義」への恨みという点でピケティと似たり寄ったりである。彼はプロイセンーのユンカー専制により「祖国」を失い世界一の資本主義国イギリスに亡命し、そこで言論活動を展開した。マルクスは「資本主義」よりも悪いものはまだあると考えた。「民間資本」への批判という点ではピケティにとってマルクスは先駆的な存在である。一方で、マルクスの「公共資本」への批判はさらに激しいものであった。したがって、その時点までの西側の経済学の伝統について、マルクスは自由放任を主張した流派より国家介入を主張した流派より「進歩的」である。十七世紀自由貿易を主張したケネーは国家介入を主張したコルベールより進歩的である。自由放任を主張したアダム・スミスは国家介入を主張したリストより進歩的である、などといったように。

その時の「国家」に対して、マルクスは「専断的な租税、差押え、諸特権、商工業への官僚制のわずらわしい干渉などによって財産を苦しめる」[32]と容赦なく批判した。さらに専制的な帝政ロシアについていえば、レーニンが起草した社会民主党綱領は以下のように明言した。「無制限の政府とその官吏との後見によって勤労階級に恩恵を施そうとするあらゆる志向に反対する……ロシアの人民にとって必要なのは無制限の政府とその官僚からの援助ではなくして、この政府の圧制からの解放である」[33]。これは、西側の「右派」の主張に似ているのではないか。

実は、左派は福祉国家を支持し、自由放任に反対する。右派の主張は逆である。それは憲政民主制度、しかも普選憲政民主制度下の特有の現象である。歴史上では、憲政があるが普選のない時代に、支配者は「福祉」を下層民衆に与えることで、民衆の民主的権力への要請を取り除こうとした。その時の「福祉国家の先祖」はイギリスのディズレーリ、ドイツのビスマルクのような「右派」であった。左派と自由主義者はこの「トーリー社会主義」（リプセットの言葉）あるいは「封建社会主義」（マルクスの言葉）の反対派であった。さらに遡って、まだ憲政も普選制度もなかったとき、専制的権力は「専断的な租税、差押え、諸特権、商工業への官僚制のわずらわしい干渉などによって財産を苦しめる」[34]、いわゆるコルベルティズムは、憲政過程において各階層からの抵抗を受けた。そのときは、まだ現代のいわゆる左右論争はなかった。あったのは（標準的なマルクス主義の専門用語でいえば）「資本階級も無産階級も封建反対である」状態だった。

今のピケティはすでにこれらの問題を考慮しない。彼が考えているのはいかに「民主的条件下の資本主義」――すなわち筆者の言う「社会主義市場経済A」を継続的に発展させ、「ランティエ―民主の敵」と「世襲資本主義」の再来を防ぐか、ということである。ピケティは政治上においては西側の民主制度を固く信じ、経済上においては「生産的社会主義」に興味を持っていない。本書は私有企業あるいは国有企業の長所と短所を論じておらず、最初から最後まで分配問題に絞り込み、最終的な提案は、累進所得税をメインとする再分配方式の補足として「世界的な資本税」を導入することである。今日の西側が膨大な公共債務を抱え、福祉国家は継続できない、という問題を解決しようと考えている。マルクスの「資本主義」の徹底的消滅論を受け入れた人はおそらく本書を「二十一世紀の『資本論』」としないだろう。ピケティ自らもそう見ていないようである。しかし、彼は「分配的社会主義」の方向を堅持し、福祉国家の発展、労働の「資本」に対する優勢を求める——という左派的立場は非常に明白である。福祉国家を批判し、自由放任を主張する西側の右派は本書を好まないのも、不思議ではない。

たとえ左派からみても、中国問題の処方箋はこの本から見出せないことはもとより、西側の問題さえ、この本から答えを見出すことはできない。西側内部からみれば、「福祉国家かそれとも自由放任か」に当然真の問題が所在しているので、冷戦時代ないし更に早い時期においてこの問題について全力で議論されたのは当然なわけである。しかし、三十年立った今は、冷戦時代の「二つのバランスの取れた市場」の間にほとんどインタラクティブがなかった状況とはまったく異なってくる。前代未聞のグローバル化のもとで、福祉国家にしても自由放任にしても実際に挑戦に直面するようになった（一面で、それはよい機会でもある）。換言すれば、福祉国家への挑戦は「自由放任」からのものだけではない。それは、「自由放任」への挑戦は福祉国家からのものだけではないのと同様である。ピケティは十九世紀の資本主義の「捲土重来」を憂慮している。実は今の西側右派思想家、経済界で右派とみなされる「新自由主義」の諸流派の思想家も含めて、彼らの憂慮はピケティのそれにひけをとらないものであり、自由市場が挑戦に直面していると叫び、「社会主義」の再来を憂慮している。実は、アダム・スミス的な資本主義にせよマルクス的な社会主義にせよ、「捲土重来」の可能性は大きくはない。しかし、十九世紀の資本主義と社会主義より悪いもの、たとえばフランスの学者ならよく知っているはずの「コルベルティズム」あるいはマルクス当時叙述した「アジア的生産様式」は、ハイテク——グローバル化の今日においてもある形で「捲土重来」するだろうか。筆者にとって、世界的な問題はすでに「福祉国家かそれとも自由放任か」にあるのではなく、もちろん「社会主義」か「資本主義」かにもあるのではない。上述した「社会主義市場経済A」と「社会主義市場経済B」との相互影響・相互挑戦にある。交流が日増しに盛んになりつつあるグローバル化の中、AとBの内部の問題は互いに因果関係を持っており、相互の影響は激しさを増す一方である。良貨が悪貨を駆逐するか、悪貨が良貨を駆逐するか、どちらも可能である。改革開放の三十年間、われわれは西側に「市場経済」を学ぶと同時に、実は「社会主義」(近代的公共の福利と社会保障)も学んだ。一方で、グローバル化の下では、われわれの「低人権優勢」により、搾取工場が福祉国家を打ち負かすという様相を呈している。筆者は「ホーネッカー寓言」でこうした可能性を解説したことがある。(35)

二〇〇九年筆者はドイツで東ドイツの共産党系首相モドロウと長時間話し合ったことがある。東西ドイツの統一というのは西ドイツが東ドイツを「飲み込ん」だことである。ドイツは大きな進歩を遂げたが、深刻な問題も残されている。つまり、東ドイツに本来あったレベルの低い製造業は崩壊し、新しい製造業の発展は限定的であり、ドイツ東部はある程度の「脱工業化」現象が現われた。第三次産業は大きな発展を見せたものの、就業率は依然として西部より低い。野党としてモドロウは不満を抱いた。それはなぜであろうか。統一後の西ドイツは巨額の「統一税」と東西ドイツのマルクの一対一の兌換政策を実施することにより、東西ドイツの収入の差をほぼなくした。西ドイツと同じように、東ドイツも高福利の社会になり、強い労働組合ができ、労働者の権益なども保障されるようになった。それゆえに、東ドイツは資本に対する特別な吸引力も失った。したがって、政府がいかに東ドイツに対するドイツ西部の投資を推進することに力を入れようとしても、その効果は限られたものであった。ドイツ西部の資本は大量のドイツブランドの自動車を生産するために中国へ投資しても、ドイツ東部の自動車工場の設備を更新しようともしない。

モドロウはもう一つの可能性を考えたことがあるか、つまり、東西ドイツが統一する場合、東ドイツが西ドイツを飲み込む可能性はあったか、と当時筆者はモドロウに言った。モドロウはそれは不可能だと答えた。その理由として、東ドイツのあの体制は明らかに失敗したので、民主的な投票をしたら、西ドイツは六〇〇〇万を獲得でき、東ドイツは一六〇〇万の票しか獲得できない、つまり投票というやり方でも勝てないからである。

第三の可能性を考えればどうかと筆者は言った。つまり二十年前、東ドイツは民主化運動を弾圧し、ベルリンの壁が依然として存在しており、東ドイツ人は依然として自由がなく、低賃金低人権状況にあり、東西マルクの兌換ももちろんなかった、と仮定してみよう。しかし、ホーネッカーは西側諸国に外遊し、ラスベガスやムーラン・ルージュなどに行った。その結果、彼は歓楽の世界っていいなあと思い、急に市場経済に大きな関心を示し、ユートピアはもうやめよう、金儲けしようと決心した。政治上では変わらないが、経済上では西ドイツとの一体化を図ろうとする。西ドイツの資本に対して開放し、その前提条件は東ドイツの商品を西ドイツ市場に自由に売り込むことである。東ドイツは独裁的な手段を用い、最良の投資環境を整えることができる。例えば、この土地がほしいと言われたら、政府がそれを容易に「与える」。労働者はおとなしく働くことだけ許され、不平不満を言うのは許されない。庶民の家は政府の思うままに取り壊し、企業の所有権は政府の恣意的な判断で変えてもいい、もちろん変更するときには所有者との相談なしで強行する。労働組合や農業組合の存在は一切許されない。政府は投資を大いに奨励するが、投資の誘致を妨げる者に対して弾圧に乗り出す、などがあげられる。もしこうなったら、どうなるか、と筆者はこの第三の可能性について説明を付け加えた。モドロウはそれは不可能だと答えた。同じ質問をドイツの左派・中道・右派に尋ねたことはあるが、彼らは皆不思議なことだと考えていた。筆者はさらに尋ねた。もし本当にそのような方向で強制的にやったとしたら、と。

答えは簡単である。もし本当にそのように強制的にやったら、東ドイツ人が受け入れた場合、われわれの目にする現実は今と正反対のものになるだろう。つまり、ドイツ西部の資本は中国にもルーマニアにも流入しないばかりか、トルコの労働者さえ雇用しない。その投資は東ドイツに殺到し、東ドイツ人を農民工として雇い、搾取工場は次々と建てられ、大量の廉価な商品が西部の市場を占領し、そこの本来あった産業に全部取って代わることになる……。かくして、東ドイツにはただちに経済的奇跡が起こるはずである。それとひきかえ、西ドイツには「脱工業化」と高失業率が生じる。資本の流出に伴い、労働側は賃金交渉能力を失い、労働組合も凋落し、福利もたちゆかない。百年間でできたいわゆる「人民資本主義」、「社会市場経済」及び福祉国家はすっかりその姿を消す。もちろん、東ドイツをそのままにしておけば深刻な社会問題が生じるわけである。例えば、貧富の格差、官僚と商人との癒着、腐敗の蔓延、環境汚染などである。もし東ドイツ人がその状況に耐えるならば、西ドイツはどうなるだろう。

筆者はこう言った。東ドイツには変化がなかったら、西ドイツには三つの選択肢があると考えられるわけである。一つ目は、西ドイツ人は一体化を阻止するように経済的ベルリンの壁を立てることである。かくして、西ドイツの資本を流出させず、東ドイツの商品も流入させないことができる。つまり、現在流行している貿易保護主義の極端なバージョンである。しかし、そこまでするのは、道義上極めて大きな代価を払わずにはすまない。それは、ベルリンの壁を打ち壊そうと西ドイツ人自らが唱えたからである。

　二つ目は、もし西ドイツはこの「ベルリンの壁」を立てないならば、東ドイツ並みのレベルにまで下りなければならない。さもなければ、一体化した状況下で東ドイツとの競争には勝ちようもない。西ドイツ人は「農民工」に成りきって、福利と人権のレベルの大幅な下降を余儀なくされる。福祉国家は搾取工場になり、悪貨は良貨を駆逐することを受けいれざるをえない。もし西ドイツが本当にそのようになったら、実は東ドイツに統一されたことと等しい。なぜかというならば、制度面ではすでに東ドイツに同化されたからである。

　三つ目に、西ドイツの民主的体制下で上述した変化は受け入れられるわけがない。自由を減らそうと福利を減らそうと、いずれも社会の激しい不安を引き起こす。東ドイツの制度を導入することはなおさらである。西ドイツに動乱が起こったら、東ドイツは非常手段で西ドイツを統一する可能性がある。

　もし東ドイツが西ドイツをその勢力下に取り込んだとしたら、それはいかなる意味においても社会主義は資本主義に勝利したとは言えない。搾取工場は福祉国家に勝利した、あるいは「野蛮な資本主義」が民主的社会主義に勝利したに過ぎない。「右派」がこのような結果を期待したかどうかはさておき、あなたは左派として、このような「勝利」を期待したのかと筆者は尋ねた。

　もちろん、このようなことはドイツで起らなかったゆえに、それを寓言――「ホーネッカー寓言」と呼んだ。

　しかし、ドイツ以外のところで、このような好ましくない現象はただの「寓言」なのだろうか。実はこの現象こそ、彼らの自由や福祉にとって「自由放任と福祉国家の論争」よりも強い挑戦者となっている。

　ピケディの本が世に問われてから、ほとんどの左派が喝采をして、反対しているのがほとんど右派である、という状況からみれば、彼らは左派だろうと右派だろうと、「天下の大勢」がどうも分からないようである。もしわれわれは「社会主義市場経済A」に対する理解がまだ不十分と言えるとしたら、彼らはわれわれの「社会主義市場経済B」については理解しようもないどころか、彼らは自分の基準で他人を推測し独り善がりなのである。もちろん、グローバル化が今ほど進んでいなかったときは、この欠陥はまだそこまで深刻ではなかった。しかし、今ではこの欠陥はおそらく直視しないわけにはいかないものであろう。

注

（1）布哈林『過渡時期経済学』（余大章《ユーダージャン》・鄭異凡《ジョンイーファン》共訳、三聯書店、一九八一年〔ブハーリン『過渡期経済論』救仁郷繁訳、現代思潮社、一九六九年〕）。

（2） 国家行為と市場経済との組み合わせ方については、学界にさまざまな説がある。筆者は中国の文脈で「社会主義市場経済」と「封建市場経済」という分類をとり、黄宗智《ホァンゾンジー》は「国家資本主義」と「社会主義市場経済」という分類をとった（黄宗智著『国営公司和中国発展経験：「国家資本主義」還是「社会主義市場経済」？』『開放時代』二〇一二年第九期を参照）。しかし、「封建」という言葉は今日においてさまざまな意味にとれてしまう。黄宗智の分類の基準によれば、「国家資本主義」は国家が市場でひたすら金儲けするというところに重きを置くのに対して、「社会主義市場経済」は国家が公平と福祉を追求するところにその特徴がある、とみなされる。しかし、こうした区別だと、漢武帝時代の塩鉄官営が「国家資本主義」の手本になってしまうのでは、と考えられる。一方、西側の民主主義的福祉国家が彼の定義した「社会主義市場経済」の典型的な例になるわけである。しかし、彼が後者の典型的な例として挙げたのは薄熙来の「重慶モデル」であり、前者の典型的な例として挙げたのは江沢民・胡錦濤政権時代に中国の多くの地域で行われた「新自由主義経済学」に支えられた経済改革である。同じく中国共産党政権下でのモデルとして、果たして重慶とほかの地域のモデルは本当に対立したものなのであろうか。黄のロジックで考えれば、漢武帝が「国家資本主義」の実践者にとどまらず、「新自由主義」者とさえ言えるのではないか。筆者は人を混乱させるような言葉を使用しないことにする。ここで指摘しておきたいのは、国家と市場との結合方式について分類をする際、その基本的な準拠が「官のため」の結合なのか「民のため」の結合なのかということである。ピケティは中国の複雑さを理解できていないかもしれないが、フランス人としてコルベルと混同したくないならば、その差異を理解できるはずであろう。

（3） 秦暉「我看全球経済危機：両種尺蠖効応的互動」（『領導者』二〇〇九年第二期）。

（4） 托馬斯・皮凱蒂『21世紀資本論』（巴曙松《バーシューソン》等訳、中信出版社、二〇一四年、三十三頁〔トマ・ピケティ『21世紀の資本』山形浩生・守岡桜・森本正史訳、みすず書房、二〇一四年、三十五頁〕）。

（5） 托馬斯・皮凱蒂『21世紀資本論』（巴曙松等訳、中信出版社、二〇一四年、六十七―七十三頁〔トマ・ピケティ『21世紀の資本』山形浩生・守岡桜・森本正史訳、みすず書房、二〇一四年、七十一―七十七頁〕）。

（6） 「資本をめぐる格差というのは、国際的な問題であるよりははるかに国内問題なのだ。……それぞれの国の中で金持ちと貧乏人を紛争状態にする場合ほうが、国同士を紛争状態にするよりもはるかに多い」（托馬斯・皮凱蒂『21世紀資本論』巴曙松等訳、中信出版社、二〇一四年、四十五頁〔トマ・ピケティ『21世紀の資本』山形浩生・守岡桜・森本正史訳、みすず書房、二〇一四年、四十七頁〕）。

（7） ピケティはたくさんの数字を用いて先進国と新興国家との間の資本流動を否定しようとする。これは、彼が資本及び資本帰属国についての独特な定義をしたことと関係している。別途に評論すべきである。実は、「双子の黒字」の統計データそのものが資本や商品の大規模な双方向流動を裏付ける動かぬ証拠となっている。

（8） 興味深いのは、一九九〇年代アパルトヘイトが廃止されて、ジニ係数を基準としてもトップ所得層の所得の割合を基準としても格差が拡大したことである。二〇一二年南アフリカのマリカナ鉱山労働争議がピケティの本の第一章で事例として紹介されている。それをr＞gを裏付ける代表的な例として扱われるのは明白である。しかし、ピケティに反対するアセモグルらはアパルトヘイト時代の黒人が皆貧しかったため、貧富の両極化が抑えられたが、アパルトヘイトの廃止後、黒人富豪の台頭によりジニ係数の上昇が当たり前だと主張している（達竜・阿西莫格魯、詹姆斯・A・羅賓遜「資本主義一般規律之興衰――評『21世紀資本論』」賈擁民《ジアヨンミン》中国語訳、代表編集者汪丁丁《ワンディンディン》『新政治経済学評論』No.28、世紀出版集団、二〇一五年、一六六頁〔ダロン・アセモグル、ジェイムズ・A・ロビンソン英文の原タイトル「The Rise and Fall of General Laws of Capitalism」〕）しかし、今日の南アフリカのジニ係数が異常に高い。正常とは言えない状態である。筆者は『南非的啓示』（江蘇文芸出版社、二〇一三年）において、この問題について論じて三つ目の見方を提示した。つまり、一九九〇年代南アフリカの「双子の黒字」がなくなったことは格差問題の深刻化と関係していると筆者は思う。

(9) 達竜・阿西莫格魯、詹姆斯・A・羅賓遜「資本主義一般規律之興衰――評『21世紀資本論』」（賈擁民中国語訳、代表編集者汪丁丁『新政治経済学評論』No.28、世紀出版集団、二〇一五年、一五六頁〔ダロン・アセモグル、ジェイムズ・A・ロビンソン英文の原タイトル「The Rise and Fall of General Laws of Capitalism」〕）。

(10) 最近二十年近くの間、南アフリカの格差の拡大の主たる原因は、黒人富豪の台頭にあるのではなく、投資と製造業の低迷や対外貿易の黒字から赤字への転換と深く関わっている高い失業率の発生にある。秦暉『南非的啓示』（江蘇文芸出版社、二〇一三年）。

(11) 二〇一二年末西南財経大学のある研究チームが調査報告を公表した。それは一つの象徴的な事件となった。その報告によれば、二〇一〇年中国の家庭所得のジニ係数が〇・六一であり、「この世の中で稀に見る」貧富の格差があることが分かり、先進国としての「資本主義国家」より深刻している（http://finance.sina.com.cn/china/20121209/2000513945407.shtml）。この報告を受け、騒然と世論が巻き起こった。中国の官製統計部門は実はそれまでずっと統計をとってきたが、公表はしなかった。世論への対応として、国家統計局長が記者会見に応じた。十年来中国のジニ係数はすべて〇・四七三を超えており、二〇〇八年〇・四九一に達していたこともあり、非常に高いと認めると同時に、ある学者の算出した数字より低いと述べた。〇・六一という驚きの数字に対して、局長ははっきり否定はしなかった。サンプリング調査の方法とサンプルの量が異なるので、「民間の調査が官製の統計の重要かつ有益な補いである」とも述べた。彼はほかの国の近年のジニ係数を挙げて「皆さん、比べてみてください」と呼びかけた。たとえば、アルゼンチン〇・四六、ブラジル〇・五五、ロシア〇・四〇、メキシコ〇・四八、インド〇・三三が挙げられた（国家統計局の公式サイト：馬建堂《マージエンタン》就二〇一二年国民経済運行情況答記者問、http://www.stats.gov.cn/tjgz/tjdt/201301/t20130118_17719.html）。

(12) 郭于華《グオユーホワ》、黄斌歓《ホワンビンホワン》「世界工場的『中国特色』：新時期工人状況的社会学鳥瞰」（上海大学『社会』隔月刊、二〇一四年第四期、四十九―六十五頁）。

(13) 潘毅《パンイー》ほか「二〇一三年建築工人労働合同状況調研」（郭于華、黄斌歓「世界工場的『中国特色』：新時期工人状況的社会学鳥瞰」上海大学『社会』隔月刊、二〇一四年第四期、四十九―六十五頁）よりの引用。

(14) 郭于華、黄斌歓「世界工場的『中国特色』：新時期工人状況的社会学鳥瞰」（上海大学『社会』隔月刊、二〇一四年第四期、四十九―六十五）。

(15) 馬克思『馬克思恩格斯全集』四十六巻上冊中国語第一版（中共中央馬克思恩格斯列寧斯大林著作編訳局訳、人民出版社、一九七九年、一〇五頁〔マルクス『マルクス資本論草稿集Ⅰ』資本論草稿集翻訳委員会訳、一九八一年、一三九―一四〇頁〕）。

(16) 馬克思『馬克思恩格斯全集』第二十三巻（中共中央馬克思恩格斯列寧斯大林著作編訳局訳、人民出版社、一九七二年、九十九頁〔マルクス『マルクス＝エンゲルス全集』第二十三巻第一分冊、ドイツ社会主義統一党中央委員会付属マルクスレーニン主義研究所編集、大内兵衛・細川嘉六監訳、大月書店、一九六五年、一一〇頁〕）。

(17) 托馬斯・皮凱蒂『21世紀資本論』（巴曙松等訳、中信出版社、二〇一三年、五十三頁〔トマ・ピケティ『21世紀の資本』山形浩生・守岡桜・森本正史訳、みすず書房、二〇一四年、五十六頁〕）。

(18) 托馬斯・皮凱蒂『21世紀資本論』（巴曙松等訳、中信出版社、二〇一四年、三六二―三六七頁〔トマ・ピケティ『21世紀の資本』山形浩生・守岡桜・森本正史訳、みすず書房、二〇一四年、三六八―三七三頁〕）。正直なところ、彼が紀元〇―一〇〇〇年のデータを一体どのような方法をもって集めたのか筆者にはよく分からない。

(19) 馬克斯恩格斯『馬克斯恩格斯全集』第四巻（中共中央馬克思恩格斯列寧斯大林著作編訳局訳、人民出版社、一九五八年、三三〇頁〔マルクス＝エンゲルス『マルクス＝エンゲルス全集』第四巻、ドイツ社会主義統一党中央委員会付属マルクスレーニン主義研究所編集、大内兵衛・細川嘉六監訳、大月書店、一九六〇年、三五四頁〕）。

(20) 托馬斯・皮凱蒂『21世紀資本論』（巴曙松等訳、中信出版社、二〇一四年、四十六―四十七頁〔トマ・ピケティ『21世紀の資本』山形浩生・守岡桜・森本正史訳、みすず書房、二〇一四年、四十九―五十頁〕）。

(21) 普列漢諾夫『我們的意見分岐』（人民出版社、一九五五年版〔プレハーノフ「われわれの意見の相違」一八八五年〕）。

(22) 托馬斯・皮凱蒂『21世紀資本論』（巴曙松等訳、中信出版社、二〇一四年、三六二頁〔トマ・ピケティ『21世紀の資本』山形浩生・守岡桜・森本正史訳、みすず書房、二〇一四年、三六八頁〕）。

(23) 達竜・阿西莫格魯、詹姆斯・A・羅賓遜「資本主義一般規律之興衰――評『21世紀資本論』」（賈擁民中国語訳、代表編集者汪丁丁『新政治経済学評論』No.28、世紀出版集団、二〇一五年、一五〇―一七六頁〔ダロン・アセモグル、ジェイムズ・A・ロビンソン英文の原タイトル「The Rise and Fall of General Laws of Capitalism」〕）。

(24) 托馬斯・皮凱蒂『21世紀資本論』（巴曙松等訳、中信出版社、二〇一四年、三十二頁〔トマ・ピケティ『21世紀の資本』山形浩生・守岡桜・森本正史訳、みすず書房、二〇一四年、三十三頁〕）。

(25) 厳武《イエンウー》編『熱議「21世紀資本論」』（香港大風出版社、二〇一四年）。

(26) 二〇一四年夏イギリスの「ファイナンシャル・タイムズ」においてデータをめぐる論戦が展開されていた。克里斯・賈爾斯「質疑皮凱蒂的理由（一―三）」、FT社説「応該公開監督皮凱蒂的数据」を参照。ピケティの返答として、FT「数据問題不影響結論」などの文章があげられる。FT中文網二〇一四年八月十七日検索。

(27) これはもちろん単純化しすぎる。実は、ピケティは資本主義を完全に消滅しようとは考えていない。彼のライバルは福祉国家を完全に消滅しようとは考えていない。しかし、これは依然として「Aモデル」内部の論争である。彼らは基本的にAモデル以外の問題を考えない。

(28) 「平和奨是中西方新碰撞的縮影：七位中国知名学者談2010年諾貝爾平和奨」(『環球時報』二〇一〇年十月二十日)。

(29) 托馬斯・皮凱蒂『21世紀資本論』(巴曙松等訳、中信出版社、二〇一四年、xvii頁〔トマ・ピケティの『21世紀の資本』中国版においては中国の読者向けの序言が書かれてある。その序言からの引用である〕)。

(30) 詹姆斯・M・布坎南、理査徳・瓦格納『赤字中的民主』(北京経済学院出版社、一九八八年〔ジェームズ・M・ブキャナン、リチャード・E・ワーグナー『赤字財政の政治経済学――ケインズの政治的遺産』深沢実・菊池威共訳、文真堂、一九七九年〕及び布坎南『民主財政論』(商務印書館、二〇〇二年〔ブキャナン『財政理論――民主主義過程の財政学』山之内光躬・日向寺純雄共訳、勁草書房、一九七一年〕)。ブキャナンは「民主による赤字」が生じる原因がケインズ主義にあり、「民主を求め、ケインズ主義は要らない」と主張している。しかし、実際には今日の「欧猪国家」〔ヨーロッパで国債の信用危機と言われる国(ポルトガル・イタリア・アイルランド・ギリシア・スペイン)の頭文字の綴りが英語の豚に近い。豚は中国語で「猪」なので、その発音が「州」に近いということもあり、このような名称ができたわけである〕の悪性赤字の発生の背後にはケインズの理論がもはや主流でなくなったヨーロッパ連合において「悪平等主義」により諸問題が絶えず発生していることがある。民主制度そのものは赤字につながる「衝動」を持っている。グローバル化(超国家経済一体化)がその「衝動」を放たせたのである。ケインズ主義に従わなくても、問題は相変わらず存在している。

(31) 秦暉「美国的病因、中国的良薬：破除両種尺蠖効応的互動」(『新華月報　天下』二〇〇九年第六期、四十八―五十二)。

(32) 注(19)と同。

(33) 「社会民主党綱領及其説明」(『列寧全集』中国語版第二版第二巻、七十―七十一頁〔レーニン『レーニン全集』第二巻、マルクス=レーニン主義研究所レーニン全集刊行委員会訳、大月書店、一九五四年、七十八―七十九頁〕)。

(34) 注(19)と同。

(35) 秦暉「昂納克寓言」(『欧覧雑誌』二〇一一年第十期)。

社会の転換と政治文化

徐友漁（翻訳：及川淳子）

シュー・ヨウユー――評論家、元中国社会科学院哲学研究所研究員。専門は言語哲学、政治哲学、文化大革命研究。主な著書に『中国当代政治文化與西方政治哲学』（台湾、秀威資訊科技股份有限公司、二〇〇八年）、『文化大革命の遺制と闘う――徐友漁と中国のリベラリズム』（共著、社会評論社、二〇一三年）、『現代中国のリベラリズム思潮――1920年代から2015年まで』（共著、藤原書店、二〇一五年）などがある。

改革開放政策によって中国の社会は大きく転換した。八十年代は自由や民主を求める声が高まったが、天安門事件が分水嶺となり、政治文化の建設は中断した。九十年代以降は様々な論争が展開されている。中国の思想界は政治的自由の問題を解決した上で、「社会主義の遺産」を批判し、新たな政治文化を形成しなければならない。

はじめに

中国社会は過去二十年ほどの間に極めて大きな変化を遂げ、新たな業種と業界団体、新たな消費スタイルとエンターテイメント、新たな通信手段と対人関係、そして政治的ジョークが絶え間なく生み出され、個人と集団の流動性も大いに高まった。現代の中国で起きたのは社会の転換であり、政治の転換ではない。簡潔に言えば、「人民共和国」の名義と実質との間にある距離と矛盾はこれまでと変わらない。最も典型的なのは、テレビ番組の種類がますます多くなり、新聞がますます分厚くなって紙面が派手になったものの、実質的な情報と多様な意見はこれまでと少しも変わらず欠如しているということだ。

中国知識界の思想状況においても、極めて大きな変化と本質的な分化が起きた。改革開放が始まった当初、人々の態度や感情は「ことごとく維新すべき」という言葉で形容することができ、人々の関心は党内の上層部において改革派が保守派に打ち勝てるか否かということだった。現在、少しでも批判精神を持つ知識人であれば、現状のすべてを肯定することはできないだろう。人々は改革の目標についてあらためて熟考し、社会転換の含意とそれによってもたらされた結果について考えている。だが、これまでと同様に、一九五〇年代から一九七〇年代までに厚く積み重ねられたいわゆる「中国社会主義」の遺産について、知識界の主流はそれらを認めないという態度で、程度の違いはありながらも西洋の学問的資源を援用して論争を展開しているのだ。

私が考えるに、今日、中国の社会転換は人々に不満を感じさせる事態にまでになっているが、知識界はその主要な責任を負うことはできず、それどころか少しの責任もない。なぜなら、知識人はその過程で主導的な役割を果たしていなかったからだ。しかし一方で、知識人は中国社会の変遷についてはっきりした認識を持っているか、適切な政治文化を作り上げるために責任を果たしたのかという問題に対しては、反省と自己批判をしなければならない。多様化の時代はまさにゆっくりと近づいており、政治的権威の独占的パワーは日を追って弱まり、人々の意志や選択の役割はますます大きくなっている。もし、中国にはまだ希望があるはずだと私たちが考えるならば、文化的で歴史の潮流に符合した政治文化というものは極めて重要である。政治文化にも多様な特徴があるが、いくつかの基本的な価値と方向性は必ずや肯定されなければならない。

一、政治文化を学ばなかった改革

(1)新たな政治文化は未だ形成されず

中国の社会発展の水準は旧ソ連よりも低く、改革の意志と原動力も旧ソ連に遠く及ばない。フルシチョフが根本的な改革をすべく第一歩を踏み出した時、中国共産党は猛烈な反応を示したが、一九七〇年代末になると、中国の改革に対する決心の大きさとその歩みの速さは、世界から注目されただけでなく、世界を驚かせるほどになった。それは何故だろうか。

その理由は、中国には文化大革命があったからだ。中国の改革は上から下への改革で、毛沢東派政治集団「四人組」の党の指導者たちを排除しても、それまでのやり方では先に進めないと分かった。どのような国の統治集団でも、従来通りの統治をまだ続けられるならば、改革しようという考えは普通はあまりないだろう。毛沢東が文化大革命をやったので、古い体制の弊害が早めに暴露され、しかも余すところなく暴露されたので、中国共産党はその災禍を代償として、毛沢東主義と毛沢東式社会主義に訣別する機会を得たのである。

しかし、中国がその契機を捉えることはなかった。あるいは、中国の志ある人々がその契機を捉えようとした努力が成功しなかったといえるだろう。中国が文革の災難で支払った代償の大きさとその後に得た収穫の少なさは、まさに鮮明な対比を為している。だが、中国における改革の原動力と目標について、そして中国の改革がどのような政治文化の雰囲気の中で始動し進んでいくかという問題について真剣に考えてみれば、私たちはそれほど理解に苦しむというわけではない。

ドイツ（ここでは西ドイツを指す）でファッショ的統治による災禍を経験した後に起きた巨大な変化と比較してみよう。ドイツの敗戦後、人の道に外れた凶悪な行為と惨劇が数多く暴露された。ドイツ人はその苦しみを思い出して教訓を汲み取る一方で、西側の戦勝国が無理に押しつけた憲政民主の体制にわだかまりを感じ、反感さえ抱いていた。ドイツが生まれ変わるためには、まったく新しい政治文化が必要だった。幸運なことに、ドイツの優秀な知識人たちはそのような政治文化を提供し、ハンナ・アーレント（Hannah Arendt）の『全体主義の起源』はその一つの典型的な例として見ることができる。このように徹底的にファシズムを批判してその根源をさらけ出した政治文化が成り立ち、それが徐々に盛んになってひとつの気風となれば、キリスト教民主同盟と社会民主党のいずれが政権を執るかにかかわらず、また、内政と外交政策にどれだけ違いがあろうとも、ファシズムに反対し、人種差別主義に反対し、人権と平和を擁護することが全民族に共通する規範となって、ドイツの政治はようやく憲政民主という健全な道を順調に進むことができたのだ。ドイツの知識界はこのような政治文化を創り出すために苦難に満ちた努力を続けており、そして実り多い成果を得て、人類の思想の宝庫に輝きを増した。ユルゲン・ハーバーマス（Jürgen Habermas）の人権問題における近年の論述はもうひとつの例として見ることができる。

新たな政治文化の形成は極めて容易ならざることであり、戦勝国による軍事的占領は必要不可欠の条件で、ドイツ知識界の歴史に対する感情とその本質性も重要な要素だった。中国では災禍を経験した後にこれら二つの条件がいずれもなく、外部からの強制もなければ、中国知識界における自覚の程度と主観的な努力も不十分だった。中国における思想の現状と強いて比べてみるならば、仮に、当時のドイツの知識界で、西側の大国による軍事的占領とマーシャル・プランが提起した「新型植民地主義に反対する」、「強権政治の構造に反対する」という理論への批判が蔓延し、「第三帝国にも経済的な成果があったのだから、全面的に否定することはできない」、「制度を刷新するための積極的な要素を第三帝国から発掘しよう」などとドイツの知識人たちが吹聴していたら、その後のドイツはどうなっていただろうか。

中国の思想界は一九七〇年代末に極めて困難な歴史的任務に直面した。それはつまり、毛沢東主義を徹底的に精算して、文化大革命のファッショ的専制の性質を暴き出し、文革がもたらした大きな災難の制度的原因について詳細に検討することであった。そして、「反革命鎮圧運動」、「胡風反革命集団反対」、「反右派闘争」などの政治運動は人間性に反するものだったという本質と全民族に与えた傷について精算し、大躍進運動や人民公社がもたらした危害を精算し、それらの教訓を総括するということでもあった。そうした批判、暴露、探求に基づいて、斬新な政治文化を形成しなければならず、かつて極限まで否定された人の価値と権利――信仰と思想の権利、言論と表現の権利、個人の安全と尊厳の権利、結社の権利、財産所有の権利など――これらを中国の社会生活と政治生活の礎石にしなければならない。そのような政治文化の薫陶のもとで、中国人は自分の権利及び法律に従う義務を知り、独断的な傾向や人民の権利を侵害して法律の権威を弱めようとするいかなる傾向に対しても警戒し奮闘するだろう。

しかし、そのような政治文化は未だに形成されていない。私たちが目にしたのは、わずか短期間の「第二次解放」の歓喜と「新時期」の興奮が去った後で、人々が改革に幻滅して疑いを抱くようになったことであり、さらに、改革の深化を呼びかけた若い学生たちが「天安門事件」で鎮圧されてしまったことだった。

(2) すべては安定と団結のため

別の視点、つまり権力者の立場から見れば、中国の改革はおおよそのところ成功している。

中国の改革は中国共産党の指導者層の中で比較的先々まで見通していた少数が主導したもので、改革の根本的な目標は、国と民を救うというよりも、むしろ党を救うことだったと言うべきだろう。もとより、改革には国と民の利益となる面があるが、国民経済の破産という轍を踏まないようにすることが国の利益で、その拠り所は「立ち後れればやられてしまう」というロジックであり、人民が飢えと寒さのために反逆しないようにすることが民の利益なのだ。改革の出発点とその帰結は、いずれも党が政権を掌握する上で有利なものでなければならない。この目的が国家のイデオロギーに現れたのが「すべては安定と団結のため」という文言である。つまり、政治的な変動があってはならず、一党支配という現状は絶対に変更してはならないのだ。

改革が始まって二十年余り、中国の経済は相当な成長を見せた。貧富の格差はひどく拡大したが、一部の階級または階層で多くの人たちが切羽詰まって向こう見ずに反抗する程まで貧困状態に追い込まれているというわけではない。リストラされた労働者たちの示威や請願運動は絶えず起きているが、政府にはそれらを弾圧する力があるばかりか、「安定と団結を買う」だけの十分な金もある（例えば、地方の指導幹部が旧正月前に食品を支給するのはちょっとした心付けで、わずかでも慰めと希望を与えているのだ）。さらに重要なのは、幹部全体が改革に対して懐疑的で反発的な態度だったのが、改革の現状を積極的に肯定するようになり、彼らと他の業界の一部の人たちが既得権利集団を形成したことである。現在の中国社会では、大志を抱き、能力がある人たちの中で、統治階層にくい込んで不当または正当な手段で金を儲けて財を成そうと考える人は、社会正義のために努力する人よりもはるかに多く、しかも前者にはいつもチャンスがあることを認めなければならない。もし、社会で最も能力のある人たちの多数が現状を肯定し、その現状に安んじて、自分たちの力を発揮する条件を有しているならば、一党支配の体制は安泰だ。二十年来の転換と変遷による最大の特徴は、イデオロギーではなく既得権益によって統治が維持されてきたことであり、まさに革命党が執政党に転換したことである。統治者は道義的な優位性と士気を失ったが、依然として統治のメカニズムは極めて大きな慣性を拠り所に運用することができる。一党独裁論者が抱える不安の大半は、「敵に対する警戒心」が強すぎるためで、彼らは神経過敏なのだ。それに、彼らが用心しなければならないのは、社会の最下層の民衆よりも、むしろ自分の同僚である。

一九八九年以降、中国はこれまでずっと「改革の停滞」あるいは「停滞した改革」という状態に留まっており、権勢のある高官が主導する改革の成功と、権力者が中国の新たな政治文化を絞め殺して抑圧するという二つの成功は完全に一致している。色とりどりであでやかな経済分野の変化に続くのは政治的な連続性であり、人々が今だにうわべだけでも改革を支持しているのは、ともかく変わらないよりは変わるほうが良いし、変わらなければ何の可能性もないと考えているからである。

二、新たな政治文化はなぜ形成されなかったのか

（1）新たな政治文化の期待と困難

一九七〇年代末は、文化大革命の徹底的な破綻によって、人々が毛沢東主義と毛沢東式社会主義の徹底的な破綻を見定

めたために、中国で新たな政治文化が生まれるかもしれないという大きな希望があった。そうした大きな希望があったもう一つの重要な理由は、急進的な毛沢東派の「四人組」が打倒されただけでなく、穏健派の毛沢東派や文革で既得権を得た人たちも次第に権勢を失い、これら二つの集団を打ちのめす闘いの中で、反専制を基調とする新たな政治文化の雰囲気が形成され始めたからである。権力者は文革で毛沢東から迫害や攻撃を受けた人たちばかりだったので、彼らも文化大革命をもう一度やろうなどとは思わず、その経験と教訓を総括しようと考えた。一九七九年になると希望は最高潮に達し、毛沢東に対する暴露や批判はエスカレートし続けて、西単の「民主の壁」は許可されたばかりか賞賛されたほどだった（その後に証明されたように、これは「新四人組」が権力を奪還するための一時的な策に過ぎなかったのだが）。それ以前に張志新事件（文革中に文革批判を公然と行った党の女性幹部。批判の声を上げないよう気管支を切断された上で銃殺された）が明らかにされ、「誰の罪なのか」と題した文章が制度面からの追求と分析を始めた。

北京で開催された「理論務虚会」（政治、思想、政策、理論について研究する党の会議）の形勢も良く、体制内の理論研究のエリートたちが一堂に会して、毛沢東主義に対する批判がますます深く掘り下げられ、思う存分に意見を述べた。しかし、その肝心な時に、思想解放の歩みはぴたっと止まってしまったのだ。「四つの基本原則」を唯一のものとして定め、あらゆる思考や研究が封じ込められてしまった。それからすぐに、「建国以来の若干の歴史問題に関する決議」がお目見えして、政治理論問題の標準的な解答となった。もとより、それは各方面から出された意見の妥協の産物で、毛沢東を批判する内容も少しは含まれていたが、その本質は広義の（すなわち、いわゆる「集団的英知」としての）毛沢東主義を擁護し、政治制度およびその原理に対する思考や批判を阻止したのである。

身をもって害を被った人たちが、なぜ勢いに乗じて毛沢東を批判せず、逆に毛沢東を擁護したのか。それは、「一世代上のプロレタリア革命家の政治的英知」を表している。なぜなら、彼らは本質的には毛沢東主義者で、毛沢東のある路線や方針は批判できても、毛沢東の政治的原則や毛沢東が創建した政治制度を批判することは絶対に許されないからだ。こうしたやり方はまったく新しいというわけでもない。かつて毛沢東はスターリンから長期にわたり排除され、攻撃されていたが、反スターリンの波が巻き起こった時に、彼は断固としてスターリンを擁護した。彼が擁護したのは自身の利益で、スターリンは独裁をやるために必要な「ナイフ」だと毛沢東は考えていたのだ。

(2)「文化ブーム」の成果と限界

一九七〇年代末、体制内部で新たな政治文化を形成しようとした努力は挫折し、しかも束縛と抑圧を受け続けてきたが、その努力は体制外の学者によって社会的に継続された。これは一九八〇年代における「文化ブーム」(文化大革命の終了後に高まりを見せた人文科学のブームや啓蒙運動)を理解するための鍵である。「文化ブーム」には二重の意味があった。その一つは、そのためなら仕方ないという特徴があったが、新たな政治文化を形作る直接性は有していなかった。二つ目に、一般化と希薄化したと同時に、深化させたという長所があった。体制内の理論家には道徳的な勇気があったが、彼らの視野と知識の構造はかなり狭く、彼らの学術的な訓練と基礎知識はマルクス主義の分野なので、西洋の主流である憲政民主の基礎を定めた政治思想の学説には不案内だった。中国が新たな政治文化を形成するには最初から始めなければならず、数十年にわたって中断された学問の伝統を回復させなければならなかった。つまり、近代の古典的学理と現代の新たな思潮の両方を補習しなければならなかったのである。

新たな政治文化の形成が正常には出来なかったのだから、知識界がその職責を果たさなかったことを現在の私たちが責めるべきではないだろう。しかしながら、当時の思潮について整理することは可能であるし、そうしなければならない。これには思想史としての意義があり、私たちの主観的な努力が十分であるか否かを反省し、将来の発展のためにもなる。

体制内の思考に基づいて活動し、体制外に転じた後も引き続き啓蒙に従事した人は、人間性と人道主義の旗印を掲げ、疎外について大いに論じた。その中でも学識と教養が最も深い人はすでに政治文化の視点からヘーゲル哲学について反省と批判を加え、それによって毛沢東主義の古い根を掘り起こした。ヘーゲル哲学の体系を突破し、「ヘーゲルよりも、むしろカントのほうがましだ」と主張した人もいたが、これはカント哲学における政治的自由の可能性がはるかに大きいことと比較して、ヘーゲルの思想には専制的な要素がかなり隠されていることを見極めており、高く評価されるべき視点である。仮に、彼らのような一部の学者の仕事に対して厳しすぎる要求ができるならば、私は次のように批判したい。彼らはドイツ古典哲学に長く留まり過ぎて、伝統思想から抜け出すために用いた時間と精力はあまりにも多かった。もし、彼らが西洋哲学の二十世紀の内容について熟知していたら、本来ならばもっと早くその段階を越えることができただろう。

その結果、彼らは割と後になってから政治文化におけるドイツとフランスの伝統およびイギリスとアメリカの伝統についてようやくある程度理解できたが、それは彼らの思想的ピークが過ぎてからのことだった。その学力と中国の歴史や現実に対する体得をもってすれば、彼らは本来新たな政治文化に対してさらに大きな貢献を成し遂げたはずである。

思想的学派、学術集団、文化的なグループの多くは、マルクス主義とドイツ哲学の背景に制約されることなく、現代の自然科学の最新成果を大いに吸収し、世界観と歴史観の面で可能な限り突破して功績を立てようとする人たちもいた（だが、こうした努力の意義は火を見るよりも明らかで、歴史唯物主義は古い政治文化の核心である）。ほかにも、外部の世界、とりわけ現代の世界を改めて理解し、中国をさらに深く理解するための参照軸と教養を提供すべく、全面的かつ系統的に二十世紀の西洋における人文学の思潮を紹介する人たちもいた。また、「文学、歴史、哲学」に対する中国人の伝統的な偏向を突破して、人々には馴染みがないが、しかし新たな政治文化を創り上げるためには絶対に必要な社会学、政治学、法律学などの分野の知識を導入する人たちもいて、そうした取り組みの意義は一九九〇年代にはっきりと現れ始めた。中国の伝統思想に正常な研究を取り戻すことを自らの務めとしている研究者でさえも、新たな政治文化の基礎を固めるという意図を避けられないと考えたか、もしくは多かれ少なかれそうした意図を有していたのである。

このように、体制外で遠回りをした努力と基礎的な仕事に対しては評価を与えるべきであり、ここでは新たな政治文化という視点からだけ簡潔に述べておきたい。

「文化ブーム」の思想と学術成果は極めて大きいものだが、しかし形而上のレベルで力を入れすぎたようで、精神と文化に対する偏愛は制度の配置に対する探求をはるかに上回っていた。人々は本質性、基礎性、系統性を追求したが、現実性や直接性に対する焦りは比較的少なかった。中国人は「形而上」と「形而下」に熱中するが、「形而中」には興味がないとある人が言っていたが、一九八〇年代に有名になった学説は美学で、宗教倫理学も大いに盛んになり、心の本来の姿についての学問や「まず、内に聖人、そして外に王者の徳を兼ね備える」、「国民性を改造する」という古いやり方が再び重視されたらしく、その結果として、社会的な騒動が突然発生した時に対応が間に合わなかったのである。

（3）政治哲学の思考の筋道

当然のことながら、政治文化を唯一の尺度にすることはできず、大多数の学者もそれを自分の務めとしているわけではない。彼らは自分の好きな分野で仕事をして成果や影響を得ているのだから、彼らが時代の潮流を指導する力が弱いとは言えない。しかし、改革の嵐の中で、思想文化界において最も影響力のある一部の人たちの素養が足りず、新たな政治文化の誕生を推進するという責任を果たせなかったことは、疑いの余地がない事実でもある。

例えば、一九七〇年代末、「西単民主の壁」運動〔北京市西単の街頭に壁新聞を張り出し、党の独裁批判や民主化要求を主張した運動。「北京の春」ともいう〕の中で非常に実力のある民間の思想家たちが勢いよく登場し、その中でも『沃土』の総編集長〔胡平〕はホッブズ（Hobbes）の政治哲学から議論を始めて専制主義が生まれる思想の根源を分析し、後に広く人口に膾炙した『言論の自由を論ず』を執筆した。そうした思想家たちは当時の体制内で一定の地位を求め、社会的にかなりアピール力がある知識界のパイオニアも支援を求めたが、地位の高い人たちは重視しなかった。言うまでもなく、彼らは新たに芽を出した思想の意義を理解しておらず、「マルクス主義のために抜本的な改革を行う」あるいは「人民のために請願する」という仕事に熱中していたにすぎない。二十数年を経て振り返って見れば、経験主義と自然権の観点から、あるいはイギリスの古典的自由主義の観点から議論できるのは得難く尊いことだ。このような政治哲学の思考の筋道は極めて先駆的であり、そうした先駆性は当時の思想界全体およびリーダーたちの視野と水準も反映していたのである。

三、天安門事件——政治文化建設の中断

（1）天安門事件の思想的背景

一九八〇年代、新たな政治文化の形成は、艱難辛苦のでこぼこ道を紆余曲折しながら進んでいたが、一九八九年に起きた天安門事件が、その穏やかで漸進的な文化建設をすっかり止めてしまった。天安門事件後に少し空白期間があったが、その間、知識界には犬儒主義〔シニシズム〕と拝金主義が蔓延した。その後、ポストモダンの思潮と新左派の思潮が現れ、中国の知識界は以前のように全体的な動向として専制主義に反対する政治文化の建設に力を尽くすことが二度と出来なくなってしまった。

天安門事件は分水嶺である。それゆえに、その原因と性質ならびにその後の結果に対する反省と分析が必要なのだ。明らかな事実のひとつは、若い学生たちが民主を求めた抗議運動を誘発した導火線は胡耀邦の逝去という偶発的な事件だったが、十年余り途切れることなく続いてきた専制に反対する政治文化の影響が、その思想的なバックアップになっていた

ということだ。

一九八九年の事件には歴史と文化の全般的な背景があった。多くの知識人がその年の初めか前年のうちに予感し、一九八九年はきっと何か起きるに違いないと予言する人さえいた。なぜなら、折しもこの年は五・四運動七十周年、フランス革命二〇〇周年にあたり、二つの記念日の寓意はあまりにも明らかだった。つまり、啓蒙思想を道案内として専制に反対し、自由と民主のために努力するということだ。

胡耀邦の逝去は事件の導火線となり、その含意は言うまでもない。彼は寛大さや寛容さが重要だと主張して「ブルジョア自由化批判」に反対し、学生の鎮圧に反対したために失脚したので、人々の彼に対する思慕の念は、逝去に寄せて自分の意見を発表するか否かにかかわらず、専制に対する憎しみと自由に対する憧れを表していた。

(2) 自由と民主を求める声

実際のところ、学生たちの大規模な運動が始まる前に、より意義深くはっきりした知識人の態度表明がすでになされていた。著名な知識人たちが、科学者、人文学者、作家、各界の著名人を問わず、単独で、あるいはいくつかのグループに分かれて、最高指導者に宛てた意見書を公開書簡として発表し、政治犯の釈放や人権の保障を呼びかけた。いくつかの知識人グループは期せずして意見が一致し、思想の自由と言論の自由という簡潔な言葉ではあるが意を尽くした要求を掲げたのである。

天安門事件で最も人目を引いた現象のひとつは、多くのジャーナリストが街頭でデモ行進を行い、報道の自由と言論の自由を求めたことだ。普段は政府の代弁機関に勤める人たちがリスクを冒すことを恐れずに、最も敏感かつ最も肝心な問題で公然と挑戦したことは、自由と民主を求める声がどれほど強烈だったかを物語っている。

鎮圧という力による考え方と鎮圧の過程が変化して激化したことから見れば、中国における政治文化の問題点が結局どこにあるのか、より明確に理解することができる。なぜ一九八九年の事件が世界を驚愕させた大惨事になってしまったのか、その鍵は人民日報の「四・二六社説」〔同年四月二十六日付『人民日報』社説「旗幟鮮明に動乱に反対せよ」が学生たちの行動を「動乱」と断定したため、学生たちの反発とさらなる抗議活動を招いた〕にある。仮に、学生たちが譲るに譲れなかったこの「判定」がなければ、そして、当局がこの点で少しでも融通を利かせていたならば、一九八九年の学生運動の結末は、それまで一九八〇年代に何度か起きていた学生運動と同様に、一定の影響をもたらして社会を揺さぶることはあっても、世界を驚愕させる事件や旧ソ連と東欧の巨大な変化の先導になることは決してなかっただろう。三十年の（ひいてはさらに長い）歴史の経験が明らかにしているように、権力者の政治的思考はわずかに異なる意見さえも許さない家父長的なもので、彼らは「生きるか死ぬか」という絶対に妥協の余地がない闘争哲学しか知らないのだ。彼らはあまりにも敏感で、「敵情」を誇張し、何か少しでも動きがあれば、「計画的かつ組織的な（ほかに、「黒幕がいる」、「外国との繋がりがある」ということもよくある）」政権の奪取を目的とした闘争がまさに到来していると考える。実際には、権力者の中にもこのような時代遅れででたらめな政治的思考には納得できないという人がいる。しかし残念なことに、伝統的な（何千年という偉大な伝統や古い伝統ではなく、数十年の小さな伝統で、革命の新たな伝統のこと）政治文化はそれほどまでに根が深く、経済体制に変化が生じている時でも、それは少しも変わることなく、中国はそうして同じ轍を踏んでしまい、中華民族は一九五〇年代から一九七〇年代の悲劇――さらに多くの血が流れる悲劇――を繰り返してしまうのだ。

天安門事件が発生してまだ十年余りしか経っておらず、事件に巻き込まれた人や観察者もほとんど全員がまだ健在で、当事者たちの回想録が大量に出版され、政府側の機密資料を含む関連書や資料も出版されている。事件の原因と過程は極めて明らかで、事件の性質についての判断は容易く、国内外において基本的な共通認識と判断もなされている。しかし、近頃では天安門事件に対してまったく新しい解釈をする人もいる。

その解釈とは、次のとおりだ。「この運動で訴えられた要求の多くは、一九九九年十一月から十二月にシアトルで、また二〇〇〇年四月から五月にワシントンで発生したWTOとIMFに対する抗議、ならびに二〇〇一年夏にイタリアのジェノバで発生したサミットに対する抗議と内在的な関係がある」、「一九八九年の社会動員は、権限と利益の移譲が不平等に行われていることへの社会各層からの抗議に起因し、中央政府の調整政策に対する地方政府と各部門の利益集団が抱える不満に起因し、国家の内部分裂に起因し、さらに、社会各層と国家機関の相互作用の関係に起因していた」、「一九八九年の社会運動に参加した階層には利益集団もいくつか含まれており、彼らは一九八〇年代に権限と利益の移譲を特徴とした改革の中で広範な利益を得たので、新たに始まった調整政策に対する不満から、そうした利益集団は自分たちの要求を社会運動に注ぎ込むことによって、国家がさらに急進的な私有化の改革を行うべく推進しようと試みたのである」。(1)

前述した言葉は論述というのか、それとも寝言と言うべきなのか、私には分からない。論争に値しないというのではなく、どのように論争したらよいのか私は本当に分からないのだ。この筆者が事実をねつ造し、現実を切り捨ててしまう勇気には驚くばかりだ。幸いなことに、事件からわずか十年余りしか過ぎていないので、人々はまだ記憶を失っておらず、山のように積まれた資料によって証明できることは幸運である。

天安門事件が鎮圧された後、予想に反せずして政治文化の反動的な雰囲気が現れ、その基調は「ブルジョア自由化反対」、「全面的な西洋化反対」、「〔社会主義政権の〕平和的転覆反対」などで、これはまた逆の面から天安門事件の原因と性質を裏付けていた。このような政治文化の反動的な雰囲気の中で、政府側は一九八〇年代の非公式な文化建設活動に対して徹底的な精算を試みたが（『河殤』批判はその顕著な例である）、古くさい言葉による報復には少しも効果がなかった。一九九〇年代半ばになると、性質は「左」と同じだが、しかし言葉の面では非常にモダンな別の精算方法が現れた。例えば、ポストモダンの論者は、一九八〇年代の新たな政治文化建設について『啓蒙』という言葉に溺れた知識人の西洋言説に対する無条件な『臣下』としての位置づけと『モダニティ』に対する熱狂である」と述べ、[2] 新左派の論者は一九八〇年代の文化活動を全面的に片付けてしまおうと、自分たちと同じ意見の少数を除く様々な学派をぞんざいにまとめあげて否定した。[3] この同じ筆者は、近ごろ発表した論文で「一九八〇年代の社会思想は……冷戦のイデオロギーが提供した思考の枠組みを超えることはできない」とまで言っている。[4] 新左派による精算は、往々にして従来の左派よりも力強く効果的だと認めなければならない。

天安門事件は新たな政治文化の建設を長年にわたり中断させたが、ひっそりと静まりかえっていた時期も人々は思考を停止したわけではなく、極めて大きな歴史的事件によって、人々の思考はさらに明晰かつ徹底したものになった。また同時に、耐え難い苦痛に満ちた現実を回避して、批判の矛先が跳ね返って来ないほど遥か遠くに目標を定めようと努力する人たちもいる。

四、一九九〇年代以降の政治文化の様々な方向性

天安門事件は、中国の政治文化建設の中で本来回避できなかった問題をさらに際立たせた。それはつまり、我々が専制と暴力に直面しているということである。それらが形成され

た原因、新たな市場経済の条件下での表現様式、それに取って代わる政治制度の形式や社会条件、そうした代替を実現する可能性と方法について、我々は探求しなければならない。一般的な前提となる任務は、依然として専制政治に対する批判である。一九九〇年代の中国知識界における分化とそれによって生じた基本的な分野は、つまるところその方向性を堅持するもので、五・四運動で提起されたもののまだ完成していない任務を果たすべく努力を続けていた。だが、やはりその方向から離れて逸脱してしまい、その歴史的な任務を果たすための努力（過去の努力と現在なされている努力）に対して排斥や中傷が加えられた。一九九〇年代から現在に至るまで、中国の思想文化の情景は複雑に入り組んでいるが、しかしこの観点から見れば、基本的なアウトラインと分野はやはり明白で単純なものだ。

以下、三つの議論と論争のみを例として挙げながら解説する。

（１）急進主義についての論争

急進主義に対する反省という論題は余英時先生が一九八八年に提起したもので、一九八九年の民主化運動とは関係ないが、古い政治文化に対する批判とは密接な関わりがある。余先生の論題は次のように理解できる。つまり、中国における革命政権の樹立と中国革命の発生はまさしく悲劇であり、中国の知識人はこれに対して責任を負わなければならず、問題は彼らの急進的な心理状態にあるという主張だ。このような見方は大陸の知識界にとって斬新性と啓発性を有するもので、当然ながら、それによって引き出された論争と批判は、賛成と共鳴に劣るものではない。

学理の論戦と論証が複雑に錯綜した中で、以下二つの観点は本稿の議論と関わりがある。

第一に、朱学勤は余英時の観点に同意せず、中国革命の原因に対する解釈は一種の文化決定論だと見なし、知識人の急進的な心理状態が革命をもたらしたというよりも、一連の事件（西安事件のように偶発的な事件も含む）が本来望みのなかった革命を意外にも成功に導いたと考えるほうがよいと述べた。

第二に、李沢厚は急進主義への反省を引き継いで、「告別革命〔さらば革命〕」というスローガンを提起した。仮に、余英時の急進主義批判を過去の清算と言うならば、李沢厚の急進主義批判の目的は正反対で、現状を擁護するためだ。李沢厚の学理はひとつの内在的な難題を抱えていた。つまり、急進的な革命政党が過激な手段で政権を得たのに、反急進論を頼りにその政権を擁護したという点であり、これはまた、政権の歴史的合法性の剥奪でもある。

汪暉は反リベラリズムの観点から急進主義に関する議論に加わり自説を主張したが、事実を無理やり自分の理論にあてはめようとしたために、まったく見当違いなことになり、本来は筋道がはっきりしていた論争を滅茶苦茶にかき乱してしまった。彼の過ちは一見すれば明らかで、また重層的でもある。まず、急進主義に対する反省は一九八九年の運動の総括に基づき、そうして形成された共通認識は急進主義に対する批判だと彼は断言したが、[5]この二点はいずれも事実ではない。次に、彼はリベラリズムを反急進主義と同一視しているが、[6]これも事実ではなく、リベラリズムはフランス革命における急進的な民主主義に関わるもので、中国革命の起源と成功についての解釈と内在的な繋がりはない。いま議論しているのはこの問題で、前者についてではないのだ。実際のところ、余英時と論争し、李沢厚の観点に反対した人の多くはいずれも自由派の学者なのだが、汪暉はこの点についてまったく分かっておらず、彼がリベラリズムを攻撃して朱学勤について講評した時は、まったく要領を得ず、混乱極まりないものだった。

（2）人文精神の喪失に関する議論

一九九四年、上海の若手と中堅の学者が雑誌『読書』（一九七九年創刊の思想文化評論を中心とする月刊誌）で人文精神について議論したが、これは転換期の中国が抱えている問題の複雑さと問題に対する観察や判断の相違を実に良く説明している。

私の知るところでは、最初に議論を始めた人は天安門事件後の学術文化が凋落しているという思いがあり、一九八〇年代の「文化ブーム」とは大きな落差があるとして意見を発表し、一九四九年以降の文化専制について可能な限り回顧と総括をしようと考えた。

また同時に、上海の文化人の多くは時局に対する敏感さから、商品文化、大衆文化、拝金主義の心理が、彼らが理解し尊崇する人文精神にとってやがて脅威と衝撃になるだろうと予見していた。憚らずに言えば、その議論には知識人が自らの地位の低下と周縁化に対して吐露した困惑や不満も含まれていた。

商品文化と大衆文化をどのように評価するかというのは複雑な問題だが、しかしどうであれ、一つの新しいスタイルが無理やりにでも生まれているのだと意識することや（たとえ誇張でも、偏っていたとしても）、社会の転換にともない新たな問題が現れるだろうと意識することには意味がある。古い体制が新しい経済、社会、文化の形態をいかに利用し、また結合させて、引き続き展開していくかという問題をさらに探求できれば（古い体制は、当然ながらこのような利用や結合にたけており、また確かにそうしている）、さらに意義があるだろう。このような意義から言えば、人文精神を疑問視して議論する人たちは、あまりにも鈍感で古い経験にしばられている。彼らには「反右派闘争」や文革を心にしっかりと刻みつけて一生忘れない記憶があり、毛沢東時代型の抑圧がまた繰り返されるかもしれないという十分な警戒心があり、古くからある専制の基礎に対してもまだ動揺することなく、深い認識を有している。しかし、彼らはおそらくそうしたレベルの警戒心にとらわれているために、新たな問題がいま現れているか、あるいはこれから現れるかもしれないということには気付かず、転換期の問題は単一ではなく、主に二つの類型があるということは理解できないのだ。そして、古い政治文化は依然として非常に強大だと正確に見極めたと同時に、彼らは少し偏っていて、古い体制と古いイデオロギーを消し去るものであれば何でも――例えば「ごろつきの文学」〔社会の底辺に暮らす人々の生活を描いた作品を指す〕など――すべて進歩的な意義があると見なした。

だが、彼らの基本的な判断は正しい。人文精神の喪失は一九九〇年代初頭の商品経済ブームに始まったわけではなく、一九四九年の文化専制が発端である。それゆえに、「人文精神の喪失は一九九〇年代初頭の商品経済によるものだと言うなら、それ以前に、私たちには人文精神が十分にあったのだろうか」というような彼らの質問に対しては、回答も回避もできない。人文精神についての議論が始まったばかりの頃、私たちは文化専制に対する批判を明らかに意識していた。人文精神が失われた原因は、知識人が筆禍事件に見舞われて痛めつけられ、心が縮こまって動物のようになってしまったからだと結論づけたが、すぐに商品経済のせいにされてしまい、このような観点は弱められてしまった。この議論は関係方面から注目され、プレッシャーを感じる人たちもいたので、言説はさらに安全な方向に転換し、文化専制に対する追求は鳴りをひそめて姿を消してしまい、商品経済に対する糾弾が激しくなった。ある論者などは現実逃避の道をはるか彼方まで行ってしまい、「人文精神はいったいいつ失われたのか」と正面から質問された際に、「明朝末期と清朝初めの頃に失われ始めた」と回答したほどだ。

知識界の大部分の人たちは現実感を失っておらず、人文精神の喪失がそもそもいつ始まったのかよく分かっていた。陳寅恪〔歴史学者。文革中に紅衛兵の攻撃対象となったが、不屈の精神をもつ知識人のシンボルとして評価されている〕の悲劇と抗争は、雄弁かつ生き生きとこの点について説明しており、一九九〇年代半ばに盛り上がった陳寅恪ブームのいくつかの理由はここにある。海外ではこうした理由が分からない人たちが多く、大陸の知識界は急に復古的になったと非難した。だが、新左派の代表的人物はそれでもまだ不満で、人文精神が失われた原因を遙か彼方の見えないところへ押しやることはしなかった。そこで、人文精神喪失の問題についての議論は現代の資本主義の体系的な危機に対する本能的な抵抗だと結論づけ、その欠点は「市場主義時代の内在的矛盾について本当の説明をしていないことだ」と考える人もいた。(7) 見たところ、文化大革命が中国文化の運命を変えたというのではまだ足りず、幾度も行われてきた運動が知識人に打撃を与えたというのでもまだ足りず、何十年にもわたる蹂躙や奴隷化もその原因ではなく、責任を担うべきはアメリカの大企業なのかもしれない。

(3) リベラリズムと新左派の争いについて

一九九〇年代半ばから現在に至るまで、リベラリズムと新左派の論争は、現代において新しいタイプの政治文化をいかに構築するかという問題についての相違と対立の主要な内容となっている。リベラリズムの再提起は、専制に反対し、人権を求め、科学・自由・民主を提唱するという五・四運動から一九八〇年代の新文化運動に至るまでの議論の内容を深化させ、また純化させて、理論化したにすぎないが、それまで強調されることがなかった個人の自由・法治・市場経済、そして個人の財産権を明確に肯定した。

リベラリズムについては個人やグループで理解が異なり、その内容について強調している点や取捨選択しているところも異なり、古典と現代のリベラリズムの流派や学説にはそれぞれの好みもあり、現在の中国における問題についても見解が異なる。それゆえに、リベラリズムの政治文化が内包しているものと社会的な役割について評価する際には、基本的な主張を採用するしかない。実のところ、中国の現代における現実的な問題はこれほどまで複雑なために、我々はある流派や学派の理論に処方箋を求めるだけというような単純で幼稚な態度ではいけないのだ。しかし、中国の新旧いずれのタイプの専制も、その害毒は非常に深く広範囲に及び、中国の伝統的な政治文化と人類の既存の文明には大きな隔たりがあるので、我々は人の価値と制度の配置の基本原則について重ねて言明しないわけにはいかない。

「新左派」という呼び方は、一九九〇年代半ばに展開された国情についての思想論争の中ですでに現れていたが、現在では、その人たちの中でもこの呼び方を拒否し、誤った呼び方だと考える人も多い(対立している学派の恩恵にあずかろうと、自分を「リベラル左派」と呼ぶ人もいれば、国内では拒否しながら、西洋の新左派の雑誌から「新左派」という称号を与えられるのは喜んで受け取るというように、二つの顔を演じる人もいる）。私は以下の三つの理由に基づいて、「新左派」という呼び方は適切だと考える。一、彼らの思想と理論の資源はすべて現代の西洋の新左派からきており、しかも彼らと共に行動している。二、彼らは中国の旧左派と同じで、資本主義と市場経済に反対するだけで、専制主義には反対しない。三、旧左派と同じで、毛沢東の左傾したやり方、例えば大躍進、人民公社、文化大革命などを肯定し、「社会主義の遺産を継承する」と称している。

二つの学派の相違は、つまるところ専制主義と全体主義にあくまで反対するか、あるいは資本主義に反対するかという問題である。その他多くの問題はすべて、例えば、社会の不公平や腐敗などもここから派生している。そうした主な原因は、古い体制のためなのか、権力の独占と独断によるのか、あるいは市場経済と資本の存在によってもたらされる新たな要因によるのだろうか。実は、その問題に答えることは決して難しくはない。例えば、誰でも知っているように、中国で最も深刻かつ最も普遍的な不公正は都市と農村の差別で、人口の大多数を占める農民はいまだに国民としての待遇を享受してはいないが、これは資本がもたらした不公平とでもいうのだろうか。市場経済はこうした不公正を招いて激化させたのか、あるいはこうした不公正を解消する役割を果たしたのか。市場経済の実施から二十年来、特に最近十年余りの間、中国社会の転換はずっと続いているが、中国はすでに資本主義社会に変わったのか、あるいは依然として一党制の国家なのか。中国の前途は憲政民主を実施することなのか、あるいはグローバル資本主義の危機（そのような危機は本当に存在するのか）を分析して、応急処置の答を見つけたのか。これらの問題に対する二つの学派の解答は明らかに相反している。

思うに、中国は政治文化の分野で授業を休んでしまったのだから、是非とも補講を受けなければならず、毛沢東式の「社会主義の遺産」を批判しなければならない。もし、社会主義と資本主義の論争にまだ意義があるならば、それもまずは補講を受けてからだ。政治的自由の問題が解決されなければ、あらゆる理論の探索と論争もすべて手かせ足かせをはめたまま踊るようなものだ。その手かせ足かせを極力取り除こうとする踊り手もいれば、手足をねじ曲げてでも狂喜するのが誉れだと感じる踊り手もいるというだけのことである。

（初出　徐友漁『中国当代政治文化與西方政治哲学』（台湾）秀威資訊科技股份有限公司、二〇〇八年十一月、四十三―六十頁）

注

（1）汪暉「一九八九社会運動與『新自由主義』的歴史根源――再論当代中国大陸的思想状況與現代性問題」『台湾社会研究季刊』第四十二期、二〇〇一年六月、十九、十八頁、十四―十五頁。

（2）張頤武「闡釈『中国』的焦慮」香港中文大学中国文化研究所、『二十一世紀』、一九九五年四月号、一三二頁。

（3）汪暉「当代中国的思想状況與現代性問題」『天涯』一九九七年第五期、一三五―一四六頁。

（4）「一九八九社会運動與『新自由主義』的歴史根源――再論当代中国大陸的思想状況與現代性問題」『台湾社会研究季刊』第四十二期、二〇〇一年六月、五頁。

（5）前掲「一九八九社会運動與『新自由主義』的歴史根源――再論当代中国大陸的思想状況與現代性問題」『台湾社会研究季刊』第四十二期、二十九頁。

（6）同上、三十二頁。

（7）前掲「一九八九社会運動與『自由主義』的歴史根源――再論当代中国大陸的思想状況與現代性問題」『台湾社会研究季刊』第四十二期、二〇〇一年六月、四十一頁。

「民意」のゆくえと政府のアカウンタビリティ
――東アジアの現状より

梶谷懐

かじたに・かい――神戸大学経済学部教授。専門は現代中国経済論。主な著書に『日本と中国、「脱近代」の誘惑――アジア的なものを再考する』（太田出版、二〇一五年）、『現代中国の財政金融システム――グローバル化と中央・地方関係の経済学』（名古屋大学出版会、二〇一一年）、『「壁と卵」の現代中国論――リスク社会化する超大国とどう向き合うか』（人文書院、二〇一一年）などがある。

二〇一四年に台湾で生じた「ひまわり学生運動」と香港で生じた「雨傘運動」という中華圏における二つの大規模な学生／市民運動は東アジアの政治的状況に大きなインパクトをもたらした。本稿では、これらの運動を「民主」と「アカウンタビリティ」の問題から捉えなおすことを通じて、日本も含めた東アジアにおける民主的社会実現の可能性を検討する。

一、中華圏における二つの学生／市民運動

二〇一四年という中華圏における二つの大規模な学生／市民運動が東アジアの政治的状況に大きなインパクトをもたらしたことはまだ記憶に新しい。この二つの運動とは、言うまでもなく、台湾が中国と締結したサービス産業部門における市場相互開放協定（ＥＣＦＡ）に抗議して学生たちが国会を占拠した「ひまわり学生運動」（以下、「ひまわり運動」）、および二〇一七年実施予定の香港行政長官普通選挙において、民主派の立候補を不可能にする制度を採用するという中国政府の決定に抗議し、学生や市民による大規模な街頭占拠が行われた「雨傘運動」を指す。この二つの大衆運動の詳しい経緯については、参考文献で挙げたものを始め、多数の文献で紹介されているので、ここでは省略する。

さて、ひまわり運動と雨傘運動については、日本語で読めるものだけでもすでに数多くの論考が発表されているが、運動に過度に肩入れした、あるいは批判的な姿勢を取る、いわ

ば語り手の政治的党派制を露わにした言論を除けば、以下の三つの類型に分類することができるだろう。

一つ目の類型は、運動の当事者の立場への一定の共感を示しながらも、それらの運動を生みだした現地社会の社会構造を客観的に分析しようとするもの。倉田（二〇一四、二〇一五）、鵜飼（二〇一五）、あるいはひまわり運動の背景にある台湾「国民」アイデンティティの存在について分析した渡辺（二〇一五）などがこれにあたるだろう。(1)

二つ目は、新自由主義批判やポスト植民地主義といったニューレフトの枠組みから一連の運動を捉えようというものである。丸川（二〇一五）におさめられた一連の論考がこれにあたる。丸川は、台湾のひまわり運動がＴＰＰに代表されるグローバル資本主義への批判的な視座が希薄であることを批判的に論じつつ、その背景にマルクスが『ルイ・ボナパルトのブリュメール一八日』で論じたような「代議制の危機」があると指摘している。丸川によれば、ひまわり運動に参加した学生や若者の中にはベンチャードリームに象徴される「プチブル的急進主義」的傾向が見られるが、そのような階級的利害は国民党政権によっても野党民進党によっても代表されない。このような「代議制の危機」が彼らをして議会選挙という直接行動に向かわせる。しかし、そのような「代表するものとされるものの間の恣意性」のゆえに、彼らの立場は台湾社会に特有の反共・反中国的言説によって「代表される」傾向があるのではないか、というわけである。(2)

そして三つ目は、より広い東アジアの政治変動の枠組みの中で二つの大衆運動を捉えなおそうという試みである。例えば、若林正丈は、沖縄における米軍普天間基地の辺野古移設への反対運動も含め、二〇一四年に生じた一連の学生／市民運動を「辺境東アジア」から「中心」に向けての「ウェイクアップ・コール」として捉えるべきだとしている（若林、二〇一五）。彼は高橋百合子ら（高橋編、二〇一五）の議論に依拠しながら、選挙アカウンタビリティ、三権分立に代表される国家機関相互のチェック機能による水平的アカウンタビリティ、デモや社会運動を通じた社会アカウンタビリティ、国際世論からの批判を通じた国際アカウンタビリティという四種類のアカウンタビリティが、これらの「辺境東アジア」においてどのように働いていたのか、丹念な整理を行っている。

若林は、台湾と香港、そして沖縄における学生／市民運動が、「現地政府」と「親国家」（台湾と香港の場合は中華人民共和国、沖縄の場合は日本）の双方に対してソフト／ハードなアカウンタビリティを要求するものであったこと、(3)そして現地政府の意志決定にかなりの程度影響を及ぼすことに成功した台湾・沖縄のケースにおいても、より本質的な政策決定権を持つ「親国家」へのアカウンタビリティを課していけるかどうかは未知数であることなどを指摘している。

台湾、香港の住民運動を、沖縄も含めた「辺境東アジア」のアイデンティティ・ポリティクスとアカウンタビリティの問題として整理した若林の指摘は示唆的である。ただ、東アジアにおける社会の変動ということを考えるならば、これらの中国大陸における「民意」と政治との関係、およびそれが香港や台湾といった周辺地域における学生・住民運動に与えた影響についてもう少し踏み込んだ考察が必要とされよう。というのも、大陸中国はこれらの「辺境東アジア」並びに日本に比べても、政府が著しくアカウンタビリティを欠いた政治を行っており、そのこと自体が周辺諸地域の政治状況に少なからぬ動揺を与えていると考えられるからである。

本稿では、台湾および香港の運動を「民主」と「アカウンタビリティ」の問題から捉えなおし、日本も含めた東アジアにおける民主的社会実現の可能性を考える際の一つの材料としていきたい。具体的には、政治的権利と経済の「平等化」と民主的な社会との関係について、および中国社会の伝統的な「民意」と政治の関係について、それぞれ考察する。そして最後に、日本における安保法制反対デモなどの直接参加型の政治運動を東アジアの政治状況の中にどう位置づけるか、といった観点から検討を行う。

二、二つの「平等化」をめぐるジレンマ

さて、ほぼ同じ時期に生じた台湾と香港における二つの学生／市民運動は、中国政府の影響力に対抗し「われわれが苦労して手に入れた（入れつつある）政治活動の自由や民主主義を守ろう」という一点で多数の市民が集結した点で共通点も多く、また実際に互いに呼応する側面も大きかった。その一方、運動がもたらした結果については、事実上明暗が分かれたと言ってよい。若林正丈は、台湾のひまわり学生運動について、その本質は「多数」を背景にした市民的不服従の運動であり、それが国会の不法な占拠という手段を執りながら穏やかな幕引きを行うことができた背景にある、と指摘している（若林二〇一四）。[4] 一方、香港のケースでは、当初は同じく「多数」を背景にした市民的不服従の運動だったものが、繁華街の占拠が長引き、市民の経済生活に影響が及ぶ中で、次第に「多数」の市民の支持を得られなくなり、それに呼応して運動自体も終焉した。

このような双方の運動がもたらした帰結とその相異についてどのように捉えればよいだろうか。もちろん、事実上独立

した政治決定プロセスをもった政権が存在する台湾と、「一国家二制度」の下での思想・言論の自由は存在するもの、実際の政治プロセスは中国の権威主義的政治体制の強力なコントロールを受ける香港との政治体制上の違いは大きい。しかし、ここではそのような政治体制の違いに還元されない、政治権利および経済における「平等化」の問題と、民主的な政治体制の成立条件との関係について指摘しておきたい。

そもそも、既成の政治体制に対する異議申し立てや「民主化」を求める運動がしばしば「学生」が主体になっておこなわれるのはなぜだろうか。これに関する一つの答えは、学生は知識があり、時間とパワーがあり余っているからだ、というものだろう。だが、それだけでは十分ではない。以下のように考えてみてはどうだろうか。学生が社会の中で最も「今ある不平等」に敏感だから、「自分たちは政治に参加する能力があるのに、発言権が認められてない」という思いを最も切実に感じるのが学生だから、と。

十九世紀フランスの思想家アレクシ・ド・トクヴィルは、近代以降の民主的な社会の本質を、人々が古い身分制度から解き放たれて「同じ権利を持つ人間」として扱われる、すなわち政治的権利の「平等化」に求めた。ここでトクヴィルのいう「平等化」とは、近代化によって、それまでは「違う種類の人間」と感じられていたものが「同じ人間」の範疇に入ってくるという、人々の「想像力の変容」を伴うものである（宇野二〇一〇）。

このように考えるならば、学生が政府のアカウンタビリティを求める社会運動の中で主要な役割を果たすことが多いことの意味がより明確になるだろう。大学というお互いの平等が少なくとも建前上保障された空間から、様々な不平等が渦巻く社会に出て行く準備をする学生は、平等／不平等という問題に最も敏感な社会階層だからである。そのような学生が「俺たちも政治に参加させろ」と何らかのアクションをとることにより、政府も相手のことを一方的な権力行使の対象ではなく、「同じ人間」とみなして何らかのリアクションをとる、すなわちアカウンタビリティを果たさざるを得なくなるわけである。

もちろん、「平等」を求めて行動を起こすのは、都市に住む学生や市民に限られるものではない。例えば二〇一二年、尖閣問題をめぐる日中間の摩擦が高まる中で毛沢東の肖像を掲げて反日デモに参加した農村出身の低所得者層が中心になっていたと考えられる群衆も、その背景に自分たちが直面する不平等への不満、すなわち経済的「平等」への要求が存在していたと考えられる。このほかにも、住民の政治参加が制度化されていない中国大陸、特に農村部ではいわゆる「上訪」「信訪」すなわち上級政府への陳情や、「群体性事件」と呼ばれる直接的なデモ行動が、住民が政府への不満を表明し、事態の改善を図るための数少ない手段となってきた経緯がある。特に農村部において、私利私欲に駆られ、村人達の生存権を脅かす役人に不満を持った人々の抗議手段として「群体性事件」は多発してきた。

そこで注意しなければならないのは、このような経済面での「平等化」と、トクヴィルの強調した政治的権利の「平等化」とでは、特に権力との関係において反対方向のベクトルが働く、という点である。というのも、経済面での「平等化」すなわち再分配を行うには大きな国家権力による介入を必要とする。従って、経済面における「平等化」の要求は、政治的権力の「平等化」とは異なり国家権力を制限するのではなく、むしろそれを強化させる方に働きがちである。筆者は、ここに同じ中華圏において政府のアカウンタビリティを要求する運動という共通点を持ちながら、香港の雨傘運動が台湾のひまわり学運とは異なり挫折を余儀なくされたのか、という問いの答えが隠されていると考えている。

香港社会には、二〇一一年の段階で所得のジニ係数が〇・五三七(5)という台湾や中国本土にくらべても大きな格差が存在する「不平等社会」であった。しかも、政府による社会保障の提供が十分ではなく、近年ではさらに不動産バブルによる「資産格差」の拡大現象を生み出している。倉田徹によれば、この不動産価格の高騰は、香港政府が取った経済優先の「中港融合（中国と香港の融合）」政策の副作用、すなわち大陸の富裕層の資金が香港の不動産購入に向かったためだと一般に受け止められ、大陸と香港の市民レベルでの感情対立の一つの要因になったという（倉田二〇一五）。これが、経済的に比較的平等な社会が実現した下で、経済的「平等化」の欲求とは切り離した形で政府へのアカウンタビリティを訴えた台湾のケースとの大きな違いであったと考えられる。

また、香港では政府への抗議活動がより零細な商店が軒をつらねる九龍半島の旺角でも行われるようになると、その日その日の経済活動を優先させざるを得ない低所得の自営業者との摩擦が顕在化し、最終的には運動の衰退へとつながっていく。雨傘運動に加わった学生たちに同情する市民も多数存在しながら、長期間にわたって「多数」の支持を得られなかった背景には、このような香港社会における「経済的民主」の脆弱さの問題を無視することはできない。

端的に言って、トクヴィルの言う「平等化」にもとづく市民の行動は、国家権力あるいはそれに連なるものについての同質性の意識に立った勢力が、自分たちへの政治的権利の配分を要求するという方向性を持つ。それに対し、経済的な「平等化」を求める群衆は、むしろ国家権力と自分たちとが「隔絶」していることを十分認識し、その上で「俺たちにもワケマエをよこせ」という要求を行う。このようないわば政治的権利の平等化と経済的な平等化の分裂は、民主主義的な社会の実現にかかわる、かなり根の深いジレンマをもたらす。すなわち、「経済的な平等化」がある程度達成されていなければ、それを求める「多数者」の行動が、政治的権利の平等化＝アカウンタビリティを求める動きの足を引っ張ってしまうからである。かといって、「経済的な平等化」を実現するために国家の介入が強化されればされるほど、強大になった国家は説明責任を果たそうとはしなくなる。

香港における労働運動に深く関わり、自らも「プロレタリア民主派」として雨傘運動に加わった區龍宇は、長年続いたレッセ・フェール的な自由経済体制のもとで経済的不平等が支配する香港社会において、普通選挙を求めるというシングル・イシューの運動には限界があることを指摘し、社会の中下層の経済的な要求も反映させた社会民主的な運動を展開する必要性を強調している（區二〇一五、二五〇頁）。[6] このような區の見解は、このようなジレンマを踏まえた上で社会における政治的権利と経済的権利双方の「平等化」を伴って初めて、「多数者」の政治行動は民主主義を支えるものになる、という姿勢に裏打ちされているものと理解できよう。

一方、「民主」における民衆の直接行動の位置づけ、という点を考える上では、近年の大陸中国の社会においてしばしば生じる大衆の直接行動——二〇一二年の尖閣領有権をめぐる緊張の中で生じたそれのような暴力・破壊を伴うデモ行動に限らず、「陳情」という穏健な形をとるものも含めて——についての考察を欠かすことができないだろう。これらの、しばしば「暴動」としてくくられる、暴力を伴う民衆の直接行動は、上記のようなトクヴィル的な、「政治的権利の平等」を求める直接行動とは大きな隔たりがあるからである。

三、大陸中国における「民主」——生民と憲政

前節において民主的な社会の実現を社会の「平等化」という概念によって理解した場合、そこには政治権利の平等化と経済的な平等化、という権力に対する方向性が正反対の力が働いていること、そのことが民主的社会の実現において深刻なジレンマをもたらすことを指摘した。すなわち、「経済的な平等化」がある程度達成されていなければ、それを求める

「多数者」の行動が、政治的権利の平等化＝アカウンタビリティを求める動きの足を引っ張ってしまい、結局民主的な体制がなかなか実現しない、というジレンマに陥ってしまう。

市民や学生による民主化要求を武力によって制圧し、著しい経済成長と共に社会の不平等化が進んできた一九九〇年代以降の中国社会は、まさにそのジレンマを体現した社会だといえよう。このジレンマを解決するためには、政治的権利の平等化＝アカウンタビリティを求める運動の自由度を少しでも広げつつ、同時に経済的な不平等の拡大を抑えるような再分配政策を進めていく必要がある。しかし、その実現は決して容易ではない。このようなジレンマの解消を目指すことは、中国共産党にとって、まさに自らの権力基盤を取り崩していくことを意味するからである。

この点について、フランシス・フクヤマによる、近世から近代への移行期にあった欧州各地域についての説明が示唆を与えてくれそうである（フクヤマ二〇一四、邦訳下巻一一九頁）。フクヤマによれば、近代を迎えつつあった欧州各地域にあって、より民主的な政治制度が発展するかどうかは、上級貴族、地主階級、第三身分（職人、商人、解放農奴、都市に住む自由人など）という三つの社会勢力が、どれだけ力を付け、時には連携して国家に対抗できるか、という点にかかっていた。近代的な法の支配と民主的な統治の基盤を築くことができた地域では、これらの地域で第三身分が台頭し、地主階級と結んで国家と対抗し、国家がそれらの勢力に対しアカウンタビリティを果たさねばならなかったからである。

ここで重要な点は、「農民」は地主階級や第三身分のように国家に対抗する、すなわち、国家が政策の正当性を理解してもらうよう働きかける社会勢力であるとは見なされていなかったという点である。フクヤマによれば、貧しく、教育を受ける機会に乏しかった農民は、「一致団結した集団として行動することも、農民の利益を踏まえた長期的な制度変化を力で得ることもほとんどできなかった」（同書、邦訳下巻二三一頁）。この点について、マルクスが『ルイ・ボナパルトのブリュメール一八日』の中で、数の上では大きな影響力を持つものの階級意識に乏しく、「自らを代表することができず、（彼らを支配する権威的な存在に）代表されなければならない」存在として、当時の分割地農民に言及していることが想起される（マルクス二〇〇八、一七八頁）。マルクスによれば、二月革命の後フランスで導入された普通選挙の下で、このような分割地農民は、「自らの主人」としてルイ・ボナパルトを支持することにより、その専制的な権力の掌握に道を開いたのである。

一般的には、近代国家の成立と共に工業化が進むにつれて、このような貧しく政治的な自律性を欠いた農民層は、次第に国家に対して一定の発言力を持つ中間層に吸収されていく。言い換えれば、農民や農民出身者に代表される貧困層による生存権の要求は、国家に対するアカウンタビリティの要求と不可分に結びついていった。日本、あるいは韓国や台湾のような社会でもほぼ同じ動きをなぞるといってよい。これらの社会における「民主化」の動きは、工業化の進展によって農業などの第一次産業の人口比率が低下し、同時にインフラが整備され農村の開発が進み、「農民」が中間層へと吸収される動きとほぼパラレルに生じている。

しかし、中国の場合は、現代にいたるまで、「農民」が市民層、中間層に吸収されることなく、社会のマジョリティとして存在し、実際の国家や統治のあり方に影響を与え続けているという点で、西欧諸国や日本などとは著しい対照をなす。ここでいう「農民」とは、必ずしも農業従事者のことを意味しているのではない。むしろ、「生民」という言葉こそ、その性質をよく表わしているように思われる。

ここでいう「生民」とは、「生存を天に依拠する民」、すなわち国家や官僚システムとは無関係のところで生まれて死ぬ人々、あるいは「剥き出しの生を生きる人々」とでもなるだろうか。魯迅の小説『阿Q正伝』において描かれた「阿Q」のキャラクターは、このような「生民」のイメージを具体化したものと言えるだろう。溝口雄三は、このような「少数者の専制」＝「私」に対して、「多数者の利益」＝公を対比させ、後者をよきものとみなす思想が、「生民」たちの自然権が「均（＝偏りがなく、充足している状態）」である状態への志向として、伝統中国社会に広く息づいていたことを指摘している（溝口一九九五）。そのようないわば「市民的公共性」とは無縁のところにいる人々が、少なくとも物質的に充足した生を送ることができている状況が、中国の伝統社会では「公」、すなわち道義にかなった状態として称揚の対象になってきたことは、記憶にとどめられてもよいであろう。

そして現在に至るまで、中国社会においては市民層、中間層に吸収されない「生民」がそのマジョリティとして存在し続けており、それゆえに反日デモや群体性事件などの直接行動の際にもその参加者が「生民」的なメンタリティに支配されたまま行動する、という状況が生じる。またここから、多数者たる「生民」の生存権の要求をまず実現することが民主的なのか、それとも国家にアカウンタビリティを果たさせる政治的権利の「平等化」を伴っていなければ民主的とは言えないのか、という、現在の中国社会におけるいわゆる（新）

左派と右派（リベラル派）との間の深刻な対立につながっていくのである。(7)

たとえば、前者（新左派）に極めて近い立場から日本での言論活動を行ってきた丸川哲史は、台湾のひまわり運動がTPPに代表されるグローバル資本主義への批判的な視座が希薄であることを批判しつつ、それを乗り越えるために、台湾資本によって搾取されている中国大陸の農民工や下層労働者を含めた「阿Qによる連帯」を目指すべきだとしている（丸川二〇一五）。これは一見、雨傘運動の一部の参加者の大陸中国人への人種差別的な姿勢を批判し、広範な中層、下層人民による民主戦線の形成を訴える上述の區龍宇による主張と似ているように思える。しかし、區がその著作の中で同時に中国大陸の下層労働者を搾取するものとして中国共産党による「官僚資本主義」と「専制主義」を厳しく指弾している（區二〇一五、二三頁）のに対し、丸川の議論からは「阿Qによる連帯」がなぜ不可能なのかという視点、言い換えれば大陸中国において「阿Q（＝生民）」を「阿Q」たらしめている権力と民衆とのいわば「共犯関係」についての視点が欠落していると言わざるを得ない。

「生民」の生存権の要求を実現すること（のみ）を「民主」の要件とする限り、そこには公平で慈悲深い為政者を僭称する野心的な政治勢力——あたかも、ルイ・ボナパルトのような——が、「民意」を体現したことを旗印に私的な利益追求をはかる、という落とし穴が常に待ち構えている。二〇一二年にいわゆる「重慶事件」により失脚し、翌年収賄罪および職権濫用罪などで無期懲役の判決を受けた薄熙来が、共産党重慶書記時代に実施した、「重慶モデル」と呼ばれるポピュリズム的な政治はその典型例だと言えよう。(8) ここには、自らの利益を踏まえた制度変化を求めて意思表明することができず、「自らの主人となる」独裁的な権力者を支持する民衆と権力との明らかな「共犯関係」が存在する。

このような「多数者（の支持を得た独裁者）の専制」を回避するには、憲法によって政府の権力を縛ること、すなわち、「憲政（＝立憲主義）」の実現が必要となる。しかし、中国社会において、その「憲政」は大きな困難に直面している。まず、現行の中華人民共和国憲法には、確かに公民が表現の自由を有することがうたわれているものの、同時に、その権利が国家や集団の利益によって制限されることも明記されている。また、憲法前文にはマルクス主義と毛沢東思想などとともに、「共産党の指導」が国家の基本原則として掲げられている。そして、一九八九年の天安門事件以降は、このような憲法の基本原則に反する言論活動を禁じる法律も多数制定されてきた。要するに、これまでの中国では、憲法が国家の言論活動への介入を正当化する根拠にもなってきたのである(石塚二〇一二)。

このような中国における憲政をめぐる困難な状況は、習近平政権の下でより具体的に、人権擁護活動を行う弁護士やそれを支持する知識人に対する締め付けの強化となって現れている。例えば二〇一五年五月二十二日、北京市人民検察院は著名な人権派弁護士である浦志強を、「騒乱挑発罪」と「民族憎悪罪」にあたるとして正式に起訴した。また二〇一五年七月九日以降、人権活動に携わる多数の弁護士らが一斉に連行されという事態が生じており、その数は一時的な連行・拘束も含めて二〇〇人以上に及んだとされている。(9)

習近平体制が発足して以来、他にも「憲政」「人権」に代表される普遍的な価値観を重視する多数の知識人、ジャーナリストが同様の容疑で拘束される事態が相次いでいる。ひまわり運動や雨傘運動のように「中国に飲み込まれる」ことを警戒する対抗運動が、中国の周辺に位置する台湾と香港で相次いで生じたことは、このように習近平政権がリベラルな市民社会を目指す動きに強硬な姿勢で臨んでいることとも無縁ではないだろう。

もちろん、ここで経済的な平等を重視する中国的な「民主」と、政治的権利の平等をともなうトクヴィル的な「民主」は相容れない、と文化決定論的な結論を下す必要はない。それでも、中華圏における後者の意味での「民主化」の挫折は、経済的な平等化と政治的権利の平等化の関係についての一般的な法則だけでは必ずしも説明できず、伝統的な「公」意識にまでさかのぼって考える必要がある、という点は改めて強調しておきたい。

四、日本の市民運動と「アジア」との関わり

さて、日本でも二〇一五年九月十九日に成立した安全保障関連法案に反対するデモが国会前などを中心に多くの参加者を集めるなど、政権に対するアカウンタビリティを求める社会運動が今までになく活発になっている。また、その運動の核心を担った学生グループ「SEALDs(シールズ)」が注目を集めるとともに、その存在はしばしばひまわり運動、雨傘運動を担った学生達と比較されるようになった。(10)

中華圏における二つの学生/市民運動と日本における「SEALDs（シールズ）」に代表される反安保法制との市民運動には、いずれも「中国の台頭」による東アジアにおける地政学的なパワーバランスの変化という共通の要素も存在する。しかし、その現れ方は、台湾・香港におけるそれと、中国に

とっていわば「亜周辺」に位置する日本における市民運動とでは、特に「中国の台頭」に対するスタンスにおいて根本的に大きな違いが存在している。(11)

例えば、日本の安全保障政策を批判するデモや学生／市民運動（沖縄における米軍基地の移設反対運動もここに含まれよう）で、国際的な要因として重視されるのは米国の安全保障戦略と日本によるそれへの従属の是非であり、中国の台頭による地政学的な変化が主要なイシューとして語られることはほとんどない、と言ってよい。一方、それに対峙する政府の側では、主として安全保障上の観点から「中国の台頭」特にその海洋進出の影響は強く意識されてきた。そもそも、第二次安倍政権において進められた二〇一三年の特定秘密保護法案の成立、二〇一四年における国家安全保障局の設置と集団的自衛権行使容認の閣議決定、そして二〇一五年の安全保障関連法（以下「安保法案」）成立、という一連の安全保障上の大きな政策転換は、いわば中国の台頭に対する「上からの対抗運動」という性格を持っていた、と考えられる。

しかしながら、このような安倍政権によって進められた一連の政策変更には、以下にみるように問題も大きかった。第一に、「中国の台頭」への対応として日米同盟の強化に代表される軍事面の抑止力の整備が突出しており、普遍的な人権や民主主義をめぐる価値観の対立をどう乗り越えるのか、という点についての主体的なメッセージを欠いていた。第二に、政府が安全保障上の政策転換に関して十分なアカウンタビリティを果たしたとは言い難かった。安保法案に対しては多くの憲法学者によりその違憲性が指摘され、また慎重な意見が世論調査で過半数を超えるなど、必ずしも広範な支持は得られなかったにもかかわらず、強引な国会運営により法案を成立させた点に批判が集まった。第三に、安倍政権に近い閣僚や政治家から、立憲主義や普遍的人権など、近代的でリベラルな価値観に反するような発言が繰り返し見られ、国内だけでなく海外からもしばしばその姿勢に不信の目が投げかけられた。「家族は互いに助け合わなければならない」といった、国民に対する義務的な要請が数多く記されている自民党の日本国憲法草案は、同党の立憲主義へのコミットメントを疑わせるに十分な内容だった。

リベラルな研究者や学生・市民によって主導された一連の安全保障上の政策変更に反対するデモなどの社会運動は、アカウンタビリティや近代的価値観の尊重、という点で様々な問題を抱える政権による中国への「上からの対抗運動」に対するさらなるカウンターという性格を帯びていた。このため、その運動にコミットする人々によって「中国の台頭」およびそれがもたらす「脅威」は、表だって語られないか、あるいはその存在が積極的に否定の対象となる、という構図が生じたと考えられる。(12)

ここで、現在の日本の言論状況を、アジア／欧米、および護憲／改憲という二つの軸により分けられる四つの思想的な立場の分類を用いて、図表軸で示してみよう（**図1**）。この図において、実線で示した枠が改憲（保守）派（Ⅰ）、護憲（リベラル）派（Ⅳ）それぞれの自己イメージ、破線で示した枠は対立する相手に関するイメージを表わす。すなわち、集団的自衛権を容認し、将来の改憲を目指す人々は、自らは（Ⅰ）の範囲で言論活動を行っていると認識する一方、護憲派の平和主義は欧米的な価値観への挑戦者中国への融和（Ⅲ）と不可避だと見なしている。それに対し（Ⅳ）の枠内にとどまって議論を行っていると自認する護憲派は、改憲派が（Ⅱ）の枠内、すなわち戦前の日本のような排他的な国家主義と一体になっていると見なしている。つまり、どちらもその自己・他者イメージが食い違ったまま議論を行っている、というのが筆者の見立てである。

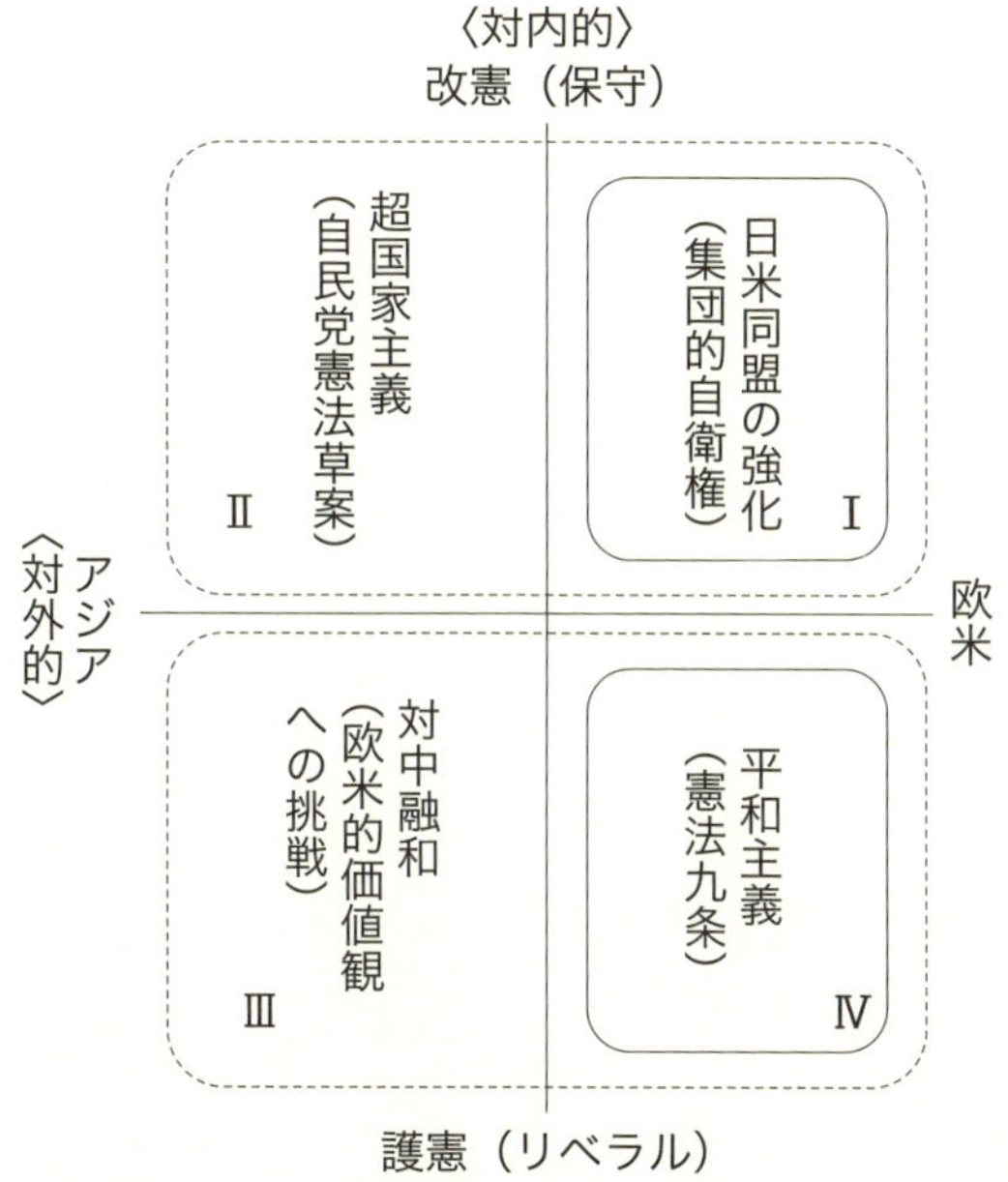

図1　安倍政権下の言論空間

今日の日本は経済面でも政治・外交面でも冷戦期に比べて格段にアジアへの関わりを深め、アジアとの関係を抜きにしては議論を進められない状態にある。にもかかわらず、改憲／護憲いずれの陣営も、自らの立場とアジアとの関係を主体的に認識することはできていない。むしろ、反対する陣営に「アジア」的なものを属性として貼り付け、その仮構された「アジア」性を互いに攻撃し合っているのが現状だと考えられる。

筆者は、このようなねじれた状況から、生産的な議論が生まれるはずはない、と考えている。このことは、若林正丈のいう「辺境東アジア」からの「ウェイクアップ・コール」が明確な形で発せられているにもかかわらず、それらの地域と本来深い関わりを持つ日本社会で、そのメッセージが必ずしも十分な切実さを持って受け止められないという現状にもつながっている。このようなねじれた状況から抜け出るためには、改憲／護憲といった立場の違いを超えて、自らの立っている位置がいかに「アジア」との相互関係により深い影響を受けているのか、まず正しく認識するところから始めるしかないだろう。その上で始めて、東アジアにおいていかにすれば民主的でリベラルな社会を築くことができるのか、という課題に向けての一国レベルにとどまらない、生産的な議論が可能になるのではないだろうか。

注

（1）このほか、直接ひまわり運動を論じたものではないが、その直接の争点となった海峡両岸サービス貿易協定の政治経済的な効果について論じたものとして、竹内（二〇一四）、林（二〇一四）がある。

（2）ただし、注（4）にあるように約六割の市民が運動に対し支持を示すという状況を考えれば、このように運動の主体を特定の「階級」に帰属させる試みには、かなりの無理があると考えられる。

（3）高橋編（二〇一五）によれば、アカウンタビリティにはその機能面においてソフト／ハードという区分が存在する。ソフトなアカウンタビリティとは政府に応答性のみが課せられる状況であるのに対し、ハードなアカウンタビリティとは、政府が応答性と制裁の双方が課せられる状況を指す。選挙あるいは水平的アカウンタビリティがハードなアカウンタビリティであるのに対して、社会アカウンタビリティは通常政府に対し具体的な制裁の手段を持たないソフトなアカウンタビリティである。

（4）このような「多数」による運動への支持は、世論調査の結果にも現れている。立法院占拠一週間目の世論調査では、学生たちの行動が民主主義の発展に資すると答えたものが六三パーセントで、民主主義を傷つけるとしたのは一七パーセント弱であったという（渡辺二〇一五）

（5）Central Intelligence Agency のウェブサイト（https://www.cia.gov/library/publications/the-world-factbook/fields/2172.html,二〇一五年十月二日アクセス）より。ちなみに同サイトに記載されている台湾のジニ係数は〇・三四二（二〇一一年）、中国本土は〇・四七三（二〇一三年）、日本は〇・三七六（二〇〇八年）となっている。

（6）區はまた、雨傘運動を通じて三つの路線の分岐が存在したことを指摘している（區二〇一五、六八～六九頁）。すなわち、その一つ目は香港の「汎民主派路線」であり、區によれば上流の中産階級の利害を代表しており、経済的には中立的あるいは現状維持の姿勢を取る。もう一つは日本の報道などでは「本土派」として紹介される、香港ナショナリズムを掲げる勢力である。彼らはまた、中国の民主化運動に対し冷淡・無関心な姿勢を露わにすることで知られている。區は彼らの中に大陸中国人への人種差別的な姿勢が見られるとして、「排外主義的極右」として指弾している。區は、これら二つの路線を批判し、中国共産党に対抗するためには、最も広範な中層、下層人民による民主戦線の形成という「第三の方針」が必要だとし、このような観点から雨傘運動を主導した香港大学生連合会（学聯）と学民思潮という学生二団体と労働者との共闘に支持を表明している。

（7）現代中国社会における左派と右派との対立については、梶谷（二〇一五）第二章「左派と右派のあいだ――毛沢東はなぜ死な（ね）ないのか」を参照。

（8）重慶事件に象徴される「中国的民主」の危うさについては、梶谷（二〇一五）第一章「烏坎村と重慶のあいだ――「一般意志」と公共性をめぐる考察」を参照。

（9）日本弁護士連合会による抗議声明「中国の弁護士の一斉連行を憂慮し、弁護士の職務活動の保障等を求める会長声明」など参照。（http://www.nichibenren.or.jp/activity/document/statement/year/2015/150724.html,二〇一五年十月三日アクセス）

（10）たとえば安田（二〇一五）、野嶋（二〇一五）。また、台湾の『聯合報』はSEALDs関係者の「台湾のひまわり運動から影響を受けた」という発言を比較的大きく報道した「太陽花啓発日学運反安保法」『聯合報』二〇一五年九月十七日、http://udn.com/news/story/6809/1192238,二〇一五年十月三日アクセス。

（11）カール・ウィットフォーゲルの分類によれば「亜周辺」は、文明の中心部の国家によって軍事的＝行政的な支配を受けることがなく、中心部の文明の影響を大きく受けながら、その諸要素を選択的に導入し独自の文化を築いてきた地域を指す（湯浅、二〇〇七）。

（12）杉田敦・石田淳との座談会の中で遠藤乾は、中国の「脅威」が政権によって動員される要因であることをみとめながらも、二〇一〇年のフジタ社員の拘束や、二〇一二年の尖閣国有化へのリアクションを挙げ、「その脅威をなきものとして扱い過ぎると、リベラルも部分的な真実をつかむに終わってしまうのではないか」と問題提起している（杉田・石田・遠藤二〇一五、一三九頁）。しかし、この座談会の中でこの問題意識はそれ以上深められるに至っていない。

参考文献

［日本語］

石塚迅「岐路に立つ憲政主張」（『現代中国研究』第三十一号、二〇一二年）

鵜飼啓「台湾のひまわりをめぐって」（『朝日新聞』二〇一五年五月二十七日〜六月五日、二〇一五年）

宇野重規『〈私〉時代のデモクラシー』（岩波書店、二〇一〇年）

區龍宇『香港雨傘運動――プロレタリア民主派の政治論評集』（早野一訳、柘植書房新社、二〇一五年）

梶谷懐『日本と中国、「脱近代」の誘惑――アジア的なものを再考する』（太田出版、二〇一五年）

倉田徹「なぜ香港の若者は「中国嫌い」になったか――香港民主化運動に見る中国の弱点」（『SYNODOS』二〇一四年十月三十日（http://synodos.jp/international/11343,二〇一五年十月三日アクセス）、二〇一四年）

倉田徹「嵐の中で自由を抱きしめる――「中国化」と香港の自由」（『国際問題』第六四三号、二〇一五年）

杉田敦・石田淳・遠藤乾「安保法制は日本の安全保障につながるか」（長谷部恭男・杉田敦編『安保法制の何が問題か』岩波書店、二〇一五年）

高橋百合子編『アカウンタビリティ改革の政治学』（有斐閣、二〇一五年）

竹内孝之「学生による立法院占拠事件と両岸サービス貿易協定（前編）」（IDE-JETRO,海外研究員レポート、二〇一四年）（http://www.ide.go.jp/Japanese/Publish/Download/Overseas_

report/1404_takeuchi.html,二〇一五年十月三日アクセス）

野嶋剛「『ひまわり』『雨傘』と『SEALDs』の共通点と相違点」『フォーサイト』（二〇一五年十月二日（http://www.fsight.jp/articles/-/40519,二〇一五年十月三日アクセス）、二〇一五年）

フクヤマ、フランシス『政治の起源（上、下）』（会田弘継訳、講談社、二〇一三年）

丸川哲史『阿Qの連帯は可能か？――来たるべき東アジア共同体のために』（せりか書房、二〇一五年）

マルクス、カール『ルイ・ボナパルトのブリュメール一八日――初版（植村邦彦訳）』（平凡社ライブラリー、二〇〇八年）

溝口雄三『中国の公と私』（研文出版、一九九五年）

安田峰俊「『なんかSEALDs感じ悪いよね』の理由を考える――中国や台湾の学生運動との比較から」（『ジセダイ総研』二〇一五年九月十五日（http://ji-sedai.jp/series/research/036.html,二〇一五年十月三日アクセス）、二〇一五年）

湯浅赳男『「東洋的専制主義」論の今日性――還ってきたウィットフォーゲル』（新評論、二〇〇七年）

若林正丈「揺れ動く台湾市民社会――「ひまわり運動」が浮上させた「多数」の意味」（『NIPPON.COM』二〇一四年七月十日(http://www.nippon.com/ja/currents/d00128/,二〇一五年十月三日アクセス）、二〇一四年）

若林正丈「『辺境東アジア』政治のアカウンタビリティー問題―二〇一四年の台湾、香港、沖縄」（『国際問題』第六四三号、二〇一五年）

渡辺剛「抵抗する台湾『国民』アイデンティティー」（『国際問題』第六四三号、二〇一五年）

［中文］

林宗弘「両岸服貿協議真的「利大於弊」？統計的科学検証」（『巷仔口社会学』二〇一四年四月一日（http://twstreetcorner.org/2014/04/01/linthunghong/,二〇一五年十月三日アクセス）、二〇一四年）

中国の労働ＮＧＯの開発
――選択的な体制内化

王侃（翻訳：大内洸太）

ワン・カン――中国労働関係学院労働関係学部専任講師。労働関係研究室主任。博士（労働法）。国際開発援助機関であるＯＸＦＡＭでプログラムオフィサーを歴任。専門は、労使関係、労働法、労働ＮＧＯ。
おおうち・ひろた――早稲田大学大学院政治学研究科修士課程在学中。

非民主主義国家の市民社会は国家に組み入れられた関係を築くことで生き残りをかける一方、一般的に中国の市民社会と労働ＮＧＯは特に国家との関係を強化することで成長してきた。政変に向けた下からの圧力は、労働ＮＧＯが一党独裁の国家とダイナミックな関係を築き、彼らの組織的な自律性を維持するという点において、増大していると同時に進歩している。中国の労働ＮＧＯは、国家による統治アジェンダの受動的なエージェント、または市場化のプロセスにおける非主流的なアクターである代わりに、国家と向き合うための四つの組織モデル（協力、対抗、無視、静観）を生み出した。四つの変数、すなわち、国家と対話することの組織的な経験、ＮＧＯの国際的な連携、労働者の要求の変化、ＮＧＯの物的資源の持続可能性、これらが共に労働ＮＧＯの戦略的な選択に対し影響を与える。そして、それは組織的なビジョンを達成するため、個別的および集団的な行動を通してその組織的な有効性を最大化することに向けて努力する。この論文は、一〇〇団体の労働ＮＧＯの二〇〇六年から二〇一五年にかけての縦断的研究を通じ、「選択された体制内化」が国家―ＮＧＯ関係の傾向になったことを明らかにする。これは中国におけるより独立的なグローバル志向という労働運動の出現の前兆である。

はじめに

中国の市民社会は過去の三十年において劇的に拡大した。公式に登録された社会組織、または非政府組織（ＮＧＯ）の数は、一九九〇年には一万八五五だったのが二〇一三年までに五〇・二八倍の増加を見せ、五十四万七二四五となった（China Statistical Yearbook, 2014）。そして六三六万六〇〇〇人がそれらのセクターにおいてフルタイムで働いている（Ma and Liao, 2015:114）。更に、中国の草の根NGOの九〇パーセントが公式な統計に含められていないと推定されているため（Wang, 2013:171; Watson, 2007:54）、中国のNGOの実際の数は公表されているより遥かに多い（Ma and Liao, 2015）。

一方、中国の市民社会の成長は、トランスナショナルなNGOネットワークの強化を反映している。中国政府は、二〇一四年時点で約六〇〇〇の国際NGOが中国で活動していると推定した。その一方で、二六二八の組織が国内で活動を行っており、その中でも一〇〇〇の組織が駐在員事務所および他の形での長期的な組織拠点を設けている（Guo and Peng, 2015: A04）。さらに、一九九〇年代以来国際NGOと国内の草の根NGOの間の連携が強化されている（Cheng et al, 2010; *Chinese Social Sciences Today*, 2014; Franceschini, 2014; Fulda et al, 2012; Gallagher, 2004; Hildebrandt, 2013; Ma, 2006; Pang, 2013）。政府高官によると、中国の草の根NGOは、国際NGO から年間一億から二億ドルを受け取っているが、それは中国における彼らのパートナーであるNGOの戦略計画と能力育成と密接に結びつけられていたということだ。国際NGOのサポートによって、草の根NGOのスタッフは、キャリアトレーニングおよび社会の現実を批判的に見るうえで国際的な視野を獲得するための外国渡航の機会を得ている。活動的な草の根NGOのほとんどはグローバルな市民社会からの支援の主要な受益者である（Xu and Liao, 2014）。

市民社会の確立は、グローバル化の下での中国の国家・市場・社会の間のダイナミクスをあらわにする。一九七八年の改革・開放政策以来の中国国内における市場化およびそのグローバル経済への統合に従い、国家が部分的な市民参加を許し始めたことで、NGOは広がりを見せた（White et al, 1996; Yu, 2002）。しかし、国家はNGOの動員能力に非常に敏感である。一九九〇年代から、政府は九万のNGOを閉鎖させる一方（Ma and Liao, 2015: 7, 8, 328）、過去十年間において何十もの草の根NGOが国家権力および国家利益への挑戦の容疑で公安当局から組織的な妨害を受けた（Howell, 2015）。いくつかの国際NGOは入国禁止措置を受けている（Spires, 2012）。さらに、中国の現在のNGO立法は、ロシアの抑圧的な法律を参考にしたものであるとされているが（Chinese Social Sciences Daily, 2014）、それは国家がチェックされない権力によってNGOの自由の制限を認めるものである（Yin, 2009）。中国法の下では、草の根NGOが公的募金を行うことあるいは非課税の待遇を受けることはほとんど不可能である（Hildebrandt, 2013）。

しかし、中国政府は全てのＮＧＯセクターを排除しようとしているわけではない。中国で新たに立案された国際ＮＧＯ管理法（二〇一四年）が、他のＮＧＯ規則とともにＮＧＯに対する公安機関の権力を拡張しようとしたのと同時に、中国政府は国家に対して協力的なＮＧＯに対する出資を増大させた（Ma and Liao、2015）。他の非民主主義国家あるいは独裁国家の市民社会のように（Kim, 2013; Fisher, 2013; Sundstrom, 2005）、中国のＮＧＯは国家との関係が必要不可欠な、不確かな環境下で運営されている（Ma, 2006; Saich, 2000; Tai, 2015; White et al, 1996）。

本稿は草の根ＮＧＯの見地から、中国の国家─ＮＧＯ関係の性質の変化についての縦断的研究を紹介するものである。本稿は中国の労働ＮＧＯの半数となる五十五の労働ＮＧＯをサンプルとし、二〇〇六年から二〇一五年までの労働ＮＧＯの国家との関係における戦略の発展の過程を研究したものである。

一、中国のＮＧＯの発展の概略

中国の市民社会に関する研究の大多数は、国家中心の見方を採用している。研究者（e.g. Ma, 2006; Saich, 2000; Teets, 2015; Wang, 2011）は、中国におけるＮＧＯの発展はその国家との関係について他国とは異なるという観点をとっている。その一方で、中国は中国共産党による党＝国家体制下にある（Shambaugh、2008）。非民主国家で活動している国際および国内ＮＧＯは、つねに党＝国家を監視するために、緊張した政治経済的不確実性のもとで活動を展開しなければならないという状況にある（Tai, 2015）。中国におけるＮＧＯが大きいことは明らかであるにもかかわらず、ほとんどのグループは政府と提携したＮＧＯであるかGONGOsであり、それらは市民組織としての活動だけでなく、草の根ＮＧＯを監視する党＝国家の手足として行動している（White et al, 1996; Saich, 2000; Ma, 2006）。中国共産党内部からリークされた文書の中に、自治的な市民社会が政権の安定性に対する最大の脅威として記されていた。もし中国の党＝国家が敵対的ならば、ＮＧＯの発展は深刻な困難に直面するかもしれない。ＮＧＯによる独立と自治の追求は取引にかかっている。

一方で、中国の党＝国家は草の根ＮＧＯにとっては有益であるかもしれない。中国共産党は、ＮＧＯが一般大衆からの苦情を法律の枠組に流し、社会不安を減らす可能性を認めていた（Wang, 2011）。そして、ＮＧＯサービスの政府による購入からローカルな環境問題に関わる政策立案プロセスへのＮＧＯ参加の許可にまで及ぶ政策が立てられた（Hasmath and Hsu, 2014; Huang et al, 2014; Teets, 2014）。二〇一二年から二〇一四年にかけて、中国共産党は六億元（一一六億円）をＮＧＯサービスの購入に費やした（China Charity Information Center, 2014: 32-33）。もし草の根ＮＧＯが、公的募金資格と免税の資格を草の根のカウンターパートに貸すGONGOsの指導の下で活動できるとすれば、一般大衆から資金調達を行うことが可能であろう。中国共産党の最高幹部が示しているように（Xi, 2014）、党＝国家はガバナンス問題の解決や社会管理能力の増大を援助する協力的なＮＧＯセクターの設立を促進している。したがって、多くの研究者によって、党＝国家とＮＧＯの間では相互関係が成立しているとされている（e.g. Hsu and Hasmath, 2014; Jia, 2011; Simon, 2013; Wang, 2011）。

さらに、研究者は、トランスナショナルな市民社会ネットワークが中国の草の根ＮＧＯの自治の発展をサポートする上でどのような役割を担っているのかという疑問を投げかける。草の根ＮＧＯに対する国際的な力強い援助にもかかわらず、中国の急速な景気拡大が国家の能力を増大させるという点で、グローバルなネットワークが党＝国家を突破することは実現しそうにない。世界第二の経済大国をコントロールすることで、中国共産党は国内および国際的な土俵で駆け引きを行うためのより大きなスペースを持つため、他のどの非民主主義国家および独裁国家よりも多くの資源を蓄積している。党＝国家は、草の根ＮＧＯのうち抑制を望まない組織を弾圧する一方でその他の組織を取り込むため、アメとムチを用いることができる。トランスナショナルなネットワークが独立した市民社会の構築を早めるといった一般通念に反して（Fisher, 2013; Keck and Sikkink, 1998; Shieh, 2009）、いくつかの研究における議論では、グローバルなネットワークは実際、草の根ＮＧＯの独立した声を国家の既存の規範と枠組みに向かって伝え、それゆえ国際ＮＧＯおよび外国のドナーエージェンシーは、社会を管理する中国共産党の努力に則し、予測可能なローカル環境の構築に参加するよう中国の草の根ＮＧＯに勧める傾向があるとされている（Spires, 2012）。多様化した国家戦略に直面している国際ＮＧＯには、国家を直接チェックするか、または草の根ＮＧＯがそれを行うことをサポートするための知識・資源・実行力が欠けている。その代わり、国際ＮＧＯは偶然に、または故意でないにしろ、国家利益に寄与しているのである（Hudock, 1999）。

また、中国、アフリカ、およびラテンアメリカのケーススタディは、国際的な出資がしばしばホスト国において、国内の草の根ＮＧＯが外国のドナーをあまりに信頼し、草の根の要求への接触を断つといったNGOのドナー依存をもたらすことを例証している（Cooley and Ron, 2002）。さらに、トランスナショナルな市民社会ネットワークと連携することは、非民主主義国家および独裁国家に「ローカルな社会を利用する外国の利益団体の代理人である」という草の根NGOに対する批判的弁明を与え、NGOの合法性の削減をもたらしている（Smith, 2013）。トランスナショナルなNGOネットワークを形成することは自治的な市民社会の出現を保証するものではない。

さらに、何人かの研究者は、NGOとの関係を決定するうえでの有効なカードのほとんどが政府に握られているという点で、非民主主義国家および独裁国家における市民社会の発展がきわめていびつに「洗練」されていると指摘している。中国の党＝国家は、市民社会を管理するために、選択的なアプローチを引き受けて分割統治戦略を実施している（Kang and Han, 2008; Shang, 2007）。中国共産党は、まず草の根NGOを分類し、その中で選択的に編入するか、または排除している。例えば、政府によるNGOサービスプログラムの購入を通じて、党＝国家は、全国的およびローカルなレベルで草の根NGO間の競争を引き起こしている。プログラムが社会奉仕活動、または福祉サービスにのみ開かれており（Howell, 2015）、さらに権利ベースの活動がつねに国家に対するチェックを目指しているため、中国共産党はトラブルメーカーと見なされている権利NGO（Gallagher, 2004）に自らの影響を及ぼすべく、サービスNGOを恣意的に利用するのである（Kang and Han, 2008）。

こういった意味で、党＝国家は中国においてしばしば抑圧されるか、または編入されるような市民社会および草の根NGOに対して、非対称的権力を維持している。そのため研究者は、中国の草の根NGOにとって、自律性より生き残りが喫緊の課題であると主張している。一般的に、国家への編入がNGOの自律性を削り取り、NGOが国家権力に対してバランスを取る能力を傷つけると信じられているが（Coston, 1998; Edwards, 2004; Salamon, 1995）、中国においては、NGOがその組織的目標を達成する能力と許容範囲に由来するNGOの組織的な機能は、その生存と中央および地方政府との契約のレベルにかかっている（Tai, 2015）。国家との良好な関係は、しばしば草の根NGOが党＝国家の意志決定プロセスにより大きな影響を及ぼすことを助けている（Hasmath and Hsu, 2014; Simon, 2013; Teets, 2014 and 2015; Tai, 2015）。党＝国家から距離を守って自律性の役割を誇張することは、NGOの生き残りをかえって危うくし、社会の長期的変化のための組織的ゴールを実現するための有効性を削減することになるのである（Saich, 2000; Ma, 2006; Jia, 2011; Hasmath and Hsu, 2014; Hildebrandt, 2013; Tai, 2015）。

その結果として、ほとんどの研究者は、中国ＮＧＯが党＝国家から独立して持続することは不可能であると主張している。そして、それらはコーポラティズムの枠組みを採用しており、全国的およびローカルなレベルで中国の市民社会がコーポラティズムの傾向を貫き通さなければならないと主張している。つまり、地方政府が異なる編入政策を進めている間、中央政府はローカルな市場と社会の異なる需要に基づいて市民社会の価値を認めているということである（Hasmath and Hsu, 2014; Ma and Liao, 2015; Shieh and Deng, 2011; Teets, 2014 and 2015; Wang, 2011）。党＝国家と草の根ＮＧＯの間で相互依存のパラダイムが構築されていることは既に指摘されている（Hildebrandt, 2013）。これを考えると、中国における市民社会のプラグマティックなモデルとは、草の根ＮＧＯが党＝国家と協力的な関係を築くことである。国家―ＮＧＯ間パートナーシップに関する一般通念と違い（Salamon, 1995; Edward, 2004; Fisher, 2013）、協力関係は相互の自律性ではなく、党＝国家に対するＮＧＯの認識と提出に基づいている（Hildebrandt, 2013）。党＝国家が民主主義改革を始める時、草の根ＮＧＯは全国的およびローカルレベルで、国家による公的な参加の促進を手助けすることができる（Tai, 2015）。要するに、コーポラティズムの角度からすると、ＮＧＯが変化を起こすというよりも変化を促す補助的力として用いられている一方で、党＝国家が政治経済的な変化の鍵を握っているという点で、中国はユニークなケースである。

しかし、他の研究者はコーポラティズムの視点に対し、そうした視点はあまりにも国家中心的であり、ボトムアップの権力を無視していると主張している（Coston, 1998; Howell, 2012; Wang, 2008）。党＝国家と中国の草の根ＮＧＯの間の相互作用のしかたは、他の国と異なるかもしれないが、中国における市民社会の確立の性質は、他の国々と同様にすぎない。市場化・国際化された政治経済の下では、国家の決定要因は市場・社会・グローバルファクターのスペクトルのバランスによって成り立つため、国家は政治経済の発展傾向を独占的に決めることができない。中国における一九七八年の改革開放政策の実施は、その時の毛沢東主義者によって作り出された政治経済制度に対して深まっていた社会的不満への直接的な反応であった（Gallagher, 2005; Yu, 2002）。二〇〇八年、中国共産党は労働者による抗議活動の激化といったボトムアップのプレッシャーを弱めるため、多くの労働法案を公表した

（Chang, 2013）。市民社会の発展はジグザグコースをとる必要があるかもしれないが、それは党＝国家だけの力で倒されることはあり得ない。

さらに一部の研究者は、コーポラティズムの枠組みをめぐり、国家―ＮＧＯ関係の変化を静的なものとして描き出している（Tai, 2015）。コーポラティズムの学者は、党＝国家と草の根ＮＧＯが中国の政治経済の輪郭について同じゴールを共有できると断言している。彼らは、二つの党が生産的なコミュニケーションを指導すること、そして有意義かつ平等な協力関係が達成されると信じている（Hasmath and Hsu, 2014; Hildebrandt, 2013; Hsu and Hasmath, 2014; Wang, 2011）。それにもかかわらず、他の研究者（Fulda et al, 2012; Gallagher, 2004; Howell, 2015）によって明らかにされるように、政治権力のレイアウトに関して党＝国家と中国の草の根ＮＧＯの間には根本的な違いがある。後者が市民参加と政治の透明性の要求に成功する時、前者は国家の力のバランスをとる自主的なアクターとしてよりは（Zhou, 2011）、むしろただ単にＮＧＯを中国共産党の政治的覇権を強化する道具としてみなしている（Geng, 2014）。この二つのアクターが長期的な信頼関係を築くことはほとんど有り得ない。

国家からＮＧＯの自律性に対する支援が欠落しているため、トランスナショナルなＮＧＯネットワークは、草の根ＮＧＯが厳しい環境を生き抜くことを手助けしている（Diamand, 1999; Keck and Sikkink, 1998; Lang, 2013）。ネットワークの形成は、一方的に国家の行動を含んでいるか、ＮＧＯの独立を保つのには不十分であるが（Hildebrandt, 2013; Hudock, 1999; Ma, 2006; Spires, 2012）、国家の保守的な習慣のうちいくつかを変更することに大きく成功している。特に、国際的なアドボカシーがローカルな社会規範と結び付く時、ローカルなステークホルダー間の堅固な連立が構成されるようになる（Sundstrom, 2005）。二〇〇四年に、国際ＮＧＯ間共同で行われた市民社会キャンペーン、そして怒江水力発電所の建設に反対する中国の環境活動家が、中国政府にプロジェクトを中止させることに成功した（Zheng, 2007）。

その間、党＝国家の偶然または故意ではない支援の代わりに（Spires, 2012）、トランスナショナルなＮＧＯネットワークは、非民主主義国家および独裁国家において共同体基盤を長期的に発展させるべく、草の根の組織者のために資源を供給する（Fisher, 2013）。国際的な出資と技術援助が草の根のＮＧＯを外国のドナーに依存させ、草の根の要求から離れさせるという不安は（Cooley and Ron, 2002）、実際にＮＧＯの学習プロセスを表している。その初期の段階においては、国際的な人権規範を現地に根付かせるために、外部からのサポートが必要である。国際的な出資は草の根NGOが活動を始め、そして地域社会だけでなく国内の政府に持続可能な影響力を持つように手助けしている。

そのうえ、市民社会を抑制するために政府が弁解としてNGOの国際的な繋がりを用いることができるケースも確かにあるが（Smith, 2013）、非民主主義国家および独裁国家は――もしNGOが国家をチェックする可能性を示せば――その海外との繋がりにもかかわらず、つねにNGOを追いかけることとなる。たとえNGOが中国共産党の権限を認め、服従したとしても、中国の党＝国家が草の根NGOの動員力の継続的な増加を許容することは有り得ないのである。

したがって、トランスナショナルな市民社会ネットワークは、草の根NGOが党＝国家システムに完全に統合されるリスクを低下させることができる。長期的な戦略という観点から、草の根NGOは、組織を育て、市民社会に対して一方的な行動を起こす党＝国家を制限するために、物質的および非物質的な資源を蓄積できるのである。

実際、中国における国際NGOおよび草の根NGOはつねに、政府による抑圧から逃れるために、国際的な人権規範または組織の任務に関する表現に工夫を加えている（Tai, 2015）。中国および他のアジア諸国において、市民による抵抗は、しばしば政府の言葉を借りて行われる。そうすることにより、抵抗する市民は国家の強権と力のバランスを取り、国家による強力な鎮圧行為に制限をかけることができる。そして市民が道徳的優位に立つこととなる（Chan, 2010; Economy, 2004; Lee, 2007; Scott, 1987）。草の根NGOは、公式な表現を用い、取り込まれた組織として控え目に行動するが、そういった行動の裏には党＝国家に見せていない本当の狙いがある。

したがって、コーポラティズムは、国家とNGOの間のダイナミクスに関して過度に単純化すると同時に、中国におけるNGOの発展の見込みについては過度に楽観的である。韓国、台湾、およびメキシコにおける一九七〇年代から一九九〇年代にかけての民主化の経験が示す通り、政治経済的な変化はその成功までに何年もかかっている（Solinger, 2001）。活動家は、自身の野心を隠すために、時折欺瞞的な戦略と戦術を用いる。縦断的研究のアプローチによってのみ、研究者は国家―NGO関係の性質を明らかにすることができる。それにもかかわらず、多くの中国NGOに関する研究は短期的な焦点しか持っておらず、動的な描写というよりも静的な情報を提供するだけである。一方、多くの研究では定性的なインタ調査を通じて結論を導き出している。こうした豊かなインタビューと観察資料があるにもかかわらず、定量的な研究はあまり行われてこなかった。

この論文は、過去十年間の中国における国家―ＮＧＯ関係の性質と軌跡を論じるものである。同論文は、政治的に最も複雑なケースを示しているという理由で、労働ＮＧＯを研究したものである。韓国における一九七〇年代から一九八〇年代にかけての軍事独裁政権の衰亡（Kim, 2013; Koo, 2001; Solinger, 2001）や、ポーランドにおける一九八〇年代の共産主義政権の崩壊（Ash, 2002）によって示されるように、独立した労働運動の出現は、つねに劇的な政治経済的変化の前兆を示すものである。結社の自由に制限を加えていた民主化前のポーランドの共産主義政権や韓国の権威主義政権と同様、中国も統一労働組合主義を採用している。中国の労働者は独自に労働組合を設立することはできない。結社の自由は制限されている（Friedman, 2014; Pringle, 2011）。中華全国総工会（ＡＣＦＴＵ）およびその地域、産業、そして企業レベルに置かれた下部組織のみが公式に労働者の代表として認められた唯一の組織である。総工会は国家と提携したGONGOsのうちの一つとして、労働者の要求を中国共産党のシステムに編入し、党＝国家の労働関係領域の利益を実現する党＝国家機構である（Pringle, 2011）。

結局のところ、事実上の労働組合として機能している中国の労働ＮＧＯは、中国共産党の体制外で自主的な行動を開始する中国の労働者の増大する要求、信頼、そして能力の連結点になる（Chan, 2010）。党＝国家、およびそれと提携した中華全国総工会からの抑圧にもかかわらず、労働ＮＧＯは急速に成長した（Howell, 2015）。ここ数年間、研究者は、国内に約一〇〇の草の根労働ＮＧＯがあると見積もった（Howell, 2015: 9; Wang, 2008: 202）。これらのグループは通常一箇所または二箇所のオフィスを持っているが、十数人未満のフルタイムスタッフとともに（Xu, 2013）、一部の労働ＮＧＯは、法的表現を提供することや、労働権利に関する相談、山猫ストの動員等によって、毎年一万人以上の労働者に奉仕することができた（Chan, 2010; Cheng et al, 2010; Halegua, 2008; Xu and Yang, 2011）。それは同じ場所の総工会のシステムより非常に効率的であった。

その結果として、中国の労働ＮＧＯは変化する国家とＮＧＯとの関係を調べるための貴重なケースを提供してくれる。現在大部分の研究においては、国家の力が強調されており、それらの研究では国家―ＮＧＯ関係において国家が中心の地位を占めていると主張している。同時にそれらの研究は、中国の党＝国家の吸収力が非常に強いと断言している。本稿は労働NGOの調査を通じて、中国のNGOが生存するためには自主性や独立性を放棄する必要があるのか、それとも中国のNGOは既により複雑な戦略を持ち、自主性や独立性を戦略的に保持することを通して生存と発展を目指しているのかという点を明らかにし、中国は市民社会の発展に関して特例であると言えるのかを考察するものである。

この論文は四つの部分に分けられる。第一部分では本論文における研究方法を述べる。第二部分では労働NGOがどのように中国の変化する労使関係の下で登場してきたのかを論じる。そして、第三部分では労働NGOの発展における国家の役割を調査し、サンプリングされた労働NGOの国家との関係における戦略の四つのモデルを明らかにする。第四部分では結論として今日の中国の国家—NGO関係のダイナミクスのパターンを示す。

二、研究方法

この論文は、二〇〇六年六月から二〇一五年五月にかけての中国の労働NGOの発展を追跡するために、定性的、定量的な方法アプローチを使用した縦断的研究である。それらは最近十年間の中国の労働NGOの約半分である五十五の労働NGOを選択した（Howell, 2015: 9; Wang, 2008: 202）。それらは中国の五つの地方をカバーしていた（**表1**）。

最近の研究により、華南地方以外の四つの地域には労働NGOが僅かに分散している一方、中国の労働NGOのうちほとんどが、高く工業化された華南地方に集中していることが明らかにされた（Howell, 2015; Huang, 2012; Xu, 2013）。その結果として、全体的な状況を意味するために、半分以上のサンプルが華南のものとなった。しかし、調査期間中、サンプリングされた労働NGOの多くが、政府からの圧力または資金枯渇によって、閉鎖または名称変更を余儀なくされた。こうしたケースの下で労働NGOが労働者の組織化を中止してしまうと、研究者はそれ以上追跡することができない。しかし、もし労働NGOがその名称を変更しただけで労働者の支援を続けたのであれば、研究者はその名称をアップデートし、それらのNGOを追跡し続けた。二〇一五年に至るまで、最初にサンプリングされた労働NGOのうち四十八が残った。

フィールドワークは毎年七月と九月の間（二〇一五年のみ三月と五月に実施）に行われた。研究の過程において、本稿では、サンプリングされた労働NGOの公開出版物および内部資料を用いた文献研究と、サンプリングされた労働NGOの創立者と一、二名の主要なスタッフに対しての半構造的かつ詳細なインタビューという方法を用いた。

そこでこの研究では、労働NGOの観点から国との関係の変化を理解するために、NGOの中心人物の態度および思考様式の変化を中心に焦点を当てた。主な質問事項は下記の通りである。

・個人情報（年齢、教育水準、職業経験、NGO経験期間）
・NGOの毎日の業務と業務計画（短期および長期の計画）
・労働NGO設立者としての個人的感情（NGO設立の理由、その仕事の選択理由、組織労働者に関する意見、キャリアプラ

表1　サンプリングされた労働NGO（2006-2015）

地域	省・直轄市	オリジナルのサンプル数（2006年）	そのうち2006年以降に閉鎖されたサンプルの数	閉鎖の理由
華北	北京市	12		
	河北省	2	2	(1) 1つは2008年に政府によって閉鎖された。 (2) 1つは2009年に資金が枯渇した。
小計		14	2	
東北	遼寧省	1		
小計		1		
華東	上海市	2	1	2012年に政府によって閉鎖された。
	浙江省	1		
	江蘇省	3		
	山東省	1		
小計		7	1	
華南	広東省	29	3	(1) 1つは2010年に政府によって閉鎖された。 (2) 2つは2010年に資金が枯渇した。
小計		29	3	
西南	重慶市	2		
	四川省	1		
	貴州省	1	1	2008年に政府によって閉鎖された。
小計		4	1	
合計		55	7	

ン）

・ステークホルダーは誰か、そしてステークホルダーとの仕事経験

・ステークホルダーに対する見方（労働NGOにとってのステークホルダーの重要度合い）

・出資の出どころ、特定のドナーを選ぶ理由、出資の維持方法

・労働NGOにとってのリスク、NGOのリスク最小化プランの経験

・国家に対する見方（様々なレベルにおいて如何に中国の党＝国家と向き合うか）

・国際労働組合、国際NGO、外国政府などに対する見方およびそれと連携する経験

・中国の他の草の根NGOに対する見方およびそこと連携する経験

・如何に労働NGOを発展させるかの意見とアイデア

まず被面接者グループとして一一八人が選ばれた。そして何人かの中心スタッフの転職や、いくつかの労働NGOの閉鎖により、新しい被面接者が彼らのポジションを引き継いだ。研究期間を通し、八十八人（四十八人のNGO創立者および四十人の中心スタッフを含む）が被面接者であり続けた。

インタビュー中、二人の研究者が一人の被面接者と中国語で会話を行った。各インタビューは約一・五時間で行われた。インタビューは、被面接者のオフィス、または詳細な議論に適した環境が保証された他のプライベートな空間（カフェテリアおよび労働者宿舎の部屋等）で行われた。労働組織の政治的敏感さの関係上、研究者は記録機器を使用せず、後ほどインタビュー記録として整理するメモを取った。個々のサンプリングされた労働NGOの追跡に使うケースファイルを作成するため、記録は、被面接者の組織、氏名、肩書、およびインタビューの日付によってコード化された。

他のステークホルダー（中国共産党、ドナー組織、国際NGO、労働者等）に関するデータは、この論文には含まれていない。しかし、労働NGOの角度に焦点を当てた研究として、本稿は的確な分析を行うための一次データを提示するには十分であろう。

三、トランスナショナルなネットワークの下における草の根組織と労働NGOの出現

労働NGOの成長は、中国の労働者の特徴の変化を反映する。市場化とグローバル化の深化に従い、労働者は集合的な行動を強める。山猫ストは二〇一一年から二〇一四年にかけ

表2　サンプリングされた労働ＮＧＯと公式の労働組合の働きの比較

労働NGO	公式の労働組合
目的： 労働者の権利と利益の保護	目的： (1) 中国共産党の利益の保護； (2) 労働者の権利と利益の保護
アプローチ：労働者を束ねて労働者の声を外へ発信し、労働者の利益のために活動する。	アプローチ：労働者を中国共産党に繋ぐ「トランスミッションベルト」であり、労働者を中国共産党の指導者に従わせる。
主な働き： (1) 法律的扶助および法律知識の普及； (2) 労働者の権利および自覚の教育； (3) 労働者の支援グループを組織する； (4) 集合的な労働運動の実行； (5) 政策アドボカシー； (6) 移民コミュニティの開発。	主要な働き： (1) 企業労働組合の設立； (2) 法律的扶助および労働者の権利の保護； (3) 集団的賃金交渉； (4) 労働者教育； (5) 企業レベルにおける民主的管理。

ソース：サンプリングされた労働ＮＧＯとACFTUの紹介小冊子から筆者が要約。

て八・九五倍増え（Elfstrom and Kuruvilla, 2014: 463）、二〇〇八年から二〇一二年にかけては五・五六倍になっている（China Labour Bulletin, 2015）ことが報告されているが、ストライキの性質は、労働者の権利の剥奪に対する労働者の受動的な反応から、賃上げ・職場における人道的処置・公式の企業労働組合に対するリコールといった、労働者の経済的・社会的利益の向上のためのより積極的な要求へと変化してきた（Elfstrom and Kuruvilla, 2014; Gray and Jang, 2014）。ＡＣＦＴＵは自身をこうした動きとは区別した（Pringle, 2011）。そのため、労働者は公式の組合システムの外で団結するようになった（Chan, 2010; Friedman, 2014; Gray and Jang, 2014）。

　公式の労働組合はもはや労働者による組織活動の唯一の選択ではない（Chang, 2004）。韓国における一九七〇年から一九八〇年にかけての独立した労働運動の発展においても同様の傾向を見せていた。民主主義を達成するために労働者が非公式の労働組織によって団結し、権威主義的な国家と提携した公式の労働組合を放棄したのである（Kim, 2013; Koo, 2001; Soonok, 2003）。**表2**はＡＣＦＴＵと労働ＮＧＯの働きを示すものであり、両者は似た働きをしている。異なる点は、労働ＮＧＯが労働者に一番上のプライオリティを与えている一方、ＡＣＦＴＵは労働者よりも中国共産党の利益に重点を置き、

表3　サンプリングされた労働ＮＧＯの創立者の背景

個人のバックグラウンド	労働者	弁護士	学者	メディア	合計
人数	44	6	3	2	55

表4　サンプリングされた労働ＮＧＯ設立前の労働者出身創立者の個人的経験

	回数	パーセンテージ
個人的に関わった労働争議	41	93.2
個人的に関わった山猫スト	30	68.2
労働争議における労働者の友人または同僚の支援	44	100

中国共産党のシステムに労働者を引き入れなければならない、ということである。中国人の労働ＮＧＯは労働者の自主的な行動のためのプラットフォームを提供している。

労働ＮＧＯは労働者に端を発していた。**表3**において示される通り、サンプリングされた労働ＮＧＯの創立者のうち八〇パーセントは、労働者としてのバックグラウンドを持っていた。他には、弁護士、学者、およびメディアレポーター等、労働問題に関わった経験を持ち、労働者の権利の保護に携わっていた。工事現場での労働経験を持つある創立者は以下のように説明した。

私はこの労働者組織（ＮＧＯ）を立ち上げる前は建設関係の仕事をしていた。私個人はいくつかの労働争議に関わり、労働者である私の友人に関連したより多くの紛争を目の当たりにした。相互のサポートなしでは、われわれ労働者が自分達の権利を主張することは難しい。われわれのような労働者は政府および他の人々がわれわれを助けることを座して待つのみではいられない。労働者は自ら団結し、自身のために声を上げる必要がある。これが、私がこのグループ（ＮＧＯ）を設立した理由である。一旦われわれが自分達の組織を持てば、われわれは自分達の利権を達成する為に全ての方法を動員することができる。（GD-PRWF-JX-2006-07-21）

労働紛争や労働抵抗の同じ経験を共有している労働者はつねに強い団結の意識を持っているため、共通の経験は労働者を組織する為には重要である（Chan, 2010; Koo, 2001）。**表4**では、全ての労働者出身創立者が労働争議および山猫ストに直接巻き込まれたか、または事件の際に彼らの労働者の友人と同僚の代弁をしていたことを示している。

したがって、もし中国で結社の自由が許されていたならば、労働ＮＧＯの創立者は実際、独立した労働組合のリーダーとなっていたであろう。労働組織に打ち込むようになった主な理由を尋ねると、回答者のうち九四・五パーセントが、労働ＮＧＯは労働者を団結させ、彼らの権利と利益を集団的に改善することを手助けできるからだと答えた。また八一・八パーセントが、労働NGOを設立することによって、彼らが政府に労働者の声を伝え、労働者の立場から政策を変更するように迫ることができるからだと答えている（**表5**）。

表5　労働NGOを設立した主な3つの理由

理由	人数	パーセンテージ
労働者は労働者の権利と利益の向上のために互いにサポートする必要がある。	52	94.5
政府に労働者の声を伝える。	45	81.8
社会正義の実現のために社会の変化を求める。	29	52.7
その他	11	5.5

しかし、多くの研究は、中国の労働NGOが労働者を組織化し、労働者の代表となることの有効性に対して疑問を呈し、自律的に社会的変化を追求する能力または望みを中国の労働NGOは持っていないのだと記述した（Franceschini, 2014; Froissart, 2005; Lee and Shen, 2011; Xu, 2013）。その一方で、労働NGOは往々にして小さく、彼らの活動を計画する際の戦略的観点も欠けている。活動の中で労働者階級の言語はつねに見えていない（Lee and Shen, 2011）。NGOは、国家権力をチェックするために自律的労働運動を築くというより、実際は労働領域の中で党＝国家の統治能力を補助する法律的援助と労働法規の宣伝といった合法的活動を単に実施しているのみである（Xu, 2013）。その一方で、企業は労働NGOを好まず、独立した労働組織を排除するために、党＝国家やそれと連携した公式の労働組合に加盟することで労働NGOを抑制していると考えられる（Froissart, 2005）。総工会のシステムとは違い、労働NGOは法律上職場に入ったり団体交渉に従事したりすることができないため、構造上不利な立場に置かれる。労働NGOにとって、職場で労働者を組織化するフォーマルなチャンネルなしでは、労働者の権利を育て、改善することは極めて難しい（Franceschini, 2014; Froissart, 2005; Lee and Shen, 2011; Xu, 2013）。

反対に、本稿において提出された経験的な証拠は、逆のシナリオを記述している。研究者は労働NGOの縦断的な効果を少なく見積もった（Franceschini, 2014; Froissart, 2005; Lee and Shen, 2011; Xu, 2013）。労働NGOが団体交渉に参加することを防止している制度上の障壁にもかかわらず、より多くのサンプリングされた労働NGOが障害を回避した（**表6**）。二〇一四年には、サンプリングされた労働NGOのうち三五・四パーセント（これは二〇〇六年の五倍近い数字である）が団体交渉および企業レベルの労働組合選挙に関わっている。そして二〇一五年の最初の四か月間、サンプリングされたNGO

表6　サンプリングされた労働ＮＧＯのうち団体交渉と企業レベルの労働組合選挙を含む集団活動に参加したＮＧＯの数（2006-2015）

年	数量	パーセンテージ
2006	4	7.3
2007	6	10.9
2008	7	13.2
2009	10	19.2
2010	10	20.4
2011	12	24.5
2012	6	12.5
2013	11	22.9
2014	17	35.4
2015 (until April)	20	41.7

ソース：サンプリングされた労働ＮＧＯの代表へのインタビューより筆者が計算。

のうち四一・七パーセントが団体交渉や企業レベルの労働組合選挙などに参加している。

党＝国家の予防的な法律は、労働ＮＧＯを集団的な労使関係領域から締め出すことに失敗した。団体交渉に関して言えば、サンプリングされた労働ＮＧＯは労働者のコンサルタントとして交渉に直接参加したか、または交渉のテーブルに座っている労働者を通して交渉プロセスに間接的に影響を与えた。二〇〇八年から二〇一四年にかけて、サンプリングされた労働ＮＧＯは、約七五〇〇人の労働者の参加者と一九一の団体交渉訓練コースを保持していた。これらの労働者は、労働ＮＧＯの影響を職場に広める種であった。労働組織者は以下のように述べている。

そうです！　法律に照らし合わせると、われわれは団体交渉において労働者を代表することはできません。それでいいのです！　われわれは労働者に、如何に企業労働組合の会長選挙等のために動き、如何に団体交渉をするかの訓練をさせるのです。それは結局、一部の労働ＮＧＯに労働者を代表させようとしているのではなく、労働者に彼ら自身の意見を言わせようとしているということなのです。（GD-PMWDSC-ZFY-2014-07-21）

さらに、サンプリングされた労働ＮＧＯの能力は過去十年間で劇的に増大した。**表7**は、サンプリングされた労働ＮＧＯの法律的扶助、労働者教育、労働者の集団形成等を含む直接的サービスを受けた労働者の数を示している。二〇〇六年から二〇一四年にかけて、サンプリングされた労働ＮＧＯは一一〇万人を超える労働者を支援してきた。平均的には、一つのサンプリングされた労働ＮＧＯが四〇一六人の労働者を直接支援してきたことになる。これは二〇〇六年の三・一倍にのぼる。

表7　サンプリングされた労働ＮＧＯにより直接支援された労働者の数（2006-2014）

年	労働者の人数	前年比（%）
2006	67,100	—
2007	85,635	27.6
2008	106,053	23.8
2009	124,020	16.9
2010	135,338	9.1
2011	147,490	9.0
2012	137,808	− 6.6
2013	148,464	7.7
2014	192,781	29.9

ソース：サンプリングされた労働ＮＧＯの年次報告書から筆者が計算。

しかし、労働ＮＧＯの成長はスムーズにはいかなかった。上記の表（表6と表7）は、労働ＮＧＯの発展が二〇一二年に中断していることを示している。二〇一二年には労働ＮＧＯのサービスを受ける労働者が前年と比べ六・六パーセント減少し（表7）、四十八のサンプリングされた労働ＮＧＯの中で僅か六つしか集団的な労働運動に参加していない。二〇一一年と比べるとこの数字は半分となっている（表6）。

その理由は、二〇一二年に国家による抑圧がなされたことによる（Howell, 2015; Wang, 2012）。中国の党＝国家はつねに中国のＮＧＯの動員機能に対して関心を払っている（Peng and Liu, 2012）。中国共産党は、中央アジアのカラー革命やアラブの春などで見られるような、ＮＧＯが国家権力を監視する権力を増大させていることに対して不安を抱いている（Yan, 2011; Yang, 2012）。古参の中国共産党指導者は、労働ＮＧＯが独立した労働ムーブメントの出現を形作り、中国共産党政権を解体し得ると警告した（An, 2012; Chen, 2013）。二〇一二年、二〇一一年のアラブの春の後、厳しい抑圧が始まった。華南の労働ＮＧＯは約十二のオフィスを閉鎖させられ、数十人の労働組織者が地方政府による妨害を受けた。他の地方では、サンプリングされた労働ＮＧＯは、労働者を組織することまたは労働訓練の指導をせず、大人しくしているように警告を受けた。その結果、労働NGOの活動アジェンダは中断を余儀なくされた。

その際、トランスナショナルなNGOネットワークはそのポジティブな影響をもたらした。トランスナショナルなネットワークからの物質的そして非物質的なサポートによって、中国の労働NGOは党＝国家による抑圧を生き抜き、それらの組織的な基礎を支えることができた。二〇一三年の抑圧緩和後、労働NGOは彼らの活動を続けることができた。**表8**は、二〇〇六年に、サンプリングされた労働NGOのうちの五つのみが、中国の党＝国家とバランスを取るためにトランスナショナルなNGOネットワークの使用を望んだことを示す。しかし、サンプリングされた労働NGOが党＝国家からのプレッシャーの中で生き抜くために外部のサポートに頼っていた二〇一二年には、数値が三三、あるいは六八・八パーセントまで上昇している。その後、アンケートに回答した組織の五八・三パーセントが二〇一五年時点で依然としてトランスナショナルなネットワークで党＝国家とのバランスをとる準備をしていた間に、数値は少し下がっている。長年労働運動に携わってきた活動家は以下のように説明している。

われわれは労働者の権利と利益を向上させるための「統一戦線」を形成しなければならない。そのために国際的なネットワークは必要不可欠である。中国共産党は外国の敵対勢力が迫っているとつねに言っている。そうした声明は、彼らが不安を抱えていることを実際に示すものである。当然、悪意を持った外国人も存在する。しかし、NGOのフィールドに関して言えば、われわれはそうした声明に対して疑いの目を持っている。われわれは、同じ考えを持っている世界中の人々や組織と提携することを望んでいる。第一に、われわれは中国共産党により大きな不安を与える。そして、中国共産党に労働者政策を改善するよう迫ることができる。第二に、労働者の問題はグローバルな問題である。したがって、われわれはグローバルなNGOおよび労働組合と連携しなければならない。われわれは両方ともグローバルな市民社会を拡張することを互いに必要としている。われわれにとっては、国際NGOと協力することは、中国共産党がわれわれを粉砕することをより困難にするのである。（GD-SWLDSC-ZZR-2013-08-10）

さらに**表8**は、労働NGOが国際的なパートナーと連携する最大の理由が資金調達であることを説明している。こうしたネットワークは、資金調達だけでなく、日々の仕事のテクニックや国際的な人権に関する知識を中国の草の根NGOに

表8　労働ＮＧＯが国際ＮＧＯ、財団、または外国の政府と連携する3つの主な理由（2006-2015）

年	資金調達		アイデアや技術の習得		労働者の権利の提唱		中国政府との平衡		その他	
	回答数	%	回答数.	%	回答数.	%	回答数.	%	回答数.	%
2006	55	*100*	24	*43.6*	24	*43.6*	5	*9.0*	2	*3.6*
2007	55	*100*	20	*36.4*	27	*49.0*	4	*7.3*	4	*7.3*
2008	50	*94.3*	29	*54.7*	19	*35.8*	3	*5.7*	6	*11.3*
2009	48	*92.3*	25	*48.1*	19	*35.8*	7	*13.2*	5	*9.4*
2010	41	*83.7*	22	*44.9*	17	*34.7*	13	*26.5*	5	*10.2*
2011	36	*73.5*	21	*42.9*	22	*44.9*	15	*30.6*	4	*8.2*
2012	35	*72.9*	10	*20.8*	14	*29.2*	33	*68.8*	4	*8.3*
2013	31	*64.6*	12	*25.0*	22	*45.8*	30	*62.5*	1	*2.1*
2014	32	*66.7*	17	*35.4*	26	*54.2*	20	*41.7*	2	*4.2*
2015	33	*68.8*	15	*31.3*	23	*47.9*	28	*58.3*	0	*0*

表9　労働ＮＧＯが出資を最も多く受けた機関（2006-2015）

年	国際的なNGO・財団		外国政府		中国政府		中国国内のNGO・財団	
	回答数.	%	回答数.	%	回答数.	%	回答数.	%
2006	48	*87.2*	5	*9.1*	0	*0*	2	*3.6*
2007	49	*89.1*	4	*7.3*	0	*0*	2	*3.6*
2008	49	*92.5*	4	*7.5*	0	*0*	0	*0*
2009	47	*90.4*	4	*7.7*	0	*0*	1	*1.9*
2010	46	*93.9*	2	*4.1*	0	*0*	1	*2.0*
2011	46	*93.8*	3	*6.2*	0	*0*	0	*0*
2012	44	*91.7*	2	*4.2*	2	*4.2*	0	*0*
2013	43	*89.6*	1	*2.1*	4	*8.3*	0	*0*
2014	41	*85.4*	2	*4.2*	5	*10.4*	0	*0*
2015	41	*85.4*	2	*4.2*	5	*10.4*	0	*0*

提供している。資金調達の経路および法律的な認識の不足から、中国の労働ＮＧＯはグローバルな市民社会の中で強固なネットワークを築いているといえる。トランスナショナルなネットワークは中国の労働ＮＧＯに資金のほとんどを提供している。**表9**は、サンプリングされた労働ＮＧＯに対して二〇〇六年から二〇一五年にかけて行われた出資のうち九〇パーセント以上が国際的なＮＧＯ・財団、そして外国政府といった国際的なソースからのものであったことを説明している。

　このために、他の非民主主義国家および独裁国家における市民社会の成長と同様（Fisher, 2013）、草の根ＮＧＯの出現はローカルレベルにおけるボトムアップの動員の締結強度と国際的範囲におけるトランスナショナルなサポートを説明して

表10　サンプリングされた労働ＮＧＯにとって最も重要な3つのステークホルダー（2006-2015）

年	国家		ドナー		労働者		メディア		他の草の根NGO	
	回答数	%	回答数.	%	回答数.	%	回答数.	%	回答数.	%
2006	55	*100*	55	*100*	29	*52.7*	20	*36.3*	6	*10.9*
2007	55	*100*	52	*94.5*	25	*45.5*	28	*50.9*	5	*9.1*
2008	53	*100*	47	*88.7*	20	*37.7*	35	*66.0*	4	*7.5*
2009	52	*100*	42	*80.8*	22	*42.3*	37	*71.2*	3	*5.8*
2010	49	*100*	38	*77.6*	21	*42.9*	36	*73.5*	3	*6.1*
2011	49	*100*	34	*69.4*	23	*46.9*	37	*75.5*	4	*8.2*
2012	48	*100*	30	*62.5*	34	*70.8*	28	*58.3*	35	*72.9*
2013	48	*100*	32	*66.7*	35	*72.9*	20	*41.7*	36	*75.0*
2014	48	*100*	35	*72.9*	35	*72.9*	15	*31.3*	36	*75.0*
2015	48	*100*	39	*81.3*	34	*70.8*	13	*27.1*	39	*81.3*

いる（Keck and Sikkink, 1998; Sundstrom, 2005）。中国の労働ＮＧＯは草の根労働者の組織をトランスナショナルな市民社会と繋いでいる。草の根レベルで中国の労働者が独立した労働者組織を立ち上げ、グローバルな市民社会はそうした組織が党＝国家の抑制に耐え、育っていくために支援した。中国共産党の圧倒的な力にもかかわらず、中国の党＝国家は労働者の組織化に対する草の根の要求を放置することも、労働ＮＧＯの下で崩壊することもできないのである。

四、管理された反対者の取り込み
——「生き残り」から「自律」へ

労働ＮＧＯは中国の党＝国家の権力と影響を認め、率先して国家との関係を構築している。中国共産党からの嫌疑と妨害の前で、労働ＮＧＯはより戦略的に行動し、国家との関係においてはより柔軟なアプローチを採用する必要がある。中国共産党が市民社会を管理しようと躍起になる時、労働ＮＧＯもそうした状況を管理しようとし、成長、すなわち組織的な自律性のためにより多くのスペースを生みだしながら、組織的に生き残ろうとする。**表10**は、全てのサンプリングされた労働ＮＧＯが国家との関係において何が最も重要だと考えているかを示している。

表11　誰が労働ＮＧＯに最大の支援を提供しているか？（2006-2015）

年	中央政府		地方政府		国際パートナー（NGO・財団・外国政府を含む）		メディア		労働者	
	回答数	%	回答数.	%	回答数.	%	回答数.	%	回答数.	%
2006	9	*16.4*	0	*0*	22	*40*	15	*27.2*	9	*16.4*
2007	7	*12.7*	3	*5.5*	20	*36.3*	17	*30.0*	8	*14.5*
2008	7	*13.2*	5	*9.4*	17	*32.1*	16	*30.2*	8	*15.1*
2009	8	*15.4*	7	*13.5*	16	*30.8*	14	*26.9*	7	*13.5*
2010	7	*14.3*	6	*12.2*	14	*28.6*	12	*24.5*	10	*20.4*
2011	5	*10.2*	5	*10.2*	15	*30.6*	12	*24.5*	12	*24.5*
2012	2	*4.2*	1	*2.1*	20	*41.7*	10	*20.8*	15	*31.3*
2013	2	*4.2*	2	*4.2*	22	*45.8*	4	*8.3*	18	*37.5*
2014	1	*2.1*	1	*2.1*	25	*52.1*	3	*6.1*	18	*37.5*
2015	1	*2.1*	1	*2.1*	26	*54.2*	2	*4.2*	18	*37.5*

しかし、**表11**はサンプリングされた労働ＮＧＯは国家との関係を重要であると考えているものの、党＝国家から支援を受けていると答えたところは少数にとどまった。その代わりに、アンケートに回答したＮＧＯは、彼らに対して国際的なネットワークが中国の労働者とともに最大の支援を与えていると答えている。

さらに、サンプリングされた労働ＮＧＯは党＝国家を最大の障害として批判しており、回答者の七七・一パーセントが国家に対してネガティブな見方を持っていた。一方、中国共産党が華南の労働ＮＧＯに対する抑圧をスタートした際、それらの批判の矛先は二〇一二年以降、地方政府から中央政府に移っていった。二〇一二年以前、ＮＧＯのうち半数以上が地方政府を批判していた一方、地方政府を最大の障害とみなしていたのはわずか二〇パーセント未満であった。二〇一二年以降、そうした構図は劇的に変化した。二〇一五年入ると、五四・三パーセントが中央政府に対してネガティブな意見を持つようになった。これは地方政府を批判する回答数の二倍であった。

ガバナンスの点について言えば、中国共産党の中央機関は長期的な観点によって統治を行う点、そして地方機関は地方の様々な利権によって政策を捻じ曲げる点で中央政府と地方

表12　誰が労働ＮＧＯにとっての最大の障害であるか？（2006-2015）

年	中央政府		地方政府		企業		暴力団組織	
	回答数.	%	回答数.	%	回答数.	%	回答数.	%
2006	5	*9.1*	28	*50.9*	17	*30.9*	5	*9.1*
2007	4	*7.3*	31	*56.4*	14	*25.5*	6	*10.9*
2008	2	*3.8*	30	*56.6*	13	*24.5*	8	*15.1*
2009	5	*9.6*	30	*57.7*	9	*17.3*	8	*15.4*
2010	6	*12.2*	28	*57.1*	7	*14.3*	8	*16.3*
2011	9	*18.4*	30	*61.2*	3	*6.1*	7	*14.3*
2012	13	*27.1*	26	*54.2*	2	*4.2*	7	*14.6*
2013	16	*33.3*	23	*47.9*	2	*4.2*	7	*14.6*
2014	20	*41.7*	18	*37.5*	4	*8.3*	6	*12.5*
2015	26	*54.2*	11	*22.9*	4	*8.3*	7	*14.6*

表13　サンプリングされた労働ＮＧＯの中国の党＝国家の異なったレベルに対する見方（2006-2015）

年	状況１に賛同する		状況２に賛同する		状況３に賛同する		状況４に賛同する	
	回答数.	%	回答数.	%	回答数.	%	回答数.	%
2006	49	*89.1*	6	*10.9*	3	*5.5*	52	*94.5*
2007	48	*87.3*	7	*12.7*	3	*5.5*	52	*94.5*
2008	43	*81.1*	10	*18.9*	10	*18.9*	43	*81.1*
2009	40	*76.9*	12	*23.1*	10	*19.2*	42	*80.8*
2010	33	*67.3*	16	*32.7*	10	*20.4*	39	*79.6*
2011	29	*59.2*	20	*40.8*	14	*28.6*	35	*71.4*
2012	28	*58.3*	20	*41.7*	14	*29.2*	34	*70.8*
2013	21	*43.8*	27	*56.2*	20	*41.7*	28	*58.3*
2014	15	*31.3*	33	*68.7*	22	*45.8*	26	*54.2*
2015	8	*16.7*	40	*83.3*	30	*62.5*	18	*37.5*

注（1）参照。

政府は異なっているということがしばしば主張されている（Economy, 2004; Shambaugh, 2008; Teets, 2014）。したがって、中央政府の政策はローカルなレベルにおいていつも実施されるわけではない（Gallagher, 2005）。しかし、労働ＮＧＯは、中央および地方政府は統一した実体であり、両者が労働問題に関する責任を共に負うべきであると考える傾向がある（**表13**）。二〇一二年以前、サンプリングされた労働ＮＧＯは労働者の権利を尊重できていないことで地方政府を批判していた一方、中央政府に対しては楽観的な態度を取っていた。この状況は二〇一二年以降変化してきた。二〇一二年以降、このような状況に変化が生じた。二〇一五年には八三・三パーセントの回答者が、中央政府と地方政府は同じものだと認識し、六二・五パーセントの回答者は「中央政府は労働者の権利保護を支えるために変わる必要がある」と考えている。サンプリングされた労働ＮＧＯの間で、政治的成熟性は国家による抑圧の産物として生まれてきたのである。

表14　労働ＮＧＯの国家との関係に関する態度（2006-2015）

年	協力：楽観的かつポジティブ		対抗：悲観的かつ対抗的		無視：国家との接触を遮断		静観	
	回答数.	%	回答数.	%	回答数.	%	回答数.	%
2006	51	*92.7*	2	*3.64*	0	*0*	2	*3.64*
2007	50	*90.9*	2	*3.64*	1	*1.8*	2	*3.64*
2008	48	*90.1*	2	*3.8*	2	*3.8*	1	*1.9*
2009	43	*82.7*	4	*7.7*	2	*3.8*	3	*5.8*
2010	40	*81.6*	3	*6.1*	2	*4.1*	4	*8.2*
2011	35	*71.4*	7	*14.3*	3	*6.1*	4	*8.2*
2012	16	*33.3*	15	*31.3*	8	*16.7*	9	*18.8*
2013	26	*54.2*	12	*25.0*	6	*12.5*	4	*8.3*
2014	23	*47.9*	22	*45.8*	3	*6.3*	0	*0*
2015	11	*22.9*	34	*70.8*	1	*2.1*	2	*4.2*

注（2）参照。

表14で示されている通り、二〇〇六年から二〇一一年にかけてサンプリングされた労働ＮＧＯは中国の党＝国家に対してポジティブな見方を持っていた。しかしその数は、僅か1／3のＮＧＯが依然として協力的な態度を保ち、他の1／3が党＝国家に対して対決的になっていた二〇一二年に激減した。二〇一二年に発生した抑圧の翌年である二〇一三年には、サンプリングされた労働ＮＧＯのうち半数が国家に対してポジティブな見方を持った。しかし、その数値は二〇一四年以降に減少し、二〇一五年には僅か二二・九パーセントのみが依然として国家に対して楽観的な見方を持っているという最低点に到達した。それとは対照的に、対決的な態度が広がり、二〇一五年にはサンプリングされた労働ＮＧＯのうち約2／3が国家に対して否定的であった。さらに、二〇一二年以降、無視または静観の態度を保持しているＮＧＯはほとんどなかった。労働ＮＧＯは中国の党＝国家に対してより積極的かつ攻撃的になり始めた。

　それにもかかわらず、ＮＧＯの国家に対する態度の分裂は、労働ＮＧＯが党＝国家に対してオープンなチェックを行う用意ができているということを意味しない。中国共産党の強さを分かっているため、労働ＮＧＯは自身の意図を隠した上で任務と活動を自身の生存にとって安全な範囲で公表するのみである。しかし、労働者の権利を向上させるための本当の意図は変わらない。労働ＮＧＯの創立者はこうした戦略を以下の様に明確化している。

　それは中国の急須にコーヒーを入れるということである。われわれの仕事とはまさにそういうことである。そ

チャート1　サンプリングされた労働NGOが持つ国家との関係における戦略の4つのモデル

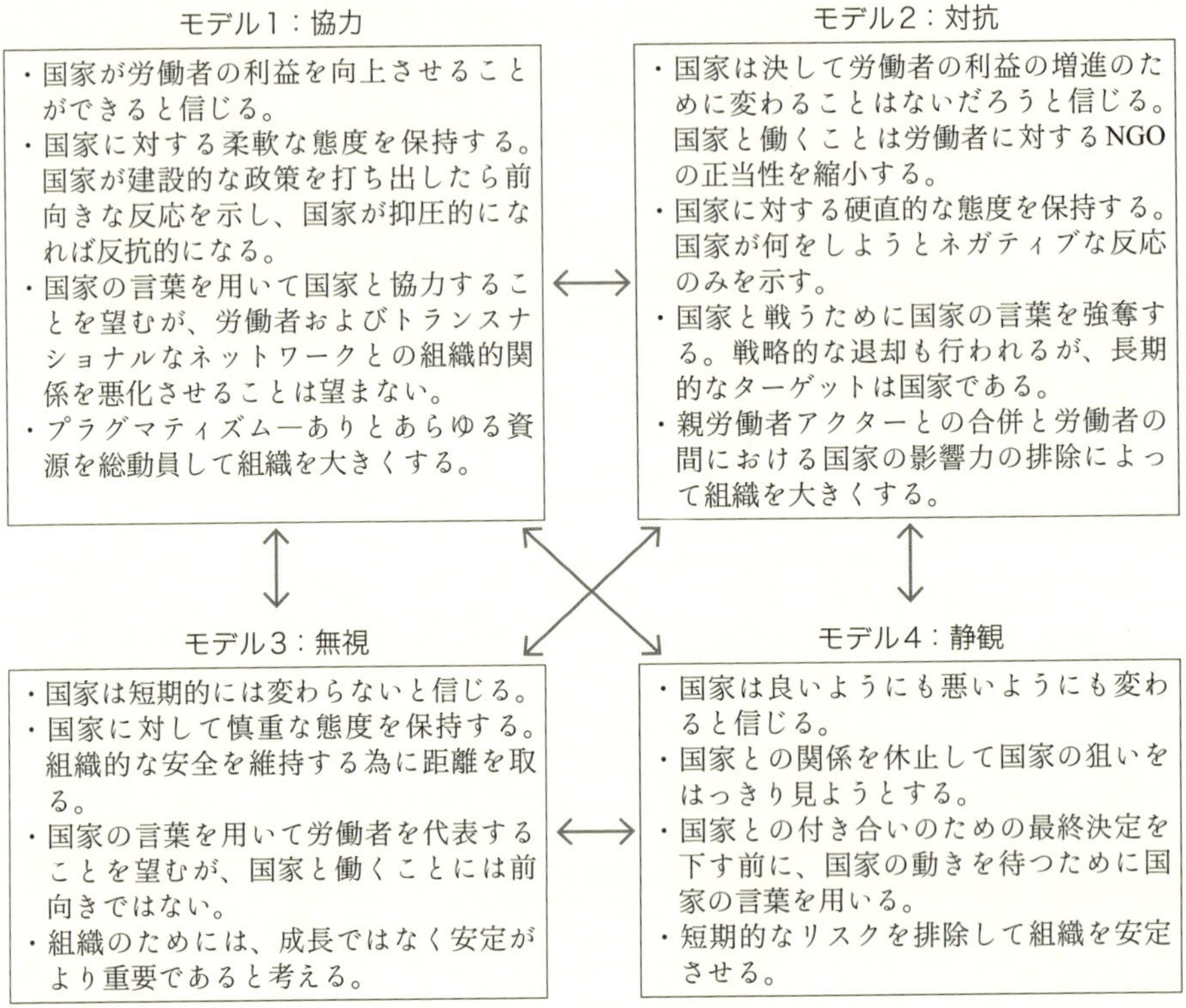
モデル1：協力
・国家が労働者の利益を向上させることができると信じる。
・国家に対する柔軟な態度を保持する。国家が建設的な政策を打ち出したら前向きな反応を示し、国家が抑圧的になれば反抗的になる。
・国家の言葉を用いて国家と協力することを望むが、労働者およびトランスナショナルなネットワークとの組織的関係を悪化させることは望まない。
・プラグマティズム―ありとあらゆる資源を総動員して組織を大きくする。
モデル2：対抗
・国家は決して労働者の利益の増進のために変わることはないだろうと信じる。国家と働くことは労働者に対するNGOの正当性を縮小する。
・国家に対する硬直的な態度を保持する。国家が何をしようとネガティブな反応のみを示す。
・国家と戦うために国家の言葉を強奪する。戦略的な退却も行われるが、長期的なターゲットは国家である。
・親労働者アクターとの合併と労働者の間における国家の影響力の排除によって組織を大きくする。
モデル3：無視
・国家は短期的には変わらないと信じる。
・国家に対して慎重な態度を保持する。組織的な安全を維持する為に距離を取る。
・国家の言葉を用いて労働者を代表することを望むが、国家と働くことには前向きではない。
・組織のためには、成長ではなく安定がより重要であると考える。
モデル4：静観
・国家は良いようにも悪いようにも変わると信じる。
・国家との関係を休止して国家の狙いをはっきり見ようとする。
・国家との付き合いのための最終決定を下す前に、国家の動きを待つために国家の言葉を用いる。
・短期的なリスクを排除して組織を安定させる。

れを外から見た時、皆は中にお茶が入っていると想定するだろう。それを自分で飲んでみて初めてその正体を知ることができるのである。この国で国家と関係を築く際は、われわれは賢さと柔軟性を持ち合わせる必要がある。

(BJ-SHRRM-SH-2012-07-15)

市民社会の発展に伴い、国家とNGOとの関係はより洗練される。**チャート1**は、サンプリングされた労働NGOの経験に由来した国家との関係における戦略の四つのモデルを提示したものである。この四つのモデルは動態的かつ流動的である。そしてその中心には国家がある。国家はこの四つのモデルにおいてつねに中心の位置を占めている。

したがって、労働NGOの国家との関係に関する戦略の選択要素は以下のものを含んでいる。すなわち、(1)個人的な経験(国家と向き合うキーパーソンおよび設立者のパーソナリティと個人的な経験)、(2)組織的な経験(国家と向き合うことの経験)、(3)NGOの合法性の源泉(労働者のメンバーの国家に対する態度の方向性)、(4)組織的な資源の源泉（ドナーからの影響）、（5）組織的な活動（NGOの活動領域が国家との交渉を含むか否か）、である。

したがって、中国共産党の市民社会を抑圧し、中に取り込むといった能力が向上しているにもかかわらず、NGOは国家―NGO関係構築のダイナミックなパターンを見せている。労働NGOは受動的なアクターであるのではなく、自らの自律性を維持するために党＝国家を打ち消そうと積極的な戦略を発展させている。NGOを取り込もうとする中国共産党の試みは、労働NGOの間で国家の行動を戦略的に観察し、それに応じて立ち位置の調整を行うという、「管理された反対者の取り込み」という反作用を生み出した。

おわりに

非民主主義国家および独裁国家における市民社会確立のパターンを描くために、中国の労働NGOの発展の流れを探ることを通し、変化し続ける国家―NGO関係を明らかにしてきた。本稿は党＝国家、NGO、そしてトランスナショナルな市民社会ネットワークの間の相互作用を分析するためによりダイナミックなフレームワークのもとに労働NGOを置き、多くの研究者の間でポピュラーであった国家中心のアプローチを乗り越えるものである（e.g. Ma, 2006; Saich, 2000; Teets, 2015; Wang, 2011）。

国家はNGOの発展プロセスにおいて必要不可欠であり、党＝国家の権力と影響は見落とせないものである（Tai, 2015）。中国の党＝国家は労働NGOの動員力に警鐘を鳴らし、労働NGOを取り込むために政府および中国共産党と提携した総工会のシステムと共に（Howell, 2015; Xu, 2013）飴と鞭の戦略を実施した（Kang and Han, 2008）。財政援助は中国共産党と総工会の下で活動することを望む組織に提供された。その間、活動家の逮捕やNGOオフィスの閉鎖といった厳しい抑圧は、非協力的な組織を抑えつけるために行われた。こうした状況のもと、党＝国家と労働NGOの間でパワーゲームが行われてきた。

広く使われてきたコーポラティズムの枠組み（e.g. Hsu and Hasmath, 2014; Teets, 2014）と違い、本稿は労働NGOが意志を持つとともに、中国の党＝国家との間にある非対称のパワーバランスを取る能力の増加が見られることを示している。コーポラティズムは貴重な視点を提示するが、労働NGOの発展という領域で国家―NGO関係のダイナミクスの概略を述べるには不十分である。労働NGOのような権利NGOは、一連の戦略的・戦略的手段を用い、労働者を動員する本当の目標を公開活動の中に隠している。外から見れば、こうした公開宣伝活動は国家が社会を管理する際に用いるスローガンや標語に完全に合致したものである。

国家が圧倒的な権力を持ち、市民社会に対して一方的に行動を始められる中国のような強い独裁的な国でさえ、NGOは事実上の自律性をどうにかして維持しようとする。党＝国家とNGOの間の非対称な力関係のため、労働NGOは、国家と向き合うために「管理された反対者の取り込み」戦略を発展させる。中国の党＝国家の抑圧的な取り込み戦略は、つねにNGOを国のシステムに統合させようとするわけではない。その代わりにNGOは、選択的に国家に関与するため、国家の選択的な取り込み戦略を用いている。戦略面から見ると、NGOは自身の自律性を維持すると同時にNGOの生き残りに成功するという組織的なゴールをどうにかして国家の外に保とうとしているが、その一方で戦術レベルでは国家と提携することが増えている。

注

（1）以下の4つの状況を参照。

状況1は下記の通りである。「中央政府と地方政府は同じではない。中央政府の優れたイニシアチブは地方レベルでつねに捻じ曲げられる」

状況2＝「中央政府と地方政府は同じである。それらは単に分業しているだけだ」

状況3＝「中央政府は労働者の権利保護を支えるために変わっていく必要がある」

状況4＝「地方政府は労働者の権利保護を支えるために変わっていく必要がある」

（2）労働NGOと国家との関係にも既に変化が生じていた。**表14**は、サンプリングされた労働NGOの党＝国家に対する四種類の態度を明らかにしたものである。

・協力＝NGOは国家に対してポジティブな見方を持ち、国家―NGO関係についても楽観的である。

・対抗＝NGOは国家に対して否定的であり、国家―NGO関係の発展についても悲観的な考えを持つ。

・無視＝NGOは国家に対して懸念の目を向け、国家とのいかなる接触も遮断する。

・静観＝NGOは国家に関するはっきりとした考えを持たず、考えを持つ前には国家の政策と行動を観察することを望む。

参考文献

An, Yuanchao. 2012. "Never Allowing the Emerge of 'Independent Trade Union' and 'Second Trade Union' (绝不允许出现〝独立工会〟和〝第二工会〟)". *Laborers' Daily* July 27, 2012: A1.

Ash, Timothy Garton. 2002. *The Polish Revolution: Solidarity*. New Haven: Yale University Press.

Chan, Chris King-Chi. 2010. *The Challenge of Labour in China: Strikes and The Changing Labour Regime in Global Factories*. New York: Routledge.

Chang, Kai. 2013. "劳动关系的集体化转型与政府劳工政策的完善 (The Collective Transformation of Labor Relations and the Improvement of the Government's Labor Policy)", *Social Sciences in China* 2013（6）: 91-108.

Chang, Kai. 2004. 劳权论：当代中国劳动关系的法律调整研究（Theory of Workers' Rights: Research on the Legal Regulation of Labor Relations in Contemporary China）. Beijing: China Labour & Social Security Publishing House.

Chen, Hao. 2013. 〝陈豪同志在纪念党中央作出建设职工之家重要指示30周年座谈会上的讲话（Speech of Comrade Chen Hao on the 30th Anniversary Symposium in Commemoration of Important Instructions from CCP Central Committee about Constructing Workers' Home）", Beijing: ACFTU.

Cheng, Joseph, Kinglun Ngok and Wenjia Zhuang. 2010. "The survival and development space for China's labor NGOs: informal politics and its uncertainty". Asian Survey 50(6): 1082-1106.

China Charity Information Center. 2014. 〝中国政府购买社会组织服务研究报告（Research Report on Chinese Government's Purchasing of Social Organization Service）". Accessed at: http://crm.foundationcenter.org.cn/html/2014-01/806.html（April 1, 2015）.

China Labour Bulletin. 2015. "Strike Map". Accessed at: http://maps.clb.org.hk/strikes/en（April 1, 2015）.

China Statistical Yearbook. 2014. Beijing: China Statistical Publishing House.

Chinese Social Sciences Today. 2014. 〝辩证看待境外非政府组织（Dialectically Treating Foreign Non-governmental Organizations）". May 14, 2014: A04.

CICIR（China Institute of Contemporary International Relations Project Team）.（2010）外国非政府组织概况（An Overview of Foreign NGOs）, Beijing: Shi Shi Publishing House.

Cooley, Alexander and James Ron. 2002. "The NGO Scramble: Organizational Insecurity and the Political Economy of Transnational Action". *International Security* 27（1）: 5-39.

Coston, Jennifer M. 1998. *A Model and Typology of Government-NGO Relationships. Nonprofit and Voluntary Sector Quarterly* 27（3）: 358-382.

Diamond, Larry. 1999. *Developing Democracy: Toward Consolidation*. Baltimore: Johns Hopkins University Press.

Economy, Elizabeth C. 2004. *The River Runs Black: The Environmental Challenge to China's Future*. Ithaca: Cornell University Press.

Edwards, Michael. 2004. *Civil Society*. Cambridge: Polity Press.

Elfstrom, Manfred and Kuruvilla, Sarosh. 2014. "The Changing Nature of Labor Unrest In China". *ILR Review* 67（2）: 453-480.

Fisher, Julie. 2013. Importing Democracy: *The Role of NGO's in South Africa, Tajikistan, & Argentina*. Dayton, Ohio: Kettering Foundation Press.

Franceschini, Ivan. 2014. "Labour NGOs in China: A Real Force for Political Change?". *The China Quarterly* 218: 474-492.

Friedman, Eli. 2014. *Worker Insurgency in Postsocialist China*. Ithaca: Cornell University Press.

Froissart, Chloe. 2005. "The rise of social movements among migrant workers: uncertain strivings for autonomy". *China Perspectives* 61: 30-40.

Fulda, Andreas, Yanyan Li and Qinghua Song. 2012. "New Strategies of Civil Society in China: A Case Study of the Network Governance Approach". *Journal of Contemporary China* 21（76）: 675-693.

Gallagher, Mary E. 2005. *Contagious Capitalism: Globalization and the Politics of Labor in China*. Princeton: Princeton University Press.

Gallagher, Mary E. 2004. 'China: the limits of civil society in a late

Leninist state'. In Muthiah Alagappa（Ed.）, *Civil Society and Political Change in Asia*, pp. 419-454. Stanford, CA: Stanford University Press.

Geng, Huichang. 2014. "增强全社会厉行法治的积极性和主动性（Enhancing the Enthusiasm and Initiative of Practicing the Rule of Law of the Whole Society）". *People's Daily* December 5, 2014: A07.

Gray, Kevin and Youngseok Jang. 2014. "Labour Unrest in the Global Political Economy: The Case of China's 2010 Strike Wave". *New Political Economy*. Accessed at: dx.doi.org/10.1080/13563467.2015.951613（April 1, 2015）.

Guo, Shuang and Kefeng Peng. 2015. "立法，ＮＧＯ在境内有望告别黑户（Legislation, NGO Can Hope to Say Goodbye to Black Statues in China）". *China Science Daily* January 21, 2015: A04.

Halegua, Aaron. 2008. "Getting paid: Processing the labor disputes of China's migrant workers". *Berkeley Journal of International Law* 26（1）: 254-322.

Hasmath, Reza and Jennifer Y. J. Hsu. 2014. "Isomorphic Pressures, Epistemic Communities and State-NGO Collaboration in China", *The China Quarterly* 220: 936-954.

He, Zengke. 2008. "Institutional barriers to the development of civil society in China". In Yongnian Zheng and Joseph Fewsmith（Eds）, *China's Opening Society: The Non-State Sector and Governance*, pp.161-173. London: Routledge.

Hildebrandt, Timothy. 2013. *Social Organizations and the Authoritarian State in China*. New York: Cambridge University Press.

Howell, Jude. 2008. "All-China Federation of Trade Unions Beyond Reform? The slow march of direct election". *The China Quarterly* 196: 845-63.

Howell, Jude. 2012. "Civil Society, Corporatism and Capitalism in China". *Journal of Comparative Asian Development* 11（2）: 271-297.

Howell, Jude.（2015）"Shall we dance? Welfarist incorporation and the politics of state-labour NGO relations in China", *The China Quarterly*, forthcoming.

Hsu, Jennifer Y.J. and Reza Hasmath. 2014. "The local corporatist state and NGO relations in China". *Journal of Contemporary China* 23(87): 516-534.

Huang, Xiaoyong. Cai, Liqiang and Wang, Shiqiang. 2014. "顶层设计突破后的民间组织亟待分层对接与政策细化（Civil Organizations Urgently Need to Be Docked with Hierarchical and Refined Policies after Breakthrough the Top-Level Design）". In Xiaoyong Huang（Ed.）, 中国民间组织报告（2014）（Annual Report on Chinese Civil Organizations 2014）, pp.1-45. Beijing, Social Sciences Academic Press（China）.

Huang, Yan. 2012. "创制公民权：劳工ＮＧＯ的混合策略（Creating Citizen Rights: Combined Strategy of Labor NGO）". *Journal of China National School of Administration* 2012（4）: 100-107.

Hudock, Ann C. 1999. *NGO and Civil Society: Democracy by Proxy*?. Cambridge: Polity Press.

Jia, Xijin. 2011. "Civil Organization-Government Relationships: Functional Cooperation and Power Dilemmas". In Ming Wang（Ed.）, *Emerging Civil Society in China, 1978-2008*, pp.209-238. Leiden: Brill.

Kang, Xiaoguang and Han, Heng. 2008. "Graduated controls: The state-society relationship in contemporary China". *Modern China* 34（1）: 36-55.

Keck, Margaret E. and Kathryn Sikkink. 1998. *Activists Beyond Borders: advocacy networks in international politics*. Ithaca: Cornell University Press.

Kim, Dongwook. 2013. "International Nongovernmental Organizations and the Global Diffusion of National Human Rights Institutions". *International Organization* 67（3）: 505-539.

Koo, Hagen. 2001. *Korean Workers: The Culture and Politics of Class Formation*. Ithaca: Cornell University Press.

Lang, Sabine. 2013. *NGOs, Civil Society, and the Public Sphere*. Cambridge: Cambridge University Press.

Lee, Ching Kwan. 2007. *Against the Law: Labor Protests in China's Rustbelt and Sunbelt*. Berkeley: University of California Press.

Lee, Ching Kwan and Yuan Shen. 2011. "The Anti-Solidarity Machine? Labor Nongovernmental Organizations in China". In Sarosh Kuruvilla, Ching Kwan Lee and Mary E. Gallagher（Eds.）, *From Iron Rice Bowl to Informalization: Markets, Workers, and the State in a Changing China*, pp.173-187. Ithaca: Cornell University Press.

Ma, Qingyu and Hong Liao. 2015. 中国社会组织发展战略（National Strategy of Promoting the Development of China's Social Organizations）. Beijing: Social Sciences Academic Press（China）.

Ma, Qiusha. 2006. *Non-Governmental Organizations in Contemporary China: Paving the Way to Civil Society?*. London: Routledge.

Peng, Jianmei and Youping Liu. 2012. 美国ＮＧＯ在华慈善活动分析报告（Report of the Philanthropy Study on International NGOs（USA Section）in China）. Beijing: China Charity Information Center.

Pringle, Tim. 2011, *Trade Unions in China: The Challenge of Labour Unrest*. London: Routledge.

Saich, Tony. 2000. "Negotiating the State: The Development of Social Organizations in China". *The China Quarterly* 161: 124-141.

Scott, James C. 1987. *Weapons of the Weak: Everyday Forms of Peasant Resistance*. New Haven: Yale University Press.

Salamon, Lester M. 1995. *Partners in Public Service: Government-Nonprofit Relations in the Modern Welfare State*. Baltimore: Johns Hopkins University Press.

Shambaugh, David. 2008. *Chinese Communist Party: Atrophy and Adaptation*. Berkeley: University of California Press.

Shang, Xiaoyuan. 2007. 冲击与变革：对外开放中的中国公民社会组织（Impact and Change: Chinese Civil Society Organizations under Openness）. Beijing: China Social Sciences Press.

Shieh, Shawn. 2009. "Beyond Corporatism and Civil Society: Three Modes of State-NGO Interaction in China". In Jonathan Schwartz and Shawn Shieh（Eds.）, *State and Society Responses to Social Welfare Needs in China: Serving the people*, pp.22-41. New York: Routledge.

Shieh, Shawn and Guosheng Deng. 2011. "An Emerging Civil Society: The Impact of the 2008 Sichuan Earthquake on Grass-roots Associations in China", *China Journal* 65: 181-194.

Simon, Karla. 2013. *Civil Society in China: The Legal Framework from Ancient Times to the 'New Reform Era'*. Oxford: Oxford University Press.

Smith, Jordan M. 2013. "The U.S. Democracy Project". *National Interest* May-June Issue. Accessed online at: http://nationalinterest.org/article/the-us-democracy-project-8379（April 1, 2015）.

Solinger, Dorothy J. 2001. "Ending One-Party Dominance: Korea, Taiwan, Mexico". *Journal of Democracy* 12（1）: 30-42.

Soonok, Chun. 2003. *They Are Not Machines: Korean Women Workers And Their Fight For Democratic Trade Unionism in the 1970s*. Hants:

Ashgate.

Spires, Anthony. 2012. "Lessons from abroad: foreign influences on China's emerging civil society". *China Journal* 68: 125-146.

Sundstrom, Lisa McIntosh. 2005. "Foreign Assistance, International Norms, and NGO Development: Lessons from the Russian Campaign". *International Organization* 59（2）: 419-449.

Tai, John. 2015. *Building Civil Society in Authoritarian China: Importance of Leadership Connections for Establishing Effective Nongovernmental Organizations in a Non-Democracy*. New York: Springer.

Teets, Jessica C. 2015. "The Evolution of Civil Society in Yunnan Province: Contending Models of Civil Society Management in China". *Journal of Contemporary China* 24（91）: 158-175.

Teets, Jessica C. 2014. *Civil Society under Authoritarianism: The China Model*. New York: Cambridge University Press.

The Economist. 2014. "Beneath the Glacier". April 12, 2014.

The Mingjing Magazine. 2013. "关于当前意识形态领域情况的通报（Concerning the Situation in the Ideological Sphere）". 43: 26-30.

Wang, Kan. 2008. "The Changing Arena of Industrial Relations in China: What is happening after 1978". *Employee Relations* 30（2）: 190-216.

Wang, Kan. 2012. "The Changing State-NGO Relations and Development of Social Media Strategies of Labor NGOs". Washington DC: American Center for International Solidarity of AFL-CIO.

Wang, Ming. 2013. "Emergency of China's Civil Society". In Keping Yu and Kenneth Lieberthal（Eds.）, *China's Political Development from the View of American and Chinese Scholars*, pp.162-184. Beijing: Social Sciences Academic Press（China）.

Wang, Ming. 2011. "The Development of Civil Organizations and the Road to Civil Society in China". in Ming Wang（Ed.）, *Emerging Civil Society in China, 1978-2008*, pp.1-58. Leiden: Brill.

Wang, Ming and Yushan Xu. 2004. "中国民间组织的'2003现象'（The '2003 Phenomenon' of the Chinese NGOs）", *Academic Bimestris* 2004（4）: 39-42.

Watson, Andrew. 2007. "转型国家的公民社会：中国的社团（Civil Society in A Transitional State: The Associations in China）". In NGO Institute of Tsinghua University（Ed.）, 中国非营利评论第1卷（China Non-Profit Review Vol.1）, pp.34-61. Beijing: Social Sciences Academic Press（China）.

White, Gordon. Jude A. Howell and Xiaoyuan Shang. 1996. *In Search of Civil Society: Market Reform and Social Change in Contemporary China*. Oxford: Clarendon Press.

Xi, Jinping. 2014. "关于《中共中央关于全面推进依法治国若干重大问题的决定》的说明（Clarification on CCP Central Committee Decision on Several Important Issues of Comprehensively Advancing the Rule of Law）". Beijing: People's Publishing House.

Xu, Jialiang and Hong Liao. 2014. 中国社会组织评估发展报告（Annual Report on Social Organizations Evaluation in China 2014）. Beijing: Social Sciences Documentation Press（China）.

Xu, Yi. 2013. "Labor non-governmental organizations in China: Mobilizing rural migrant workers". *Journal of Industrial Relations* 55（2）: 243-259.

Yan, Wenhu. 2011. "对冷战时期西方非政府组织在苏联东欧地区活动的历史考察（Historical Perception on Activities of Western Non-governmental Organizations in Soviet and East European Regions under Cold War Era）". *Russian, Central Asian & East European*

Studies 2011（3）: 67-74.

Yang, Wenchen. 2012. "西方借"公民社会"推动和平演变（The West Uses 'Civil Society' to Push for Peaceful Evolution）". *Reference News* September 21, 2012: A10.

Yin, Deyong. 2009. "China's Attitude Towards Foreign NGOs". Washington University Global Studies Law Review 8（3）: 521-543.

Yu, Keping. 2002. 中国公民社会的兴起与治理的变迁（Rise of China's Civil Society and Change of Its Governance）. Beijing: Social Sciences Documentation Press（China）.

Zhou, Benshun. "走中国特色社会管理创新之路（Social management of innovation with Chinese characteristics）", *Qiushi Magazine* 2011（10）.

Zheng, Qi. 2007. "中国政府议程模式的变迁：'怒江事件'管窥（The Change of Agenda-Setting Models: A Case Study of Advocacy Activities by Environmental NGOs in China）". In Wang Ming（Ed.）, 中国非营利组织评论第一卷（China Non-Profit Review Vol.1）, pp.197-205. Beijing: Social Sciences Academic Press（China）.

雑誌『炎黄春秋』に見る言論空間の政治力学

及川淳子

近年の『炎黄春秋』をめぐる一連の出来事は、現代中国の言論空間における政治力学が、一種の縮図となって表出したものと言えるだろう。習近平政権下で言論に対する規制が強化されている一方で、実際には多様な言論が存在しているのも中国社会の変化である。それらを読み解くために、同誌は重要な手掛かりを提供している。

はじめに

「中国で最も注目に値する雑誌は何か」と質問されることがあれば、筆者は迷うことなく「月刊誌『炎黄春秋』」と答えている(**写真1**)。同誌は歴史を中心とする改革派の学術誌で、中国内外で注目を集めている。筆者は毎月欠かさず入手し、同誌の編集部や顧問などの関係者と交流するようになって十年余りになる。愛読誌を推薦するのは贔屓目ではないかと批判があるかもしれないが、『炎黄春秋』は現在の中国において一種独特の存在なのだ。

中国では、様々な雑誌が刊行されており、時事問題を独自の視点で分析する雑誌、各分野に特化した専門誌、多様化する読者のニーズに応える趣味や娯楽の雑誌など、書店や街中の新聞・雑誌スタンドを見渡せば、その種類の豊富さに目を奪われるほどだ。そうした色とりどりの雑誌が並ぶ中で、『炎黄春秋』は非常に地味で簡素な装丁である。

中国では既存の雑誌の多さに加えて、新たに創刊される雑誌や様々な事情で休刊や停刊になる雑誌も多いため、雑誌の

おいかわ・じゅんこ――法政大学国際日本学研究所客員学術研究員、桜美林大学北東アジア総合研究所客員研究員、日本大学文理学部非常勤講師、外務省研修所非常勤講師。専門は現代中国の社会、言論空間。主な著書に、『現代中国の言論空間と政治文化――「李鋭ネットワーク」の形成と変容』(御茶の水書房、二〇一二年)、美根慶樹編著『習近平政権の言論統制』(共著、蒼蒼社、二〇一四年)、石井知章編著『現代中国のリベラリズム思潮――1920年代から2015年まで』(共著、藤原書店、二〇一五年)などがある。

発行状況についてその全体像を概観するのは非常に困難だ。市場経済の深化によって民間の雑誌社も増えているが、逐次刊行物を識別するための国際的なコード番号ＩＳＳＮのほかに、政府機関の中華人民共和国新聞出版総署が批准し付与する「国内統一刊号」を取得していなければ、そもそも定期刊行物を発行することは不可能だ。中国共産党による事実上の一党支配体制の下で、言論に対する統制は厳しく行われており、特に習近平政権下ではますます強化されている。『炎黄春秋』に対する当局からの圧力も例外ではない。

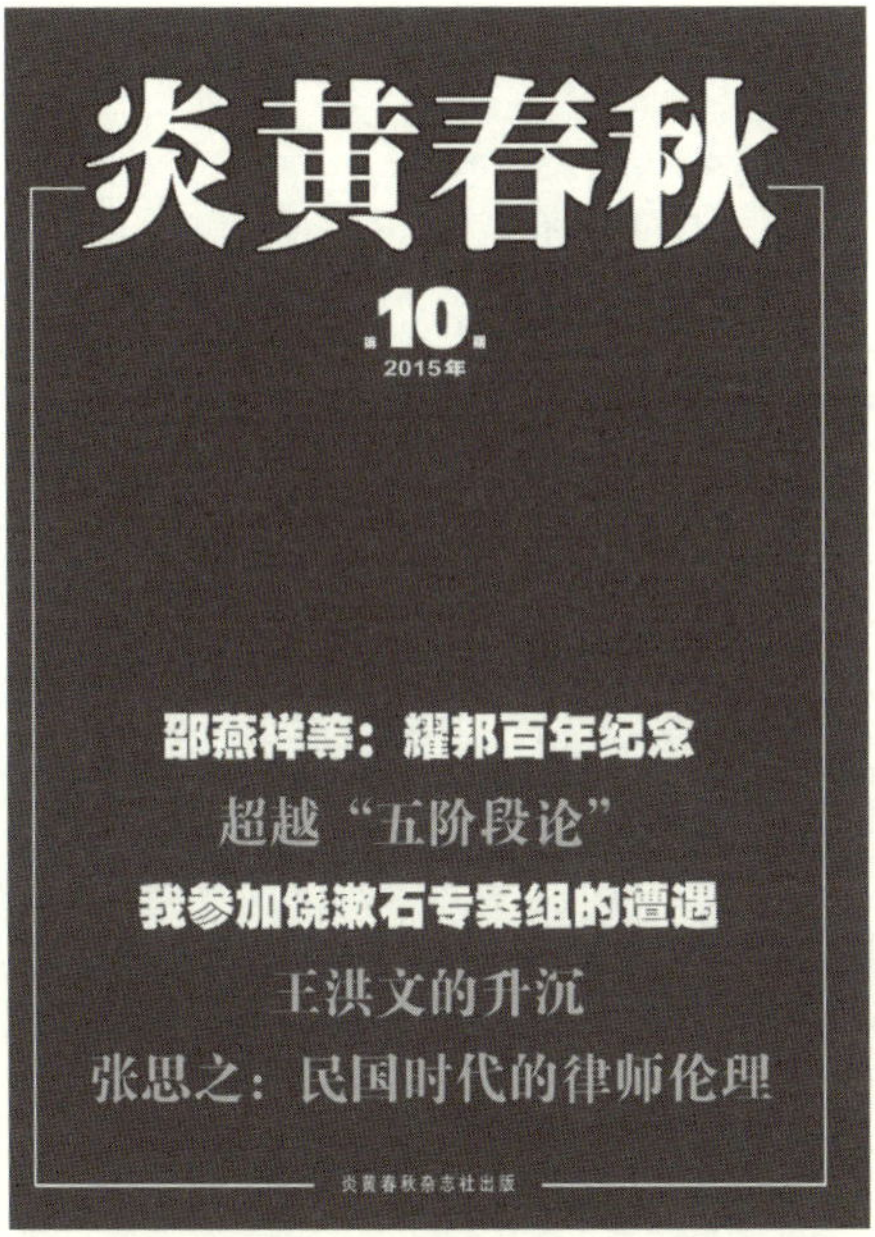

写真1　『炎黄春秋』2015年10号表紙

『炎黄春秋』の最新号にはどのような文章が掲載されているか、特集企画にはどのような論者が寄稿しているかなど、雑誌の内容に着目するのは当然だが、それ以上に気になるのが、雑誌の発行が支障なく続けられるか否かという問題である。幾度となく存続の危機を迎えながら、中国の言論空間で生き延びているということが、『炎黄春秋』について考察する上で最大の注目点だ。

本稿は、雑誌『炎黄春秋』を観察対象として分析し、現代中国の言論空間における政治力学の様相が一種の縮図となって近年の同誌に投影されているという問題意識に基づく小論である。以下、『炎黄春秋』の軌跡をたどりながら、幾つかの注目点について指摘したい。

一、雑誌『炎黄春秋』の軌跡

（1）『炎黄春秋』の独自性と優位性

編集方針——事実に基づいて真実を求める

『炎黄春秋』は一九九一年七月に創刊された月刊誌で、四半世紀近くの歴史がある。「炎黄」とは中華民族の伝説上の始祖といわれる炎帝と黄帝を意味する言葉で、「炎黄」はすなわち「中華」を象徴している。「炎黄子孫」といえば「中国人」、とりわけ漢民族を指して使われる。中国語の「春秋」は「歳月」という意味のほかに歴史書の名称に用いられることが多い。創刊当時、軍の長老として影響力があった蕭克将軍（中央軍事委員会委員、国防部副部長、軍政大学校長などを歴任）が、中国共産党や中国人民解放軍を引退した老幹部たちの言論活動の場として『炎黄春秋』の発行を支持し、強力な後ろ盾となった。

党や軍の長老が深く関与する雑誌ではあるが、発行元は民間の炎黄春秋雑誌社で、その経営や編集方針は党や政府から独立している。ただし、中国では定期刊行物を発行する各種団体は政府機関への登記が義務づけられているため、中国政府の文化部（文化事業を管轄する行政部門）傘下にある中国芸術研究院という学術機関が同誌を主管している。創刊から二〇一四年末までは、民間の文化団体である中華炎黄文化研究会が主宰していたが、当局からの圧力によって主管団体の変更を迫られ、今年から中国芸術研究院に移管された。

『炎黄春秋』の編集方針は、誌面やホームページで紹介されている「実事求是、秉筆直書、以史為鑑、與時倶進」という十六文字で、「事実に基づいて真実を求め、正直に筆を取って書き著し、歴史を鑑として、時代とともに前進する」という意味だ。編集部による同誌の紹介は、「歴史を主とする総合的なノンフィクションの月刊誌。古今中外、特に現代の革命と建設の重大事件や重要人物の是非や功罪について、詳細で正確な資料に基づいて正直に書き著し、事実をありのままに記し、飾らず、酷過ぎることもなく、事実を重んじて真実を記録し、歴史を鑑とし、歴史を以て社会の安定に資する」とある。

筆者が編集部に問い合わせたところ、二〇一五年一月時点での発行部数は十九万部だという。これまでにヒアリングしたメモを見ると、二〇〇七年約六万部、二〇〇八年約八万部、二〇〇九年約十万部、その後二〇一三年には十七万部とあり、この数年で特に発行部数を伸ばし、読者に支持されていることがわかる。学術的な専門誌としては、異例の発行部数を誇っていると言えるだろう。

改革派のオピニオン誌

『炎黄春秋』は近現代の歴史を主要テーマとする学術誌だが、実際には歴史研究だけでなく歴史批判に立脚した改革派のオピニオン誌として読者に支持されているところが大きい。党内の改革派を中心とする議論の場として、独特の言論空間を形成しているといえよう。最大の特徴は、政治体制改革を支持する一貫した立場と、タブーにも果敢に挑戦する大胆な姿勢だ。特に、言論の自由を擁護する主張は顕著である。

例えば、一九八〇年代に民主化を求めた学生運動に理解を示し、失脚した胡耀邦元総書記に関する記事の掲載は代表的な事例だ。一九八九年に死去した胡耀邦を追悼する学生や市民の集会が天安門事件に発展し、当時の趙紫陽総書記は失脚して二〇〇五年に死去するまで十六年もの長きにわたって自宅軟禁が続いた。中国では、天安門事件は現在でも政治的に最も敏感なタブーだ。メディアの報道はもとより、歴史研究の分野においても厳しく規制されている。そうした状況の中で、『炎黄春秋』は胡耀邦や趙紫陽に関する記事の掲載という挑戦を続けている。また、後述するように、二〇〇八年前後に中国の言論界を二分した普遍的価値をめぐる論争では、西洋の価値観を激しく批判した党の刊行物に対し、『炎黄春秋』は自由、民主、人権などの普遍的価値を支持する論陣を張って注目された。同誌が一貫して堅持しているのは、言論の自由を主張し、実践する姿勢である。

体制内部から体制を批判

『炎黄春秋』が大胆な姿勢を貫くことができるのは何故だろうか。指摘すべき第一点は、雑誌社の独立性である。前述したように炎黄春秋雑誌社は民間の出版社で、党や政府による財政補助や雑誌の買い上げはなく、一般読者の定期購読によって支えられている。近年は、当局からの圧力によって街中の新聞・雑誌スタンドでの販売が規制され、限られた学術書店を除けば、一般的な方法で同誌を入手することが非常に困難になってしまった。そうした状況の中で、自費で定期購読を続ける読者からの支持は、同誌の強みと言えるだろう。編集方針や人事に対する当局からの圧力に対し、同誌は財政面での独立性を盾として抵抗を続けている。

第二点は、体制内部から体制批判をするという立場を堅持していることだ。『炎黄春秋』は中国の近現代史や現在の時事問題についても厳しい批判を展開しているが、政権打倒を呼びかけるのではなく、党内の民主化や憲政（憲法に基づく政治、立憲政治）によって政治体制改革を推進しようという穏健な主張を続けている。党や政府の政策方針と真っ向から対立することは極力避けながら、体制内外で広く受け入れられるような論理と言語表現を駆使していることも同誌の独自性である。

第三点は、同誌を支える人的ネットワークだ。現在、雑誌社の社長と編集長を兼務している杜導正は、一九八〇年代に中華人民共和国新聞出版総署（新聞、雑誌、書籍などの発行を認可し、版権を管理する政府機関）の署長を務めた人物だ。元毛沢東秘書で党内改革派の長老として知られる李鋭らが顧問を務めている。編集委員には、五十数名の著名な研究者やジャーナリストが名前を連ねている。同誌の執筆者も多彩な顔ぶれだ。創刊時から寄稿している党や軍の老幹部と歴史研究者が中心だが、時には、趙紫陽の側近だった元副総理の田紀雲や、党中央政治局常務委員を務めながらも、天安門事件で学生たちに同情的な姿勢を見せたために職務を解任された胡啓立が寄稿することもある。民主化の機運が高まった胡耀邦・趙紫陽時代に要職を務めた長老たちを筆頭に、体制内部の改革派が編集委員や執筆者として同誌を支えているのだ。これらの条件が有機的に機能していることが、『炎黄春秋』の独自性と優位性の裏付けである。

(2)『炎黄春秋』における「記憶の再生」

「記憶の再生」による政治的メッセージ

中国の言論空間について考察することは、「誰が、何を、どのように発言するか」という問題だけでなく、「どのように発言できるか、できないか」という問題を内包する政治的な課題でもある。現代の中国社会において、言論空間はまさに政治空間に等しい。

『炎黄春秋』は歴史研究の専門誌という創刊当時の位置づけから、歴史批判に立脚した改革を提言するオピニオン誌という色彩を次第に強めてきた。特に、二〇〇三年に胡錦濤総書記と温家宝総理が率いる指導部が発足した頃から、政治体制改革に関する議論を数多く掲載するようになった。ここで注目すべきは、同誌が独自の手法を用いて改革派の雑誌としての地位を固め、影響力を強めてきたことだ。

その手法とは、歴史についての「記憶の再生」である。過去の歴史に関する記憶は、その記憶が選択的に想起され、記憶が再生される時点における政治的、社会的な文脈で再構成される。つまり、どのような「記憶」が、誰によって、何を目的として、どのように「再生」されるかという「記憶」に関わる主体性と現在性の問題だ。当然ながら、「記憶」は「忘却」と切り離すことはできない。現代中国における歴史の「記憶と忘却」は、権力の側から政治的意図による「記憶の抹殺」と「記憶の再生」が行われるために、それらに対峙する「忘却の拒絶」と「記憶の再生」が展開されるという重層的な営みなのだ。

『炎黄春秋』では、歴史的な事柄や人物に関する記念や追悼の記事が頻繁に掲載されている。それらの多くは歴史について記述するだけでなく、「記憶の再生」を通して現在に共通する何らかの政治的メッセージを内包している場合が多い。前述したように、体制内部から建設的な体制批判を行い、雑誌の存続を確保するために、『炎黄春秋』は巧みな手法を用いているのだ。

一九八〇年代の記憶――政治体制改革、胡耀邦、趙紫陽

それでは、『炎黄春秋』は具体的にどのような歴史につい

て「記憶の再生」を行い、どのような政治的メッセージを発しているのだろうか。

同誌のホームページ（http://www.yhcqw.com/index.html）と中国最大のオンライン・データベースであるＣＮＫＩ（China National Knowledge Infrastructure, http://www.cnki.net/）を活用して、創刊以来『炎黄春秋』に掲載された記事を俯瞰すると、以下三つのテーマに関する記事の掲載が特徴的であることが浮かび上がる。

一つは、一九八〇年に鄧小平が発表した「八・一八講話」（鄧小平が同年八月十八日の中国共産党中央政治局拡大会議で発表した「党と国家の指導制度の改革」の略称）である。改革開放政策の開始から間もない頃に、経済体制改革だけでなく政治体制改革を同時に進めなければならないと主張した鄧小平の言葉は、一九八〇年代に政治体制改革の機運が高まり、民主化運動が進展した歴史の転換点だ。

二つ目は、胡耀邦に関する「記憶の再生」である。一九八九年の天安門事件以降、胡耀邦についての報道や研究は厳しく規制され、中国国内のメディアが取り上げることは極めて困難になった。胡耀邦の死去から五年後の一九九四年、胡耀邦の功績を顕彰するために写真や詩を掲載した『炎黄春秋』がその突破口となった。以来、同誌は胡耀邦に関する関係者の回想記などを掲載し続けている。それらの多くは、胡耀邦が重視した政治体制改革を回顧し、人道主義や国際主義に関する胡耀邦の言説を再評価する論調だ。

三つ目は、趙紫陽をめぐる「記憶の再生」である。趙紫陽は国務院総理を務めた後に、胡耀邦の辞任を受けて党総書記に就任したが、天安門事件によって失脚した。趙紫陽について語るということは、つまり天安門事件を想起することにほかならない。中国国内のメディアでは事件と趙紫陽の名は最大のタブーだが、それに対して果敢に挑戦したのが『炎黄春秋』が掲載した二〇〇七年以降の記事である。鄧小平が主導した改革開放政策を評価する複数の文章で、あまり目立たない形で趙紫陽の貢献を語り、再評価した。

以上に共通するのは、いずれも一九八〇年代の歴史の記憶である。執筆者の多くは、胡耀邦や趙紫陽の下で実務を担当した歴史の当事者たちだ。当時の記憶を再生することは、歴史の再評価だけではない。一九八〇年代に挫折した政治体制改革を再検討することによって、民主的な改革が遅々として進まない現状に対しても暗に批判し、政治的なメッセージを発しているのだ。

（3）『炎黄春秋』の「エッジボール」

政治的なタブーに対して挑戦を続けている『炎黄春秋』を

分析する際に重要なのが、「擦辺球（エッジボール）」という キーワードだ。「きわどい球」という意味で、法律や規定などにかろうじて抵触しない行為を喩えた表現である。中国共産党中央宣伝部などメディアを管理監督する当局から有形無形の圧力が加えられる中で、ぎりぎりのラインで規制に抵触しないように細心の注意を払いながら、可能な限り最大限度の報道を試みるメディアの機知を描写している。『炎黄春秋』の関係者に何度かインタビューした際にも、よく使われていた言葉だ。

例えば、卓球台やテニスコートにエッジボールを打ち込むようなイメージだ。きわどいところでセーフならばよいが、仮にラインを超えてしまえば、雑誌の存続に関わる深刻な事態を招いてしまう。それは当然ながらメディアの当事者たちも熟知していることだ。鋭いエッジボールとして有効に機能するために、掲載する記事については編集の段階で政治的な敏感さが検討される。ラインまで少しでも距離があるならば、少し大胆な報道になるかもしれないし、その時々の政治状況を子細に観察する中で、注意深くラインの内側に収めるかもしれない。そうしてエッジボールを打ち込むように、政治的なタブーに対して果敢に挑戦を続ける『炎黄春秋』の姿勢は、「事実に基づいて真実を求める」という編集方針を堅持しているからだ。そして、同時に忘れてならないのは、党や軍の長老をはじめとする影響力のある人物たちが同誌の顧問や編集委員を務めているという強力なネットワークの存在だ。政治状況を観察し、エッジボールが有効となるラインを見極めるのは、中国政治の機微を熟知している長老の存在に依るところが大きいだろう。

創刊以来、同誌はこれまで幾度となく様々な圧力に直面し、存続の危機を免れてきた。そして、度重なる危機を乗り越えながら発行を継続してきたことで、さらに影響力を高めていることもまた事実である。『炎黄春秋』の軌跡は、一学術誌の歩みというだけでなく、中国の言論空間に見られる一種の政治力学の表れだといえよう。

二、改革のコンセンサス——法治、憲政

(1)『炎黄春秋』ウェブサイト閉鎖事件

二〇一三年一月、『炎黄春秋』のウェブサイトが当局によって突如閉鎖されるという事件があった。同誌編集部の微博（ウェイボー、中国のマイクロブログ）が明らかにしたところによれば、中国政府の行政部門である工業・情報化部から、編集部に対してウェブサイトの登録番号を回収し、インターネット上の活動を認めないという通知があったという。編集

部は翌日すぐに再登録の手続きを行って認可され、結果的にウェブサイトはその後十日ほどで復旧したのだが、閉鎖の理由が説明されることはなく不可解なままに終わった。

ウェブサイトの閉鎖は、手続き上の問題だったのだろうか。一時的な閉鎖ではあったが、これもまた同誌に対する当局からの不当な圧力の一端だと筆者は考える。雑誌の発行停止処分や発行後の強制的な回収などの目立った処分ではないが、同誌の言論活動を一時的にでも封鎖したのだ。では、なぜこの時期に同誌に対して圧力が加えられたのか。その背景には、『炎黄春秋』の人的ネットワークに基づく活動に対して、当局が危機感を抱いたと思われる一連の出来事が指摘できる。

(2) 憲法と「党の指導」

改革開放政策から三十五年余りを経て、中国の言論界では改革の是非を論じる段階から、改革の過程で党・政府と民間の勢力がいかなる役割を担い、どのような価値を基準としていくべきかという議論に発展している。経済体制改革だけでなく、政治体制改革が必要であることは広く共通認識になっているが、政治体制改革は遅々として進展していない。

二〇一二年秋に中国共産党第十八回大会が開催され、習近平体制が発足した当初の時期は、新たな指導者に対する期待感の高まりもあって、改革のあり方をめぐる論争が激化した。

ここでは、二〇一二年の秋から年末にかけて『炎黄春秋』誌上とインターネットで発表された三つの文書について指摘したい。

まず一つ目の文書は、ウェブサイトが閉鎖される少し前、二〇一二年十二月号の『炎黄春秋』が「法に基づいて国を治め、憲法に基づいて政治を行う――『改革コンセンサスフォーラム』概要」と題して掲載した巻頭特集である。この記事は、同年十一月十六日に同誌と北京大学の憲法・行政法研究センターが共催したフォーラムの総括だ。法学者やジャーナリストなど約一〇〇名が参加し、改革のコンセンサスをいかに形成するかという議論が行われた。フォーラムの概要記事を見るとポイントは二点ある。ひとつは、党は憲法と法律の範囲で活動すべきだという主張だ。そして二つ目のポイントは、「党の指導」という問題を解決するよう提言を行ったことである。

中華人民共和国憲法第二条では、「中華人民共和国のすべての権力は人民に属する」と明記され、主権在民が謳われている。だが、この原則と本質的に矛盾するのが憲法の「序言（前文）」だ。「中国の各民族人民は、引き続き中国共産党の指導の下に、マルクス・レーニン主義、毛沢東思想、鄧小平理論及び『三つの代表』の重要思想に導かれて……」とある。「中国共産党の指導」は党の最高指揮権を規定しており、果たして現実の政治において、憲法と「党の指導」のいずれが優先されるのかという中国政治の本質的な問題があるのだ。長年にわたり議論が続いているこの問題に対して、フォーラムは「法律に基づいて国を治め、憲法に基づいて政治を行う」とスローガンを掲げ、「法治と憲政」を主張した。

(3) 憲政のコンセンサス

注目すべき二つ目の文書は、二〇一二年十二月二十六日にインターネット上で発表された「公民憲政コンセンサス」と題した提言書である。前述したフォーラムの関係者を含む研究者やジャーナリストなど一二三名が連名で発表した改革についての意見書で、主な内容は以下の八点だ。

①人の尊厳を侵してはならない
②憲政はすべての人にとって清潔な水と空気である
③憲政を擁護し、憲法を実施する
④選挙による民主を推進する
⑤言論の自由を実践する
⑥信仰の自由を尊重する
⑦司法の独立を実現する
⑧官民による共同統治に向かって進む

提言書の最後は、「左右の違い、官民の別を超越して、(中略)憲政中国のために共に努力しよう」と結んでいる。提言書を発表したのは言論界で著名な改革派の研究者やオピニオンリーダーで、中国の思想界で、彼らは「自由派」あるいは「右派」と呼ばれている。社会の平等を重視して資本主義によるグローバル化などを批判している保守派の「新左派」と激しく対立することも多いが、主義主張の「左右の違い」を超えようと呼びかけたのだ。

(4) 憲法擁護のネットワーク

三つ目の文書は、『炎黄春秋』二〇一三年一月号に掲載された「憲法は政治体制改革のコンセンサスである」という特集記事である。現行の憲法は完璧ではないが、憲法に明記されていることを着実に実施すれば改革の歩みを進めることができるとして、以下、憲法条文を引用している。

「憲法」第五十七条、第六十二条、第六十三条(全人代の職権)
「憲法」第十三条(国家による公民の私有財産の保護)
「憲法」第三十三条(公民の基本的権利及び義務)
「憲法」第三十五条(公民の言論、出版、集会、結社、行進、示威の自由)
「憲法」第三十七条(公民の人身の自由)
「憲法」第一二六条(司法の独立)

この文書では、「維憲行動（憲法擁護の行動）」という用語を使い、憲政の実現に向けた行動を呼びかけた。

以上三つの文書を総括すれば、『炎黄春秋』の関係者たちが改革について主張を同じくする研究者やジャーナリストたちと体制の内外を超えて新たなネットワークを形成し、政治体制改革を訴える中で、そのコンセンサスとして憲法を掲げ、憲法擁護の行動を呼びかけていることが分かる。政治体制改革をめぐる議論の焦点は、つまるところ「憲政」である。現行の憲法に基づく政治について論じることは、本来、政治的なタブーではない。急進的な民主化を目指すのではなく、憲法を重視しようと呼びかける極めて穏健な主張と行動だ。

前述した『炎黄春秋』のウェブサイト閉鎖は、これら一連の出来事に対する当局からの反応と見ることができるだろう。政治体制改革の議論が既存メディアやインターネットにとどまらず、実際の行動へと発展し、ネットワークが組織化され、市民の支持を得て社会に広がっていく可能性があることに対して、当局は警戒したのではないだろうか。

(5)「五不搞」と「七不講」

「五不搞（五つのやらないこと）」

中国の政治と言論空間を観察する中で、筆者が痛感していることがある。新たな指導部が発足する度に、言論界では政治体制改革に対する期待が高まり、様々な論争が活発に展開されるのだが、そうした期待はやがて失望に変わり、失望は次第に憤りへと変容していくのだ。改革派知識人たちの期待と失望は、胡錦濤・温家宝体制の十年間で具体的な政治体制改革の進展が見られなかった時期に筆者が感じたことだが、習近平政権の発足後も同様の期待と失望が見られ、そして、現在の失望と憤りは、前政権の時代よりもさらに深刻化していると思われる。

ここで胡・温体制の時代について若干回顧してみよう。温家宝総理は二〇〇七年二月二十七日に『人民日報』で論文を発表し、「科学・民主・法制・自由・人権は資本主義の占有物ではなく、人類が長い歴史において共に追求してきた価値観と想像した文明の成果である」と主張し、これを一つの契機として「普遍的価値」をめぐる論争が活発化した。中国共産党は党綱領で「社会主義民主」を掲げているが、「民主」のあり方をめぐって政権内部からも多様な意見が表出したのだ。『炎黄春秋』を中心に「普遍的価値」を擁護して民主的な政治体制改革を志向する論調に対し、中国共産党機関紙の『人民日報』や党中央委員会の雑誌『求是』などは、「普遍的価値」はマルクス主義と中国の特色ある社会主義を否定するものだという大規模な批判キャンペーンを展開した。

普遍的価値論争を背景に、政治体制改革をめぐる議論も高まりを見せた中で、党中央の方針が顕著に示されたのが「五不搞（五つのやらないこと）」である。二〇一一年三月当時、全国人民代表大会常務委員長を務めていた呉邦国が、全人代の報告において、中国は①多党制をやらない、②指導思想の多元化をやらない、③三権分立と両院制をやらない、④連邦制をやらない、⑤私有化をやらないと宣言し、政治の民主化を否定したのだ（新華社、二〇一一年三月十八日）。以来、民主的な政治体制改革を議論することが極めて困難になってしまった。前述したように、『炎黄春秋』が中心になって「法治、憲政」を改革のコンセンサスに呼びかけた背景には、「五不搞」に抵触しない範囲で政治体制改革を目指すためには、憲法擁護の主張が最も現実的だという考えがあったからだろう。

「七不講（七つの語らないこと）」

習近平総書記は、二〇一三年一月二十二日に開催された党中央規律検査委員会の全体会議で腐敗問題に言及した際に、「権力を制度というカゴの中に閉じ込める」と強調した。この発言は、習近平が法治を重視する姿勢の表れで、政治体制改革を進展させるのではないかと改革派は期待を高めた。しかしながら、改革派知識人たちの期待はまたしても打ち砕かれ、希望は失望へと変わってしまった。

習近平政権の言論統制を象徴しているのが、「七不講」である。二〇一三年五月、北京と上海の大学に対して授業で教えてはならないとされる七項目が通達されたと、大学教員などがインターネットの微博で明らかにした。その後、香港の新聞『明報』が報じたところによれば、「七不講」の内容は以下のとおりである（『明報』二〇一三年五月十一日）。

①普世価値（普遍的価値）
②新聞自由（報道の自由）
③公民社会（市民社会）
④公民権利（公民の権利）
⑤党的歴史錯誤（党の歴史的誤り）
⑥権貴資産階級（権力と資本を持つ階級）
⑦司法独立（司法の独立）

これらを見れば、民主化の動きを徹底的に封じ込めようとする意図が明らかだ。制度面での民主化を否定した「五不搞」と比較すれば、「七不講」は民主化の理念を否定する内容だ。習近平指導部が政治体制改革にどのような姿勢で向き合うのか、具体的な改革の進展が見られるか、政権発足後は期待も高まり注目を集めたが、政権発足からわずか半年足らずで明らかになった「七不講」は、習近平の言論に対する強固な姿勢の根拠として受けとめられるようになった。

習近平政権は、二〇一三年十一月に開催された中国共産党第十八期中央委員会第三回全体会議（三中全会）において、「改革の全面的深化における若干の重大な問題に関する中共中央の決定」を発表し、六十項目に及ぶ改革案を提起した。二〇一四年十月の四中全会では、「法による国家統治の全面的に推進における若干の問題に関する中共中央の決定」が採択され、コミュニケでは「法治」が五十八回も登場するなど注目を集めた。「改革の全面的深化」と「法による国家統治の全面的推進」を文字通り受け取るならば、習近平の政治体制改革に期待を抱きたくもなるが、しかし実際には言論に対する引き締めがさらに強化されている。研究者、人権派弁護士、ジャーナリスト、NGOなどの社会活動家たちが不当に拘束、逮捕される事件が相次いでおり、習近平政権下での言論弾圧はこれまでにない異様な状態が続いている。

三、『炎黄春秋』をめぐる政治力学

(1) 社長人事の騒動

習近平政権下で言論に対する引き締めが強化されるにつれて、「普遍的価値」や「憲政」を主張し続けている『炎黄春秋』に対しても、圧力が次第に露骨なものになってきた。前述したようなウェブサイトの閉鎖ではなく、雑誌社の人事に介入するようになったのだ。これまでも、雑誌の印刷業者や配達業者に圧力をかけて定期発行を遅らせるという妨害があったが、人事に対する介入は直接的な圧力だ。

炎黄春秋雑誌社の社長は、中国新聞出版総署の署長を務めたほか趙紫陽の側近として重要な役割を果たした杜導正（一九二三年生、九十二歳）である。現在、党内部でイデオロギーや宣伝を担当する劉雲山政治局常務委員らにとっては元上司にあたる存在だ。

これまで筆者が数回にわたって編集部にヒアリングしたところ、当局は二〇〇八年頃から杜導正が高齢であることを理由に社長の交替を要求するようになり、九十歳を迎えてからその圧力がさらに強まったという。党の長老で影響力のある杜導正を排除しようと考えたのだろう。だが、党や政府が管理監督するメディアとはいえ、そもそも民間企業の人事に権力の側が介入するというのは奇妙な話だ。杜導正や編集部は圧力に屈することなく抵抗し続けてきたが、ついに二〇一四年十月末をもって杜導正は社長を退任すると発表した。だが、これは圧力に屈したわけではない。杜導正の方策は、習近平政権に対してさらに影響力のある有力者を社長に招き、自身が名誉職に就任するという計画だった。

新たな社長として有力視されたのが、胡耀邦の長男で習近平に近いと言われていた胡徳平だ。中国人民政治協商会議の常務委員を務めた胡徳平は、二〇一一年の著書『中国はなぜ改革せねばならないか――父胡耀邦を想う』に続き、二〇一三年に出版した『改革放言録』がベストセラーとなった。「放言」で政治に参加する権利は、憲法が認める言論の自由だと主張している。体制内改革派の代表的な人物だ。その弟で胡耀邦の三男の胡徳華は、以前から『炎黄春秋』の編集委員を務めている。胡徳平と胡徳華の兄弟が『炎黄春秋』の経営と編集の両面で大きな支えとなれば、当局からの干渉に抵抗し、同誌の存続に極めて有効だと杜導正は考えたのだろう。

だが、胡徳平は期待されながらも社長には就任しなかった。別の団体のトップを務めている胡徳平は内部規定で炎黄春秋社の社長を兼職できないことが判明したからだ。一連の騒動を経て、現在も杜導正が同社の社長を務めている。

(2) 呉思編集長の公開書簡

社長人事の騒動は、それまで結束が固かった『炎黄春秋』編集部に混乱と対立を招くことになった。騒動から間もない二〇一四年十一月、杜導正社長の下で長年にわたり編集長を務めてきた呉思が辞任を申し出て、それと足並みを揃えるように編集部の数名が辞職した。呉思は著名な歴史学者で、中国の歴史や社会を独自の視点で分析した『潜規則』などのベストセラーがある。複数の大学から歴史学部の教授に請われながら、それらを固辞して『炎黄春秋』を支えてきた人物だ。

呉思が編集長を辞任するに至ったのは、社長人事をめぐる杜導正との対立が原因だった。ただし、ここで非常に興味深いのは、呉思は胡徳平の社長就任に反対したわけではなかったということだ。今年一月、筆者が呉思にインタビューしたところ、胡徳平を推薦したのはむしろ呉思の方だったというのだ。では、なぜ長年同誌を支えてきた杜導正と呉思の間に亀裂が入ってしまったのか。その矛盾と対立を理解する上で重要なキーワードは、「老人政治」である。

呉思は、同年十一月十三日付で「辞職についての説明」と題した公開書簡を公表した。そこで訴えたのは、同誌編集部での意思決定のプロセスに問題があったという指摘だ。炎黄春秋雑誌社では、社長や編集長など幹部七名で構成する社内委員会で重要事項を決定してきたが、胡徳平の社長就任については、杜導正社長が同誌顧問を務める党長老と話をつけて独断で決定したという。

同誌編集部の会議室には、杜導正が筆を取り額に入れた文言が掲げられている。雑誌社の運営に関する原則で、重要事項（人事、原稿、財政）の決定は討議と意見の一致が必要だとする内容だ。こうした原則を掲げながら、社長人事という重要な決定を社内委員会での議論や決定を経ることなく杜導正が独断で行ったことに対し、若手や中堅の編集部スタッフが強い不満を示した。呉思編集長も杜導正のやり方に抗議する形で辞任を発表したのである。法治や憲政を主張し、普遍的価値論争でも論陣を張った『炎黄春秋』が、内部では長老のツルの一声で「老人政治」を発動し、民主的でない方法で重要な意思決定を行うなど、その主張と行動に矛盾があるではないかというのが呉思の本意だったようだ。

筆者がそれを確信したのは、呉思にインタビューした際に「決定の内容ではなく、プロセスに問題があった」と繰り返し強調していたからだ。呉思は、杜導正が同誌を創刊し、社長として同社を支えてきたことについては評価する一方で、しかしそうした個人の存在や党長老の政治的影響力に依拠してきた同誌のあり方、さらには、そのような対策を講じざるを得ない中国の言論空間の制度的な問題を指摘した。

社長人事の騒動と呉思編集長の辞職は、当局からの圧力が契機だったが、結局のところ同誌の内部が抱えてきた根本的な問題を露呈する形となった。

(3) 楊継縄編集長の公開書簡

二〇一四年十一月に呉思編集長が辞任すると、それまで副社長を務めていた楊継縄が編集長の職を引き継いだ。楊継縄は国営通信社の新華通訊社で高級記者として活躍し、退職後は『炎黄春秋』の運営に携わってきた。日本では『毛沢東大躍進秘録』(文藝春秋社、二〇一二年、原題『墓碑』)が翻訳出版されている。

楊継縄編集長のもと、ようやく『炎黄春秋』に平穏な日々が訪れるかと思われたが、またしても騒動が起きた。今年六月三十日、楊継縄は「炎黄春秋社内委員会と読者へのお別れの手紙」と「国家新聞出版ラジオ映画テレビ総局への最後の陳述」と題した二通の公開書簡を同時に発表し、七月一日付けで編集長を辞任することを明らかにしたのだ。

楊継縄は辞任の理由について、編集部と読者に宛てた「お別れの手紙」で以下の三つを挙げている。一つは、すでに七十五歳で健康状態も優れないため、編集長という重責を果たせないという個人的な理由だ。

二つ目は、元々の職場である新華社の党組織から、編集長の職を辞すよう説得があったという。中国では、党や政府を定年退職した場合、年金などの各種社会保障は以前の所属先から支給されるため、元の職場との良好な関係を維持しなければならない。だがこの問題について、楊継縄は「明らかに、新華社党組織の意向だけではないはずだ。新華社の幹部を困らせるわけにはいかない」と記しており、さらに上層部からの圧力があることを暗示している。

三つ目は、社長人事の騒動や呉思編集長の辞任を受けて、当初から半年間限定で編集長を引き受けるという約束で、新しい編集部が順調に機能している現在は、当初の予定どおり編集長の座を降りるという内容だ。楊継縄は「『炎黄春秋』は歴史の真相を語る雑誌だ。真相が暴かれることを恐れる人は、我々を恐れる。このため、我々は一部の人たちから罵声を浴び、攻撃を受けてきた。しかし、そのような罵声や攻撃で、『炎黄春秋』が半歩でも退くことはなかった」と力強い言葉を残した。

「お別れの手紙」を読む限りでは、楊継縄の辞職理由は理路整然としたものだ。しかし、「国家新聞出版ラジオ映画テレビ総局への最後の陳述」を見ると、やはり辞職は抗議の行動として受けとめるべきだろう。「国家新聞出版ラジオ映画テレビ総局」とはその名称のとおり、メディアを管轄する政府機関である。楊継縄の「最後の陳述」によれば、同局は二〇一五年一月号以降に掲載した三十七本の記事について、事前に同局の事前検閲を受けるべき内容だったと警告し、『炎黄春秋』編集部に対して「警示通知書」を通達したという。だが、楊継縄は「それらの文章のどこが『規律に違反する』のか分からない」と率直な意見を述べている。

楊継縄はさらに重要な問題を暴露した。『炎黄春秋』は長年にわたり杜導正社長のもとで「八不碰（八つの触れないこと）」というルールを設けてきたというのだ。「最後の陳述」で明らかにされたテーマはそのうち六つで、①天安門事件、②三権分立、③中国人民解放軍の国軍化、③法輪功、④現指導者及びその家族に関すること、⑤民族問題、⑥外交問題、と記されている。つまるところ、これらは『炎黄春秋』の自主規制だが、同局との間で熾烈な攻防を続ける中で、これらの領域には触れないと譲歩することで、雑誌の存続を担保してきたのだろう。

習近平政権が「法治」を掲げているにもかかわらず、憲法三十五条が保障する言論や出版の自由が実際には守られることなく、党内部の様々な規定によって統制されている現状に対し、楊継縄は強い抗議を表明した。「憲法は国家の根本となる大法であり、最高至上のものである。法治はまず憲法に依らねばならない。よって、憲法に反する法規は無効とされなければならない」という言葉を残して、楊継縄は『炎黄春秋』を去った。現在、同誌編集長は杜導正社長が兼務する形で発行が続けられている。

（4）『炎黄春秋』の原則と方策

「法治」特集号

社長人事の騒動と編集長の相次ぐ辞職によって、中国の言論界はもとより『炎黄春秋』に注目する海外メディアの報道でも、同誌はこれまでのような発行が困難になるのではないかという悲観的な味方が大半になった。筆者もまた、大胆な「エッジボール」を打ち込むようなこれまでの姿勢を貫くことは極めて難しいのではないかと考えた。だが、『炎黄春秋』が「事実に基づいて真実を求める」という方針を堅持し続ける姿勢は、読者の期待を裏切らない。

楊継縄が辞職した直後の今年八月号は、「法治」特集号とも言える内容だった。「依憲執政五人談」と題して、江平、郭道暉、任剣濤、張千帆、孫国棟という著名な弁護士や法学者たちの座談会記録を掲載した。議論の主要テーマは「憲法に基づく国の統治」、すなわち「法治」である。さらに注目すべきは、鄧小平の「八・一八講話」の発表から三十五年にあたるのを記念して講話を全文掲載し、元毛沢東秘書で『炎黄春秋』の顧問を務める李鋭が、鄧小平が提起した政治体制改革の重要性と現在における意義を解説した。

習近平政権が強調する「法治」を語り、鄧小平の講話を再掲するのであれば、政治的にも何らタブーであろうはずはなく、むしろ大いに歓迎されるべきことだ。そうした議論の中で「法治」や「憲政」を主張し続けることこそが、『炎黄春秋』の態度表明であり、あからさまな抗議の形を取らない巧妙な抗議の方策なのである。

胡耀邦生誕一〇〇周年記念

今年は胡耀邦元総書記の生誕一〇〇周年にあたる節目の年だ。昨年末、『人民日報』とウェブサイト「中国共産党ニュース」は、「二〇一五年、銘記すべき四つの重要な記念日」を発表し、九月二日の中国人民抗日戦争勝利七十周年と同列で、胡耀邦生誕一〇〇周年を取り上げた。党中央が重視する方針を打ち出したことで、胡耀邦に対する再評価の進展に注目が集まった。

前述したように、『炎黄春秋』はこれまで一貫して胡耀邦に関する記事を掲載しており、中国国内のメディアの中では、胡耀邦関連の報道で突出している。今年九月号では、巻頭記事として張宏遵（胡啓立元政治局常務委員の元秘書）が執筆した「大悲無涙祭耀邦（涙さえ出ないほど悲しい思いで胡耀邦を悼む）」が掲載された。「涙さえ出ないほど悲しい」と題した痛恨の追悼文からは、胡耀邦の再評価を望む切々とした訴えが伝わってくる。

十月号はまさに「胡耀邦特集号」と言うべき内容だった。

八月十四日に『炎黄春秋』編集部が開催した胡耀邦生誕一〇〇周年座談会の記録として、出席者の発言や書面報告を掲載した。参加者は邵燕祥や袁鷹など、胡耀邦研究で知られている研究者や文学者たちだ。

党中央は、胡耀邦記念について「党の輝かしい歴史」と矛盾することのないように方針を打ち出している。つまり、「輝かしくない歴史」を語ることは許されず、例えば天安門事件などについて「記憶の再生」があってはならない。そうした意味で、胡耀邦の全面的な再評価が困難であることは『炎黄春秋』の関係者も承知しているはずだ。それでも、やはりエッジボールを打ち込むように胡耀邦に関する記事を掲載し続け、『炎黄春秋』の言論空間を少しずつ押し広げているのである。

むすびにかえて

本稿は、雑誌『炎黄春秋』を分析対象として、憲法で保障されている言論の自由という権利を擁護し、実践する同誌の軌跡をたどりながら、言論統制が厳しくなる中で同誌と権力側との攻防が激化している状況を描写した。

前述したように、近年の『炎黄春秋』をめぐる一連の出来事は、現代中国の言論空間における政治力学が、一種の縮図となって表出したものと言えるだろう。同誌の人的ネットワークを見れば、改革派の党長老が後ろ盾になっているため、民間の雑誌という位置づけとはいえ、権力との関係においても独自性と優位性を有していることは明らかだ。だが、それでもなお筆者が強調したいのは、中国の内部は決して一枚岩なのではなく、実際には多様な言論が存在しているという事実である。雑誌『炎黄春秋』から目が話せないのは、「中国はどこへ向かうのか」という途方もなく大きな問題関心を抱く読者に対して、言論空間の様相を読み解く上での重要な手掛かりを同誌が提供しているからである。

環境ＮＧＯと中国社会
――行動する「非政府系」知識人の系譜

吉岡桂子

よしおか・けいこ――朝日新聞社編集委員。専門は、中国の経済・外交、市民社会の変化／国際経済。主な著書に『愛国経済　中国の全球化』（朝日新聞出版、二〇〇八年）、『問答有用　中国改革派19人に聞く』（岩波書店、二〇一三年）などがある。

環境問題を扱うＮＧＯ（非政府組織）は、中国のＮＧＯ全体の先がけともなった。一九九四年に設立された「自然の友（本部・北京）」を皮切りに、その数はいまや、全国に数千ともいわれる。環境ＮＧＯを率いてきた行動する知識人の系譜をたどりながら、中国で「非政府」であることの困難と可能性をさぐる。

一、それは環境から始まった

中国ではＮＧＯであっても、政府の承認があって初めて正式に設立できる。中国の特色として、ＧＯＮＧＯ（Government《ガーバメント》ＮＧＯ）＝政府系ＮＧＯと呼ばれ、政府が設立や運営にかかわるＮＧＯが大半を占める。ただ、草の根ＮＧＯと呼ばれる、本来の意味で活動するＮＧＯのなかには政府に認められていない団体もまじる。企業として登記しているところもある。このため、全体状況の把握はなかなか難しい。関係者によると、環境領域では政府系も含めて二〇〇〇～五〇〇〇あり、このうち、登録の形式にかかわらず、活発に活動するＮＧＯは一〇〇程度とみられている。専従の職員は数人から二十人程度で、主な資金源は、会費、中国内外の基金・財団、企業のほか欧州連合（ＥＵ）や日本といった外国政府、世界銀行など国際機関からの援助があげられる。本稿では、草の根の環境ＮＧＯの系譜をたどる。

（１）安心の領域

中国のＮＧＯの歴史を振り返ると、中央政府、つまり国家

写真1　「自然の友」初代会長の梁従誠さん（2010年に死去）自然の友のホームページから。

公認の最初の「非政府組織」は、一九九四年に設立された環境保護団体「自然の友（本部・北京）」だった。初代会長は、一九三二年生まれの歴史学者、梁従誠《リアンツォンジェ》さん（**写真1**、二〇一〇年に死去）。国政の助言機関、全国政治協商会議（全国政協）の委員だった。

中国で中国共産党・政府そのものから資金の提供や人事、活動の指示を直接には受けない「民間」でいることは簡単ではない。しかも、民主化を求める運動を弾圧した天安門事件（一九八九年）の影がまだ濃く残る時代でもあった。しかし、だからこそ、事件後に「中国の将来をみすえた市民運動の場」を探す知識人たちがいた。同時に、中国当局も事件による国際社会での汚名を返上するため、市民社会への一定の寛容さも求められていた。国家のメンツをかけた二〇〇〇年の五輪の誘致では、北京がシドニーに逆転負けしてしまった。人権問題が尾を引いた。また、第四回国連世界女性会議（一九九五年）の北京での開催を控えて、各国政府代表だけでなく、女性問題を扱うNGO関係者数万人の受け入れ準備に四苦八苦していたときでもあった。

こうした時代背景のもと、梁さん率いる「自然の友」がNGOのトップバッターとしてお墨付きを得た理由はなにか。

大きく分けて二つある。

まず、活動の領域が環境だったことである。

中国共産党・政府は自らの掌を離れて人々が組織化することを非常に恐れている。人権、宗教、一人っ子政策や少数民族の問題などにかかわるNGOが、政府から承認を得るのは今も昔も変わらず難しい。「環境」は比較すれば、公益性がはっきりとしており、政治的な反体制運動に転ずる可能性が低いと受けとめられ、認められやすい側面があった。

一九九〇年代初頭の中国はすでに、鄧小平が一九七〇年末に改革開放政策に踏み出してから十年余りが過ぎ、淮河など大河の汚染は深刻化していた。公害が原因とみられる病気も各地で発症していた。砂漠化、水不足、洪水、森林破壊など成長の代償が目に見えるようになっていた。中国当局は反体制運動に発展しないように目を光らせながらも、メディアが積極的に環境問題を報じたり、市民が自然観察に出かけたりすることによって、社会の環境意識が高まることを望んでいた。政治的な面倒を引き起こさない範囲でなら、深刻になってきた環境破壊に対処するには、市民の力を借りたほうが良い、と考え始めた政治家や官僚もいた。

(2) 守護神「梁家」

もうひとつは、リーダーに梁さんを立てたことだ。「梁家」は、日本に縁もある。すこし詳しく説明しよう。

梁さんの祖父は梁啓超。言わずとしれた著名な清朝末期の政治改革運動「戊戌変法《ぼじゅつへんぽう》」の中核メンバーの一人、改革派知識人である。明治維新をモデルに君主専制から立憲君主制へと改革しようとして挫折し、日本へ渡った。辛亥革命後の一九一二年まで滞在し、近代的な国民国家としての祖国の建設を日本から呼びかけた。帰国後は司法総長も務めた。そして、父の梁思成は高名な建築史家。清華大学建築学部の学部長を務め、北京の城壁など古い街並みの保存の重要性を訴えた人物として今も尊敬されている。ニューヨークの国連ビル設計団の中国代表でもあった。母林徽因も高名な学者の娘。米国で建築学や舞台芸術を学び、帰国後は清華大学教授として建築学を教えた。

長じてご本人は両親と同じく建築の道へすすもうとしたが、父親が学部長を務める清華大学建築学部には点数が足りず、北京大学の歴史学部へ回ったという。文化大革命中は「家柄の良さ」が災いし、「保皇党の孫、反動学術権威の息子、修正主義の苗」(自然の友ホームページから)と批判されて下放された。文革後は、北京に戻り、中国初の近代的な百科事典となった「中国大百科全書」の編集にかかわった。

そして、政協委員でもあった。もちろん、開明的で威張ることもなく、気さくで誠実な人柄で知られた梁さんは、外国人を含めて多くの人から慕われていた。だが、ご本人の優秀さや人柄の良さだけでは、中国でNGO第一号のリーダーにはなれない。体制内にいる「改革派」として、当局からみても安心できるリーダーをいただいてこそ、自然の友は順調に船出できた。梁家の中国社会における「名声と信頼」が、産声をあげたばかりのNGOが活動を続けるうえで「守護神」としての役割を果たした。当時を知る人は、「梁さん抜きでは難しかった」と振り返る。

呼応するように、梁さんらの運動も穏やかなものだった。青少年への環境教育や啓蒙、野鳥など自然観察、ゴミの減量や自転車の活用、チベット羚羊(カモシカ)やキンシコウなど希少動物の保護を訴えるキャンペーンなどに取り組んだ。中国で数少ないNGOとして国際的にも強い関心を集めてきた。梁さんは訪中したクリントン米大統領やブレア英首相に直接会って、希少動物の貿易の取り締まりや中国の環境問題の改善への先進国の協力の必要性を訴える機会もあった。公害の被害者と共闘して、政府や汚染源の企業と対立してデモをしたりするような目立った実力行使はしない。

(3) 天安門の挫折を経て集う人々

「改革派」の血筋とはいえ環境の専門ではない歴史学者の梁さんを動かした真の発起人は誰か。顔ぶれをみると、実のところ、自然保護よりも先に彼らの頭にあったのは、人々が自ら声をあげて動く市民社会の構築だったことがわかる。

自然の友のホームページに記された歴史の冒頭には、こうある。

一九九三年三月　自然の友発起人梁従誡、楊東平、王力雄と梁暁燕は中国で民間環境保護組織を設立する必要性と可能性を探る議論をした。

現在理事長を務める北京理工大学教授の楊東平さんは教育が専門である。作家の王力雄さんや今も理事の梁暁燕さんを含めて、それまで環境に特別な縁があったわけではない。

たとえば、梁暁燕さん。一九五七年生まれ。北京外国語大学を卒業後、母校で世界史の教師をしていたとき、天安門事件にぶつかる。学生デモを支持し、停職処分を受け、教壇に立てなくなった。大学から武力鎮圧を支持する文章を書くように求められたが、拒否したからだ。その後、自然の友の設立に動いた。

米国での研究生活を経て、現在は自然の友の理事の肩書は残しながら、農村の貧困や教育などにかかわる団体で支援を続けている。中国共産党の専制を批判して「〇八憲章」を起草しノーベル平和賞を受賞しながらも国家政権転覆扇動罪でとらわれの身となっている劉暁波さんや、盲目の人権活動家として知られ、自宅軟禁から逃れて渡米した陳光誠さんの支援にも声をあげている。NGO仲間として親しいある北京の知識人は「彼女はいつも（政治的に）敏感なことをしている」とはらはらしながら見守る。彼女につく公安部門の担当者すらファンになると言われるほど、率直で魅力的な人物だ。

そして、王力雄さん。一九五三年、吉林省生まれ。七〇年代末には知識人らが壁新聞で民主化を求めた「民主の壁」運動に参加した。八〇年代以降、黄河の源流のチベット族居住地域を筏でくだったのをきっかけに、作家活動のかたわら頻繁にチベット族を訪ねるようになる。自然の友を立ち上げたあとだが、九九年にはウイグル族に対する民族政策の現地調査に入り、逮捕された。妻はチベット人作家のツェリン・オーセルさんだ。宗教や言語など文化への配慮に乏しく経済成長の恩恵さえ与えれば統治できると考える政府の民族政策にいっかんして批判的な態度をとっている。

そんな王さんは事務局長を務めていた二〇〇三年、除名という形で表舞台から離れざるをえなくなった。チベット僧の死刑に疑義を呈したことを理由に、中国当局から自然の友に圧力がかかったとされる。

また、教育学者の楊東平さん。一九四九年、山東省生まれ。最近では、中国で数学五輪に熱をあげるつめこみ教育に異論を唱えて話題を呼ぶなど、リベラルな発想の持ち主である。同時に、国家試験指導委員会など政府組織の委員も務める「体制内」の人物だ。

こうした四人がタッグを組んで天安門事件後の中国で、「正義感と知識人の責任感」から身近な民主へ踏み出すかぎとして、自然の友の創設にとりくんだ。それぞれ「民主」の考え方や実現の方法には温度差があっても、事件後に傷つき抑圧された中国の市民社会に新たな活力を吹き込むことを願って、自らの意思で社会にかかわる自立した市民を育てようとNGOの設立に動いた。自然の友は、「環境」を道具に、中国当局とも折り合いをつけながら民主的な社会の構築に少しずつ歩を進めることを思案した体制内改革派の手法で発足したといえよう。

九〇年代半ばの大学時代から環境NGOにかかわってきた四十代の男性の分析はこうだ。「中国の環境NGOを担ってきた人々は公平や格差の縮小などを重んじる思想の持ち主が多い。本来なら社会主義的な価値の持ち主。しかし、中国共産党の専制統治、それに伴う腐敗には非常に批判的で、個人の自由を大切にする。複雑なリベラル層です」。

(4) 見守る「革命烈士」「元帥」の娘

こうした動きをかかげながら見守っていた、いや、かげにまわらざるを得なかったやはり「名家」の娘がいる。戴晴《ダイチン》さん(**写真2**)。一九四一年重慶生まれ。実父の傅大慶は早くから中国共産党に入り、ロシア語や英語を操り、日本との戦時下では情報活動に携わる。母親は日本への留学経験をもつ。ふたりの結婚式は周恩来が主催した。しかし、日本軍の憲兵に北京で捕らえられ、父は戻らなかった。「革命烈士」の娘、戴さんはその後、中国人民解放軍の長老で元帥、国防部長も務めた葉剣英の養女となる。

梁さんは「自然の友」の創設にあたって戴さんにも相談していた。彼女の記憶をたどりながら、当時の知識人の環境NGOへの期待と限界を記しておきたい。

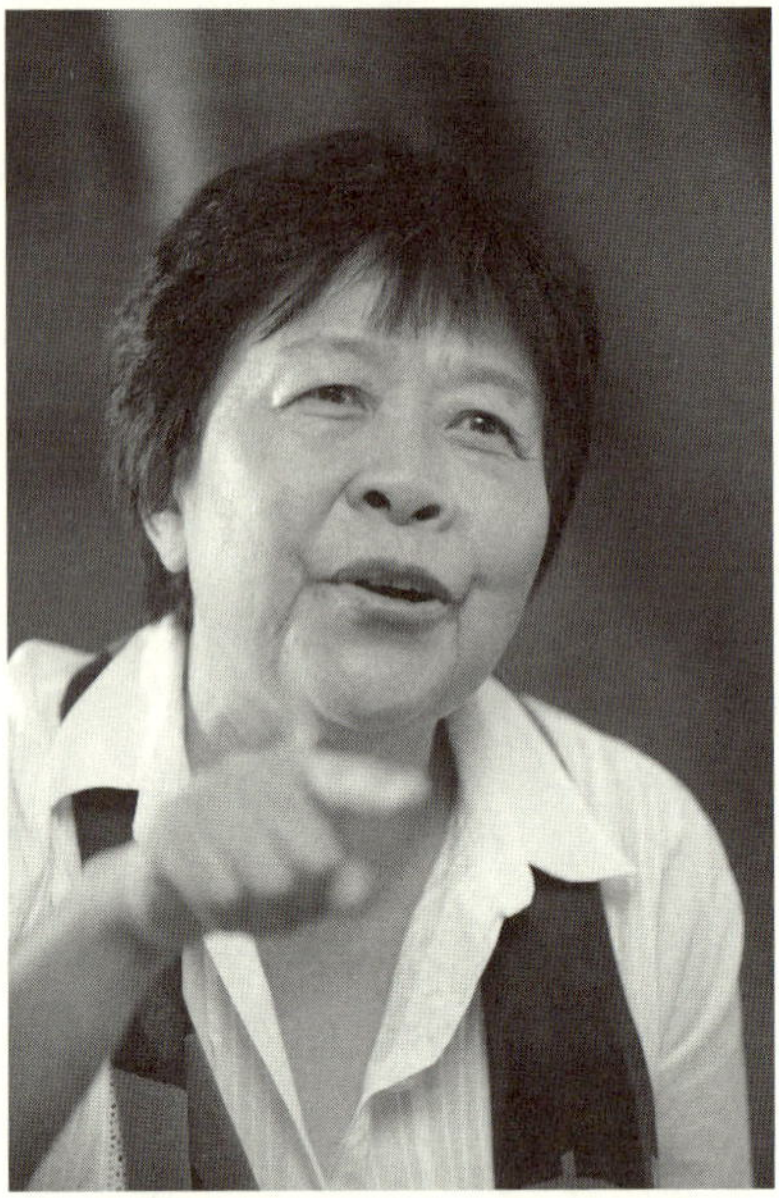

写真2　三峡ダム問題をきっかけに1980年代から環境と市民社会を問うてきた戴晴さん

（5）三峡ダム論争

「私はちょっと傷ついたわ」。

戴さんは当時を振り返った。一九九三年六月五日。世界環境デーのその日、梁さんら発起人四人は北京市郊外の玲瓏園公園で環境問題の討論会を開いた。六十人あまりが参加した。民間が自発的に集い環境を論じ合った最初の会議として、のちに「玲瓏園会議」として知られる記念碑的な会合である。そこに、戴さんは参加できなかったのだ。

家を出ようとした瞬間、梁さんからの電話がなった。「来ないでいただけるかな」。すまなさそうな声だった。なぜか。

戴さんの半生を振り返ってみよう。

元帥の養女、戴さんはハルビン軍事工程学院ミサイル工程学科で学び、宇宙航空工業省（当時）、公安省で働いた。文化大革命が終わってから英語を学び、大手メディア光明日報の記者に転じた。一九八〇年代後半、三峡ダムの建設をめぐって国内を二分する論争を批判精神をもってとりあげた。毛沢東の秘書長や水利部副部長を務めた李鋭が「反対意見に耳を傾けるべし」とする書簡を提出するなど沸き立つ議論をすくいあげながら、取材に奔走した。天安門事件前夜。議論かったつな空気があった。そして、八九年二月、『長江 長江』という本にまとめた。環境から財政、行政手続きまで幅広い議論が包摂されている。

国家プロジェクトに疑問を呈する記者として、体制側の反感をかった。天安門事件では民主化を求めて多くの知識人とともに声をあげた。事件後は「動乱記者」としてレッテルをはられ、投獄された。釈放後、九一年から九三年までハーバード大学の研究員として米国に滞在、海外のNGOやメディアとも交流をより深める。

北京に米国から戻ったころ、NGOの創設に乗り出した梁さんから相談をうけた。梁さん夫妻と戴さんはもともと親しい間柄だった。扱うテーマとして「環境」を支持したひとりでもある。つきあいがある外国の基金や記者らにも宣伝し、支援を頼んだ。

中国に市民の組織がうまれる——。「たいへんうきうき」していた戴さんだが、梁さんの電話の意味はすぐに分かった。「わかったわ」。そう、返事した。「中国でようやくスタートできるNGOに、環境以外の意味を持たせたくないことは理解できる」。しかも、発足前だ。政府から承認を得る手続きが残っていた。「反体制」や「親米」のにおいをそぎ落として、まさに「クリーンな環境保護団体」である必要があった。

(6) 緑化と民主化

梁さんは「自然の友」設立後、戴さんをさまざまな活動に招き、「ほんとうの産みの親は戴さんですよ」と紹介してくれた。戴さんは、後にうまれた他の環境NGOと連携して、三峡ダムの影響や北京の水不足の調査や広報、NGO幹部向けの英語訓練の調整役などをかってでた。しかし、いまも政治的に敏感な立場にあり、大陸では出版もできない。まして や自らがNGOを組織することはできない。

戴さんは言う。「人権や出版の自由を求める組織は政府がみとめないが、環境なら許される。中国人、いえ、世界の人みんなに関係するテーマですから、中国で環境NGOはずいぶんと増えた。しかし、他の運動に転化しないか中心メンバーはいつも見張られています。デモや街頭での抗議はもちろん、できません」。人権や民主を掲げない、比較的言論や行動の範囲が広いとされる環境NGOにも扱えないテーマがある。「たとえば、原子力発電所や三峡ダムは今だって、NGOでは自由に扱えないでしょう」。

三峡ダムは長江の上流にある世界最大規模の多目的ダムで、着工から十二年あまりをかけて二〇〇六年春に完成した。数百の都市が水没し、一四〇万人が移住した大事業だった。戴さんの説明はこうだ。

三峡ダムは鄧小平が望んだ国家事業だから批判は難しい。同じ意味で国家プロジェクトの青海省とチベット自治区を結ぶ青蔵鉄道も無理。怒江ダムは雲南省の地方政府と電力会社が自らの利益で考え出した案件なので地元メディアを除けば批判できた。しかし、海外から注目を集めるようになると国家案件となり自由度が落ちる。ロシア国境の黒竜江省へと流れる松花江で起きた汚染事故は外交問題になりかねないと判断されると、報道制限が厳しくなる。海外に向けた中国の意見は一つでなければならないからだ。

「今の中央政府には、経済成長を続けるためにも環境保護が重要だとの認識がある。政策遂行の助けにしようと中央のメディアに地方の問題を告発させることもある。しかし、地方政府に管理される地方メディアは地元の汚染を告発できない。企業の責任は問えても政府の責任は問えない。それが限界です」。

戴さんは立ちはだかる壁を知り抜いたうえで、それでも「民主化を含めて巨大なスローガンを叫ぶのは好きではない」と市民の力に期待する。

「中国は数千年にわたって皇帝権力が独裁で統治してきた伝統があります。人々はあらゆる自由を皇帝に差し出さなければならない前提です。それを官僚が支えてきた」。そんな歴史のなかで、人々自らが政治に参加する意識を持つ「公民」へと変わっていくにはどうすればよいのか。そのかぎをにぎるひとつが、NGOだと今も考えている。

戴さんの少し苦い述懐とともにある期待は、「自然の友」の四人の発起人たちも同じだっただろう。中国では環境NGOが、環境それ自身を超えた期待を担って発足したのだった。

(7) カリスマ第一世代

中国の環境NGOに詳しい相川泰・鳥取環境大学准教授は四期に分けている。第一期(一九九三〜九七年)が都市部の知識人を担い手とする環境NGOの黎明期、続く第二期(九八〜二〇〇二年)が草の根化とネットワーキング化が進んだ時期、第三期(二〇〇三〜〇七年)は個別具体的な課題に沿った活動が展開され始めた時期、そして第四期(二〇〇八年〜)は中国企業が出資する活動が目立ち始めた時期などとする区分だ。

「自然の友」の梁従誡さんに代表される環境NGOを切り開いた第一世代は、「カリスマ」的魅力をもち、すでに社会的な地位を得ていた都会の知識人である。中国ではNGOそのものがめずらしかったこともあって内外のマスコミにもしばしばとりあげられる「緑色明星(スター)」でもあった。

代表的なふたりの女性を紹介したい。地球村(本部・北京)の廖暁義《リアオシアオイー》さんと緑家園(本部・北京)の汪永晨《ワンヨンジェン》さんだ。

一九九六年に設立された地球村の正式名称は、北京地球村環境教育センター。廖さんは創始者であり、運営責任者を務める。一九五四年に内陸の重慶市で生まれ、広東省の中山大学で哲学を学んだ後、ノースカロライナ州立大学の訪問研究員として米国に滞在した。環境教育や環境意識の啓蒙をめざし、米国で蓄えたお金で北京に地球村を設立した。行動力のあるパワフルな女性として知られ、九〇年代前半の中国に「米国のグリーンカードをなげうって」(中国メディア)帰国したところも、中国では評価が高い。国内外の環境保護活動を描いたドキュメンタリーを制作し、中央電視台(CCTV)で放送した。メディアの力をうまく利用し、記者やNGOの交流の場にもなってきた。北京五輪の環境顧問にも選ばれた。二〇〇八年の四川大地震後には復興におけるコミュニティ再建にかかわり、環境保護に地域作りの視点を重視する。中国政府とも一貫して良好な関係を続け、中国を代表する「民間」の声として国際社会に発信している。

(8) 大河を定点観測

汪さんも一九五四年生まれ。父親は国営メディアに勤めていた。本人も北京大学図書館学部卒業後、中央人民ラジオ局で記者となる。八〇年代末から環境問題に関心を持ち、鳥や森林などの保護を訴える番組を制作した。「自然の友」の設立にもかかわり、一九九六年に独立して「緑家園ボランティア」を設立した。黄河など中国の大河とその沿岸の環境変化を十年にわたって定点観測する活動のほか、記者や学者、学生らが集い、環境問題を学ぶ緑色サロンを主宰する。

廖さんや汪さんにみられるように、中国の環境NGOのなかには、個性と意欲あるカリスマ的人物が設立し、そのまま代表を務めている組織も少なくない。いっぽう、自然の友や地球村のような比較的大きな組織で活動した経験をいかして、独立して自らNGOをたちあげるひとたちもいる。第一期のNGOは孵化器としての役割も果たしている。また、汪さんのようなメディア出身者が代表を務めたり活動の中心となったりする組織も目立つ。メディアやほかのNGOとスクラムをくみながら環境問題を訴え、人々の関心をひきつけてきた。

汪さんは他のNGOとともに二〇〇三年夏、チベットを源に雲南省を抜け、ミャンマーからインド洋へと流れる怒江に初めて計画された水力発電ダムに反対する声をあげた。地元NGOとも連携して内外で反対の署名活動に取り組んだ。世論の高まりをうけ、ときの温家宝首相が〇四年二月、「意見が分かれる大型水力発電プロジェクトについては、慎重に検討し、科学的な政策決定がなされるべきだ」として、ダム建設を主管する国家発展改革委員会に指示をだすなど、政策に変化がみられた。大規模プロジェクトにはめずらしく、環境保護を求める市民の声が政治を動かしたと話題になった。同年十月には国連が北京で開いたダム開発会議に、数人の地元住民が出席し、意見を述べる機会を作り出した。

当時は胡錦濤政権の一期目。発足まもない二〇〇三年春に新型肺炎SARSの情報隠しや出稼ぎ労働者の人権弾圧などで評判を落とした政権は、市民に融和的な姿勢をとることで人気を回復しようとしていた。これをうけてNGOは強まるインターネットの力も借りて、行動の幅を広げようとした。汪さんらは北京の有名な公園、円明園の漏水防止シートの設置にあたって環境アセスメント要求にも動いた。ダム反対運

写真3　汚染で泡立つ淮河。2004年1月、「淮河衛士」の霍岱珊さん撮影

動を含めて、政治の全体状況を背景に一定の成果をあげることができた。

二、苦闘する公害の現場　各地に広がるＮＧＯ

私は二〇〇六年春に怒江のダム建設現場へと足を運んだ。地元にも環境ＮＧＯがうまれ、建設に不安を抱く移転予定地に住む人々に向き合っていることを知った。公安からパソコンやパスポートを押収されるなど嫌がらせをうけながらも、現地の住民のもとへ通っていた。

都会の知識人を中心に始まった中国の環境ＮＧＯはしだいに、環境被害の現場となる地方都市へと広がっていく。こうした動きを代表するひとりに、河南省を流れる淮河の汚染と公害病の問題にとりくんできた環境ＮＧＯの創設者がいる。霍岱珊《フォダイシャン》さんだ（**写真3**）。

（1）家族で取り組む

霍岱珊さんが、環境ＮＧＯ「淮河衛士（本部・河南省沈丘県）」を設立したのは二〇〇三年十月。「衛士」、つまり「守護者」として河の汚染や流域住民の健康被害を写真で告発する活動は、九〇年代末から始めていた。

きっかけは、幼なじみの死だった。

一九五三年生まれの霍さんは淮河の支流、沙穎河の近くの農村で育った。地元政府の宣伝部門や地元紙の写真記者として働くうち、ひどくなる河の汚染に気づいた。水に触れると発疹が出るので泳ぐ人はいなくなり、魚の変死が相次いだ。そんななか、九七年夏、友人ががんで亡くなった。だれもが汚染した水を飲んだからだと思った。似たような死が続いていたからだ。

一メートル八十センチの大柄な体はやせ衰え、骨がくっきりと浮かんでいた。彼は死の床で言った。「現地のわれわれ以外に誰がこの事態を語れるのか。老（ベテラン）記者！」。

霍さんは九八年に新聞社を辞めて本格的に写真の撮影を始めた。そして、ホームページをつくって公開した。河畔の小学校の教室では刺激臭に耐えかねた子供たちがマスクをしてサングラスをかけて授業をうけていた。河の渡し船をこぐ仕事をしている男性の手は赤くただれていた。汚染の一因とみられる工場の排水口を撮影していたところ、何者かに殴られたこともあった。家族は心配したが、それでも続けた。貯金が底をついたら写真撮影のアルバイトをし、お金を稼いではまた撮った。

そのうち、都会に働きにでていた息子二人も故郷に戻り、妻と一緒にNGOの活動を手伝ってくれるようになった。

もともと、中央政府も気づいていなかったわけではない。全長一〇〇〇キロ、流域に一億七〇〇〇万人が住むという淮河の汚染には長年、頭を悩ませてきた。九〇年代半ばには五年間で水質を改善する特別条例まで作った。しかし、だめだった。中央から監督者が調べに来るときには工場は排水をとめるが、いなくなるといつも通り。いたちごっこで水質はよくならない。地元政府もグルだった。工場が生産をやめたり公害対策でコストアップになって経営が悪化したりして税収が減れば、地方はやっていけないからだ。違反しても罰金が安いので、生産者は気にしない。むしろ、行政側は罰金による収入をあてにもしていた。地元の新聞は政府と一体なので告発できない。汚染の根絶にはほど遠い、中国のどこにでもある構図だった。

（2）がん村の衝撃

しかし、霍さんの写真は反響を呼んだ。

中国に公害病の認定制度はなく、因果関係は正式には分からない。だが、工場の廃水で汚染された川の流域に明らかに集中する健康被害は、だれもが「公害病」と思った。中央テレビなども「がん村」として番組でとりあげるようになった。地元政府は動かざるを得なくなり、工場の生産も改善された。衛生的な飲料水を確保するため深い井戸を掘る事業には、海外からも支援金が届くようになった。

私が現地を訪ねたのは、改善に向かう前、二〇〇五年秋のことだった。先に取材に入った欧州人記者は公安に捕まり、追い返されていた。海外に恥をさらし、中央政府から批判されるのを恐れてのことだ。霍さんの立場を悪くしないよう、隣町に宿をとった。ホテルでパスポートをチェックされるので、記者ビザが見つかると通報される恐れがあったからだ。写真記者の同僚と私は明け方の高速道路をタクシーを飛ばして現地に入り、日帰りした。

北京の環境NGOのリーダーたちと違って、生まれも育ちも農村の霍さんは、正義感の強いふつうの「おじさん」である。知られた名家でもなく、留学経験もない。ほんとうに素朴な土地柄で、外国人も見あたらない。髪や目の色が異なる欧州人が捕まったのも理解できた。

自宅を改造した事務所でご家族に話をきいた。地元では、ふるさとの恥部を告発する霍さんを支持する声ばかりではないようだった。霍さんの息子さんが「がん村」に案内してくださり、患者にも引き合わせてくれた。手術を待っている女性だった。自分の病気よりも子供が飲む水を心配していた。

やりきれない思いで門をでたら、近所の小さな女の子がにこにこと寄ってきた。先天性の病気を患っているそうで、やせていてふわふわと揺れるように立っている。父親は上海に出稼ぎに出ており、娘のための募金を求めて街頭にも立つという。その通りは「がん通り」といわれるほど、がんで亡くなる人が続出していた。空き家も目立った。胸がつまるおもいがした。

(3) 被害の拡大　発展の代償

霍さん家族は「この村だけではないはずだ」と言った。

その後、数多くの「がん村」が報道されるようになった。私自身も、湖北省・白河流域にもうひとつのがん村を訪ねた。あまりの汚染に「黒河」と皮肉られている河だった。二〇〇七年二月のことだ。こちらは、一九四四年生まれの運建立《ユンジエンリー》さんという女性が会長を務めるNGO「緑色漢江（本部・湖北省襄樊市）」が、調査やきれいな飲料水を確保する運動などに取り組んでいた。NGOの設立は二〇〇二年。健康が損なわれただけではなく穀物や野菜が売れなくなったこともあって農民は怒りの血判状をしたためていた。集会場に隠していたものを見せてくれた。

運さんらは、そうした人々の感情の爆発を抑え、なだめながら、理性的に解決する方向性を探っていた。これは、政府にとっても良いことだ。暴動に転じそうな人々の怒りを、話し合いに変えていく役割をNGOが担っている。世話焼きおばさんふうの運さんは、教師や地元の政治協商会議委員も務め、政府とも良好な関係を保っている。時々北京で開かれるNGOの交流会にも出かけ、情報収集に務める。「救世主にはなれないが、問題解決を重視する」と話し、日本政府からも浄水場をつくる事業の支援を獲得した。

(4)「痛痛病」くりかえす陳情

「痛痛病」といわれるイタイイタイ病に類似した症状の病気で亡くなる人が増えている村にも出かけた。二〇一二年四月のことだった。湖南省瀏陽市鎮頭という農村だ。めまいや頭痛、関節痛が激しくなって、青黒くなった体がもだえて死んでいく人たちの体内から死後、基準値以上のカドミウムが検出されていた。さすがに何度かデモが起きていた。化学工場による土壌の金属汚染によるものとみられていた。地元政府はすでに工場を閉鎖していた。だが、住民は「処理がいい加減で雨がふると毒物が流れ出す」と怒っていた。

患者家族が自ら土地や水を採集して、遠く離れた南京大学(江蘇省)へ汚染物質の鑑定を頼んでいた。政府の息のかかった地元の検査機関を信用していないからだ。当時の温家宝首相が湖北省を訪問したおり、陳情に出かけようとして捕まり、手錠をはめられて十日も拘留されてしまった女性の話もきいた。みんな怒っていた。「政府は信用できない」。現場の写真を「日本で保存しておいてほしい」と託された。

ここにはNGOは結成されておらず、リーダー格の欧陽玉金さんらが中心となって陳情を繰り返していた。補償や集団移転を求めて北京のNGOに訴訟の手助けを頼むことも検討していたが、「中国で司法は時間がかかるばかりで、あてにならない」と断念したようだった。

(5) 中国に「原田正純」はいるか

環境被害の取材を通じて印象に残っていることがある。故・原田正純さんの話である。

二〇一二年六月に亡くなった水俣病研究の第一人者の原田さんは二〇〇五年十一月に、大塚健司・アジア経済研究所主任研究員らとともに、淮河の現地に霍さんを訪ねている。「やさしい人だとかんじた」と霍さん。「現場を知ることの大切さを話していた」と振り返る。

原田さんの著書『水俣病』(岩波新書)を日本での初版から四十年を経て中国で翻訳出版した包茂紅・北京大学教授は本人に会ったとき、ずっと気になっていたことを問うてみたそうだ。「政府や企業に協力する医者も多かったはず。あなたはなぜ、被害者の話を聞き続けたのですか」。原田さんは即座にはっきりと、こう答えた。「私は医者です。患者の話を聞かねばなりません」。

水俣に原田さんを訪ねたことのある中国人ジャーナリストは言った。「水俣では原田先生をはじめとして医者や教授など『知識分子』が小さな町で患者に寄り添ってたたかってきた。いまもたたかっている。その役割は大きい。地元政府に反抗しては生きていけない中国で、できるだろうか」。

知識人が被害者に寄り添い、あるいは組織化し、その声を大きくする役割は、中国ではなかなか果たせない。中国政法大学汚染被害者法律援助センター(本部・北京)をはじめ、裁判による支援に取り組もうとしている団体や弁護士も存在する。環境NGOも原告となりうる環境公益訴訟の制度もできた。しかし、司法が権力から独立していない中国では、なかなか成果を上げにくく、被害者も大きな期待をできずにいるのが現状だ。

「自然の友」に始まり、すでに二十年余りが過ぎた中国の環境NGOは全国各地に散らばる。しかし、「公害病」を患う被害者に正面から向き合う関係者は、ごく一部に限られる。政治体制によって知識人が大衆と広くつながることが分断されているからなのか。ある環境NGOのリーダーは「限界」を嘆いた。「同じ環境問題でも、ものを言わない自然を眺め、会議室で語れる気候変動にかかわる活動へと逃げてはいないか。政府だけでなく民間の知識人までも。目の前でもだえ苦しむ被害者の声や姿から目をそらしてはいないだろうか」。

NGOは政治制度を離れて存在はできない。それでも、思想と実践を備えた「原田正純」を待ち望む被害の現場は多い。

三、ステークホルダーの自覚

(1)アップルを動かした男

続いて、二十一世紀になってから設立された環境NGO「第三期」の中心人物とされる二人の活動をたどってみよう。

一九六八年生まれの馬軍《マージュン》さん(**写真4**)と一九七一年生まれの馮永鋒《フォンヨンフォン》さん(**写真5**)だ。ともに四十代で、メディア出身者である。馬軍さんが環境NGO「公衆と環境研究センター(本部・北京)」を設立したのは二〇〇六年のことだ。一一年に、米アップルの携帯電話**iPhone**やタブレット型端末**iPad**の部品を製造する中国企業が環境被害をまきちらしていると告発し、世界的な反響を呼んだ。

きっかけになったデータは、馬さんのNGOがホームページに紹介している「中国水汚染地図」だった。独自の調査ではない。公開情報を集めたものだ。地方政府から環境基準違反を指摘された企業の名前や具体的な違反内容、その後の対応を紹介している。

中国で深刻な重金属汚染が問題視され始めた二〇〇九年以

写真4　「公衆と環境研究センター（IPE）」を創設し、汚染地図作りに取り組む馬軍さん

写真5　「自然大学」「ダーウィン自然求知社」発起人、馮永鋒さん。現場と実践を重んじる

降、馬さんたちは約三十社のＩＴ企業に集中して話しをきいた。部品を調達している工場に対して、地方政府が指摘しているような環境汚染はないのかどうか、すでに解決したのかどうかと。最後まで応じなかったのがアップルだったという。自社工場を持たず、そもそも部品の調達先は企業秘密で明かせないという理由だった。しびれを切らした馬さんらは、「自然の友」などとともに現地調査に踏み切った。同時に、環境に無頓着な企業がかかわる商品を買わない「緑の選択」と呼ばれる運動も共同で始めた。

アップルの取引先の工場が重金属の混じった廃水を垂れ流

し、川面は乳白色に変わっていた。工場に隣接する幼稚園では鼻血やめまいに苦しむ園児の話をきいた。異臭も漂っていた。こうした報告をホームページにアップしたところ十万回以上もダウンロードされ、アップル製品の大口顧客である欧州の通信会社などから同社へ問い合わせが及んだ。アップルもようやく動きだし、馬さんらの問い合わせにも応じ始めた。サンフランシスコ郊外のアップル本社に何度も出向いて協議を重ねた。アップルはサプライチェーン（供給網）全体に責任を持つ発想に転換し、問題のある部品調達先の指導に踏み切った。「企業秘密」だった調達先も公表するようになった。

(2) 情報を武器に共闘

アップルを動かした——。

世界を驚かせたNGOの創設者であり、代表を務める馬さんは、北京の国際関係学院新聞学部を卒業し、香港の英字紙「サウスチャイナ・モーニングポスト」に入った。北京を拠点に活動しながら各地を歩き、水資源の枯渇や汚染を目の当たりにする。七年近くかけて取材した成果を『中国水危機』（中国環境科学出版社）にまとめた。英語版も出た。その後、二〇〇四年から一年、米エール大学客員研究員として米国に滞在し、中国の環境改善に決定的に足りないものは「情報公開」と「公衆の政策決定への参加」と確認する。帰国後、自らNGOを設立した。

また、多くのNGOと連携を大切にする。中国の環境NGOに共通する手法でもあるが、なにかアピールしたいときには賛同者を募って影響力を高めようとする。「アップル」に取り組む馬さんの姿勢もそうだった。メディアの注目度や影響力が上がるからだ。さらに、NGOの活動を見張る政府に向き合うにも、単独よりも複数の方が心強い。「情報公開が万全でない中国でも、公表された情報を活用して環境改善につなげることはできる。データを示して動かしていくことが肝心だ」。馬さんは言う。「アンチ企業じゃありません。企業もNGOも、環境に責任を持つ市民であり、ステークホルダーなのです」。市民運動家の「猛者」というよりも、こつこつと積み上げたデータを静かにつきつける。そうやって、アップルも動かしていった。「啓蒙」から一歩踏みこんで、具体的な行動と成果を重んじている。

(3) チベットでの記者生活

馮永鋒さんが環境NGO「自然大学」を設立したのも、二〇〇六年のことだった。

福建省の山村で生まれた馮さんは北京大学中文学部を卒業後、チベット自治区の新聞社西蔵日報を経て、北京の光明日報の科学分野を取材する記者になり、今に至る。九〇年代に若い知識人に大きな影響を与えた環境活動家で自然保護の雑誌の編集体験があった唐錫陽さんが企画する「緑色キャンプ」に参加した。チベットの原生林、湿地を歩き、観察した。のちに、雲南省を何度も訪ねて生態の危機を本にまとめた。この経験がＮＧＯ結成を後押しすることになった。

（4）実践のなかにある「民主」

馮さんは大気汚染や水汚染、動植物の保護への関心を高めるイベントは年四〇〇回以上、開いている。協力先のＮＧＯは数十にのぼる。天津の「緑領」や湖南省の「曙光環保」など九〇年代生まれの若い世代が率いるＮＧＯとも緊密に情報交換し、現地スタッフの成長に期待をかける。

「討論や研修、啓蒙だけでは意味がない」。公害の被害者が住む現場にも足を運ぶ。「被害者は（政治的に）組織化が許されないので、ただ集まっているだけです。長年政府に管理されたり嫌な目にあったりして声をあげるのをやめた人もいる。だけど、汚染被害はなくならない。痛みと苦しみを抱える、もっとも支援しなくちゃならない人たちだ」と、力をこめて話す。弁護士費用を支援したり、汚染源の関係先にかけあうのを手伝ったり、生活の保障の確保などもアドバイスしたりしているそうだ。「デモや陳情を率いるわけではない。被害者を助けているだけです。基金から資金を調達し、時には募金も集める。政府はやめろとは言えないでしょう」。

公害の現場に出向き、被害者の権利を代弁することは中国では大きなリスクだ。加害者が地元政府とつるんでいることも少なくなく、反体制ともとられかねない。拘束された弁護士もいる。「都市部の中間層に対する啓蒙が主体の中国の環境ＮＧＯで被害者に寄り添おうとするのは、勇敢な馮さんだからできること。北京の大手紙の記者という身分があってこそ、やれることかもしれない」。周辺にはそんな声もあるほどだ。むろん、馮さんのところにも、防諜などを担う治安当局者がやってくる。資金源についても細かく調べていく。しかし、政府との距離を慎重に測りながらも実践を重んじる活動スタイルは変えない。

それだけに、「座って議論しているだけの中国の知識人」に手厳しい。

「憲政や民主っていうものは、自分がやっていることを通じて実現していくものだと思っている。中国には知識を実践につなげず、文字の中の闘争に入り込んで時間を浪費している知識人が多い。過去何千年の歴史をふりかえっても、知識人は具体的な解決策を示さず、肝心なところでは逃げてきた」。

この語り口は、かつて馮さんも参加した緑色キャンプを始めた唐錫陽さんの「自然保護を保証する上でもっとも重要なものは民主主義の実践だ」(『地球緑色行』)という主張にも通じるものがある。

四、「行動する市民」のゆくえ

(1)強まる締め付け

具体的な成果を積み上げてきた馬さんや馮さんの活動にもかげをさす法律が準備されている。「境外NGO管理法」である。環境分野に限らず国外に拠点を持つNGOや、海外から資金の提供を受ける国内のNGOを念頭に「活動を規範化」するものだ。「国家の統一や安全、民族の団結を危うくしてはならない」と迫る。当局は中国共産党の組織をNGO内部にも作ることを求めてもいる。

法律の成立を待たずして、すでに各NGOの資金源の洗い出しが始まっている。全米民主主義基金(NED)やフォード財団など欧米だけでなく、香港の基金からの支援までも問題視されている。海外の基金からの資金調達を調べあげられ、閉鎖の危機に瀕した組織もある。いっぽうで、中国政府は、環境行政サービスを肩代わりさせ、政府が対価を支払うシステムを普及させようとしている。これに応じるNGOも増えている。ある団体は、専従職員の給料も地元政府から受け取っている。もちろん、政府のサービスの一部を民間が担うのは、効率や身近さを考えれば悪いことばかりではない。ただ、資金源が政府に偏れば、当然だが独立した機能は持ち得ない。反体制でなくとも非政府である役割をいよいよ失い、政府系NGO、つまりGONGOと化してしまう。

(2)国家と民間の距離

資金源として、巨大IT企業アリババ(浙江省)やアラシャンSEE基金会(本部・北京)など中国企業によるものが力をつけつつあるという。しかし、これとて、中国共産党・政府と企業との関係に左右される。つまるところ、中国の環境NGOのゆくえは、国家と民間の距離をはかる指標ともいえる。

公害病など環境被害は同じ時期に「面」となって、同じ種類の不利益を被る群衆を生み出す。連帯や組織化にもつながりやすい。だからこそ、中央政府は組織化を注意深く分断してきた。それでも、これまで見たように、中国の環境NGOは発足から二十年あまりを経て、中央政府と真正面から対立することはなく、体制内から少しずつ活動の幅を広げてきた。リベラルな傾向を持つ個人が「行動する市民」として集う場所にもなってきた。

天安門事件の「傷口」など知らない九〇年代生まれが率いるNGOは、かつての都会の限られたエリート知識人中心のものではない。計測器を用いてPM2・5や川の汚染を具体的に調べるデータ主義で、国際NGOとの交流も得意だ。市民社会の自発的な活動への監視と抑圧を強める習近平政権のもとで、どのような変貌をとげていくのだろうか。中国共産党・政府の「道具」にとどまるのか。それとも、環境をキーワードに共同体を築く一翼を担い、社会を動かす「民間」としての役割を果たせるのか。「おとりつぶし」のリスクを常に抱える中国の環境NGOの前途は、混濁している。

九〇年代後半に中国環境報の記者としてスタートし、国際NGOグリーンピースの北京事務所の立ち上げに尽力するなど、海外のNGOとの協力に携わってきた温波《ウェンボー》さん(43)は言う。「中国が国際社会から封鎖された社会に戻ることは無理です。社会的に地位のある都会の知識人が始めた環境NGOだが、さまざまな好奇心からかかわる若い世代が増えている。環境の改善に市民の力が必要とされる方向性は変わらないと思うし、NGOの側もこれまで同様に知恵をしぼって取り組んでいくでしょう」

やれることが限られているからやらないのではなく、やれることをやってきた人たちである。

そのしたたかな「知恵」に、期待したい。

日中関係三論——東京大学での講演

栄剣（翻訳：古畑康雄）

日本は近代以降、中国に最も大きな影響を与えた国の一つだ。日本は天皇制を中心に民族的一体性を保ち、明治維新以降、西洋と東洋の文化の衝突という問題を解決し、国民の資質も高い。だが日本は中国に戦争を発動し、憲政革命を中断させ、共産党による政権奪取を招いた。両国は今日複雑な問題を抱えるが、民族主義やポピュリズムに流されず、普遍的価値観や共通認識による問題解決を目指すべきだ。

はじめに

日中関係三論とは、「どのように中国を見るか」、また「どのように日本を見るか」、さらに「どのように日中関係を見るか」ということである。話すテーマは非常に大きいが、これは自分の知識の背景と関係がある。自分は哲学を学び、まずマルクス主義哲学、後にドイツ古典哲学と欧州思想史を学び、さらに中国の清末以降の思想史や社会史に興味を持った。自分は日中問題の専門家ではないが、日本にずっと関心を持ち、微博ではかつて近代以降中国に影響への影響が最も大きかった四つの国として、日本、ソ連、米国、朝鮮を挙げたが、現在中国に最も大きな影響を与える国として米国、日本、ロシア、朝鮮を挙げた。いずれの序列でも、共産党政権成立の前後いずれでも、日本の中国に与えた影響は一番目か二番目だ。

なぜ、共産党政権以前、日本の影響が最も大きかったの

ロン・ジエン——作家、思想家、美術品投資業。専門はマルクス主義哲学、中国思想史、社会史。主な著書に『民主論』『社会批判の理論と方法マルクス重要理論研究』などがある。
ふるはた・やすお——共同通信記者。専門は中国ネット研究。主な著書に『網民の反乱』（勉誠出版、二〇一二年）、『中国ネット最前線』（共著、蒼蒼社、二〇一一年）、『習近平政権の言論統制』（共著、蒼蒼社、二〇一四年）などがある。

か？　それは日本が中国に対し戦争を発動し、中国社会発展の方向を徹底的に変えてしまったからである。一九三六年五月五日、当時の国民政府の立法院院長、孫科——孫中山の息子——は、「五五憲章」と呼ばれる憲法草案を発表、蒋介石は「訓政」から「憲政」への転換を準備していた。

　ところが翌年、日中は全面的な戦争となったため、中国が始めようとしていた憲政へのプロセスは中断、それだけでなく中国の政治的な力のバランスを変えてしまった。つまり共産党が八年の抗日戦争を経て急速に発展、終戦時には一〇〇万の正規軍と一〇〇万の民兵を持つまでになったのである。毛沢東は「もし日本の軍閥が侵略戦争を起こさなければ、自分たちは山の上にいるしかなく、北京で京劇を見ることはできなかった」と日本人に感謝したという。現在中国の自由派知識人が日本に対して好感を持っていないのは、日本が中国人民に対して行った誤りがこのように多くて数えきれないからである。

　このように書き始めたのは、日本に対して血の涙の恨みを訴えるためではない。中国社会の発展が憲政ではなく現在の（共産党政権の）状況になったのは、多層的な原因があり、日本の侵略が共産党に生存の機会を与えたとは必ずしも言い切れない。そして今日中国、日本、そして日中関係について語るのに、明らかに七十年前のレベルに留まっていることはできない。現在、日中はアジアで最も重要な国家であり、国内総生産（GDP）で第二位、第三位の国家であり、政治、経済、文化など大変複雑な関係を持つ隣国である。日中関係が厳しい状況にある中、新たな現実感覚と問題意識を持つべきであり、以下三つの方面から自分の考えを述べたい。

一、中国をどう見るか

中国をどう見るか？　ここではまず自分の見方を述べず、他の人が中国をどうみているかを述べたい。

　まずは経済学者の見方を中心としたい。（というのも）社会科学の領域では、政治学や哲学と比べ、経済学はより客観的であり、中立的価値観という原則を持ち、特定のイデオロギーではなく、事実とデータにより説明するからだ。経済学は国家の真の状況を測る主な窓口であり経済学者はこのような窓を開いた人である。では経済学者はどのように中国をみているのか、どのような代表的な見方があるか。まず二つの時間を設定したい。一つは二〇〇二年、もうひとつは一二年であり、この十年間の間に、中国は信じられない、予測できないほどの変化を遂げ、日中関係にも重大な変化を及ぼした。二〇〇二年、在米華僑の弁護士、ゴードン・チャンが『やがて中国の崩壊が始まる』を出版、大きな反響を呼んだ。彼は投資銀行で働き、中国で十数年を過ごし、専門的な知識と実務経験があり、銀行システムの問題から中国を観察した。

彼の書によれば、中国の銀行の不良債権は収拾のつかない状況であり、老齢年金の不足はあまりに多く、政治、経済制度はやがて崩壊、そのタイムテーブルも〇八年であると示した。だが〇八年に実際には崩壊は起きなかった。この年、中国は四兆元を投じて下降していた経済の勢いを復活させ、世界的な金融危機の中で唯一堅調だった。

〇八年は北京五輪が開かれた年であり、全国民がお祭り騒ぎをし、張芸謀監督による開幕式は、中華民族の偉大な復興という夢に人々を陶酔させた。一〇年には上海万博が開かれ、各国から人々が訪れた。GDPも日本を抜いて世界第二位となった。このような天地を覆す変化は、ゴードン・チャンが五年以内に崩壊すると予言した中で起きた。これはなぜか、彼はでまかせを言ったのか？

チャンが中国崩壊論を述べた時、中国の学者はこれをまず信じなかったが、米国の学者は半信半疑だっただろう、というのも中国の銀行業界の財務諸表は西側の銀行の基準から言えば、とっくに崩壊している、あるいは何度崩壊したか分からないほどだからだ。だが彼らは中国銀行業の背後には国家による巨大な信用の支持があることを考えていなかったし、中国の庶民は、あらゆる銀行は国家の銀行であって国家の銀行が倒れるはずはないと考えている。

もちろん、当時あらゆる米国の学者が中国経済が衰退すると考えていた訳ではない。コロンビア大学のA・ネイサン教授とは二〇一二年に対話をしたことがあるが、〇二〜〇三年の間にも中国崩壊論が登場した際、ネイサン教授は〇三年に米国で発表した文章を紹介した。文章は中国の権威的制度には強靭性があり、車のタイヤのように弾力性があり、完全に死亡することはないのだというものだ。ネイサンは、この文章はゴードン・チャンとは異なる見方、つまり中国は崩壊のレベルには達していないとの認識を伝えるためだと述べた。

〇三年に中国が崩壊するかどうかの判断で、私の印象ではゴードン・チャンの背後で大騒ぎし、あるいは彼の見方に反論した中国の学者はいなかった。おそらく彼らは中国がまもなく崩壊するなどとはあまりに現実離れしており、まじめに取り合う価値がないと考えたのだろう。

〇八年に中国は数々の奇跡——北京五輪、リーマン・ショックから順調に抜け出し、ほとんどすべての学者がこの信じがたい奇跡に対し、歓喜の声を上げ、心から賞賛、あるいは暗黙のうちに認めるなど、批判的な声はほとんどなかった。

ノーベル経済学賞を受賞したシカゴ大学の故ロナルド・コース教授は中国に出現した華麗なる現象に驚嘆の声を上げた。シカゴ大で開かれた中国の改革開放三十周年に関するシンポジウムで、コースは香港の経済学者、張五常に基調報告をお願いした。コースにとって、張は三十年の経験を総括する資格が最もある学者だった、というのも一九八一年に張は、中国は資本主義の道を進まねばならないという、当時としては非常に大胆な提案をしたからだった。

張は報告で中国の改革と発展をどのように見ていたのか、簡単に言うと二つの点を強調した。つまり中国が資本主義の道を進み、市場により資源を分配したこと、もう一つはいわゆる「県際競争」つまり中国は県を主体とする地方間の競争が経済の高成長に不断の原動力を与えてきたことだ。この二つの基本的な判断から、張は中国の経済制度こそ世界で最も優れているとの驚くべき結論を出した。

コース教授は張の報告を高く評価したが、これは彼を尊重したのか、それとも当時は確かに中国の奇跡ゆえに中国が抱える問題を見いだせなかったのか？　私はいずれの原因もあると思う。〇八年、中国は確かに多くの奇跡が出現した。壮大なる北京五輪やリーマン・ショックを乗り越えたほかにも、高速鉄道、殲20（ステルス）戦闘機、神舟号有人ロケットなどの大きな成果を呼んだ。この繁栄のもとではあら探しをしようとする人すら慎重に発言せざるを得なかった。賞賛のほかに誰が根本的な疑いを発することができただろうか？

A・ネイサンは〇九年に、〇三年以降持っていた中国への見方、つまり中国の権威主義的制度が強靭性を持っているとの見方を変更し、米国の雑誌への寄稿で、この強靭性が失われつつあり、中国社会にあった協調性や適応性が消えつつあると伝えようとした。だがこのような声は伝わることなく、人々は張五常のような見方、中国の経済制度が世界で最もすばらしいという意見を聞きたがっていた。かつては社会主義こそが中国を救うことができると言われたが、その後ソ連・東欧の激変を受け、中国のみが社会主義を救うことができると言われるようになり、さらにはリーマン・ショックを経て、中国のみが資本主義を救うことができるとまで言うようになった。このような冗談めいた言い方は、〇八年における中国の世界における位置を反映していた。中国の成金のような急激な台頭に、まさに国家主義に向かいつつあった新左派は非常に喜び、北京大や清華大の一部の学者は中国モデル論を鼓吹、外国の記者が提起した「北京コンセンサス」も中国で重視され、多くの新左派にとり、北京コンセンサスはワシントンコンセンサスに対抗するものとなった。

もし中国が〇八年から一〇年の間に永遠にとどまっていたら、確かにすばらしかっただろう。自分もまた張のように、中国の経済性度こそ世界で最も優秀と考えただろう。だが残念ながら、その心躍る日々は二年間しか続かなかった。一一年から、中国の発展モデルへの疑いが学界、民間で広がっていった。それは七月二十三日、浙江省温州市で起きた高速鉄道衝突事故がきっかけだ。人々は突如、中国経済の猪突猛進は、対価が大きすぎること、手段を選ばない発展、制度や法律、道徳に縛られない悪質な発展の結果は土地や大気の汚染、人心の荒廃など、予想できないほどの破壊を生んだと悟った。

〇二年から一二年までの十年に登場し、かつては人々を感激させた五輪、空母、有人宇宙船、高速鉄道などの記号は今日、国民を沸き立て、国民の精神を凝集することはできないと断言できる。この一年、民の恨みは沸騰し、少なくとも学界で中国モデルなどと言う人はいなくなった、「重慶モデル」の徹底的な破綻はそれを支持した新左派たちは恥ずかしくていたたまれなくなり、張のような学者は耐え難い思いだろう。コース教授が助手の王寧教授と一二年に出した『変革中国』では、計画経済から市場経済へと華麗に転身したことへの陶酔は明らかに冷め、張の分析の枠組みを批判、中国の経済制度は張が言うような世界で最も優れた有効なものではないと表明したのだった。

このようにコースの見方は大部分の経済学者の見方を代表したとは言えず、別の見方を見る必要がある。二〇一二年以来、中国の大多数の経済学者は中国をどのように見ているのだろうか。自分は専門的統計を持っているわけではないが、少なくとも中国を代表する経済学者は中国経済の現状について、国内では右派、左派を問わず悲観的だ。例えば左寄りの郎咸平、楊帆など、右寄りでは呉敬璉、張維迎、陳志武など、中間派では李稲葵、曹遠征などの間で、中国経済についての見方に大差はなく、中国経済は現在かつてないほどの問題と危機に直面していると見ている。

具体的には次のようなものだ。一、生産能力の過剰など、深刻な経済構造　二、通貨乱発による流動性過多　三、莫大な地方債務　四、金融システムのリスクの蓄積　五、環境破壊であり、中国の学者の方が外国の学者よりも悲観的で慎重だ。〇二年にゴードン・チャンが中国はやがて崩壊すると語った時、ほとんどの中国人学者は鼻で笑ったが、もし現在この話をしていたら、これほど多くの人が反対しただろうか。

中国の問題が最も重い場合は経済のハードランディング、あるいは大規模な経済危機だろう。一般的に中国の問題は総体的なもので、政治、経済、文化、道徳、環境、社会など各方面にわたる。私は一二年「中国への十の問い」という文章で、中国が今後迎えるであろう十の問題を取り上げた。つまり合法性、権力の失効、腐敗、道徳の危機、情報伝達、司法の独立、公民社会、地方自治、重大な歴史、普遍的価値の問題である。この問題の核心となるのは政権維持の合法性の問題だ。

中国共産党は合法性を次の三つに置いている。すなわち(一)「鉄砲から政権が生まれる」という暴力革命による政権奪取。天下を取ったら君臨し続けなければならず、革命の大地を代々継承しなければならない(二)マルクス・レーニン主義から毛沢東思想、鄧小平理論、「三つの代表」、「科学的発展観」、「中国の夢」など党の指導理論の正しさ。これら一連の理論により現在の執政は正当であり合法性は取って代わることができない(三)改革開放以来の経済の実効性であり、経済を発展、現代化し、人民の物質と精神生活を大きく高め、もしこうした目標が実現できれば、長期政権を保つことができる——というものだ。

だが問題はこの三つのいずれもがかつてないほどの試練にさらされていることだ。まず、「鉄砲から政権が生まれる」ということは、別の人も同様に武力で政権を奪取していいことになる。これは中国史の「勝てば王、負ければ賊」の歴史を繰り返すことになる。次にマルクス主義の一部の理論は今でも有効かということだ。党内でも本当にマルクス主義を信じているのが何人いるのか？ 最後に、経済に頼った政権維持は、もし経済が下り坂になれば社会の矛盾を増大し、政治の不安定を生むことだ。

中国は確かに社会が全面的に転換する重要な時期を迎えている。中国の改革、転換は一九七八年ではなく、日本の明治維新と大差ない時期に始まっている。一八七七年、黄遵憲が日本を訪問、明治維新に衝撃を受け、中国の制度改革を考えるようになった。彼は『日本国志』を書き、日本政治の変化から、君主制から同君連合、さらに民主制への歴史的な趨勢を認識し、日本への考察から、清国政府に制度改革の模範を示した。だが黄が自らの時代に実現を希望した任務は現在になってもまだ実現していない。今はこの任務を完成すべき時になったのではないだろうか。

二、日本をどう見るか

外国人は日本をどのように見ているのだろうか。二人の米国人が書いた本を読む価値がある、一つは文化人類学者ルース・ベネディクトの書いた『菊と刀』、もう一冊はエズラ・

ヴォーゲルの『ジャパン・アズ・ナンバー1』である。この二冊は米国人の異なる時期における日本への認識を反映しており、前者は米軍が敗戦後の日本をどのように統治すべきかに合わせて書かれたものであり、日本民族の精神や信仰を知るためのものだった。後者は日本の高度成長への驚きから、日本の経験をまとめ米国への啓示とするのが狙いだった。

中国人はどのように日本を見るべきか、黄遵憲が『日本国志』を書いて以来、中国人の日本への認識は黄をほとんど超えていない。もちろん、現在の情報量は一〇〇年前とは比べものにならず、学者の研究も専門化し、政治、経済、文化、教育各方面の日本研究の著述はおびただしい量になるが、一体人々の記憶に残る本は何冊あるだろうか。

『日本国志』は、日本に学ぼうという態度から日本の歴史と変遷を研究したもので、これは日中関係の歴史で初めてであり、それ以前中国は自分たちこそが日本の教師であると考え、日本もそれを認めていた。黄遵憲は日本を教師とみなしたが、このような態度を現在誰が持っているだろうか。民間では日本と聞くと「小日本」と馬鹿にし、特に中国の経済総量が日本を上回り、より日本を気にかけることがなくなった。このような盲目的な夜郎自大は清末と大差ない。

自分は真に日本を理解したいとの思いから来日した。自らの観察と、それまでの知識を結合し、日本について初歩的な認識を得ようと考えた。自分はずっと、民間の日本への各種の誤解の責任は政府と学界にあると考えている。中国の自由主義の学者は、長い間日本への重視、特に明治維新以来の思想史の重視が不十分であり、彼らは西側の思想家の見方や方法を用いて中国問題を考えることに慣れており、西側の思想流派は熟知していても、日本の近代以来の思想についてはほとんど知識がない。

自分は友人に対して、中国の目で、中国の問題意識を持ち、日中を比較しつつ日本を観察したいと述べた。自分の日本への知識は限りがあり、見方も偏っていると思うが、読者に批評と修正をお願いしたい。

以下、四つの方面から日本の長所、日本の核心的優位性を指摘する。

第一に、日本の民族性、文化、生活方式、精神性は天皇制を中心に一体性を保ち、二〇〇〇年以上、制度の変遷により実質的変化が起きなかった。この種の統一性を「小一統」と呼んで中国の「大一統」と区別したい。米国の中国史研究者、魏斐徳は中国の長期的な統一方式（大一統）を中国特有の文明方式と呼び、中世に長期の分裂に陥った欧州と区別した。中国の統一は強力な中央集権専制により、国家権力の配置は上から下へと一貫した垂直型だ。日本の社会構造は大化の改新以降、国家権力の配置は中国よりは欧州のようであり、天皇は国家に対する実質的な支配権を失って、名義的な権威と法的な伝統を保っていたにすぎず、全国には諸侯が割拠した状態で、幕府の将軍と各藩の大名が実質的な統治権を持っていた。

問題は、日本の天皇の形骸化した状況が、もし中国や欧州で発生していたら、天皇の名義も権威も存在しなかっただろうということだ。だが中国や欧州とは異なり、天皇の名義と法的伝統は廃止されず、多くの実質的な権力が交替したあとも保存されており、幕府将軍の権力はさらに大きかったが、天皇の座を狙おうとは考えていなかった。幕末時期、各方面からの圧力を受け、徳川幕府は天皇に大政を奉還し、国家は天皇の統治という名義のもと群雄割拠を廃止し、国家統一を再び実現した。

明治維新後も、天皇の国家権力における役割は根本的な変化がなかった。天皇は権威があっても権力はなかったが、国家の統合や民族の凝集に決定的な役割を果たした。天皇は国家の制度が失効した時、あるいは重大な危機に差し掛かった時、決定的な役割を果たした。裕仁天皇は終戦の詔勅を発し、ポツダム宣言を受け入れ、福島原発事故では、明仁天皇は被災地を慰問、制度が果たすことができない役割を果たした。

天皇制は日本民族と国家の統合であり、物理的な力を通じてではなく、内在的な精神的な力を通じて、集団的な無意識や、心理的な文化を形成している。この精神の力は強大な凝集力を持ち、国家と社会の安定、民族共同体の一体性を保っている。これは日本社会が持つ内在的な優位性であり、様々な社会や自然の災難を乗り越え、エスニックグループの衝突や分裂を経験せず、国民が調和していることは深い印象を与える。

第二に、日本は伝統と現代、東洋と西洋の間の矛盾を比較的上手に解決し、異なる価値観の間の衝突が起きなかった。中国では清末に張之洞が「中体西用」論を提起して以来、中国と西洋の制度や価値観の共存、伝統と現代の協調の問題に取り組んできたが、今に至るも良い答えを見出していない。

日本は黒船事件以来、中国同様に日本と西洋、伝統と現代の関係に直面した。欧米の砲艦の圧力に直面し、日本は最初抵抗を選んだが、倒幕派は「攘夷」を行うことが困難であり、かつ西側の富国強兵制度を利用できると分かると、西側と協力する形で幕府に大政奉還を要求した。その前後の二十年間、日本の思想家は西側が制度、製品、技術が日本をはるかに上回っていると意識したが、自己の思想の核心的な地位を保つ必要があった。そこで佐久間象山は「東洋の道徳、西洋の芸術」、その後「和魂洋才」を提起、日本と中国が同じような問題意識を持っていることを表明した。福沢諭吉は脱亜入欧を提唱、一見全面西洋化論者のようである、だが早稲田大学の教授は福沢は根っからのアジア主義者だと述べた。

日中は欧米の巨大な衝撃に対して自己の思想や文化を保持しようと努力したが、思想文化と制度、製品、技術を厳格に分けるのは不可能なことで、せいぜい異なる思想と文化の衝突の中でバランスを保てただけだった。明らかにこの面で日本は中国よりも上手だった。というのも、日本は西側の思想を導入したが国内では分裂や衝突が起きなかった。中国のマルクス主義や社会主義思想は、ロシアからではなく日本から伝わったのが最も早かった。李大釗のマルクス主義への理解は日本の学者によるものだったし、中江兆民の唯物主義が中国に与えた影響も大きかった、また「資本論」も中国人留学生が日本語版を翻訳したものだった。日本は中国のマルクス主義の思想の源だった。

興味深いのは、日本は中国よりも先にマルクス主義や社会主義を取り入れたが、中国のように天地を覆す社会変革を起こさなかった。日本共産党は一九二二年に誕生したが、日本で共産主義運動は起こらなかった。戦後、各種の思想や信仰が混在、神道も仏教もキリスト教も、儒学も西学も国学も、国民がそれぞれ必要な物を取り入れる一方、社会的、エスニックグループの衝突を起こさなかった。東京の現代的な風格と京都、奈良の古い風貌は伝統と現代、東洋と西洋の協調を示している。

第三に、日本は明治維新以来、立憲制度、文明開化、殖産興業により近代化の道を進んだ。この間対外侵略戦争という重大な偏りによって、他国だけでなく自国民にも重大な損害を与えたが、戦後は平和憲法により経済を発展させ、民主を重視し、現代化の道を再び進んだ。全体的に見て日本は近代一〇〇年あまりの間、世界の潮流に順応し、文明国家の姿を実現した。このような成績を得たのには、数代ものエリートたちの役割が大きかった。

明治維新では大久保利通、西郷隆盛、木戸孝允の維新三傑や、伊藤博文、山県有朋、東郷平八郎、大隈重信、福沢諭吉ら多くの政治家、軍人、思想家、教育者を生み出し、彼らの思想、行動が日本社会の転換の方法や方向を決定した。

中国にも近代人材がいなかったわけではない。近代化の一人者と言われた曽国藩、左宗棠、胡林翼、彭玉麟、李鴻章、張之洞ら名宰相、戊戌変法を指揮した康有為、梁啓超、譚嗣同らエリートだ、しかし彼らは制度に問題がある中で才能を発揮できなかった。

問題は旧制度がエリートの役割を束縛しただけでなく、エリートの命を奪ったことだ。戊戌変法が失敗後、清政府は譚嗣同ら六君子を殺害した、その後の国共の争いも、実質は政治理念や社会理想を異にするエリートの間の相互殺戮であり、共産党が勝利し終結したが、エリートたちの淘汰はその後の政治運動の中で繰り返された。エリート層の破壊、これが中国の近代化の歩みが遅かった重要な原因だ。

一方日本では、エリートは明治維新以来、制度の変遷と社会の進歩を主導し、党派の争い、社会の衝突、さらには対外戦争に巻き込まれ解体、破壊されることはなく、エリートが制度により傷つけられ、あるいは傷つけあうことはなかった。エリートは国家建設について基本的な共通認識があり、日中戦争が勃発後もエリートは左右を問わず、基本的には戦争体制の中に巻き込まれ、国家を支持する力となった。こうした状況は戦後学界から反省が起きたが、エリートは異なる理念や価値観により根本的な分裂が起きることはなかった。戦後日本の再建は、吉田茂首相により進められ、エリートが国を治める伝統となり、現代化を急速に進める上で決定的な役割を果たした。

このように日中両国はエリートの形成、エリートの役割において大きな差異があり、これは国、制度、人材の競争として非常に研究に値する問題だ。

第四に、国家の発展や文明の程度は、制度や技術、文化、教育などのほか、国民の素質、つまりは国民性を見なければならない。日本に来て、国民性や国民の素質の上での中国との格差を感じた。中国の知識層は国民性の教育に早くから関心を持っていた。魯迅による阿Qの「精神勝利法」の描写は、中国の国民性についての最も深い分析だった。だが魯迅が死んで七十年以上たち、国民性は進歩したのだろうか？　現在も精神勝利法が中国国民の精神を主導しているのではないか？　中国は強大となり、国民の豊かさも向上したが、現在の国民性が民国時代と比べ進歩したとは考えていない。中国の全体的な道徳の堕落はかつてないほどであり、国民の現代的人格や現代的精神は物質面での豊かさにより生まれていない。

中国人は日本人の総合的な素質をすでに理解している。福島原発事故後、日本国民が災害に直面して見せた落ち着き、自律、秩序、助け合いがテレビで放送され、中国人に深い印象を与えた。現在考察に値するのは、日本の国民性はどのように形成されたのかということだ。

明治維新の主な任務は、立憲制度、富国強兵、殖産興業のほか、文明開化が福沢諭吉の文明間での核心的な追求だった。福沢は文明を野蛮と対比、人々の進歩を混沌、野蛮、未開、文明開化の四段階に分け、欧米列強を文明国家、中国と日本を半開化国家、オーストラリアとアフリカを野蛮国家とした。福沢の提起した脱亜入欧は、実質は欧米に学び、教育を興し、国民を開化し、新知識や新道徳を得ることだった。「権利自由、独立自治」を校訓とした明治大学のように、明治時期の重要な成果は、東京大学、早稲田大学、慶応大学、法政大学、京都大学などを設立したことで、いずれも一〇〇年もの歴史を持ち、日本の国民性を作り上げるための基礎を作った。

日本の国民性について言えば、自律、礼儀、清潔、真面目、細かさ、時間を守る、仕事を尊ぶ、忠誠、協力などの言葉が浮かぶが、最も突出しているのは日本人の真面目さだ。来日し宿舎への入管手続きの際、管理員は各種の注意事項や手渡す物品などの説明に二時間近くをかけ、本当に疲れてしまった。毛沢東はかつて、世界で最も恐ろしいのは認真（まじめ）の二文字であり、共産党員は最も真面目を大事にすると言ったが、真面目ならばなぜ延安時代に約束した憲政を実現しないのか。自分は日本人こそこうしたまじめに取り組む精神を持っており、責任があり、精緻で、学業や仕事を重んじ、時間を守る素質を持っていると考える。日本に来た中国人は、日本の地下鉄の正確なことを不思議に感じる。なぜ中国ではまったくできないことが、日本では当たり前なのかと。こうしたことは日本人の仕事や生活に溶け込み、文化や国民性の見本となっている。

以上は日本について好意的な評価であり、四つの核心的な優位性だが、日本に批判的な意見も述べたい。日本も他の国家同様、完全ということはなく、歴史上重大な誤りを犯し、世界特に中国に対して大きな損害を与えた。現在日本は制度、思想、価値観、国民性などに欠点や限界があり、日本の国民や知識エリートはこうした問題を反省しようとしている。中国の学者として、中国の視野から日本の問題を見てみたい。

（1）日本の歴史観や歴史価値観を省みる必要がある

日本は歴史観や歴史価値観について深く省みる必要がある。歴史観とは歴史への見方や事実判断であり、歴史価値観とは歴史への評価や価値判断である。東アジアの問題は領土の争い、イデオロギーの争い、国家利益の争いがあるが、突き詰めれば異なる歴史観や歴史価値観の争いだ。

日本は明確な歴史観や歴史価値観があり、例えば神道の歴史観、天皇への崇拝、死者への尊重などであり、このアジアの他の国とは異なる歴史観や歴史価値観により日本は第二次大戦について異なる尺度を持っている。日本の歴史家を含む多くの人は、中国に対する戦争を侵略戦争とは認めていない。彼らは日本の歴史観から、あの戦争をアジアが欧米に抵抗した正義の戦いと考えたがっている。靖国神社参拝問題は、長期にわたり日本と中国、韓国や他のアジアの国との関係の妨げとなっており、特に最近数年、日中関係の障害となっている。罪人だろうと誰でも、死んだら後の人々から崇拝されるべきだという歴史の評価尺度は日本人の心の中では絶対に正しい道理であり、民族精神の一部なのかもしれないが、このような歴史観で中国や韓国を説得し、靖国神社にA級戦犯が祀られている事実を受け入れさせるのは国際的な正義と言えるのだろうか？　中国や韓国の国民の感情の要求に沿うものだろうか？

一〇〇年近くの間、日本は中国に二度戦争を発動した。最初の甲午戦争（以下日清戦争）で日本は中国に勝ち、下関条約により多くの賠償金と台湾を手に入れ、中国に多くの苦痛を与えた。だがこの戦争は客観的には中国社会の転換を加速した。中国の有識者は日本のような憲政の道を進み、政治制度改革を進めなければならないと認識したのだ。この意味で、日清戦争は中国社会、政治の転換に必要な対価であり、日清戦争がなければ、清朝の崩壊は遅れただろう。

だが、日中戦争は意義が全く異なる。それは中国が既に入っていた憲政のプロセスを中断させ、確立し始めていた政治秩序や社会のバランスを破壊し、窮地に追いやられていた共産党武装勢力に千載一遇のチャンスを与えた。日中戦争により、中国社会は自由主義の憲政革命から離れ、全く違った道、つまり共産主義革命へと取って代わってしまったのだ。

多くの日本の政治家や学者は、日々強大化する中国が日本の国家安全やアジアの国際秩序へ与える影響を懸念する。だが日本の政治家や学者が心配する、強大だが憲政を行おうとしない中国は一体どのようにしてできたのか。もし日本が侵略戦争を発動しなければ、中国はどのような状況となり、日中関係はどのような局面になっていただろうか。

当然、歴史は仮定のもとに書くことはできず、歴史は再び過去に戻ってやり直すことはできない。東京大学の教授との討論でこの問題を提起した。自分は日本が近代の一〇〇年間の歴史を反省し、日本の行為がアジアの秩序にどのような影響を与えたのか、特に中国というアジア最大の国への侵略がどのような結果を生んだのかを深刻に反省する必要があると述べた。もしこのような歴史の尺度や基準から日本がアジアにおける位置と役割を考えず、自国の歴史観、歴史価値観にこだわって歴史が残した問題を見ていたら、日本は行き止まりから永遠に抜け出すことができない。日本はこうした問題について深く考える必要がある。

(2)日本の大局観や世界観を省みる必要がある

日本人は細部にこだわるあまり大局を見誤り、視野が狭いと言われる。日本の限界は自国の歴史観や歴史価値観から物事を見て、大局観や世界観に欠けていることだ。日本は古今東西の問題を良好に解決したと述べたが、これは社会の深化と国内の多元化した思想の整合においてであり、一方で世界認識において、島国意識ゆえに明治維新以降の世界に融合できず、アジアの指導者の役割を担うことを期待したが実現できず、戦後はなおさら世界的での主導的責任を果たすことができなかった。

古代史から見ると、日本の初の世界観は中国を対象とし、いかに中国との関係を処理するかということだった。中国は日本の文化的母国として、日本に深い影響を与えた。だが日本は実際には中国の朝貢体系には入らなかった。聖徳太子による遣隋使は日本が中国と平等な国家の地位を求め、中国の宗主権を認めようとしなかったことを表しているが、否定できないのは、中国が制度、思想、礼儀、などで日本が国家を形成する上で決定的な影響を与えたことであり、日本は近代以前中国の制度や文化に挑戦できなかった。

だが明治維新以来、日本の中国への見方は根本的な変化が生じ、日本は新たな世界観を持ち、新たな先生を見出し、脱亜入欧とはつまり中国から離れることだった。福沢諭吉の文明の体系により、中国は日本の悪しき隣国となり、日本はアジアの新たな指導者としての役割を与えられ、中国に代わりアジアの真の文明の中心になるとの見方が生まれた。

日本はこれができただろうか。近代以降二度の中国に対する戦争は、日本を中心とする大東亜システムと東亜新秩序を打ちたてるのが目的だった。だが事実が証明するように、日本はそれをできなかった。

その理由は明白だ。日本がアジアを統合する新たな思想的資源を準備していなかったからだ。脱亜入欧、あるいはアジア主義にしても、中国文化の影響力を超えることはできなかった。日本は戦争という方式により自らを中心とするアジアを強制しようとしたが、これは自滅への道だった。

戦後日本は世界第二の経済大国となり、八〇年代には米国全体を買収できるほどの勢いだったが、その経済発展を誇っていた時、世界に対して普遍的な意義がある価値体系を提供できなかった。日本はアジアにおいて、正確な歴史観と歴史価値観を持ってアジアの国家に直面していない。自ら発動した戦争がアジアに与えた破壊という基本的な事実に対して、誠実に向かい合うことができず、自ら担うべき歴史責任を避けようとしてきた。このような状況で、日本はどうしてアジアの指導者になれるだろうか。遅れた国に金銭を提供できるほかに、何を提供できるだろうか。

ドイツのシュミット元首相が最近、中国と日本について、中国も日本もアジアに友人がいないと述べた。中国と日本はいずれもアジアの主導的国家になることを望んでおり、実際にそのようになるべきだが、なぜいずれもアジアに友人がいないのだろうか。

ドイツは二度も戦争を発動し、欧州や全世界に過去にないほどの破壊をもたらしたが、戦後は廃墟から国家を再建、経済を発展させ、欧州の主導的地位を得たのはなぜだろうか。

（3）社会のエリートの責任と使命を深く省みる必要がある

先ほど近代日本でエリートが果たした重要な役割を指摘したが、一方、日本が犯した重大な誤りや寄り道は、いずれもエリートの誤った決定や参加と関係がある。日本のエリート、特に知的エリートは、日本近代の重要な局面で、あるべき批判精神を発揮できず、国家利益を超越した歴史的役割を果たすことができなかった。

いかなる国のエリート、特に知的エリートは一般に二つの面の役割を担わねばならない。すなわち批判的なもの、制度の弊害や人間性の欠陥、社会の問題などを発見し、最終的にこれを克服し合理的な解決策を提供すること。もう一つは建設的なもので、国家建設、民族復興、経済発展、社会統合のため実行可能な道筋を切り拓き、有効な政策実現のため努力することだ。知的エリートの批判性と建設性は同時に存在し、一つでも欠けてはならず、こうして初めて（国家に対して）適当な緊張関係と、正確な指導を保つことができる。

明治時代の日本の知的エリートは国家のあり方や方向性を議論する際、はっきりと異なる見方を持っていた。最初のアジア主義者は、日本が全面的に西洋化する思潮に対し警戒かつ反省し、中国の文化価値を核心とするアジアの価値観を自覚していた。だが日中間の衝突が軍事衝突や領土紛争となるにつれ、多くのアジア主義者は帝国主義的立場へと転向した。

例えば福沢諭吉は日清戦争を「文明と野蛮の戦い」と呼んだ。アジア主義の代表人物、陸羯南は中国文化を崇拝していたが、日清戦争が始まると清朝を東洋一の野蛮国とみなした。もう一人の「国民思想家」徳富蘇峰は日清戦争を「文明の光が野蛮な社会に投射された」と述べた。日本のアジア主義が本来主張したのは西洋思想をけん制することだったが、国家利益の前にはまったく無価値となり、アジア主義者は日本主義者となり、のちの大東亜主義とは大日本主義にすぎない。

現在、多くの日本の知的エリートは日清戦争について反省し、この戦いに勝利してから、日本は帝国主義拡張の道を進み、それは日本の失敗への道だったとみている。日本が中国に二度目の侵略戦争を発動する前、国内には左右様々な声があったが、知識界の異なる声は聖戦を支持する熱狂の中に埋もれていき、右も左も国家主義者となり、内藤湖南の東アジアの現代的な思想も軍によって利用されてしまった。

日本の知的エリートは近代一〇〇年の需要な転換点であるべき批判精神を発揮できず、国家利益から独立した歴史的責任を果たせなかった。ここまで言うと、知識人は国を愛してはいけないのかという意見が出るだろう。こうした意見に私が言いたいのは、ヒトラーがドイツの統治権を掌握してから、多くの知識人がドイツを離れ、例えばフランクフルト学派はすべてが米国へと移住したが、いかなるナチスの正当化にも加担できないと考えたからであり、ドイツに残ったハイデガーはナチスに奉仕し、その結果名誉を失った。

日本は新たな発展の転換点に来ており、その直面する問題は日中関係にとどまらない。日本がアジアや世界でその国力に相応する責任を果たせるかは、政治家だけでなくエリートにとっての試練である。日中関係について言えば、両国がそれぞれ民族主義や民意に乗っ取られ、操られているが、直面する問題を解決するのに、民意に訴えることで解決できるだろうか。国民投票や国際司法裁判所に頼れるのか？　もし中国で国民投票をやれば、軍に釣魚島を奪回することを要求するだろう、日本も同様な結果となり、民意に訴えたら日中は第三次戦争が起きるだろう。これは人々が望む結果なのか？　現在の日中関係の問題のカギは民衆の手にはなく、少数（の政治家）にある。政治家が民意を思うままに利用し目的を果たそうとすれば、これは国家を行き詰まりに導くことになる。知的エリートは歴史上犯した誤りを再び犯してはならず、学者としての良知や独立性を保ち、国家や民族、歴史のために正しい道を開かねばならない。

三、日中関係をどう見るか

今回日本に来て、多くの友人、官僚、政治家、学者らと会い、同じ問題を聞いた。つまり日中関係をどう見るかということだ。その答えはいずれも比較的悲観的なものだった。

二〇〇六年、安倍首相の訪中、「破氷」の旅に続き、温家宝首相の来日「融氷」の旅、福田首相の訪中「迎春」の旅、胡錦濤国家主席の来日「暖春」の旅と続き、二〇〇八年は両国関係が最高潮を迎えた。だがその「暖春」は長く続かなかった。日本の外務省の説明では、〇八年末に中国の海警船が釣魚島の領海に初めて進入、その後続く衝突のきっかけとなり、現在の氷点へと陥った。今日、〇八年の「暖春」はまさに隔世の感がある。

日中関係がなぜ行き詰まってしまったのか？　日中間の答えは異なるだろうが、正常化を阻害しているのは主に三つの問題、すなわち、歴史問題、釣魚島問題、靖国神社参拝問題だ。この問題がなぜこれほどまでにこじれてしまったのか。日本外務省の幹部の説明は次のようなものだ。

まず一つは時代が変化したことであり、（一九七二年）田中外交が日中国交正常化を一気に解決したように、日中関係はかつて政府レベルのみに限られていた。だがこのような外交はもはや通用しない。ネットにより人々が十分な情報を得たことで、政府が独占していた情報が公共のものとなり、少数による外交は大衆が関心を持つ問題となり、外交は民意を常に重視する必要が生まれた。

第二に、日中間の衝突は突き詰めれば利益の衝突であり、もし領土に固執していたら、両国ともに譲歩の余地はない。これまでは調停の余地があったのは、両国が鄧小平のいう争いの棚上げという原則を守ったからであり、釣魚島というボトムラインに触れることなかった。だがもしこのバランスが崩れると、衝突は避けられない。

第三に、日中両国の政治家が民族主義を利用し、揉め事を起こして国内の民族主義的感情を刺激することで、ある種の政治的目的を達しようとすることだ。

この外交官が指摘した原因は理性的で的を射ており、日本政府の立場だけから問題を見ていない。第二の原因について言えば、以前私は微博に書いたことがあるが、日中間の争いは利益の争いではなく、歴史観や歴史価値観の争いである。なぜなら日中間の利益の一致性はその分岐よりもはるかに大きく、日中は利益共同体になっており、両国の経済的連携や総貿易額はそれぞれの国家において上位を占めている。釣魚島あるいは尖閣諸島は日中関係の中で一体どれだけの利益を占めているのか。釣魚島で戦争をし、どちらが勝ってもどれだけの利益があるのか。それぞれがマイナスの利益となり、双方が負けになる可能性が高い。

自分が日中の争いを歴史観や歴史価値観の争いだというのは、政治家たちに、国家利益を守るとの名義で行う外交政策が、本当に国家の最大利益を守っているかを注意喚起したいからだ。独立した立場の学者としては、民意と政治家に縛られ、巻き込まれることから抜け出すことが最も必要だ。

時代は確かに変化しており、日中両国は極めて変化の速い時代に直面している。一九七八年に鄧小平が日本を訪問、新幹線に乗った時、世界にはこれほど速い列車があるのかと驚き、日本経済の高成長と現代化の程度を身をもって感じ、両国間の巨大な格差から、鄧小平は中国は必ずや改革開放を進めねばならないという緊迫感を持ったのだった。鄧小平が帰国後、中国共産党は第十一期三中全会を開き、改革開放の基本路線を決定した。約三十年を経て、中国の経済規模は日本を上回った。京都に新幹線で訪れた時、私は鄧小平のような驚きは感じなかった。日中間の巨大な変化はわずか三十年間に起こり、この変化はわれわれの思考の速度をはるかに上回った。だがこのような時代に、我々は以前の思考にとどまって問題を見ているのではないだろうか。

日本共産党の幹部と話した時、彼は安倍首相への提言として、現実を正視し、アジアの情勢やアジア各国の関係を正確に認識し、日本がかつてのようにアジア最強の国家でないことを認識すべきだと述べた。また日本が中国を見る場合、中国の主流メディアに惑わされることなく、中国には各種の声があることを認識する必要があると述べた。

同時に中国に対して、民族主義の感情を抑え、これを刺激せず、歴史の細部にこだわらず、現実から出発しなければならないと述べた。そして日中両国の強硬派はお互いに対立しているように見えて、お互いに支えあっており、相手への反対の声の中で自らの影響力を高めていると述べた。

この幹部は三つの提案をした、つまり（一）釣魚島、あるいは尖閣諸島問題は、時間がかかるが外交を通じてのみ解決が可能だ、（二）いかなる時にも武力を用いた問題解決をしてはならない、（三）この小さな問題ゆえに日中関係の大局に影響を及ぼしてはならず、両国トップが交流をしないのは、非常に理知的でないやり方だ。私は彼の見方は非常に客観的で公正であり、大多数の日本人の見方もこのようだと信じる。

日本に来て見聞きし、日本への元からの印象を強めた。つまり日本は豊かな国家というだけでなく、文明的な国家であり、中国に比べはるかに公平公正な国家だということだ。日本のジニ係数はわずか〇・二八五で、政治の清廉さや透明さは世界でも最前列の三十カ国に入り、政治に腐敗はないとは言えないが、有効にコントロールされている。このような国が再び戦争の道を進むとは考えられない。多くの日本の友人は、日本でどうやって軍国主義が起きるのか、愛国主義すらないと私に語った。

一方中国を見ると、愛国主義の旗印のもと、二つの主義が非常に高まっている。民族主義と民粋主義（ポピュリズム）であり、これと相応する二つの感情が非常に高まっている。つまりは革命の感情と戦争の感情だ。民族主義の旗印を掲げ、街をデモし、日本に抗議し、日本製品をボイコットし、さらには破壊行為をする人々は、大多数は中国の底辺で生活し、国家の発展からいかなる利益も得ていないのであり、彼らは内心では、戦争や革命により現有の権力や利益構造を転覆したいと思っており、現有体制では変えることができない生活の状態を再び変えたいと思っているのだ。

それゆえもし誰かが民族主義やポピュリズムを利用しようとするなら、そのリスクは非常の大きなものであり、今日日本に向けて付けられた怒りの火が明日には釣魚島ではなく、中国の政府の建物に引火するかもしれない。民意を利用できると考えてはならず、真の民意はそれを操ろうとする者の手にはないのである。

自分はかつて、日本には内政問題はなく外交問題があるだけであり、中国は内政問題があるだけで外交問題はないと述べたことがある。これは確かに極論で、日本には福島原発事故の処理など内政問題も抱えている。だが日本は国家の分裂や制度の顛覆が起きるほどの問題はなく、主要な問題は外交である。一つは日米関係、もう一つは日中関係だ。日本の生存空間や資源は外部に頼っており、外交は立国の基本だ。一方中国では、重大な制度や社会の問題が大量に存在し、長年蓄積した矛盾が爆発する可能性がある。中国の外交は内政の外延だが、いまや外交政策は日中関係で行き詰まっているだけでなく、その他の国際問題でも受け身になっている。かつて中国の友人は世界に広がっていたが、今本当の友人はいるだろうか。北朝鮮、シリア、ロシアか？　北朝鮮にしても、あれだけ多くの支持をし、多くの対価を支払ったが、そこからどれだけの戦略的利益を得たのだろうか？

日中両国は異なる歴史観、歴史価値観、異なる制度、異なる文化や民意の基礎ゆえに、確かに両国間の歴史的な問題を根本的に解決するのは確かに困難だ。民意の支持に訴えるにせよ、政治家の智慧に訴えるにせよ、歴史問題を解決する正確な道筋や方法は見いだせない。日中は戦争の他に他の選択がないのか。日中両国人民が代々友好を続けていくのは実現不可能な夢なのだろうか。この問題の答えは皆さんにお願いしたい。

だが私が期待するのは、ネット技術は国家、制度、民族、種族、地域、文化の差異やそれによる歴史観や歴史価値観の差異を取り除いたことであり、人類の共通認識や普遍的価値は空気のように、欧州、米国、アフリカからアジアの上空へ流れ、そして中国と日本の国土も覆っていることだ。このことからも中国と日本は共通の問題を解決し、真の友好の隣国となれると確信している。

艾未未《アイウェイウェイ》２０１５——体制は醜悪に模倣する

牧陽一

まき・よういち——埼玉大学人文社会科学研究科教授。専門は一九九〇年代以降、中国現代アートを中心に中国文化。主な著書に『中国現代アート』（講談社、二〇〇七年）、『艾未未読本』（集広舎、二〇一四年）、『アイ・ウェイウェイ スタイル』（勉誠出版、二〇一四年）などがある。

集団的行動、重婚罪、違法建築という側面から、中国政府の艾未未弾圧の心理作戦を見出だし、艾未未の対応を追っていく。それは政治が芸術を醜悪に模倣することではなかったのではないだろうか？また二〇一五年七月、パスポートが返却される。そして八月には艾未未への批判が展開される。艾は本当に政府に投降したのだろうか？

一、社員旅行と童話

昨今中国人観光客の日本での「爆」買いが話題となったが、二〇一五年五月五日から七日、天獅集団「ＴＩＥＮＳ」（ティエンズ）六四〇〇人のフランス、パリ、ニースへ世界最大レベル、「爆」社員旅行も人々を驚愕させた。天獅集団はバイオテクノロジー産業を中心に金融、観光、物流、不動産、教育など幅広い事業を手がける複合企業で、現ＣＥＯの李金元氏（五十六）が一九九五年に創業した。またティエンズの従業員たちは八日、ニースの遊歩道に集結してパレードをして「コート・ダジュールのニースはティエンズの夢」という人文字を作成し、ギネス世界記録を更新するパフォーマンスもみせた。[(1)] 社員たちはフランス滞在中に高級ブランド品や化粧品を買いあさり、ＡＦＰの推計では、四十億円の経済効果があったという。

「ティエンズの夢」から容易に想像するのは「中国の夢」であり、こうした豪華社員旅行は、中国の豊かさをアピールする中国共産党のプロパガンダそのものだといえる。

さらに同月二十三日、習近平国家主席は、訪中した自民党の二階俊博総務会長に同行した約三〇〇〇人の日本人訪中団を前に、演説を行っている。(2)「日本軍国主義による侵略の歴史を歪曲・美化しようと企む如何なる言動も中国人民とアジアの被害国は受け入れない。」と述べる。それは九月三日「中国人民抗日戦争勝利七十周年式典」へと繋がっていく。習近平演説の内容は正しい。しかし中国共産党の優位と正しさを宣伝するダイナミックな人員投入には個人を無視した暴力的なものを感じざるを得ない。

こうした人海戦術的で派手な旅行やパレードの報道を見聞きした時、筆者は艾未未の作品「童話」を想起した。

二〇〇七年第十二回ドクメンタで艾未未は一〇〇一人の中国人をドイツのカッセルへと集結させた。募集は艾未未のブログを通じて行われ、三日間で三〇〇〇人もの応募があり、三一〇万ユーロにのぼる費用は艾未未の友人であり彼の作品を扱うギャラリーのウルス・メイユを通じてスイスのライスター財団、アーレンマイヤー財団が供出した。ビザの申請にはウリ・シクの紹介でドイツ大使フォルカー・シュタンツェルの協力を得た。ビザの申請から、保険、航空券の手配まで詳細な手続きをフェイクスタジオのスタッフが行った。

宿舎はフォルクスワーゲン工場跡地を使用し、カーテンで仕切ってプライバシーを守った。一人ひとりには中国の明代清代の太師椅も運び込んだ。それは見知らぬ土地へ行く者へ何かしらの縁のある物をもたせ、安心感を与えるためだ。また白と黒の一人ひとり模様の違うスーツケースやUSBメモリなど何点か共通する持ち物をデザインして用意した。

一〇〇一人というのは千一夜物語を想起する。一〇〇一人それぞれの物語がここに生まれる。艾未未の「童話」は正に一人ひとりの童話であり、個人の尊重が主眼となっている。

二〇一一年四月三日、艾未未は失踪し、六月二十二日まで入獄監禁されていたことが明らかとなった。以来パスポートは奪われ、国内に閉じ込められた。艾はパスポートの返還を求めて、フェイクスタジオの門の前に自転車を置き、その籠に毎日花を生け続けた。そして六〇〇日目、四年ぶりの二〇一五年七月二十二日に返還される。国内に閉じ込め、自由を奪うやり方は、まるで童話での一〇〇一人分の海外旅行の自由が、今度は逆に艾未未一人で清算させられたかのようではないか。陰湿な怨恨さえもうかがい知れる。

一方は贅を尽くす傲慢な旅、一方は質素で無駄がない。一方の社員旅行は個を無視した全体主義的な集団行為であり、艾未未らの童話は個人の可能性を引き出し、一人ひとりの物語を作り出すものだ。まるで対照的な模倣ではないだろうか？　ここには全体主義的プロパガンダと現代アートの、政治と芸術の相違、対照性が顕わになっている。体制は醜悪に模倣する。

二、重婚――高瑛と艾青

作家のプライバシーの詮索は気の進まないことだが、問題を具体的にするために、艾未未の父艾青と母高瑛について触れておかなければいけない。

一九五六年五月二日、艾青は「庭師の夢」を発表した。後にこの文章は「単調な熱情」という言葉で百花斉放を風刺したものと捉えられ、艾青批判の原因の一つになる。

また五十五年艾青はすでに高瑛との関係が問題になっていた。両方家族のあるダブル不倫であった。艾青は元の妻韋嫈と離婚したが、一年間の党籍剥奪か否かの観察処分になり、高瑛は夫が離婚を承諾せず「重婚罪」で起訴され、半年間の労働改造所送りとなった。五六年三月にやっと結婚が認められた。(3)

艾青は最初両親の決めた妻と離婚後、一九三九年韋嫈と結婚、艾清明（娘四二年生まれ）、艾端午（四五年）艾軒（四七年）艾梅梅（娘五〇年）と四人の子どもをもうけていた。艾未未の異母兄弟である艾軒の名は本来「圭圭」だったが子どもの頃、「烏亀」（音が圭と同じ）＝ふしだらな者と罵られ、名前を変えたのだという。父の離婚や再婚を考えれば、子どもにとって嫌なあだ名であった事は間違いなく、父への不信は一生ついてまわることとなる。艾青と韋嫈の離婚後、末娘梅梅以外の三人はしばらく父の元にあずけられるが、継母高瑛が家に入ってギクシャクし、後に母のいる天津へと家を出て行く。その時、父は何も言わなかったという。後に著名な画家となった艾軒は一生父親艾青を許すことはなかった。(4)しかし、この時点一九五六年すでに艾青への批判は始まっている。子どもらの安全を考えてのことかもしれない。

艾軒は一九七八年に一度は父に会うものの、もう一生会うことはないだろうと思っていたという。艾青の臨終も近づいた一九九三年十二年滞在したアメリカから帰った艾未未が仲をとりもって、艾軒は最期にもう一度車椅子の父に会うことができた。艾未未は父と義兄にある意味での団円を与えたかったのだろう。

重婚罪といえば、艾未未も路青という妻がいながら、王芬との間に息子艾老（二〇〇九年二月生まれ）をもうけたことで、重婚罪にとわれたことを想起させる。

つまり艾未未にとって「重婚」という言葉は父と母の不倫、重婚という恥辱の記憶を裏側に持っていて、艾未未に精神的なダメージを与えるものなのだと想像できる。

体制の側は当然こうした意味も含めて艾未未にこの罪状を被せたのである。政府側がかなりマニアックに艾青や艾未未のことを調べ上げているのは間違いない。艾未未事件は単に艾未未を犯罪人に仕立て上げるばかりではなく、心理的なダメージを与えようとする精神戦でもあった。

さらに二〇一三年六月四日、艾未未の作品「赤壁」の撮影を担当した徐偉が買春で逮捕拘留された。同年八月二十三日、著名なエンジェル投資家でウェイボのフォロアーを一〇〇〇万近くもつ薛蛮子が買春、乱交で逮捕された。薛蛮子はかねてからインターネットの自由化を主張していた。八月二十九日にはCCTVが三分間も使って薛蛮子の罪状について放送した。

こうした見せしめに近い逮捕拘留で、道徳的に優位に立とうとする政府警察のやり方に対して艾未未は「もし国が正当ではない手段もしくは卑しい手段で異なる意見を持つ人間に対処するなら、その国の基本精神を踏みにじることになる。堕落だ。国家の知的資源や尊厳を完全に放棄した堕落だ。誰もがはっきり分かっているはずだ」と語っている。(5)

三、違法建築――四川大地震と上海アトリエ

艾未未事件の原因の核心は二〇〇八年五・十二四川汶川大地震後の艾未未らの現地調査、学童生徒犠牲者の名簿の作成と、発表にあるだろう。二〇〇九年五月名簿を発表していたブログは閉鎖された。八月には譚作人裁判に証人として出向いたところ、警察に殴打され、監禁される。さらに二〇一一年には終に逮捕入獄させられることになる。

二〇一〇年七月には艾未未の上海アトリエが完成する。三〇〇〇平米、工事に一年、経費は一億円以上かかっている。十月突然アトリエは「違法建築であり、取り壊す」と通知が来る。

十一月七日、上海アトリエで解体を「祝賀」する河蟹（hexie：調和の意味の和諧と同音。調和した社会をつくるという政府の建前のもと、言論、インターネット上の発言の弾圧が行われたことを風刺している）パーティーが開催された。艾未未は自宅に監禁され、主人不在のままパーティーは開催され一〇〇〇人近い人々に一万匹の河蟹が供された。そして二〇一一年一月、アトリエが解体された。

上海アトリエ建築計画は二〇〇八年から始まっている。上海市嘉定区区長の孫継偉は嘉定区馬陸鎮大裕村新農村建設計

画を進め、この村を北京の大山子七九八芸術区のような芸術区にして、活気を与えたいと思った。いわゆる村興しである。著名な芸術家を招聘してアトリエを作ってもらえば、多くの人々が足を運び、やがてデザイン事務所や書店、レストランや商業施設が増えて、上海郊外のホットスポットになると考えたのである。

当初艾未未は承諾しなかったが、孫は北京へ何度も赴き三顧の礼を尽くした。結果、艾未未は承諾してアトリエの建築にとりかかった。しかし上海市から正式な土地使用の許可を得ていない不法建築として取り壊しが通告される。岳敏君、周春芽、丁乙、余徳輝ら他のアーティストは無事に計画が進んだのに対して、艾未未のアトリエだけが取り壊しを通告された。孫は損害を賠償しようと提言したが、艾は拒否した。そして事件の全貌、通告書全てをネットに上げて公開し、一万元の賞金を出して、ユーザーに提案を募った。数百の解決案が集まった。どちらがおかしいのか、間違っているのか？全てを公開して庶民に訊く、艾未未の常套手段である。(6)

艾未未が上海政府の怨みを買い、弾圧される理由は「楊佳事件」に対する艾未未の調査発言に求められる。艾は数十篇の文を書き、楊佳についてのドキュメンタリー作品「あるひねくれ者（一个孤僻的人）」（二〇一〇年四月）を製作発表している。(7)

上海市第二中級人民法院（裁判所）は二〇〇八年九月一日午前、上海公安局閘北分局（警察署）を七月一日に襲撃し、警官六人を殺害し、五名を負傷させて現行犯逮捕された楊佳被告に死刑を言い渡した。十一月二十六日、わずか四ヵ月で死刑が執行された。

楊佳は二〇〇七年十月五日夜、北京から上海に旅行中、警官に自転車で通行中のところを訊問された。その際、身分証の提出などを拒んだために派出所へ連行され暴行を受けたことで警察を恨み、襲撃したとされる。警察署内で実際に何があったのかは公表されていない。楊佳が警察を襲撃した際のビデオも改竄が行われている。北京市大屯派出所の警察官が楊佳の母親王静梅に対し、聞き取り調査を行ったが、その翌日深夜突然母親が行方不明になる。また楊佳の父親が指名した弁護士が弁護出来ないように上海警察がしむけるなど、法律上常軌を逸した行為が行われた。警察署以内でいかなる暴行が加えられたのか明らかにしないまま、死刑が執行された。性器を潰されたと言われている。

楊佳は警察の事情聴取に対してこう言い残したという。「すべてについて、俺に納得のいく答えをくれ、そうでないなら、俺がその答えをやろう。――屈辱を一生背負うくらいなら、法を犯すほうがよっぽどいい」。

艾未未は司法の不在を問題にしている。司法は警察と一体化している。さらに言えば中国共産党政権の下で恣意的にそれらが利用されていることを指摘していく。全ての経過をネット上に公開していった。

こうした上海における艾未未と政府の対立は「不法建築」という罪状の醜悪な模倣によって繰り広げられた。

艾未未は自分への弾圧を逆に公にして、真偽を問う。民主的な方法だ。ここでも結果的に政府の理不尽さを白日の下に晒け出すことになった。

四、名前を消される——北京での個展

上述の通り二〇一一年一月には艾未未への通知もないままに上海のアトリエは取り壊された。さらに四月三日、艾未未は行方不明となり、六月二十二日まで八十一日間も獄中にいたことが明らかとなった。その後、脱税罪、猥褻罪、重婚罪などにとわれた。二〇一一年十一月一日、艾未未に脱税追徴課税罰金一五二二万元（約二億円）の全額か半額を十五日以内に支払うようにという税務署からの請求がきた。この間、艾未未にお金を貸そうという動きが現れた。期日の十六日には三万人から八四五万元が集まった。艾は異議申し立てのための支払いを済ませた。さらに十七日にはファンと撮ったヌード写真を猥褻と見なされ、警察に捜査を受ける。これに対して艾のファンサイトには一〇〇人もの人が自分たちのヌード写真を掲載して抗議した。

政府側の打つ手打つ手が、艾未未を支持する人々によって退けられた。艾未未の人気を消し去るために政府は艾未未の名前を「敏感詞（禁句）」にして、一切のメディア、ネットから消し去った。艾未未、未未、艾未、艾胖子どれも検索でヒットしないようにした。(8)

結果、艾未未は海外のメディアでは著名でも、国内では知られることがなくなっていった。特にネット規制の効果は大きい。艾未未は翻墻して（国内のネット規制を越えて）ツイッターやユーチューブ、インスタグラムで発信するしかなくなった。

尾行監視。ブログの閉鎖。警察の襲撃。上海アトリエ取り壊し。入獄。重婚、脱税、猥褻罪容疑。名前を禁句にされる。自宅軟禁、監視。艾未未への圧力はその後も続いた。

二〇一四年四月三十日、『上海ＣＣＡＡ中国当代芸術賞十五年展』の開催二十分前に、二〇〇八年の終身最優秀賞（傑出成就奨）受賞者であり、第一～三回評議審査委員を務めた「艾未未」の名前が会場の壁から消された。

艾未未は友人のウリ・シクとともにＣＣＡＡ創設から携わっている。最も記念すべき人物である。

さらに一ヶ月後の五月二十三日、北京七九八ユーレンス現代美術センター（ＵＣＣＡ）でオランダ人の中国現代美術研究者、戴漢志（ハンス・ファン・ダイク）を記念する展覧会『戴漢志 Hans Van Dijk ハンス・ファン・ダイク（1946-2002）：5000の名前』展が開催された。しかし先の『ＣＣＡＡ中国当代芸術奨十五年』展と同様に艾未未の名前が消された。案内状の写真からも艾の姿は切り取られていた。艾未未はこれに抗議して作品を撤収した。

艾未未は一九九九年、戴漢志とともに「中国芸術文件倉庫（CAAW: Chinese Art and Archives Warehouse チャイナ・アート・アーカイヴ＆ウェアハウス）」を創設し、多くのアーティストに表現の場を提供した。

戴が晩年になって体を壊した時も給与を払い続けた。戴は二〇〇二年に逝去。葬式で彼の妻の手をとったのは艾未未だった。墓の設計も艾未未が行い、艾は戴の最も大切な親友だったといえるだろう(9)。

艾未未は関係した館長、キュレーター、アーティストに連続してインタビューし、原因を探り、アーティストには作品の撤収を勧めた。その会話の全てをインスタグラムに掲載し、公開していった。

現代アートの世界でまで艾未未の名前が禁句となっていく。艾にとっては最も関係の深い領域での排除を受けたということになる。単に禁句になった艾未未の名を出す勇気がないというより、人間の関係性を無にする事にも気が咎めない、その裏切りに艾未未は失望した。最も信じたい現代アートの仲間からの仕打ちには精神的にかなり応えただろうと思われる。これも艾未未を孤立させる政府の心理作戦に他ならない。

こうした中で、面白い事が起きた。二〇一四年九月九日、ＣＣＴＶ中国中央電視台の番組「青春って何だ？」に何食わぬ顔で艾未未が登場した。いろいろな人に青春とは何かとインタビューするコーナーで艾未未は「青春とは熟睡状態のことだ」と答えている。「厳重な監視下にある反動派」である艾未未が国営放送に登場したのだから、関係者は公安に呼ばれ事情聴取（喝茶）された。このことで更に事が大きくなり、ＳＮＳを通じて人々に知られることとなった。艾未未は二〇〇八年の四川汶川大地震の調査以降、ＴＶに出ることはなかった。艾未未のことを禁句（敏感詞）にしたことで、ＣＣＴＶが何度検閲しても艾未未のことに気づかなかったのである。この件はＣＣＴＶの無知と、公安部安全部門の時代錯誤の方法を白日に晒すことになった。艾が言うように正に「オ

ウン・ゴール」である。(10)

二〇一五年六月十一日、体制側の新聞『環球時報』は三つの大きなニュースを報道した。一つはミャンマーのスー・チー氏の訪中、二つ目は汚職幹部、周永康の無期懲役の判決、そしてもう一つが艾未未の北京での美術展だった。

単仁平（編集長である胡錫進の筆名）は「艾未未が北京で展覧会を開催するとは実に面白い」という記事で「客観的に見て、中国社会は現代のパフォーマンスアートについて熟知してはいない。艾が以前の「政治性」から脱却して、中国人の視野を切り開く作品を創作し、ここ数年、彼をめぐって形づくられた資源を利用して、公衆とパフォーマンスアートとの接触を推進し、「西に迎合する」から「人民大衆に奉仕する」に改めるならば、非常に面白いことになるだろう」と述べている。(11)

単仁平はながく艾未未を批判し続けてきた人物だ。たとえば二〇一一年十一月単仁平「艾未未たちが淘汰されるのが社会の潮流だ」では艾未未に海外勢力の後ろ盾が無ければ、「何でもない存在だ」といい、艾未未に対して三万人もの人々が一億円以上のお金を貸したことを、扇情的スローガンに乗せられるなと批判している。(12)

さてここに出てくる「有意思（面白い）」という単語も実に曖昧で批判とも肯定とも取れない。しかし『人民日報』の海外版であるグローバルタイムス『環球時報』は国際的な世論も無視はできない。結果、中途半端な表現になったと思われる。それにしても禁句であった艾未未の名が体制側の新聞に掲載されたのは大きな変化だった。艾未未は表現の自由を回復するのだろうか？　と確信できないままだった。

一点興味深い事実に触れたい。二〇一五年五月十五日より、中国美術館館長の範迪安がキュレイトリアルアドバイザーを務めたヨーロッパ史上最大の中国現代美術の展覧会、『CHINA8―Contemporary Chinese Art on the Rhine and Ruhr（チャイナ8―ライン・ルール地区中国現代美術展）』が開催されている。デュッセルドルフやエッセンなどライン・ルール地区にある八つの都市の九つの美術館が、ひとつの展覧会として、張培力、丁乙、劉建華、尹秀珍、邱志傑ら一二〇人の中国人アーティストの作品五〇〇点あまりを展示している。この展覧会に艾未未の作品は選ばれなかったのだと筆者はずっと考えていた。だが、実はこの展覧会に艾未未も出品を打診されていたものの、艾はこれを断っていた。この時期にはまだパスポートが返却されていないため出国できないことが理由だろうが、その直後に「北京制圧」とまで形容された、北京市内五か所での艾未未の展覧会同時開催は、ドイツでの大規模な中国現代美術展のために、他のアーティストと作品の多くが出払っている間の開催を企画していたことになる。つまり、北京での個展はかなり戦略的な意味があったわけだ。(13)

当然先の名前を消された二つの事件で、艾未未はアーティストの仲間に半ば失望しているわけだから、中国側のグループ展に参加するとは思えない。だがドイツでの大規模美術展に参加しなかったのは、いずれ出国できるはずだという可能性を読んでいたからかも知れない。少なくとも北京で個展が開催できるという確信があったのではないだろうか。

二〇一五年七月二十二日午後三時ごろ、艾未未のインスタグラムには「パスポートを取り返した」と艾とパスポートの写真が映し出された。ついに二〇一一年の入獄以来、四年ぶりに海外への旅行が可能になった。二〇一三年十一月三十日からフェイクスタジオの前の自転車の籠に花を生け続けて六〇〇日目だった。

習近平は二〇一四年十月十五日、文学芸術界の七十二名を招聘し、文芸座談会を開催した。これは一九四二年の毛沢東の文芸講話の再来そのものだった。党の宣伝に文学芸術を利用しようとする方法は時代遅れと言わざるを得ない。政府の側はまずこの方法の誤りに気付き始めたのだろう。日本でも安倍政権が二〇一五年六月二十五日、文化芸術懇話会を開き、

「マスコミを懲らしめる」などといった、百田尚樹らによるマスコミへの弾圧発言が問題になった。まさに日中両政府は権力保持のために、報道や文学、芸術、ソフトパワーに対する弾圧、統制へと向かっていた。しかし当然こうした動きに庶民は反感を抱き、多くの言論人の発言や海外での報道には反発が見られた。

艾未未への弾圧が解かれた要因は、こうした政府の時代遅れで専制的な方法が広く世論の反発を招いていること、そしてその反発が大きくなり、政府へのプレッシャーとなった結果だと言える。艾を閉じ込めているよりは解き放した方が世界からの批判を逃れられると踏んだのだろう。艾は自分自身をチェスのプレーヤーだと言うように、習近平の訪米前に、中国政府が欧米の理解を求めるタイミングで、世界の趨勢をうまく作用させた。一見体制批判の見いだせない個展の成功で、一旦は退いたかに見せたが、逆にコマを奪ったと言える。

しかし艾の仲間のアーティスト趙趙が言うように中国政府による弾圧は変わっていない。七月九日以来、中国全土で三〇〇人以上の弁護士や活動家が逮捕拘留されている。艾のパスポート奪回は小さな勝利にすぎない。今以上に思想・表現の自由を求めて戦うしかないだろう。

五、艾未未批判

艾未未は二〇一五年七月二十二日、ドイツベルリンに到着する。二〇一四年内に艾老と母親の王芬はドイツに渡っている。ここで初めていくらか落ち着いた生活に戻ることができた。

二〇一五年八月五日に発表された艾未未のドイツに移って最初の発言「私は一本の樹木のようなもので、成長しているのだ」は多くの艾未未支持者を失望させた。(14) 以下に訳出してみたい。

「中国政府当局はパスポートを返したばかりか、自由に帰国することにも承諾した。中国の体制には問題がある。だが何かを破壊するのは容易だが、その後に新しい事物を樹立させれば良くなるとは限らない」。

艾未未は「様々なレベルの不自由を経験してきた。極端な状況も多々あった。脱税の問題も本来私個人の問題ではなく、会社の問題だ。しかも私は会社の責任者でもない。さらに当局は会社の脱税の証拠に基づいていない。彼らはこうやって名誉を破壊する。中国の政治犯はこういう待遇を受けるのだ」という。

艾未未の現状については「当局の最近の制限はずっと緩くなってきた。当局は変わらず、私の一挙一動を注視してはいるが、空気は以前よりはずっと緩和した。しかも再びパスポートを獲得し、旅行の自由にはほとんど制限がない。中国当局は「おまえは自由な人間」であり、出国後に帰国してもいいと言った」と示した。

記者が矛先を変えて、艾未未への監視がますます緩くなっても、あの一〇〇人以上の人権弁護士にとっては状況が全く違うではないかといったところ、艾は「当局の彼ら人権弁護士に対するやり方は非常に専制的だ。だが私が当時拘束された時の状況とは大きく違っている。彼らの案件は裁判所で判決され、当局は法律の枠外に逸脱することはない。警察が彼ら弁護士を拘留したのは、彼らを支配するために取った方策に過ぎない。だが警察は依然としてこういう事をする権力を持っている。習近平の反腐（腐敗を取り締まる）運動は異常に緊張した空気をつくった。このため当局は現情勢への支配力を絶対に失いたくはない。不穏な芽が出れば、当局はすぐさま介入するだろう」。

当局はなぜ艾未未に強硬だったのか？　と聞くと「中国社会の構造はかなり脆弱で、少しでも緩めば全面的な崩壊を招く。いくらか奇怪に聞こえるだろうが、中国には現代社会的文化がなく、個人主義もない、言論の自由も、個人の主体的な理念もない。中国には教会や組合といった異なる利益を求めるものを代表できる社会構造に欠けている。皇帝が高みに君臨し、底辺には個人の色彩を抜かれた多くの衆生がいる。今日も相変わらず昔のままだ。

国家が権力を独占した時間が長すぎた。だから当局は異なる考えを受け入れられない。いかなる場所でも新しい権力の発生する可能性をたとえごく僅かであっても容認できないのだ」。

それでも艾は中国がいつかは民主化を実現することに楽観を見せる。「中国は経済的に大きな成果を得た。しかしその事で人民の自由への欲求を抑制することはできない。結果いつか巨大な圧力が爆発を誘発することになる。その時、民衆の信頼のない専制政権はこの危機から逃れることはできない。キーポイントは中国がどのように現代社会を形成していくかだ。しかし目下この問題をめぐって関連する討論がほとんどない」。

自由を制限された四年間については、「それは不確定で危険に満ちた四年間だった。今は以前に増して彼らのことが解った。彼らも私のことが解っただろう。それは良いことだ。人間性は普遍的なものだ。たとえ国家を代表する要員であっても同様の人間だ。彼らは或る社会政治体制内で勤めているに過ぎない。この点が彼らの行為を制限している。アーティストとしてこれら国家要員と意思疎通して、社会が変われば彼らもまた同様の収益者なのだということを教えなければいけない。この面で私はかなりの進展を得た。彼らは今、私の考え方に対してもかなり積極的になってきた」。

この時、記者は艾未未の答えに驚いた。もしも私の自由が政府に何の理由もなく奪われたならば、私は以前に増して彼らのことが解ったなどとは言わない、大声で彼らは強盗だ、不公正だ、愚かだと罵るだろう、と言った。

すると艾は、「彼らは決して愚か者ではない、中国では多くの人が努力している。だが間違った体制では、如何に努力しても進展を勝ち取ることはできないのだ。だが私は慎み深く慎重にならなければいけない。何かを破壊するのは容易だが、その後に新しい事物を樹立させれば良くなるとは限らない。人間は現状に基づいて活動を展開しなければいけない。それは悪魔と化した者を相手にするよりも困難なことだ」という事を強調した。

艾は、「当局は今、私が中国を良くしようとしていることを解っている。こうした信任の基礎がなければ、彼らが私に再び美術展を開催させる筈がないし、再びパスポートを返すわけがない」という。

取材の最後に艾は「今、慎み深く事を行う必要がある。世の中には単純な良し悪しや、正しいか間違いかではない。私は私がすることが私たちの社会の助けになれることを望んでいる。批判するばかりではなく、解決の方法を提案すべきだ。もしも私に方策がなければ、なぜ問題を討論するのだろうか？」と述べた。

記者は最後に「あなたは以前こんなに慎み深く話をしませんでしたね」というと艾はこう答えた。「私は一本の樹木のようなもので、成長しているのだ」。

これに対して八月七日ボイス・オブ・アメリカは「艾未未は当局が弁護士を捕まえることを理解している？　反体制派は不満」を掲載した。[15]ここで温雲超（北風）は艾未未が「自由に」なった理由として習近平の訪米を上げ、人権に関する中国への批判と責任追及を緩和させるためだと指摘している。「また中国政府が多くの人権弁護士を逮捕したことについて艾が「彼らの案件は裁判所で判決され、当局は法律の枠外に逸脱することはない」と述べているが、事実とは全く違う。多くの反体制派の不満を引き起こしている。今回の艾の発言は以前とは違いすぎる、とっても受け入れられない。さらに「解決方法の提案があってはじめて批判できる」という発言も、公衆が抱く批判の意味に対する一般理解に合わないものだ。私個人の意見では批判とは独立した行動だと思う。政客のように一通りの解決方法を提出してはじめて批判足りうるというのではない」と述べている。

別に蘇雨桐は「この記事は翻訳で、誘導性を持つ内容であり、艾未未の意図を歪曲している。艾未未に本質的な妥協はない。最も妥協したのは八十一日間獄中にいて釈放されたばかりの時だ。彼は最も困難なときには沈黙する。悪人を助けるような事は言わないし、中国政府を褒めたこともない。だから私は彼が自由な国に来て突然こうなったことを信じない」。

更に誤解を招いている二点について英語版から補充している。

人権弁護士の逮捕について「そうだ、これらの案件について政府はかなり強権的だ。（自分が逮捕されたときは北京空港で突然捕まえられたが）今は逮捕状があって、彼らの案件は裁判所で判決され、彼らは手順に従って行っている。もし証拠が足りなければ釈放することになる。こうしたやり方は数年前の非合法なやり方とは違う。もちろん、もし警察が容疑をかければ、逮捕する権利を持っている。たとえ私が彼らを支配するために取った方策に過ぎないと思ったとしてもだ」。

また政府を批判すべきかどうかについては「（彼らが私を帰

国させなくても、）私は恐れない。どんな事が起きてもかまいはしない。私は正常な生活を求めるだけだ。私は私が話すことや行うことが社会に利益を及ぼすことを望んでいる。批判するばかりではなく解決の方法を提供する。私は自分のことを優秀だと思っている連中が嫌いだ。問題が存在すれば、解決の方法もある。もし私に解決の方法がなければ、なぜ問題を語るのだ」。

この補充部分を見ると、艾未未の先の『南ドイツ新聞』の内容と開きがある。艾は自分が逮捕されたときよりは合法的だが相変わらず警察は権力を放縦に使っている。またこうして「法に照らして行うはずだ」と言う事によって中国側に合法的な裁判をするように釘を刺し、彼ら人権弁護士の釈放を求めていると考えられもする。また艾は反体制派に対して「解決の方法がなければ批判できない」と言っているのではなく、自分は「批判するばかりではなく解決の方法も提供する」と言っているのである。とすればこの補充によって誤解も解けるはずだろう。

八月八日には『環球時報』の単仁平は「艾未未が政府を罵らないと、西側は喜ばない」を発表し、『南ドイツ新聞』が艾未未の今回の旅行について「政府はほとんど何の条件もつけていない、中国に帰ることもできる、政府が彼を自由な人間だと言ったこと、また政府を批判するだけではなく、解決の手段を示さなければならない」と示す。さらに「ボイス・オブ・アメリカ」の記事を取り上げ、西側は艾未未を反体制の旗手にしたがっている。艾の発言が、中国人の反体制派の大きな不満を引き起こしている。これは初めての艾未未の「偶像崩壊」であり「悪人を助けること」であり「変節」「投降」であり「自由な人間ならこうではないはずだ」という発言が、様々な人々、様々な媒介の間に出てきている、と述べている。

そして「歴史は証明する。極端な反体制派は我々の時代の夢遊病者だ。彼らは西側の政治理論を持ち出して、それを数理公式にして中国社会の様々な局面に当てはめて測量する。こういう連中は大当たりの夢でも見て笑って暮らしていればいいのだ」と締めくくる。(16) 艾未未の発言が反体制派批判に利用されている。最初の記事内容のマイナス部分を敷衍して反体制派全部を否定している。

艾未未の発言に対する反応は詹万承「艾未未の転身——メディアノート」にまとめられている。(17)

ウェイボの「@史政研究」では「艾未未は体制内の子供だ。以前は範疇を越えて行ったが、それは青春時代の父権への反逆心に過ぎないもので、その反逆は長くは続かない。彼のすべては父親から与えられたものであって、結局は父親の元へ帰っていく。家出した子どもが、突然何もないことに気づいて、最後にはやはり父親の豚小屋（中国共産党）に帰るようなものだ」。

張雪忠は、「当局の高圧の元で、元々抵抗者がそれを放棄して退出する。私は彼らの個人的な選択を尊重する。そして彼らが静かで落ち着いた生活に戻っていくことを祝福する。しかし、彼らがそこでさらに反対を続ける人間を踏みにじるのであれば、わたしたちは彼らに忠告する「矛先を仲間に向けるようなやり方は、自分と仲間に対する二重の裏切りだ」と」。

『南ドイツ新聞』に掲載されたインタビューで、政府に囚われた人たちに対して艾未未が見せた態度は、異常なほど冷たいものだったと反体制派からは見られている」と示した。

末尾では「@小白妖妖」艾瑞豪」は以下のように推測する。「艾は自分を自由にしてくれた人たちが誰なのかをはっきり解ったのだ。それは虎退治をしている人たち（汚職取り締まりを進める人たち）だと。そして自分の自由を奪ったのは誰か——大きな虎勢力（政府の汚職取り締まりが追っている既得権勢力者）だと。だから、彼はあんな発言をした。艾は虎退治の連中の側にしっかりと立ったのではないか」。

八月九日には「環球時報は艾未未が政府を罵らないことを褒め、学者は偶像が二度と出現しないことを嘆く」（ボイス・オブ・アメリカ）が出て、これまでの言説をまとめている。[18]

八月十三日にはドイツ媒体から「泣く理由はない」が公表されている。この文には翻訳上で問題があり、元版と改訂版両方がネット上で閲覧できる。[19]

艾未未A：私が捕まったとき、警察が言った。「お前がこんな事を文革中に言ったら銃殺だっただろう」。私が理解することはこんなことだ。今は以前よりはずっと進歩している。

今回の人権弁護士の逮捕は私が捕まったときとは違う。当時は秘密裏に失踪する。今は地方都市ではあるかもしれないが、北京では基本的には秘密裏に失踪するようなことはない。

ドイツ時代週報Q：しかし周世鋒弁護士は秘密裏に失踪しました。

A：一人ひとりの状況はよく知らないが。私の公安に対する理解から言えば、彼らは秘密裏に失踪するという事は発生しえないと考えている。それは違法だからだ。

Q：今回、弁護士の逮捕では現在まで多くの家族が通知を受け取っていません。面会もできません。拘留されている場所も知らされていない。逮捕された時にそれぞれが何か方法を使って外に伝えない限り、誰も彼らの逮捕を知らされてはいません。

A：それはもちろん秘密裏に失踪したという事だ。私はよく解っていない。秘密裏に失踪する事がとっても多いという事だ。彼らは依然変わらない方法を使っている。

Q：絶対権力の国家で私たちがどうやって合法的に国家と意思疎通させ、私たちを理解させるのですか？例えばあなたはどうやって国から信頼されたのですか？

A：どのようにしたのかとなぜ訊く？　自分自身のやり方でやればいい。私も彼らに信頼されているわけではない。私のすることの全ては意思疎通、交流だ。ソーシャルメディアだろうが、美術展だろうが、誰かとの接触や会話も全てが意思疎通や交流だ。特別な方法が必要なわけではない。意思疎通のためには第一に誠実でなければいけない。第二にあなたが関心を寄せる問題に関して自分のやり方を表わさなければいけない。

ここでは艾未未の人権弁護士逮捕への認識の甘さが指摘されている。これを艾は素直に認めている。さらに次では記者が艾未未を投降した者として報道しようとする意図が露わになっている。しかし艾「私はなぜ以前の艾未未でなければいけないのだ？」[20]が公表され、艾はこの部分が改竄されているとして、批判を加えた。

フェミニストの趙思楽は「反体制派が艾未未を正確に理解しようがしまいが、一つの事実は成立した。すなわち一人のオピニオンリーダーが消えたのだ」と述べている。また余傑は「もし彼が本当に投降したのならば、それは恥辱そのものだ」と言っている。

最後にドイツの著名な中国学者ティルマン・スペングラーは戒めを込めて「西側の基準で艾未未の言説をはかるのは避けなければいけない。専制制度の下で働き、生活した人間が道徳的な評価を進めるべきだ。そこで誰かが艾未未の愚かさを感じ受け取ったならば、私も完全に理解できる」と述べた。

六、廖亦武との対話

そしてティルマン・スペングラーの提案を受ける形で九月四日「廖亦武がベルリンで艾未未を詰問する」の概要が公表された。[21]

人権弁護士の逮捕について艾未未は以下のように補完して述べている。

私があの時（南ドイツ新聞に）話したのは長い話のうちの一部分だけで、全体的には多層化した状況が含まれている。まず「客観的に歴史から見れば、縦から見ても横から見ても、数人の弁護士を逮捕することなど大したことではない」。一九四九年以来、中国の度重なる政治運動は無数の人々を踏みにじってきた。しかも誰も個人の運命に関心を寄せなかった。／次に中国は三〇年の「資本主義化の発展」後、法治国家とはいえないものの、基本的な法律が存在する。「以前は一人の人間を銃殺にすることも一回の会議で決定できた。今は相当の法律上の手続きがある。だが問題はこれらの手続きが必ずしも遵守されないということだ」。艾未未は以上を述べる際、特に強調した。自分がこういうのは、弁護士を逮捕するときに中国当局が法律的な基礎を備えているという意味ではない。／艾未未は同時に自分を含む中国国内の民間のアピールはほとんど無力であることを認めている。「強権的政治の最大の特色は、個人に『無力感』を味わわせ、自分の存在が意味のないものに思わせることだ。」／艾は一歩踏み込んで、人権弁護士が抑圧されるのも自体も驚くことではない。一人の人権弁護士が、法治の不完全な社会で人権活動を進めれば、逮捕される可能性は十分ある。「これまでがそうであったように、今もそうだし、これからもそうだ。」／もし自分が中国へ帰国すれば、逮捕される事態に直面する可能性は十分ある。「法治ではない社会では、誰も安全ではない。

以上八月から九月、ドイツに移ってからの艾未未と艾未未に関する言説を追ってきた。

艾は民主化を単に政府批判の繰り返しではなく、政府との対話に持ち込んで普遍化しようと考えているようだ。だが政府側の環球時報の単仁平は艾の意図を汲むことなく、変節、偶像崩壊などの言葉で艾を陥れ、反体制派間の仲間割れを煽っている。そして民主化を普遍的な価値観から中国には合わない西側の偏った考え方だと見なそうとする。いかなる艾未未も認めない点で変化はない。艾の人気を失墜させることだけが単仁平の目的のようだ。こうした表層的な艾未未批判が原因なのか否かは解らないが、単仁平への処分が報道されている。(22)

艾未未の考え方は基本的には変わってはいないのではないか。投降の事実も否定している。また人権弁護士逮捕の問題でも、艾は強権的政府を批判した上で、二〇一一年秘密裏に拘束された自分の場合や文化大革命時期の無法状態よりは良くなっていく事は間違いないと言っているだけだ。また海外の安全な場所から政府批判を声高に叫ぶのは艾のやり方ではない。逆に合法的に事を行うはずだと艾が発言することで、政府をそう仕向けようとする意図を感じる。

筆者はメールで艾未未に「あなたは中国政府を褒めることで、政府を管理しようとしているのですか？」と訊いた。艾は「悪い子どもでも励ましてやらなければいけない」（八月七日）と答えている。スー・チー女史が大統領以上になると言うように、艾は体制側に働きかける方法で改革を図っていくだろう。

（付）二〇一五年十月四日、北京の事務室から盗聴器が発見された。二十四日、劉暁波ら政治犯とされたスターの肖像をレゴで作る。レゴから政治的な作品のためには提供しないと拒否される。艾は不要なレゴを集め始めた。

注

（1）サイトについては二〇一五年九月三十日閲読。
中国企業「爆社員旅行」フランスを〝占拠〟…六四〇〇人、ブランド品買い漁り経済効果「四十億円超」など。http://www.j-cast.com/2015/05/12234991.html

（2）加藤嘉一「習近平が三〇〇〇人訪中団を熱烈歓迎した現実が意味すること」など。http://diamond.jp/articles/-/72094

（3）《中国当代文字狱囚徒编年录》第一卷第十三案（一九五九）。
http://www.chinesepen.org/blog/archives/14167

（4）艾青之子艾轩细诉家庭悲剧：从没和父亲说一句知心话
2012-09-28 15:37 来源：三湘都市报 作者：艾轩
http://www.zgnfys.com/a/nfrw-10141.shtml

（5）艾未未著 牧陽一編著訳『アイ・ウェイウェイ スタイル』（勉誠出版、二〇一四年）一四二頁。

（6）艾未未工作室被拆记 2011/1/13 10:21:04 来源：财经 作者：倪枫

http://space.baozang.com/news/n61387

（7）艾未未フェイクスタジオの解説は以下のとおり。

《一个孤僻的人》是关于杨佳故意杀人案的纪录片，艾未未工作室历时两年追踪拍摄。

杨佳，男，一九八〇年八月二十七日生，北京市人。

二〇〇七年十月五日杨佳在上海租骑一辆自行车途经闸北区，遭闸北分局民警盘查，并将其带回派出所六个小时，后杨佳不断投诉上海警方暴力执法。

二〇〇八年七月一日杨佳以涉嫌故意杀人罪被上海警方刑事拘留，被指控杀死闸北公安分局六名警察，并造成三名警察和一名保安受伤。

二〇〇八年七月三日，杨佳的母亲王静梅被北京警方带走后失踪。

二〇〇八年十一月二十六日，杨佳在上海被执行死刑。

杨佳说：任何事情，你要给我一个说法。你不给我一个说法，我就给你一个说法。有些委屈如果要一辈子背在身上，那我宁愿犯法。

杨佳案发后，媒体以〝一个孤僻的人〟描述他。在这个孤僻的时代，任何人都有被孤僻的危险，而杨佳，将被记住。

（8）エヴァン・オズノス著／笠井亮平訳『ネオ・チャイナ』（白水社、二〇一五年）二五七頁。

（9）牧陽一「誰が私の名前を消したのか？――艾未未アイ・ウェイウェイ二〇一四」『埼玉大学紀要 教養学部』第五十巻（第一号）二〇一四年九月

（10）牧陽一「艾未未アイ・ウェイウェイ インタビュー アー

ティストとして／民主活動家として」『週刊読書人』三〇七五号二〇一五年一月三十日八面。

（11）环球时报评艾未未获准在京办展：挺有意思的事：澎湃新闻报料 http://www.thepaper.cn/newsDetail_forward_1340498

（12）单仁平：「〝艾未未们〟被淘汰是社会潮流」2011-11-16 08:34 环球时报
http://opinion.huanqiu.com/152/2011-11/2176170.html

（13）牧陽一「中国における初の艾未未の個展開催は艾未未事件の句読点なのか？」
Web ARTiT（二〇一五年七月三十日）。
0.http://www.art-it.asia/u/admin_ed_contri13_j/K2u5wxQNtFa9b6vn7YmT/

（14）媒体看中国 德语媒体：〝我就像一棵树，我在成长〟日期 05.08.2015
作者 文山（摘编）主题 艾未未，德语媒体
http://www.dw.com/zh/%E5%BE%B7%E8%AF%AD%E5%AA%92%E4%BD%93%E6%88%91%E5%B0%B1%E5%83%8F%E4%B8%80%E6%A3%B5%E6%A0%91%E6%88%91%E5%9C%A8%E6%88%90%E9%95%BF/a-18628801
艾未未：中国当局许诺他可以自由回国 依然相信中国将实现民主
2015-08-05
http://www.rfa.org/mandarin/Xinwen/6-08052015122011.html

（15）VOA 艾未未理解当局抓律师？异议者不满
http://www.voachinese.com/content/aiweiwei-china-20150806/2904561.html

（16）单仁平：「艾未未没骂政府，西方不高兴了」2015-08-08 09:14:37 作者：单仁平
http://www.m4.cn/opinion/2015-08/1282301.shtml

（17）詹万承「媒体札记：艾未未转身」来源：徐达内.COM—发布：冷眼—发布时间：2015-8-8，星期六 http://www.ccdigs.com/73296.html
ふるまいよしこ 北京万華鏡 北京ごろごろ日記【万華鏡クリップ】二〇一五年八月十日には邦訳が掲載されている。訳出の際、参照させていただいた。
http://wanzee.seesaa.net/article/423922016.html

（18）VOA 环时赞艾未未不骂政府 学者叹偶像不再二〇一五年八月九日
http://www.voachinese.com/content/voa-news-beijing-aiweiwei-20150809/2909199.html

（19）没有理由去哭 ZEIT ONLINE 13.08.2015
http://www.zeit.de/politik/ausland/2015-08/ai-weiwei-interview-chinese

（20）媒体看中国 德语媒体：〝我为什么要是以前的艾未未？〟日期 13.08.2015 作者 摘编：李鱼 http://www.dw.com/zh/%E5%BE%B7%E8%AF%AD%E5%AA%92%E4%BD%93%E6%88%91%E4%B8%BA%E4%BB%80%E4%B9%88%E8%A6%81%E6%98%AF%E4%BB%A5%E5%89%8D%E7%9A%84%E8%89%BE%E6%9C%AA%E6%9C%AA/a-18648429

（21）廖亦武柏林〝拷问〟艾未未二〇一五年九月四日 http://www.dw.com/zh/%E5%BB%96%E4%BA%A6%E6%AD%A6%E6%9F%8F%E6%9E%97%E6%8B%B7%E9%97%AE%E8%89%BE%E6%9C%AA%E6%9C%AA/a-18691071

（22）网传环时总编胡锡进被处分 联合早报网二〇一五年九月二十七日
http://www.zaobao.com.sg/node/531300

中国司法改革の困難と解決策

賀衛方（翻訳：本田親史）

長年改革の必要性が叫ばれながら、結局、計画経済時代への回帰傾向が顕著な中国の司法制度。その背景には、司法の真の専門職化、独立性維持が徹底されてこなかったことが挙げられる。ただし中国という特殊な土壌では司法分野だけに特化した改革や民主化はむしろ弊害をもたらし得ることを考慮すれば、長いスパンでの取り組みが必要とされよう。

一、石橋を叩いて馴染みの川を渡る[1]

一九九九年五月、中国社会科学院法学研究所は「法による国家統治と司法改革」と題する研究会を主催した。当時行われた多くの司法改革関連の研究会と同様、法学研究所でのこの研究会も楽観的なムードに満ちていた。一年以上前、中国共産党第十五回全国代表大会での報告は、司法改革に関しこれまでになく高らかな調子で「司法改革を推し進めるにあたり、制度的な次元から司法機関が法に基づいて独立公正に裁判権と検察権を行使する」ことを謳いあげていた。その一年前に最高人民法院長に就任したばかりの肖揚《シアオヤン》[2]も絶えず司法改革を主導していく意向を示しており、一連の具体的な改革措置も続々と登場しつつあった。学術界は当時のこうした状況に興奮しており、最大限の熱意で司法改革のための計画を練ったのである。その後の数年間においても、司法改革をテーマとする学術研究会が次々に開催され、学術論文や論壇記事が次々に発表され、その熱気は通常ではなかった。

ホー・ウェイファン――北京大学法学部教授、北京大学司法研究センター主任、全国外国法制史学会副会長、中国比較法学研究会副会長。一九九三年と九六年の二回にわたり、米ハーバード大学などで在外研究員。二十一世紀に入り憲法の観点から一党独裁制に批判的な発言も展開している。
ほんだ・ちかふみ――明治大学講師。専門は東アジア社会研究。主な論文に「メディア公共圏への中台当局の対応比較」（『習近平政権の言論統制』蒼々社、二〇一四年五月所収）などがある。

しかし、当時の研究会においても、筆者は（そうした熱気に反して）司法改革の前途に楽観的な見方は提起しなかった。その理由として第一は、司法改革をどのような方向に持っていくかについて基本的な知識の共有がなされていなかったこと、第二に政治体制およびイデオロギーに拘束されているという条件下で、司法改革をどの程度まで実現できるかについて自己把握ができていなかったことがある。私は当時以下のような詩で自らの「司法改革に関する所感」を表現した。

戦局は兵馬車とも困窮極まり
法の網は儒、道、仏いずれの教えからもかけ離れ迷走している
朝廷は目新しい物を次々に招き入れるが
結局石橋を叩きながら馴染みの川を渡る

歳月は瞬く間に過ぎ、あっという間に十年近い時間が過ぎ去った。今日では、司法改革は大局的には停滞・漂流状態にある。この十数年来、法曹界ひいては全人代も多くの改革案を提起してきたが、しかし、改革の目標と実現のための道筋をどう取っていくべきかといった点に関する知識の共有を欠いており、その結果多くの改革策が互いに衝突したりあるいは打ち消し合ったりしてきたために、結局は「制度的な次元から司法機関が法に基づいて独立公正に裁判権と検察権を行使する」効果を何ら生み出してこなかったのである。改革により司法の地位は向上しては来なかったし、むしろ人々は司法がますます周縁化されていくのを見て取った。技術的な次元で思弁を改良したとしても、（それを規定する）大きな枠組そのものがこれを阻んでいくのなら、全体的な次元での社会正義の実現は難しいのであり、一時は人心を鼓舞したスローガンもやがて徐々にかすかな声へと変わっていった。司法公正化の言説により（一時は）国民の間にも法曹界に対する期待が満ち溢れていったが、しかし一部の人は実際には法曹界における司法独立の実現は難しいことを分かっていた。社会的に広く注目を集めた多くの事件について、人々は結局司法はこれまで同様外部権力に屈しており、弁護士による弁護は様々な制限を受け、司法手続きは捻じ曲げられ、その結果として公正な解決を得られていないということを見て取ったのである。司法の腐敗に関する報道が頻繁に出現するようになると、もともと堅固なものとはいえなかった中国国民の法治に関する信念はさらに揺らぎ始め、かつてのある種の人治への転換もしくは回帰への主張が増え始めた。「石橋を叩いて馴染みの川を渡る」とはこのことなのである。

二、大衆司法への回帰？

昨年十一月、冤罪の可能性を免れない聶樹斌《ニエシューピン》事件[3]に対し、何兵《ホービン》教授（中国政法大学副院長）は「南方都市報」に以下の論考を発表し、冤罪事件が今なお頻発する理由として、そもそもが判事の司法権に対する独占と市民の司法参加の欠如があるとし、以下のように指摘した。

ここ数年の司法改革における根本的な誤りは、それが一部の学者の間違った誘導と、判事グループの意識的な推進のもと、いわゆる「専門職化」路線に走ったこと、そして（その結果として）司法と市民の間のギャップが拡大し、市民が司法権に対する最終的なコントロールを失ったことにある。司法の専門職化への努力は結果として、人々が想像するような清廉かつ公正な司法をもたらさず、むしろ逆に、社会正義よりも自分自身の利益を優先する判事集団が今まさに形成されつつある。このため、本事件が我々に与えた最大の教訓は、判事集団の司法権に対する独占を確実に打破し、様々な手続きによる民主的な手段によって、市民の司法権に対する有効な統制を実施することである。[1]

このことと対をなすように、最近の報道では、当局は「司法の平民化」を強化することを意図しており、これにより「専門職化」のもたらす弊害を是正するのが目的とされる。そのほかに、過去の改革の偏向を調整していくことはすでに中国共産党の明確な志向性へと変じている。二〇〇七年十二月二十五日、胡錦涛・共産党中央総書記は大法官（最高裁判事に相当）・大検察（最高検検事に相当）座談会において政法（法律の立法・執行を指す）工作は「正しい政治的な方向性を堅持し、終始中国の特色ある社会主義という偉大な旗幟を高く掲げ、法執行における思想、実践、作風の各分野において中国的特色を持つ社会主義の正確な方向を真に体現しなければならない。社会主義法治理念による政法工作の誘導を堅持し、我が国の社会主義司法制度の優越性を十分に発揮しなければならない」と強調した。さらに「大法官、大検察官は終始、党の事業、人民の利益、憲法・法律を至上命題とし、広範な判事、検察官およびその他の工作人員をけん引しての科学的発展を保証し、社会の調和という歴史的使命と政治的責任を促し、公正で権威ある社会主義司法制度を建設するために努力を惜しんではならない」[2]と強調した。過去十数年来、司法改革の設計はより多くを西側の体制から借用することを主張してきた。例えば司法の中立性や判事の独立などが改革の達成すべき目標として規定されており、「社会主義司法制度の優越性」などといったイデオロギー色濃厚な記述は長い間見られなかった。「社会主義司法制度の優越性を存分に発揮しなければならない」という表現はロジックの上から見て必然的に西側の制度・観念の排斥を伴うものである。二〇〇八年八月七日河南省中級法印院長会議において、同省共産党委員会書記の徐光春の一通の書簡が朗読された。報道によればその内容は以下のようになっている。

徐光春は以下のように強調した。省共産党委員会第八期第八回全会は、全省において「新たな解放、新たな超越、新たな崛起」を主題とする思想開放に関する大討論活動を展開することを決定した。全省の裁判所ではこの決定に基づき、根本性、方向性、原則性を伴った問題を確実に把握して、それらに関し大いに学習し、討論をより深く行っていかなければならない。（これにより）西洋の司法制度・理念への盲目的な崇拝を放棄し、同様に西洋の司法体制、裁判モデルへの信奉もやめるべきである。（その代わりに）党の裁判所工作に対する指導、社会主義法治理念を堅持し、中国の特色ある社会主義という政治的方向性のもと、頭脳を十二分に覚醒させ、立場を十二分に確実に、旗幟を十二分に鮮明にしなければならない。全省の裁判所に対し以下のことを要望する。省党委の指導、省人民代表大会の監督・支持のもと、中国の特色ある社会主義という旗幟を高く掲げる。党の事業、人民の利益、憲法・法律を至上命題とし続けること、よりいっそう政治意識、大局意識、法治意識、サービス意識、責任意識を強化する。党の執政上の地位、国家の安全、人民の利益を守り、社会の大局的な安定を政治の主要任務とする。裁判審理に際しての職能上の働きを十二分に発揮し、裁判所における指導グループならびに判事集団の構築を全面的に強化し、人民大衆からの新たな要求、新たな期待に真剣に向き合い解決を図る。思想上、能力上、業務上、体制上妥当ではない問題については、絶えず改善をし、（社会における）基層の基盤を強化する。（そしてこのような方式で）公正かつ効率の高い権威主義的な社会主義司法制度を打ち立てるべく努力しなければならないが、そのためには調和（原文「和諧」）的なファクターを最大限に増やし、調和的ではないファクターは最大限削減していくことである。このような方法により小康（まずまずの成長度のことを指す）社会を全面的に建設し、中原の勃興を加速させなければならない。このようにして調和の創りだされた中原は今後更により大きな貢献があらたになされるだろう！〈3〉

明らかに、こうした言説は（西洋的な司法システムへの）対抗を狙ったものである。最高指導部から見れば、過去十数年の司法改革の方向性は誤っていたのであり、「大いなる学習、大いなる討論」を経て、「三つの至上」（上述の党の事業、人民の利益、憲法・法律を至上命題とし続けることを指す）という中国的特色を持った社会主義司法を打ちたて、それにより西洋の司法制度・理念に対する「盲目的崇拝」「盲目的模倣」を変えなければならない。最高法院がこのところ全国的な規模で実施し続けてきた「三つの至上」を核心とする「大いなる学習、大いなる討論」を合わせて考えても、このような社会主義司法体制への逆転はもはや逆らうことのできないある種の潮流になっているように思われる。河南省においても、高級人民法院は全省の裁判所で「馬錫五《マーシーウー》裁判方式」〈4〉を推し進めることを通達し、都市の広場においても田園地域においても法定での審理を再現し、聞くところによれば傍聴していた市民はおしなべてこのスタイルでの裁判進行を賞賛していたという〈4〉。

司法改革においてこのような逆転が起こったことは、学術界でも議論を呼んだ。北京の新聞「経済観察報」はこれについて連日大きく紙面を割いて、関連する議論を掲載した特集記事を載せた〈5〉。一つの核心的な問題として間違いなくいえるのは、現在では司法の権威に見る影もなく、誤審が相次いでいる真の原因は「司法改革がいわゆる『専門職化』に走った」からではないのだろうか、司法の高度の専門職化とは「人民との距離がますます開いていく」ことを意味しているのではないか、そのような、古いやり方を新しい位相でもってごまかしていくようなやり方で、司法の公正性を推進していくことができるのか、ということだ。筆者はこのような判断はまったくもって対症療法的であって、「首を切断してやぶにらみを治す」ものだとさえ考えている。中国の司法がこれまで正義を行うという使命を果たしてこられなかった原因は、その専門職化にあるのではなく、それが非職業化されてきたためであり、もっと言えば司法が地位の上で独立してこなかったことに求められるのだ。

三、司法の専門職化とは何か

まず我々が根本的次元で見直しを行い、議論をしなければならないのは司法の専門職化の含意である。私から見れば司法の専門職化の定義とは、司法制度設計面および司法権行使プロセスのプロフェッショナリズム化を意味するものではない。その基本的な内容についてはすでにこの数年来の議論の中で明確に示されているので、ここではごく簡単に帰納的に説明するに留めたい。第一に、専門職化は司法当局者の選任の上での専門化を求めるものであり、それはすなわち法律関連の職業に対するハードルを上げることにより、司法権の中心的な部分の扱いを、専門的な教育と訓練を受けた人々の手中に握らせるようにするということである。この司法関係者選任基準の前提は、法律という分野が一つの専門化された知識であることを認めることにあり、専門化された訓練を経て初めて、司法権を取り扱う者の思考と行為を、特殊な知識による拘束と指導のもとに置くことが可能になり、またレベルによっても地域によっても異なる、司法の決定過程において平衡と統一を図ることができるようになり、(さらには)法のもとでの一人ひとりの平等を最大限に保証できるようになるのである。この点において、十数年来の我々の改革はかなりの成果を上げてきた。二〇〇〇年における統一司法試験制度(5)の確立はその顕著な一例である。

司法の専門職化の二番目の内容は、司法の決定過程において法律および法律解釈の規範を順守するよう求め、このプロセスにおいて最大限に恣意性を減少させることにある。この数年の改革において、こうした要求は「司法改革には道理が必要」という言葉で概括される。いわゆる道理とは法理のことであり、専門性のある道理のことである。ある場合には法理と一般的な人生の道理とは合い通じる場合もあるが、やはり法理とは法律の職業的な特性を兼ね備えてなければならないものである。英国最高裁判事 Edward Coke の表現を借りれば、判事の運用するものは、生まれついての智慧ではなく、その後の人為的な訓練を経なければ運用できない理性でなければならない。同じような案件に対して同等の待遇をすることが司法プロセスにおいて最も中心的に考慮されなければならない。単に、ある種の民を愛する心から出発して、規則の前後にある連関性を疎かにし、厳密な法律の運用を怠ってしまえば、いわゆる法治は最終的には単なる虚しい言葉に終わってしまう。ここにおいて司法関係者は特殊な法律上の解釈規範——例えば契約条項の解釈の仕方、名誉権の保護と言論の自由の間のバランスのとり方、魯迅の肖像使用への親族の同意が必要か否か、ATMで自分のカードを使って限界額以上の金銭を引き出した場合、それは窃盗といえるのか否か——など特殊な法的解釈規範を順守する必要があり、またそうした案件について法曹界で統一された解釈がなされる必要があり、さらにそれによって判事の裁量権を拘束しなければならないのである。

司法権の行使の仕方は司法の専門職化の第三番目の要素を構成する。法治社会とは必然的に利益の多元化した社会であるため、特に公民あるいは法人と国家の間の利益の衝突は中立的な司法機関により解決されなければならない。したがって司法行為は利益の対立する当事者の認可を得られるかどうかがカギになる。(それには)消極的もしくは中立的であることが前提になる。過去十数年における司法改革において、法律学界ならびに裁判所は、司法権は法定の範囲内で行使されるべきであり、当事者の提起していない事柄に関しては判決を下してはならないということを強調していく傾向にあった。(こうした考えかたのもとでは)可能な限り当事者自らに証拠集めとその提出を担わせる必要があり、判事は過度に主体的には権力を行使してはならず、ただ法廷内における審理しか可能ではない。こうした形で、最大限に判決をある種当事者同士の競争の産物という形に変えることで、客観的には司法決定者の受ける圧力を軽減しようとしたのである。

(司法専門職化の)第四番目の項目としては司法管理制度のプロフェッショナル化がある。これはつまり、人間同士の関係性および人間と機関の間の関係において、司法機関と行政機関を明確に区別するということである。司法権の行使において一つの重要な特色として各判事が独立して公判に当たるということがある。というのも係争の当事者に直接相対するのはまさに判事であり、一切の証拠提示と法律上の弁論が展開されるのも判事の面前なのであり、当然直接判断を下すのも判事なのだから、判事は当然のことながらこういった独立した権力を行使するとともに、決定を下した責任を明確な形で負わなければならないからである。しかし、長きにわたり、行政の強い力と官本位の伝統の影響もあり、我々は司法機関内部における権力枠組みをどのように配分するかに必要な検討や具体的な制度設計を欠いてきたこと、司法のプロセスにおいては判事に独立性の保障はなく、裁判所長や他の行政官僚が具体的な案件の判決結果に対しどれほど大きな影響力を持っているかという点や、裁判委員会が判決結果をどれほど直接的に決定できるのかという点、さらには司法上の政策決定に関する責任も完全に分散されてしまっている。考えても見てほしい。もし聶樹斌事件が石家荘《シージアチュアン》中級法院において合議法廷で数名の判事の署名により行われる独立した裁判であったならば、誤審を下す判事が責任転嫁しようもなく、冤罪となった確率は必ずや大幅に減少していたはずである。このほか、司法機関内部において十四段階にも及ぶ判事の等級が幾重にも設けられていることで、判事の独立意識はさらに弱体化している。これは間違いなく専門職化とは逆のベクトルにあるものだ。

司法専門職化の五番目の内容は司法における職業倫理の確

立である。いわゆる職業倫理とは、一つの職業が社会の中でどのように励んでいくべきかを定めた行為準則であるが、広範な道徳準則ではない。（司法関係者の場合）それは判事と判事の間、あるいは判事と弁護士、および検察官の間、さらには法曹関係者と関係当事者の間および法に関わる職業と社会の間でどのように関係を処理していくか、特にその中でもどのように利益の衝突を回避していくかを定めた行為規範をも含むものとなっている。例えば、一般の市民には司法あるいは訴訟に対して評論する自由があるが、判事の場合、当人であれ他人であるとを問わず現在進行中である担当事件の審理に関し言論を発表したりすることについては制限を加えられるべきである。判事は法廷内外で厳粛さ、公正性、忍耐力を保ちつつ、絶えず市民の司法に対する信用を高めなければならない。判事は弁護士、検察官および証人に対しプロフェッショナルとして尊重する態度、礼儀、公正性を示すことが必要である。判事は、市民がその公正性に対し疑惑を持つようないかなる組織や活動にも参与してはならない——などといった職業倫理が完全に確立しているのか、また司法プロセスの各段階において体現されているのかといった点が、一国の司法の専門職化がどの程度進んでいるかを計る重要な尺度である。さらにいえば、我々の司法が多くの点で非難されているその根本的な原因の一つは、まさにこの職業倫理確立の上での欠如と混乱にあるのだ。

四、司法の独立

かりに上述のような司法の専門職化の努力がなされているにしても、一国の司法が必要な独立性を欠いているとすれば、司法権の公正な行使に期待するのは徒労というものである。この独立性は機関設置と意思決定過程の二つの点から体現されなければならない。機関設置における独立性とは、司法権を立法からも行政からも分離した専門職化した司法機関の手中において掌握しなければならないということであり、司法機関に属していない権力は判決のプロセスに関与してはならないということである。同時に司法の独立性は、判事が意思決定において法律の条文そのものと専門知識を厳格に運用し、さらに事案の事実と法律の間の精緻な関連性について法による推理を行うこと、すなわち法的な思惟上での独立性を体現することを求めている。かりに、機関設置上の独立性には、司法機関自身が他のいかなる権力機関による制限を受けないという条件を厳密に維持することが前提になるならば、意思決定における独立性はさらに裁判所内部の権力分配および、厳格な選任手続きにより司法次元での意思決定の質を保つことに重きが置かれることになる。

今日の司法の最大の弊害の一つは、裁判所が一つの事案を判断する際にどのように準則を守っているのかを全く予測できない――すなわち、我々が判事に対し法に則って事案を処理することを望んでいる場合に、何が国家の法律なのかますます曖昧模糊となってきている点にある。判事の腐敗などの要因以外に、事案の判断にこのような不確定要因が出てきてしまう原因は、すなわち判事（自身）が法廷内外の影響力から免れ得ないということにある。一部の正式な党・政府機関公文書、非公式の電話、メモといったものが司法を正しい法律の筋道から逸脱させてしまうのだ。重大事案に際しての政法委員会による事前協議や根回しによって法廷での審理は完全にすっ飛ばされてしまうのである。ここ数年来、各地の公安部門トップの政治的地位が上昇しており、多くの地方で政法委員会書記が公安局局長を兼ねるようになってきているし、公安局局長が党委員会常務委員を兼ねるようになってきている。一方で裁判所長や検察長（首席検事）の党内におけるポジションはますます周縁化されつつあり、その結果憲法の規定するところの「一府両院」体制、すなわち法院、検察院が法に則って裁判権、検察権を行使するという制度はもはや正常に機能しなくなってきている。例えば刑事裁判において、多くの冤罪事件が発生しているのは、公判の節目において裁判所が公安部門の出した結論を受け入れることしか許されず、それを公然と否定出来ないからである。法曹界でよく言われていることに「公安は飯を作り、検察は飯を運び、裁判所は飯を食う」というスラングがある。いうことを聞くだけの裁判所には別に気兼ねがいらないようにも見えるが、問題は、裁判所は公安が作ったものを食べるしかないということにあるのだ。例えば、後に冤罪が証明された判決において、その原因は捜査段階における自白の強要にあることが多い。例えば裁判所が公判段階において着実に法に則って刑を（無理やり）構成するのに十分な証拠を排除できるのであれば、冤罪事件が起こるはずはないのである。しかし裁判所が常にそうできないのは、他でもなく、（司法が）独立していないからである。まさにこの法が独立していないという体制のもと、裁判所と検察はただ外部の権力の需要に応えるしかない。特に同じレベルの党・政府機関からの指令は順守するほかなく、地方の利益の守護者になるほかはない。地方企業の利益に関する案件などでは、裁判所が一貫して現地の当事者をかばっている例すらある。行政訴訟の分野で、市民が地元当局を訴えるような場合には、毎回毎回裁判所は針のむしろに座らされることになる。というのも地元当局敗訴の判決を出すのは裁判所にとって担い難い重責であるからだ。幹部の腐敗に対しては、党委員会の許可がなければ、検察は主体的に捜査に打って出ることさえままならない。ここ数年来腐敗は絶えないが、腐敗がますます深刻化していっているのは、検察権が独立していないということもまさに根本的な原因の一つとして一枚噛んでいるのである。司法権のこのような諸侯化により地方の主要幹部はますます権勢をふるうようになり、中央は各地の実態を有効裏に把握することはできなくなっている。特に地方政府が原因で高じた民の怒りを公正に処理することは難しくなっており、その結果陳情者、特に北京にまで来て陳情する者は連綿として途絶えることがない。こうして政府のイメージを守ろうとして行われていることは結局逆に人々の中に中央に対する恨みと失望を植え付けることになってしまっている。かくして当局の権威を守ろうとするプロセスの中で、人々の怒りは蓄積され続けエスカレートしていくわけであり、社会は一触即発の危険な瀬戸際に追い詰められていくのである。

定量的な分析に欠けてはいるが、筆者自らの二十年近い観察に基づいて言えば、絶え間なく陳情が行われるようになってきたのは、あまりにも多くの案件に対する不公平な処分（判決）が目立つようになってきたためだ。あるいは、全体的に見て司法が、国民の正義に対する要求に応えられなくなってきた原因の一部は（もちろん）司法の専門職化の程度が低いことに起因しようが、より多くの原因は司法が独立性を欠き、司法が法律外の権力により「雲が上下に動き風にたなびくように（恣意的であることや気まぐれであることを形容する表現）」動かされており、その依拠するところの規範が一体何なのかを（一般市民が）まったく知りようがないということに帰せられるといえるかもしれない。したがって、改革を通じ、司法権が地方化している現実、そして地方権力が（司法権を）統制することによりもたらされている（司法の）恣意性を有効裏に変革していくことこそ、焦眉の急なのである。

五、民主化と専門職化

現行のような共和体制下において、国家権力は民主のロジックにより構成されるべきであるというのは当然疑う余地はない。また司法権は国家権力を構成する重要な一部分として、国民から監督を受けるのが当然の筋である。しかし古代ギリシャ以来、民主と司法の間の関係性はかなり複雑な経緯をたどってきており、簡単に判断は下せない。ここにおいていくつかカギとなる問題を提起し、さらなる議論を進めたい。

まず民主化と（司法の）専門職化は対立する関係にあるのだろうか？　司法の専門職化が強調するのはもちろんある種のエリート化への制度設計への志向だが、しかし真の意味でエリート化が追求するのは実のところむしろ良好な社会的秩序建設への方向性であり、政治的な次元での民主的解決は立法過程における利益配分と政治権力配分の基準とやり方である。近代化の進展に伴い、政治的民主化と司法の専門職化はすでに緊密な関連性を持つようになっており、唇歯が互いに頼り合う関係性になっているのだ。しかし関連性が密接になっているからといってそれは互いに互換可能になっているということを決して意味するものではない。例えば、司法案件の処理において全国民的な投票による解決というスタイルは決して想像し得ないはずである。これまで我々は司法の専門職化の含意についてはすでに十分に議論してきたが、その中ではっきり証明されたのは、司法の専門職化による解決は主に司法の恣意性の是正や司法の公正性の確保といった次元の問題に限られるのであって、これと民主化が志向するところのものは必ずしも同じ目標ではないのである。良好な環境のもとでは、司法の専門職化と民主化は同時に実現可能であり、かつ互いの良さを活かし合うことができるが、良好ではない制度のもとでは、この二者は並び立つことはできないのであり、互いの良さを相殺しあってしまうのである。

次に民主は司法という分野の中で果たしてどのような次元で体現されるべきなのか？　実のところもし司法の民主化のことについて言及するのであれば、もっとも重要なのは、裁判所の適用する規範が民主的な機関の制定したものであるということだ。また、法曹界が民意を体現した立法に厳格に依拠して判決を下すという事こそが、民主の司法分野における最も重要な体現である。逆に裁判所が法律の外で、さらに、一時期の、一地域のもしくは一つの案件だけの枠内での民意しか考慮せず、判事が法律を超越して判決を下すことが人々の利益に適うと判断することが容認されるような場合、判決には名状しがたい任意性が加わってしまうことになる上に、民主的なプロセスと民意による彫琢を経て作られたはずの最高規範としての憲法、および法律は単なる虚しい空文になってしまうのである。したがって判事に、具体的な訴訟案件に関しどのように民意に相対し、またこうした民意をどのように判決に盛り込むかについての判断を許すということは、表面的には判事の裁量権を制約するように見えて実は逆に判事に民意を己の意のままに切り取らせる大きな裁量権を与えることになってしまうのである。もちろん、ある状況下において判事が法に則って判決を下す場合には真の民意とは齟齬をきたすこともあるのかもしれないのだが、合理的なやり方としては、立法機関が民意を受けた機関としても法律を改正することを容認し、その改正を行う前に判事がやはり自らの職務権限の範囲内で、自らの民意に対する理解を基に判決を下すべきなのである。もちろん、刑事法の分野では、判事に対するこの種の厳しい要求は「罪刑法定原則」に関わるものとして執行するのが妥当かどうかは議論の分かれるところだ。

立法の順守以外に民意機関は司法機関の行為に対し有効な監督を行わなければならないが、こういった監督とは、人事、司法関係者の任免、司法当局者への告訴に対する処理、司法の独立性の維持・他権力からの防衛などの領域に体現されている。強調しておかなければならないのは、こうした民意機関が司法に対する監督を行う場合でも必ず立法を順守し、厳格な手続きに従ってそれを行わなければならないということだ。この点において、我が国には深刻な欠陥が存在し続けている。一つには、人民代表大会の司法関係者任免には厳しい審査が欠けており、特に、「裁判官法」および「検察官法」で定められている任免基準に合わない人材が相当数、裁判所・検察庁において、判事や検察官、ひどい場合になると裁判所長、検察庁長まで務めている場合があることで、これは人民代表大会の監督上の不作為というべきだろう。もう一つには、人民代表大会は恒常的に立法と監督の境界を超えており、具体的な案件の処理に関して裁判所と検察庁に直接指令を下しているのだが、これは司法の独立性を侵すものである。このことはトクヴィルが古い制度（旧制度、アンシャン・レジーム）下におけるフランスの司法権のことを評して「一方では旧制度下での司法権は絶えずその権威の自然的範囲を超えて絶えず拡大しながらも、他方ではその権威の自然的範囲を完全なものにはしなかった」〈6〉と述べていたことを思い起こさせる。

民主の司法分野における第三番目の展開は、市民が陪審もしくは審理参加により直接的に司法権の行使に参与することである。ただ一つ、注意すべき歴史的現象として、市民が司法に参加したからといって、それは必ずしも法治と自由を促進するとは限らない、ということを挙げておきたい。例えば、一部の非英語圏の地域では陪審団（裁判員）制度を導入しているが、その結果は「龍の種を播いて蚤ほどの収穫しかない」であり、陪審団は英語圏のような「民主の学校」や「自由の砦」といった存在とは似ても似つかず、逆に専制権力を守り時に幇助する存在にすらなっている。フランス革命後のフランスで陪審団を導入した結果はまさにこのようなものであった。

したがって、我々が考えるべき第三の問題とは、もし政治的決定もしくは立法過程が真の意味では民主を実現していない状況下において、司法分野でのみいわゆる「民主」を推し進めていけばどのような結果になるかということである。我々は昔から、民主主義の初志の一つには、恣意的な権力の専横を制限することにあるということを知っている。民主以前の時代には、専制権力に対して制限を加えられるのは以下の三つしか存在しなかった。第一には世俗君主に対抗できる宗教的な権威、第二に異なる階級同士あるいは階級内部における対抗と妥協だが、さらにもう一つの存在として挙げられるのが、国家権力を規範化する法律関係の職業である。このプロフェッショナルな集団が立法・司法という二つの分野で徐々にかつての恣意的な専横権力に取って代わっていくのだが、その役割は極めて目覚ましいものがあった。英国を例にとると、裁判を担当する弁護士が判事任命の供給源を独占し、かつ王権を徐々に裁判所から排除していったのであり、ついには国民と王室、国民と政府の間の中立的な審判者となり始めていくのだが、これこそまさに法律という職業が社会的な転換を推し進めた典型的な事例である。こうした社会的転換を推進した原動力は民主的意識の涵養にあったのではなく、人々の司法というプロフェッションに対する信頼にあったのだ。逆にいうと、いかなる専制権力にとっても、ある種職業化された権力によって必然的にもたらされる制限は受け入れがたいものなのである。したがって、政治的次元での民主がなく、司法の独立に対する体制上の保証がない状態において、ただ司法のプロセスにのみいわゆる「民主」を導入したとしてもそれは、逆に専制権力が自らに制限を加えようとする勢力を取り除くのにかえって有効な手段となってしまう。歴史的に見ても、法律の専門職化の前提が民主であるということではなく、逆に、独立し高度に職業化された法曹界こそが、民主が暴君の手に落ちてしまうのを防ぐための前提条件になりうるのだ。

このように見てくると、我々にとっての第四番目の問題もおのずと明らかになってくる。それは専門職化された司法は、民主主義的な体制においても生み出され得る、ある種の弊害に対する抑制作用をも持ち得るということだ。今日のように民主の掛け声が高らかに叫ばれる時代において、民主的な制度においても弊害が存在すると公言すれば激烈な批判を招きかねないことは確かである。しかし、公平に言って、いかなる制度でも完全無欠のものはない。民主制度とは政治の基盤を民意というベースの上に作り上げるものであるため、政府の決定は必然的に民意を尊重し、体現したものとなる。これは民主の利点でもあるが、同時に欠点でもある。というのも民主とは常に変動するものであり、情報により左右されやすいものであり、センセーショナルな報道は大衆の怒りをかきたてやすいからである。例えば、文革の時にはほぼ全ての大衆が劉少奇は許すことのできない「スパイ、回し者、労働者階級の裏切り者」であると信じこんでしまったのだが、その後名誉回復され無実であることを知った。今日のようなインターネットの時代においてはいわゆる「標題党」(6)すら出てきている。人々はネット上において長たらしい大部の論考や微に入り細に穿った分析を読むのに耐えられないため、ネットメディアやブロガーはあくまで大げさなタイトルにそって文章を書いてしまい、(それを読む)人々はそんな表層的かつセンセーショナルなタイトルに引きずられて激情に任せてコメントを書き散らしてしまう。そのような状態では世論と実際の民意とが食い違ってしまうのを免れないのである。

いかにすれば民主主義のこうした偏りを是正できるのだろうか？　トクヴィルによれば、法律関係のプロフェッショナルこそ「民主主義のバランスを取り戻す事のできる最大の勢力」であり、唯一の勢力なのである。彼は米国の状況を以下のように描写している。

アメリカの人民が情熱に駆られ、あるいは観念に引きずられるとき、法律人は殆ど目に見えないブレーキを効かせて、人民をなだめ、引き止める。人民の民主的本能に対して、法律人は秘かにその貴族的傾向を対置する。人民の新し物好きに対して古いものへの迷信的な経緯を、壮大な計画に対して厳密なものの観方《みかた》を、規則無視に対して形式重視を、そして人民の決起に対しては法律家の習性である気長なやり方を持ち出すのである。(7)

この記述をもってトクヴィルを民主主義に反対するものとみなしてはならない。というのも彼は一七〇年以上も前に民主主義はすでに不可逆の潮流になっていると断言しているからだ。『アメリカの民主主義』において、彼は陪審団に対し、政治的機関として極めて高い評価を与えている。しかし一方で彼はまた理性的に民主主義そのものに内在する弊害をも分析しており、さらに重要な事には、彼はそれを治すための処方箋をも提起しているのである。問題はこの処方箋が中国に適用できるかどうかということだ。

六、ローマは一日にして成らず

これまで述べてきたように、過去二十年間の司法改革に対する評価と今後選ぶべき道については、(法律)学界、法曹界それぞれの間で大きな議論となってきた。困難に陥った、あるいは「石橋を叩いて馴染みの川を渡る」という言葉では現在の状況を描くのに若干誇張の嫌いもあるが、しかし現在の状況を見る限り（司法改革は）大きな困難に直面していることに間違いない。というのもある局面では計画経済時代の一部の方法論がまた形を変えて復活してきているからだ。ここにこそまた、我々が厳粛かつ理性的に討論を進めなければならない原因の所在がある。

歴史的な観点から見た場合に、中国が西洋の制度を導入し、近代的な法治を始めてから、たかだか一〇〇年程度の時間しか経っていない。我々が経験してきた専制統治の長い長い歴史に比べれば、これはあまりにも短すぎる時間軸である。この論考の最初のほうで筆者は（司法改革の今後について）あまり楽観的ではないとする自らの見方を提起したが、これはあくまでも論考執筆時点での観察に基づいての見解である。長期的な視点で見れば、法治はやはり中国にとってすでに引き返せない道になっているとはいえよう。この一〇〇年間、我々は苦しみの中で模索を続けてきたが、この三十年間の改革開放を経て、合理的な解決方法はすでに徐々にだが中国国民の前に視界を表しつつあるように思う。もちろん、真の意味で法治を実現するには、まだまだ長い道のりと紆余曲折、そして不撓不屈の努力が必要である。西洋のことわざに「ローマは一日にして成らず」という言葉がある。法治の上でのローマという都市を建設するには、おそらくさらに山を移すくらいの心意気が必要なのだ。

（本論考は二〇〇八年九月十八日付「南方週末」掲載の論文に加筆・修正したものである）

原注

〈1〉二〇〇七年十一月三日「南方都市報」掲載。

〈2〉「胡錦涛：要建設公正高効権威的社会主義司法制度」（「胡錦涛：権威ある社会主義司法制度を公正かつ効率よく建設するために」）中新社報道、URL：http://www.chinanews.com.cn/gn/news/2007/12-25/1114804.shtml　2008-9-4参照。

〈3〉河南法院網、http://hnfy.chinacourt.org/public/detail.php?id=74114 2008-9-3参照。

〈4〉「大河報」七月二十四日報道、「馬錫五審判方式将在河南法院全面推行」（「馬錫五裁判方式、河南省の裁判所で全面的に実施へ」）。

〈5〉「経済観察報」に掲載された以下の一連の報道を指す。「賀衛方：不走回頭路」（「賀衛方：戻れない道」）七月十四日、馬国川記者による私へのインタビュー、陳忠林（西南政法大学教授）：「中国法治応該怎様向前走」（「中国の法治はどのように前進すべきなのか」）七月十九日、張千帆（北京大学教授）：「司法大衆化是箇偽命題」（「司法の大衆化はニセの命題である」）七月二十六日、高一飛（西南政法大学教授）：「司法改革方向応該調整」（「司法改革の方向性は調整すべきである」）八月二日、何兵（中国政法大学教授）：「司法民主化是個偽命題嗎？」（「司法の民主化はニセの命題なのか？」）八月二十八日、王建勲（中国政法大学副教授）：「司法改革究竟応向何処去」（「司法改革は果たしてどこに向かうべきなのか」）八月二十八日、賀衛方：「司法改革的方向何在――与高一飛教授商榷」（「司法改革の方向性は何処にあるのか―高一飛教授との討論」）八月三十一日など。筆者は「三つの至上」に対し疑義を呈した文章はあまりに敏感すぎるために新聞紙面では発表の場がなく、個人ブログに掲載するに留めた。賀衛方：「三個至上、誰至上」（＝「『三つの至上』とは誰にとっての至上なのか？」）http://blog.sina.com.cn/s/blog_488663200100atga.html。筆者のブログには他の議論も掲載されている。

〈6〉託克維爾：『旧制度与大革命』馮棠訳、商務一九九二年版、九十四頁。＝A・トクヴィル著・井伊玄太郎訳『アンシャン・レジームと革命』講談社学術文庫、一八二頁。

〈7〉託克維爾：『論美国的民主』董果良訳、上冊、商務版、三〇九頁＝A・トクヴィル著・松本礼二訳『アメリカのデモクラシー 第1巻下』岩波文庫、一七九頁。中国語版訳文では「jurist」を「法学者」としているが、筆者は「法律人」の方が原義により合うと考え、そのように改訳した。

訳注

（1）もともとは「石橋を叩いて渡る」（摸着石头过河）を踏まえての表現。特に改革開放の初期段階において鄧小平が堅実な改革の堅持を意図してこのように述べたことを踏まえていると思われる。

（2）一九三八〜。広東省出身。中国人民大学法律系卒業。一九九八〜二〇〇八年に中国最高人民法院長を務める。

（3）「聶樹斌事件」とは当時河北省石家荘市の学生だった聶樹斌（一九七四〜九五）が強姦罪、殺人罪などに問われ、河北省高級人民法院が一九九五年死刑判決を宣告。同年死刑が実施された。ところがその後、多くの強姦、殺人事件の容疑者として河南省で逮捕された王書金《ワンシュージン》という人物が、聶樹斌が犯したとされてきた強姦、殺人事件について犯行を自供。しかし河北省人民法院は二〇〇五年王書金の犯行ではないとし、聶樹斌の死刑判決を維持した。これに対し中国最高人民法院は山東省高級人民法院に対し聶樹斌事件の再審理を要求。中国で「異地復審」と呼ばれる、初審とは異なる場所での再審理の最初の事例となった。この再審理は二〇一五年四月時点ではなお継続中。加藤隆則『中国社会の見えない掟 潜規則とは何か』（講談社現代新書、二〇一一年、六二頁）、百度百科 http://baike.baidu.com/view/10725252.htm?fromtitle=%E8%81%82%E6%A0%91%E6%96%8C&fromid=8435807&type=search など参照。

（4）「馬錫五裁判方式」とは中華人民共和国成立前のいわゆる革命根拠地時代に当時の裁判官、馬錫五（一八九八〜一九六二）が考案した裁判のスタイルで「裁判員がみずから現地へ出かけて行き、大衆の中に入って調査・研究し、裁判にあたっては大衆を集めて発言させ、その意見に耳を傾け、可能な限り説得と教育によって調停による合意が得られるよう努力し、どうしても合意が成立しないときにのみ判決を下すというやり方」（田中信行「中国民事訴訟法の制定意義と特徴」『アジア経済旬報』一二四一号、一九八二年、九頁）を指し、毛沢東から絶賛、長きにわたり中国民事裁判の模範とされた。例えば当人の意思に反した婚姻の強制無効を訴える「封捧婚姻上訴事件」（一九四三）に関して当該女性からの口頭での提訴に対し馬錫五は路上でこれを受理したという。詳しくは武鴻雁「中国民事裁判の構造変容をめぐる一考察：『馬錫五裁判方式』からの離脱のプロセス」（『北大法学研究科ジュニア・リサーチ・ジャーナル』二〇〇五年＝Junior Research Journal, 11: 77-108, http://hdl.handle.net/2115/22345）を参照。

（5）それぞれ別々に実施されてきた裁判官、検察官、弁護士の試験が「国家司法試験」として統一されたことを指す。

（6）日本語では原文中国語の短くキャッチーな訳語にならないため原文中国語の表現をそのまま活かした。本文中にもあるように「人目を引くような大袈裟な見出しをつけるが内容があまり伴わないような人達」（日中交流総研　中国最新用語集）参照＝http://www.chuseum.jp/columnTop/glossary/glossary_detail?w=a0H1000000BVCWxEAP

中国における「法治」
――葛藤する人権派弁護士と市民社会の行方

阿古智子

あこ・ともこ――東京大学総合文化研究科・准教授。専門は現代中国研究。農村の社会関係資本、農村から都市へ向かう出稼ぎ労働者、土地・戸籍制度、知識人や市民社会の動向などを研究している。主な著書に『貧者を喰らう国――中国格差社会からの警告』（新潮選書、二〇一四年）、「高まる社会的緊張――環境問題をめぐる〝政治〟」（川島真編著『シリーズ日本の安全保障　第五巻：チャイナリスク』岩波書店、二〇一五年）などがある。

中国において「維権律師」（人権派弁護士）は、二〇〇〇年初頭に「維権」（権利擁護）という言葉と共に使われるようになり、現在では中国社会に定着している。本論は、中国の人権派弁護士がここ十数年において、どのような活動を行ってきたのか、彼らの活動は中国社会でどのように受け止められてきたのかを考察する。人権派弁護士の活躍もあり、中国は法の支配を浸透させるための実践と制度改革を徐々に進めてきたと言える。しかし、一党執政体制を続ける中国政府にとって、彼らは時に厄介な存在であり、弾圧の対象ともなる。中国は国際社会とのつながりを強化し、市場経済化を進めながらも、自らの「法治」の在り方をめぐって葛藤しており、そうした姿を、人権派弁護士を通して浮かび上がらせ、市民社会の行方を展望することを本論の目的とする。

一、人権派弁護士と維権運動

人権派弁護士は中国語で「維権律師」と表現する。SARS（重症急性呼吸器症候群）に関する情報隠蔽や後述する孫志剛事件によって政府の責任が厳しく問われた二〇〇三年に、「維権」（権利を擁護する）という言葉がしばしば使われ、「維権運動」に弁護士たちが積極的に関わるようになった。

維権運動には、不動産所有者、労働者、農民、教師、学生、ネットユーザー、農民工（農村からの出稼ぎ労働者）、知識人、退役軍人、タクシードライバー、強制立ち退き戸、企業家などが参加し、抗議文の発表、署名活動、集会、デモ行進、ストライキ、座り込み、ビラ配布、絶食、交通妨害など、その主張や抵抗の手段はさまざまだ。当事者たちは、国内外の専門家やメディアと連携して情報の入手や伝達を行い、インターネットや携帯電話を駆使してネットワークを広げた。(1) 維権運動が広まった背景には、都市部を中心に自由主義思想や人権に関する国際条約の知識が普及したことや、国内外から知識や情報、資金面での支援が集まったことが挙げられる。二〇〇四年に憲法に初めて人権の概念が明記されたことで、憲法を武器に人権擁護を訴える人たちも増加した。

以下、ここ十数年の間、人権派弁護士が積極的に関わった維権運動で代表的なものを選び、紹介しよう。

(1) 孫志剛事件――収容制度の廃止を導く

維権運動が花開くきっかけとなった孫志剛事件は、身分証明書を所持していなかった孫志剛という湖北省出身の若者が、広東省広州市の収容所で暴行を受けて死亡したという事件だ。当時、「三無人員」(定住先の住所、安定した仕事、合法的な身分証明書の無い人)の取り締まりを命じられた一部の収容所の職員は、暴力団さながらの横暴ぶりを発揮していた。大学卒業後、広州市で働き始めたばかりで、「暫定居住証」(戸籍地以外の場所に居住する際に取得が義務づけられている身分証明書)を取得しておらず、他に身分を証明するものを何も携帯していなかった孫志剛は、収容所に連れて行かれ、激しく抵抗したところ、収容所の職員たちに殴り殺された。

孫志剛の死をきっかけに、収容所の管理体制に関する議論が大きな盛り上がりを見せ、その結果、三無人員などの収容や戸籍地への送還について規定した「収容送還規則」を廃止し、替わりに都市部のホームレスなどの救済に重点を置いた新規定が公布された。孫心剛の死から約三ヶ月という短い期間で新規定が公布されたが、その間、法学者や弁護士が中心となってシンポジウムを開催し、意見書を提出し、署名活動を展開した(表1)。

(2) B型肝炎ウィルス感染者差別撤廃運動

二〇〇三年には、B型肝炎ウィルス感染者に対する差別撤廃を求める運動でも弁護士や法学者が活躍した。

同年四月、浙江大学の学生でB型肝炎ウィルス感染者の周一超が就職活動時の差別を理由に殺人を犯し、それをきっかけに、肝炎とそれに関わる差別の苦しみを共有する「肝胆相照」(www.hbvhbv.com)のメンバーらによる差別撤廃の運動が始まった。五月、夫がB型肝炎ウィルス感染者であるため差別を受けていた趙玉泓が長編小説『中国第一病』を発表し、話題となった。八月には、「肝胆相照」のネットユーザー「小谷子」がB型肝炎ウィルス感染者に対する就学・就業差別に対して法的措置を求める意見書を発表、三ヶ月後に一六一一

表1　孫志剛事件から「収容送還規則」廃止までの流れ

3月18日	孫志剛が広州の収容所で死亡
4月29日	100人の研究者が全国人民代表大会（全人代）に書面で制度廃止を訴える
4月30日	中国政法大学の粛瀚が『中国経済時報』に評論「悪法は廃止しなければならない―孫志剛の死」を発表。収容制度、暫定居住証制度、「治安管理処罰条例」（売春婦取り締まりの条文等）、労働教養制度の問題点を指摘
5月14日	北京郵電大学の許志永、華東政法学院の兪江、中国政法大学の滕彪の3名が連名で、全人代常務委員会法制工作委員会に「収容送還規則」の違憲審査に関する意見書」を送付
5月19日	『中国政法大学法学院』、『中評網』、北京市華一弁護士事務所が「収容制度合憲性問題」シンポジウムを開催
5月21日	中国政法大学の江平、清華大学の秦暉など8名の学者が収容制度について意見を発表
5月22日	許志永、兪江、滕彪の意見書を基礎に、5名の法学者が連名で意見書を提出
6月初め	中国青年政治学院の楊支柱が発起人となり「最高人民検察院への署名書」を提出。最高人民検察院が陣頭指揮を執り、広州市以外の地方の検察人員でチームを組んでこの事案を徹底的に調査するよう要求。北京大学の賀衛方、秦暉ら100人以上の署名を集めた
6月18日	「収容送還規則」の廃止と都市部のホームレスなどの救済に重点を置いた新規定の公布を決定

人の署名を添えて全人代に提出した。

　十一月には「肝胆相照」のネットユーザー「松月」（本名：張先著）が、安徽省芜湖市人事局から公務員試験において差別を受けたとして、同市新芜区裁判所に行政訴訟を起こし、国内外のメディアが幅広く報道した。「肝胆相照」は訴訟を支援するための募金専用口座を開設し、活動資金を集めた。「肝胆相照」は中国肝炎予防治療基金会、アメリカのスタンフォード大学およびB型肝炎基金会のバックアップを得て、法廷において有利な証拠を提示し、張先著は一審・二審共に勝訴した。

　その後、全国各地でB型肝炎ウィルス感染者に対する差別を是正する法改正や政策提案が行われていく。二〇〇四年三月には、広東省の全人代代表三十五名がB型肝炎ウィルス感染者の権益を保護するための関連法規を制定・修正するよう議案を提出し、浙江省の代表も類似の提案を行った。七月から八月にかけて、「肝胆相照」の趙玉泓は他の関連五団体と合同で温家宝首相に向けた書状を作成し、二十日間で四一〇〇名の署名を集めた。その結果、二〇〇五年一月に、「B型肝炎ウィルス感染者は身体検査において合格とする」と規定する「公務員身体検査標準（試行）」が公布された。二〇〇八年一月にはB型肝炎を含む感染性疾患を持つ人に対する就

業差別を禁じる「就業促進法」が施行された。(2)

(3) 北京市弁護士協会公開選挙

中国では中央と各地に弁護士協会があるが、会長ら幹部は密室の中で選ばれており、会員による民主的な運営は保障されていなかった。そのような状況に異議を申し立てようと、二〇〇八年八月、唐吉田ら北京市弁護士協会に所属する弁護士三十五名が中心となり、真の弁護士の「代表」を選ぶ公開選挙の実施を要求する書簡を発表し、弁護士協会の選挙手続きに関する規定の草案を作成した。(3)

改選時期は同年十月に迫っていたが、公開選挙推進派と協会側で対立が深まり、選挙は延期された。しかし、ついに二〇〇九年三月に初めて、北京市弁護士協会で代表を選ぶ選挙が公開で実施され、書簡に名を連ねた三十五名の中からも、程海、張立輝、童朝平、唐吉田、楊慧文らの立候補者を出した。しかし、彼らの名前は予め投票用紙の選択欄には記されておらず、「その他」の自由表記欄に彼らの名前を記したと見られる多くの投票用紙も無効とされたという。(4)

その上、推進派の中核を担っていた張立輝、唐吉田、楊慧文、江天勇らが二〇〇九年の年度審査を通過できないという状況に立たされた。中国では、弁護士資格試験(5)に合格すれば弁護士になることができるが、毎年審査を受けなければ資格を更新できない。この頃から弁護士個人だけでなく、弁護士事務所の年度審査も厳しくなった。

(4) 傷害致死罪から処罰の免除へ——鄧玉嬌事件

中国の一般の国民が政治に参加する機会は非常に限られているが、インターネットの普及に伴い、これまで注目されなかった人たちの声が聞こえるようになってきた。特に、社会的弱者にとってインターネットは意見を表出する重要なチャネルである。これまでであれば敗訴していたであろう訴訟が、インターネット上で大きな話題となり、勝訴した事例も少なくない。その過程で人権派弁護士が重要な役割を果たしている。鄧玉嬌事件はその典型例だと言える。

鄧玉嬌は湖北省巴東県野三関鎮のホテルで働いていたが、二〇〇九年五月、同鎮の役人三人に性的サービスを要求され、抵抗しようともみ合っているうちにナイフで三人を刺し、二人に怪我を負わせ、一人を死亡させた。(6) 鄧玉嬌は起訴され、正当防衛を主張したが認められず、傷害致死罪で起訴された。これまでの同様の事案を考えれば、鄧玉嬌は死刑判決を受ける可能性があった。

そんな中、インターネット上では、役人たちが逃げる鄧玉嬌を何度も押し倒し、札束で彼女をひっぱたいたといった情報が流れた。支援者たちは団結して鄧玉嬌の無罪を訴え、鄧玉嬌の写真をデザインしたTシャツを販売したり、裁判の不当性を表現するパフォーマンスを行ったりし、鄧玉嬌はまるで悲劇のヒロインや女神として扱われるまでに至った。インターネットユーザーとして著名な「超級低俗屠夫」（本名：呉淦）は「猫眼看人」というサイトなどで支援を募り、鄧玉嬌の祖父や父母に弁護士の夏霖[7]と夏楠を紹介し、弁護士は無料で弁護を引き受けた。

最終的に六月十六日に鄧玉嬌に言い渡された判決は、「鄧玉嬌の行為は過剰防衛であり故意傷害罪にあたるが、自首という情状があり、監察医によると刑事責任能力は限定されるため、処罰を免除する」というものだった。世論の盛り上がり、鄧玉嬌の家族に弁護士を紹介した仲介者の存在、弁護士の手腕などを背景に、鄧玉嬌は罪に問われることを免れた。

（5）銭雲会事件に関する公民調査団

弁護士は不審点の多い事件に関する「公民調査団」にも参加している。その一例として銭雲会事件を紹介しよう。[8] 二〇一〇年十二月二十四日、浙江省楽清市蒲岐鎮虹南公路寨橋村の村長だった銭雲会がトラックにひかれて死亡した。元々広東省で商売をしていた銭雲会は二〇〇五年、村民たちの強い支持を受けて村長に当選し、火力発電所建設のために村の農地を収用しようとする政府に抵抗していた。北京に陳情に行き、三度にわたって拘置施設に入れられたこともある。二〇一〇年当時、村民に一銭も補償金が渡っていないにもかかわらず、発電所の建設はすでに完了し、その上、別の村の土地が香港企業に貸し出され開発区が設置されていた。

銭雲会の死の直前、村では次の選挙に向けた準備が進んでいた。銭雲会のひかれた状況には謎が多く、再選を阻もうとする勢力が関わっているのではないかという噂が広まった。村の入口にはビデオが設置してあり、銭の死亡時の映像が残っていると見られたが、楽清市政府はビデオの公開を拒否した。さらに、現場の目撃者は連行され、十八ヶ月の懲役刑を受けた。また、政府はトラックの運転手の弁護を担当しようと準備していた外地の弁護士を解任し、代わりに地元の弁護士をあてた。

このような中、（1）ネット作家の王小山、新華社記者の竇含章、その他多くのネットユーザー、（2）北京郵電大学講師の許志永など、（3）法学博士で弁護士の項宏峰、退役軍人の屠夫など、（4）中国社会科学院研究員の于建嶸、『南方週末』評論員の笑蜀、北京科技大学教授の趙暁、弁護士の斯偉江などが公民調査団を組織し、現地調査を行った。

筆者が斯偉江に聞いたところによると、（4）のメンバーは「客観・専門・独立の立場に立つ」という原則の下に諸経費を全て自己負担したという。結果として、どの公民調査団も事故以外に銭雲会の死因があるとの結論は出さなかった。そして、銭雲会をひいた運転手が裁判で三年六ヶ月の判決を受け、遺族が楽清市政府から一〇〇万元以上の金を受け取るなど、この事件は奇妙な結末を迎えたが、公民調査団は限られた情報しか提示しようとしない警察や司法に、一定の圧力をかけることができたと言える。

(6) 李荘事件

弁護士たちが、デュープロセス（法に基づく適正手続）違反への異議を申し立てた李荘事件も多くの注目を集めた。

李荘は、重慶市の「打黒」（黒社会（犯罪組織）一斉摘発キャンペーン）によって逮捕された被告の弁護人を務めていた。しかし二〇〇九年十二月、李荘は突如、証拠偽造及び証拠収集妨害を理由に逮捕され、二〇一〇年二月、懲役一年六ヶ月の実刑判決を受けた。[9]

「打黒」の手法自体、法の支配を無視するものであり、北京大学教授の賀衛方は重慶市の法曹界に対する公開書簡で次のように批判した。[10]「八ヶ月という短い期間で〝民衆による投書と検挙〟という名の下に〝密告〟を呼びかけ、五千人近い人を〝黒社会に関係している〟として逮捕し、数百人に上るチームを組んで突貫工事のように早い〝重慶スピード〟で大量の逮捕を承認し、起訴から審判までを行った」。当時重慶市では、薄熙来が書記として圧倒的な権威を示していた。李荘が逮捕された時には、その手法に異議を唱えようとする弁護士まで即座に牢屋に入れようというのかと、中国の法曹界はざわめきだった。

その上、李荘は、刑期満了まであと数ヶ月という二〇一一年四月、二〇〇八年に上海で担当した訴訟での証拠偽造を理由に、服役中という異例の状況下で再び起訴された。[11] 李荘の起訴に対して、前出の賀衛方、中国政法大学の学長などを務めた江平、同大学教授の何兵、弁護士の張思之、莫少平、陳有西、劉思達、魏汝久、著名な編集者の胡舒立らが抗議声明を出し、インターネットを通して大きな論争がわき起こった。結局、重慶市検察当局は一ヶ月も経たないうちに李荘の起訴を撤回した。

当時、薄熙来は絶大な力を誇示し、国民の間でも高い人気を誇っていたが、法学者や弁護士らが勇気を振り絞り、専門的な知識と正義感を前面に出して論戦に挑んだと言える。

(7)「公盟」と新公民運動

先に紹介した孫志剛事件をきっかけに、全国人民代表大会に違憲審査[12]を要求する意見書を提出した許志永（当時、北京郵電大学法学部講師、北京市海淀区人民代表）、騰彪（当時、中国政法大学講師）、兪江（華中科技大学法学部教授）は、「陽光憲政社会科学研究センター」のメンバーだった。本センターは二〇〇三年に設立され、二〇〇五年に「公共の利益の為に」という意味を込め、民主、法治、社会正義を推進することを目標に掲げ、「公盟」（公盟法律研究センター）に改名した。

許志永はその後、公盟のメンバーとして汚染粉ミルクの被害者や陳情者の支援活動を行い、盲目の人権活動家・陳光誠の代理人も務めた。許志永は公盟の代表として二〇〇九年に脱税容疑で一時拘束され、一四二万元の追徴課税を課されたが、国内の企業家約七十名から寄付を集め、全額納付した。

二〇一〇年、公盟は「公民」に名称を改め、教育の平等や公務員の財産公開を求める新公民運動をスタートさせた。公民のメンバーやその関係者たちは、毎月最後の土曜日に誰でも問題を抱える者たちが自由に議論できる会食の場を設けた。学者、弁護士、メディア関係者のほか、出稼ぎ労働者、陳情者、高校生から老人まで、さまざまな人が集まった。「会食」であれば、当局に「違法な集会」だと認定されにくい。それでも当局の妨害が入るため、主催者は明らかにせず、開催場所となるレストランは毎回変え、直前でも開始時間や場所を変更した。そのような変則的な会合でも、多い時には一〇〇人以上が一同に会していた。[13] 後に「同城飯酔」（同じ町で食事し酒に酔う）と呼ばれるようになったこの活動は、全国各地に広まった。

しかし、「飯酔《ファンズイ》」は「犯罪《ファンズイ》」の発音に近いことから名付けられたように、集会結社の自由が保障されない中国においては弾圧の対象となる。許志永は新公民運動の首謀者として二〇一三年八月に、資金面で援助していた企業家の王功権は同年十月に拘束された。[14] 許志永は二〇一四年一月に公共秩序騒乱罪で懲役四年の実刑判決を受けた。このほか、主なメンバー三十名近くが拘束され、「新余三君子」と呼ばれた江西省新余市の活動家のうち、劉萍と魏忠平は六年半、李思華は三年の懲役刑を受けた。

二、なぜ、中国政府は弁護士を弾圧するのか

北京オリンピックの開催前後、国際社会が中国の人権問題に注目する中、「五輪より人権を」と訴えた市民活動家たちやオリンピック施設建設のための強制立ち退きに抗議していた人たちが次々に拘束され、「国家転覆扇動罪」などで有罪判決を受けた。彼らを支えようとした人権派弁護士らにもさまざまな手段で圧力がかけられた。[15] その後、先述の北京市弁護士協会の公開選挙をめぐる協会側と改革推進派の対立があ

り、二〇一一年には「アラブの春」を受け、中国でも民主化運動「ジャスミン革命」の準備が進んでいるといった噂が広がる中、多くの弁護士たちが拘束された。何の容疑であるのかも知らされず、突如拉致された弁護士もいた。

中国政府による弁護士への抑圧について、その強度は時と場合によって増したり、減ったりしているが、ここ数年は過去にないほどの厳しさだという意見が方々から聞かれる。特に二〇一四年、人権派弁護士の中でもカリスマ的な存在である浦志強が逮捕された時には、関係者の間で大きな衝撃が走った。二〇一五年七月には一斉に弁護士の取り調べや拘束が行われ、十月末の時点でその数は二〇〇人以上に上った。その多くがすでに釈放されたが、二十人あまりは依然拘束されているか、行方不明である。[16]

これは党、政府あげての統一した目的があってのことなのだろうか。九月から十月にかけて、国家主席の習近平は米国や英国を訪問するなど、精力的に外遊の日程を組んだ。それにも関わらず、中国が自らイメージを悪化させるような行動に出るだろうか。習政権は、海外からの批判など意にも介さないほど自信があるということなのか。そうではなく、同時期にあった株価の乱高下に動揺したという分析もあり、中国に対する見方は極端にわかれている。

権力闘争から個々の政策の決定と実施の過程に至るまで、多くがブラックボックスに入っている中国の政治を的確にとらえることは難しいが、本節では、その時々の権力者の意図や政策の動きを追うだけでなく、中国が抱える構造的な問題を視野に含めた分析を試みる。

(1) 浦志強逮捕の衝撃

二〇一四年五月三日、一貫して「言論の自由」の不当な侵害と考えられる事例に着目し、記者、作家、芸術家、一般市民の弁護を引き受けてきた弁護士の浦志強が、天安門事件を振り返る内輪の集会に参加した後、騒動挑発罪の容疑で当局に拘束された。[17] 同じように集会に参加し、拘束されていた元社会科学院研究員の徐友漁、北京映画学院教授の郝建、活動家でキリスト教徒の胡石根、作家の劉荻は釈放されたが、浦志強は六月十三日に騒動挑発罪及び個人情報を不正に取得した罪の容疑で正式に逮捕された。その後、北京市公安局は、騒動挑発罪、民族の差別や恨みを煽った罪、国家分裂煽動罪、不法に個人情報を取得した罪の容疑で、浦志強を検察に送致した。

浦志強は二〇一三年、米・フォーリンポリシーの「世界を率いる一〇〇人の思想家」や『中国新聞週刊』や『人物』といった国内の雑誌の「今年の人物」に選ばれ、これまで以上に注目された。毛沢東時代の一九五七年から続き、人権侵害の象徴として批判された労働教養制度の廃止に尽力したことなどが評価されたのだろう。[18]労働教養制度は、司法手続きなしに最長で四年間拘束し、矯正目的で労働を強要する制度で、麻薬取引、売春、陳情や反体制的な言論活動に従事する者に適用されてきたが、政府も二〇一三年十一月の共産党第十八回中央委員会第三回総会（三中総会）で廃止を決定した。

労働教養制度の廃止によって、中国政府が司法改革に向けて大きく舵を取ったという希望的観測が流れ始めた。浦志強は、「双規」（汚職等の規律違反に対して党の紀律検査委員会が規定した場所と時間に出頭を求めて取り調べること）[19]の撤廃も訴え、二〇一三年に拷問を受けて亡くなったと見られる地方の党員の訴訟や調査にも積極的に関わっていた。[20]そんな中、突如浦志強が逮捕されたのにはどのような背景があるのだろうか。浦志強が参加した天安門事件に関する内輪の集会で彼は主催者でもなく、発言もほとんどしていなかった。

浦志強の最初の弁護人であった張思之は、趙紫陽元総書記秘書の鮑彤[21]やジャーナリストの高瑜[22]の弁護人も務めた、中国でもっともベテランの人権派弁護士といわれる人物だ。張思之は中国人民大学の「モスクワ大学法律学部主要課程」を修了し、一九五六年に命を受けて北京市第三法律顧問処を組織したが、一年後には北京の法曹界で最初の右派分子に認定され、その後十五年間、労働改造所で暮らした。一九七九年の名誉回復で弁護士としての活動を再開し、一九八〇～一九八一年には四人組の裁判で弁護団長を務めた。張思之を取材したロイターは、浦志強が米国の元駐中国大使のゲイリー・ロックらと面会したことや、毛沢東の孫・中国人民解放軍少将の毛新宇に関する書き込み、日本を度々訪問したことについて取り調べを受けていると伝えた。[23]

張思之は持病の悪化で、浦志強の弁護人を莫少平らと交代した。莫少平によると、公安当局は二十八件のインターネット上の書き込みが犯罪にあたるとみなしているという。浦志強は、中国政府が史実をねじ曲げたプロパガンダで国民の思想に影響を与えることにも、批判を展開していた。例えば、殉職した貧農出身の兵士で、毛沢東時代から「雷鋒に学ぶ」キャンペーンでまつりあげられてきた模範兵・雷鋒をめぐる話には、多くの虚偽の情報があることや、チベット自治区や新疆ウイグル自治区の少数民族政策に問題があることを指摘した。ナショナリズムや党のイデオロギーで統治を強化しようとしても国民を幸せにできないだろうと、微博（中国版ツイッター）で次のような皮肉を込めた投稿を流した。

チベット自治区の寺は「九有」を徹底しなければならな

いという。毛沢東、江沢民、胡錦濤など指導者の肖像画をかけ、伊寧（注：地名）ではムスリムがひげをはやしたり、ベールをかぶったりすることが禁じられ、一連の政策に打撃を与えられている。宗教意識を弱めるというが、漢人は頭が狂ってしまったのか。いや、漢人の頭（かしら）が狂っている?!（二〇一二年一月二十五日二十三時五十八分、「小小律師蒲志強」のアカウントから投稿）

＊「九有」二〇一一年十二月に実施された寺院に「共産党指導者の肖像、国旗、道路、水道、電力、ラジオとテレビ、映画上映設備、書店、新聞」の九つを設ける事業。寺院に共産党の政策を広めることで、民族の団結を増強し、社会の安定と祖国の統一に対する責任感を浸透させることが目的。

日本の中国侵略は人々を塗炭の苦しみに陥らせ、南京虐殺に人も神も憤ったが、日本人が東北三省、山東、福建、台湾を占領していれば、陥落地域の環境保護、教育、医療、養老、民権は今よりずっとよかっただろう。国民に党性、自覚、民族感情を注入しようとしても、それらが利益と安全をもたらさないなら、国民は受け入れないだろう。（二〇一一年十二月十五日一時三十五分、「小小律師蒲志強」のアカウントから投稿）

二〇一五年五月十五日、検察当局は騒動挑発罪、民族の差別や恨みを煽った罪で浦弁護士を起訴した。しかし、この程度の書き込みを行ったぐらいで、「国家の分裂を煽動した」「民族の差別や恨みを煽った」ととらえることができるのか。弁護士として実力があり、社会的影響も増していた浦志強になんとしても圧力を加えたかったのか。二〇一五年十一月三日時点で、浦志強は依然拘留されたままであり、同年八月に行われる予定だった第一審は延期の状態が続いている。

（2）政府系メディアによる世論工作と動員型運動への警戒

二〇一五年七月に一斉に始まった弁護士への弾圧で、最も厳しい目が向けられたのは北京鋒鋭弁護士事務所だった。同事務所主任の周世鋒や弁護士の王宇らが刑事拘留処分となった。

最近中国でよく取られる手法だが、周世鋒や王宇が刑事拘留された理由については、新華社、人民日報、中央テレビ（CCTV）といった共産党直属の国営メディアが、公安当局が公式に容疑の内容を発表する前に事細かに報じている。当然、彼らはその数日前に連行されたのだから、取り調べも本格的には始まっていないはずだが、既に犯罪者として報道されている。以下、七月十二日付の新華社の記事を引用する。

公安部は北京などの公安機関に集中的に行動するよう指示を出し、二〇一二年七月以降、四十あまりの政治的に難しい案件を計画的に操作し、社会秩序を著しくかき乱した北京鋒鋭弁護士事務所を中心とする重大な犯罪グループを粉砕した。

そして、弁護士が注目を集める案件の現場に度々現れ、陳情者たちと事を荒立てるのはなぜかと問いかけている。

一連の注目を集める事件の現場に度々弁護士が現れ、事を荒立てるのはなぜか。多くの陳情者がプラカードを挙げ、共に騒ぎ立てるのはなぜか。政治的に難しい案件を担当する裁判官や役人が、度々法廷の外で誹謗され、攻撃され、人肉捜索されるのはなぜか。一連の事件がヒートアップする背景に、しばしば、故意に波風を立てようとする集団が存在し、悪意をもって操縦しようとする意図が見え隠れするのはなぜか。(24)

弁護士の王宇は、無期懲役で服役中の新疆ウイグル自治区出身の学者であるイリハムトフティ、拘留中に健康状態が悪化して死亡した活動家の曹順利、強制立ち退きに抵抗し当局者への傷害罪に問われた范木根、そして教師による性暴力事件の被害者などの弁護を担当してきた。彼女は「中国で最も勇敢な女性弁護士」と称されるほどパワフルな女性だ。七月二十日、CCTVの夜のニュース番組は、王宇が法廷で「お前らはチンピラで、人でなしだ」と大声を上げ、法廷警察(法廷内の警備を担当する警察)に食って掛かる場面を報じた。

この放送を見た人は、王宇の姿に不快感を持ったかもしれない。私自身、「ここまでしなくてもよいのに」と感じた。しかし、フェミニスト運動で知られる葉海燕は、王宇が声を荒げたのは、彼女が弁護する被告の女性が、警察による取調べの最中に拷問された様子を伝えようとして感情が高まっていたところ、体格のがっちりした四人の警察に押さえつけられためだと指摘する。(25)それが事実であれば、CCTVの報道は全貌の一部だけを切り取ってクローズアップし、王宇の印象を悪くしようとしていることになる。

司法が独立していない中国において、弁護士はさまざまな形で妨害や介入に遭い、厳しい闘いを迫られている。たとえば、被疑者や被告人と接見できない、弁護側の求めに応じて証拠や証人を採用してもらえない、家族や関係者の傍聴や裁判記録の閲覧が許可されない、法律の定める期日までに開廷しない、ひどい場合には弁護士が知らないうちに判決が出ていたということさえある。弁護士自身、心身の安全や自由が脅かされることも少なくない。

司法が国民に開かれていない環境の下、弁護士たちは社会的に注目が集まる問題に関して政府が十分な説明責任を果たしていないと認識し、関係者と共に戦略的に世論の関心を高めようとする。街頭で演説をしたり、事件解明の鍵を握る情報や動画を収集して発信したりと、メディアや市民との連携に力を入れるのだ。これは、政府や社会に対して、社会問題への対処や公共政策の形成、変容を促すための「アドボカシー」の活動だと捉えてよいだろう。国際的にアドボカシーは幅広く実践されており、健全な社会を形成するために必要不可欠なロビー活動だが、中国では「市民を煽動し、国家や政権の転覆を企図する」活動と見なされることが少なくない。

弁護士と市民の連携を警戒する中国の関係機関は、二〇一五年五月に黒竜江省綏化市の慶安駅で生じた事件にも神経を尖らせていたことが、前出の七月十二日付の新華社の報道からわかる。この事件では、駅舎の警備を担当していた警察官が、八十を過ぎた老母と妻、三人の幼子と共に列車の待合室にいた徐純合という男を射殺した。警察官は正当防衛を主張したが、インターネット上では、北京に陳情に行こうとする徐純合を警察官が阻止しようとしたのではないかという噂が流れ、どこからか発信された徐純合と警察官がもみ合う場面の動画を多くの人が転送した。

中国では、地元で解決に至らない問題を、より上級の政府や中央政府に訴える陳情者が後を絶たないが、陳情者数が増えると、地元当局の責任者が処罰の対象となる。そのため、地方政府が陳情者をマークすることはよくあることだが、徐純合が亡くなり、家族への取材も規制される中、徐純合が陳情に行こうとしていたのかどうかを明らかにする術はほとんど残っていない。その一方で、地方政府が口封じのためか、徐純合の母親に数十万元の金を渡そうとしたという情報も流れた。

どれほど党の宣伝部門が情報を規制しても、インターネット上には政府の関係当局が不利になるような投稿があふれた。真相を明らかにするため、独立した調査グループを立ち上げるべきだという声も高まった。

七月十二日付の新華社の記事は次のように述べている。

> 慶安事件では、徐純合は陳情者であり、警察が発砲したのは指導者の指示だとでっち上げた。（中略）駅で横断幕を広げ、徐純合の母と代理契約を結んだ弁護士らは、銃を撃った警察を擁護する地方政府幹部に対して人肉捜索をしかけ、幹部の身の上に問題があることがわかると、事を誇張して政府に圧力をかけようとした。

「人肉捜索」というのは、インターネット上などに対象とする人物の個人情報を暴露し、その人物を窮地に陥れることだが、中国では役人がターゲットになることが多い。慶安事件の後、同県副県長の董国生がネットユーザーから攻撃され、学歴や年齢を詐称していたことや、働いていないはずの董国生の妻が政府から給与を受けていたことなどが発覚し、董国生は停職処分になった。

新華社の記事はさらに次のようにも述べている。

重要な仕掛人であるネットユーザーの〝超級低俗屠夫〟(本名：呉淦)[26]はすぐに現場に駆けつけ、『慶安事件の現場の動画提供者に十万元の懸賞金を出す』などと言っている。翟岩民(筆者注：鋒鋭弁護士事務所所属の弁護士で刑事拘留中)によると、呉淦は政治的に難しい事件が社会的に注目されるよう仕掛けることに長けており、この手の関係者の間でよく知られている……駆けつけた陳情者は、プラカードを掲げれば六〇〇元の『謝礼』をもらえたと証言している。陳情者の中には警察に拘留された者もいるが、翟岩民らは彼らが北京に戻ってから、この『慶安の勇士たち』をねぎらう宴会を開いた。

呉淦は前出の鄧玉嬌事件でもインターネットの議論を盛り上げる役割を果たした人物で、本件では六月下旬に、騒動挑発罪、誹謗罪、国家政権転覆煽動罪の容疑で逮捕された。新華社の記事によると、呉淦は鋒鋭弁護士事務所にアシスタントとして雇用され、一万元を越える月収のほか、活動経費をもらっていたという。

鋒鋭弁護士事務所は担当する案件について市民の注目を集めるために、呉淦と連携していたのだろう。呉淦は、日頃から不満を蓄積している陳情者などと共に、インターネットでの発信や街頭でのアピールを行い、事件や事故の真相解明を政府に要求した。それだけで人々の関心を高めることができなければ、関連する役人の汚職などの証拠をつかみ、それをインターネットで発信して圧力をかけ、被害者に対する権利侵害や加害の事実を認めさせ、補償や謝罪を要求した。こうしたやり方は「殺豚モデル」と名付けられ[27]、一連の活動の経費をまかなうために、募金活動への参加も呼びかけられた。

このような市民と連携し、インターネットを駆使して行う動員型の権利擁護活動は、近年広く行われるようになったが、その多くが関係当局に弾圧されている。二〇一四年の建三江事件では、黒竜江省の「法制教育基地」と呼ばれる施設で法輪功信者や陳情者、地下教会信者らが違法に監禁されているとして、市民と共に反対運動を展開していた唐吉田、江天勇、王成、張俊傑の弁護士が、公安当局に「邪教活動を利用し、社会に危害を与えた違法行為」を行ったとして行政拘留の処分を受けた。これに対しては、当局の処分は不当だとして支援者が反発している。

前出の新公民運動もやはり動員型の活動であり、二〇一四年に許志永をはじめとする各地の中心メンバーが公共秩序騒乱罪などで懲役刑を受けるという結末を迎えた。他にも、建設的な政策提言を行うことで高い評価を受けていた民間シンクタンクの「伝知行社会経済研究所」や、農村に図書室を設立し、市民の学習活動を広めてきた「立人郷村図書館」など、知識人と市民が連携する形で研究やプロジェクトを展開してきた組織が、集中的に圧力をかけられている。二〇一四年、伝知行は創始者の郭玉閃や行政主管の何正軍が、立人は理事長の薛野や役員の柳建樹が拘束された。[28]

ノーベル平和賞を受賞した劉暁波らが起草した零八憲章は、多党制や連邦制を取り入れるべきだと明確に主張した。つまり、共産党政権の存続を前提とせず、現存の憲法をつくり直した上で、中国の統治のあり方を考えようと提案したのである。それに比べて、新公民運動をはじめとする近年の社会運動は、現在の憲法に基づく統治、すなわち「憲政」を重視する。中国の憲法は共産党の指導の正統性を述べているが、言論、出版、集会、結社、デモ行進、抗議の自由も明記しており、そうした憲法の規定に基づいて政治を行うべきだと主張する。すなわち、今の政治体制の基本を崩さず、漸進的な社会変革を目指すというわけだが、それでも、全国各地にネットワークを広げる動員型の活動は警戒されるのだろう。

(3) 公共安全と統治の優先

中央や地方の関連部門は、このような弁護士、活動家、シンクタンクやNGOの関係者の取り締まりについて、何らかの指示を出していると考えられる。しかし、指示を出す各機関は、具体的に何を目標に取り締まりを行うのか、それによって期待する効果が何であるのか、取り調べや拘束の後にどのような処置をとるのかを、明確にしているのだろうか。先に指摘したように動員型の運動、知識人と市民の連携、海外の組織からの活動資金の授受などは警戒される要素だと考えられる。だが、公共安全に力を入れるように日頃から指示されている各部門の担当者が、突発的な事件などによって責任を問われることを恐れ、過剰に反応しているということもあるのではないか。

公共安全の維持とは、社会の安定をはかり、治安を強化することを意味する。二〇一二年の全国(中央及び地方を合わせた)予算案の中で公共安全費が七〇一七億六三〇〇万元、国防費が六七〇二億七四〇〇万元と発表された際に、「中国は軍事費を上回る治安対策費を計上している」と海外メディアが伝え、中国政府はそれに反論したことがあった。その際、財政部関係者は『南方都市報』の取材に対し、公共安全支出には公共衛生、公共交通、建築安全、食品安全などの費用も含まれると説明した。しかし、中国政府の財政支出に関する説明には、公共安全支出は、「政府が社会の公共安全を維持するための支出を指し、武装警察、公安（警察）、国家安全、検察、法院（裁判所）、司法行政、監獄、労働矯正、国家機密漏洩防止、密輸密売取締官などの人員の給与及び機関の事務経費」とある。実際に、二〇一〇年の公共安全費（実行額五五一八億元）の内訳をみれば、武装警察が九三四億元、公安が二八一六億元、法院が五四四億元、司法が一六六億元、密輸取締が十一億元となっており、その他は六十九億元（総額の一・二パーセント）にすぎず、公共安全支出は主に治安維持に使われていることがわかる。[29]

公共安全支出は増加し続け、二〇一四年は二〇一〇年比で地方への財政移転を除いた中央財政支出の伸びが四〇パーセントであるのに対して、公共安全支出は一七〇パーセント増となった。ところで、国防費のほとんどを中央政府が支出しているのに対し、公共安全費は四分の三を地方政府が負担している。経済成長の鈍化で地方財政は厳しいはずだが、それでも地方政府が公共安全に力を入れるのはなぜなのか。

まずその要因として考えられるのは、公共安全が役人の昇進を評価する基準になっていることである。ある地方政府の幹部は、「大規模な抗議活動を未然に防ぐことが求められているし、先に述べた陳情者対策なども重要な指標とされている」と筆者に話した。

次に、膨張する公共安全に関わる組織や人員が自己利益を拡大するために、本来なら不要な仕事を作り出していることが考えられる。「役人の数は仕事の量とは無関係に増え続ける」というパーキンソンの法則[30]が、官僚組織の膨張を説明するのによく用いられるが、中国では、予算の決定や執行のプロセスが不透明である上、特に公共安全については国家の重大な事項や機密に関連するとして情報がほとんど開示されない。組織や国の状況を全体的に見渡すのではなく、自分の部下を増やし、自分の所属する部門の予算を増やすために仕事を作る傾向があるのではないか。

弁護士やジャーナリスト、研究者などである私の友人や知人は、公安の一部門である国内安全保衛局（国保）の職員に尾行されたり、事情聴取されたりすることがしばしばある。[31]なかには、重要なイベントや国際会議が北京で開かれる時期になると金を渡され、遠方に旅行するよう指示される者もいる。労働問題を扱うある民間団体の代表は、国保の担当官が「あなたがこの仕事を辞めれば、我々は仕事を大幅に減らすことができると言って、事務所の机に札束を積んだ」と私に話した。他にも商品券を差し出されたとか、酒やタバコを渡されたとかいう話を、友人やその関係者からしばしば聞く。このような証言から、「警戒すべき人物への対策」だと言えば、使える経費は相当程度確保されていると考えられる。

一方、自宅や勤務先の敷地内で待機する国保の担当者と会話するようになった弁護士は、「仕事先でもらった酒や茶葉などをあげると喜ぶんだ。下っ端の人たちは生活が大変そうだ」と言っていた。当然、彼らはこの弁護士の動向を把握しようとしているわけだが、経費を自由に使う権限を持たない平職員である。家族を養うのに苦労している者もいるだろう。彼らは今のポストを守るために、さらに昇進の機会を狙うために、自分の働きぶりをアピールする。その時々の情勢を見ながら、監視対象の人物との距離を考えたり、上司への報告内容を変えたりするだろう。上から出される指示も、下から行われる報告も固定の規則やルールに沿ったものではなく、その時々の状況によって変化しているのではないだろうか。

さらに、最近の経済の減退は政情不安のリスクを高めており、公共安全を担当する幹部や職員は必要以上に防御態勢を取ろうとしている。そして、習近平政権が強力に押し進める腐敗取締キャンペーンも、マイナスの影響を及ぼしている。なぜなら、腐敗の取り締まりは、警察や裁判所ではなく、共産党の規律検査部門によって行われることが大半であり、基準が恣意的かつ曖昧になりやすいからだ。何がどのように問題とされるのかがわからない状況下で、担当官はその時々の風向きを見ながら行動するしかない。その過程において、風向きを間違って捉え、過剰に対応したり、間違った判断を下したりすることもあるのではないか。

いわゆる日本的な集団主義は、個々人の役割が明確でなく、問題が生じた際に責任の所在が曖昧になりやすいと言われる。つまり、部下は上司に従属せざるを得ず、間違っていると思っていても、自分はやりたくないと思っていても、上に従わなければならないということが度々生じる。一方、中国の官僚組織では、中央の党、政府から地方出先機関に出される上意下達の指揮命令系統と、地方内部での横の指揮命令系統の双方が絡み合う。そこでは一見、中央集権が機能しているように見えるが、実際にはいわゆる地方保護主義が横行しやすく、管理権の分散、行政効率の低下、政策の執行難、組織の肥大化が顕著にみられることが、先行研究から明らかになっている。[32] 中国では「上に政策あれば下に対策あり」という言葉がよく使われるが、それは、上には命令に従っているふりをしながら、実際には命令に背く形で自分の所属する部門や家族の利益を確保することを表している。中央政府にとって重要なのは統治であり、統治に大きな支障が出ない限り、地方の管理上の問題には目をつぶる。

つまり極端に言えば、「法や制度をないがしろにすることがあっても、統治を優先する」という一定のルールがあるわけだ。だが、先にも述べたように、現在の中国の政治は不安定であり、評価や懲罰の基準が突如変わる。それに伴って、これまで利害を共有していた組織や人間との関係に変化が生じるということも頻繁に起こっているようだ。

たとえば、権力内部の動きについて確証を得るのは難しいが、情報筋からは次のような声も聞こえる。情報、治安、司法、検察、公安を主管する党の政法委員会系統に甚大な影響を与えていた薄熙来、そして薄熙来と関係が深く、党中央の政法委員会書記を務めていた周永康らが失脚し、政法系統の組織改編が進められるなか、中央と強いつながりのある北京市の政法系統にも混乱が生じ、弁護士やジャーナリストへの対応に一貫性が失われているという。

おわりに――中国にとっての「法治」とは

一党執政体制の下で中央集権と地方保護主義が複雑に絡み合う組織環境と、人間関係を重視する社会環境は、法の支配の定着を阻み、権力の乱用やコネ利用の横行を深刻化させている。発展途上国である中国が大きく飛躍した背景には、規制に縛られすぎず、個人や企業がインセンティブを発揮したという側面や、社会保障政策がカバーできていない部分で地域や家族の相互扶助が力を発揮したという側面もある。だが、現在の中国社会は人治の悪い部分が噴出しているように見える。長期的に持続可能な発展を見据えるならば、本格的な政治改革が必要不可欠だろう。だが、人治に慣れてしまった社会は、そう簡単には変わらない。その上、インターネット上に膨大な情報や意見が行き交う一方で、政府が言論統制を強化するため、思想や政治的立場の異なる陣営がそれぞれをののしり合うような形で言論界が分裂し、処罰を恐れて萎縮したメディア、出版業界や学術界が、すばらしいスクープや作品、研究業績を埋没させている。

岸本美緒は「〝正しさ〟について異なる考え方や感覚を持つ人々がどう共存するか」という「共存問題」について次の二つの分類を示した上で、中国の「徳治」について論じている。[33] ①道徳型（1a強制的に普遍的な『正しさ』を斉一化、1b多様性を道徳性・文明性の段階として容認、1c問題を起こさない限り広義の「正しさ」として放任）、②ルール型（2a宗教宗派、エスニック集団、家族単位などに「特権」としてそれぞれの価値観を認める、2b多様な価値観の単位として個人を想定し、集団が個人の自由を抑圧する場合は積極的に介入）。

国の統治に関して考えると、道徳型は為政者ないしはエリートの立場から統治の術を論じ、ルール型は被治者やマイノリティの立場から抑圧に抵抗する姿勢を体現するように見える。しかし、後者についても「ルール」の実現を保障するためには、違反者に制裁を加える仕組みが必要であり、強力な社会統合が前提となる。それゆえ、西洋VSアジアといった単純な類型論とは重ならないが、中国は歴史上、圧倒的に①に近い「徳治」を重視してきたと岸本は見ており、筆者もそう考える。改革開放政策の導入などで②の要素も入り込んできているが、最近の習近平政権は①の色合いの強い政策を押し出している。

グローバリゼーションが国民国家の機能と枠組に影響を与えるにつれ、公共的領域は多様なセクターが対立・協働し合う領域になった。「公共」を担う主体は政府だけでなく、地域社会や非営利セクターに拡大している。日本では、行政＝「官」が地域社会の住民＝「民」を指導・啓発してきた「官民型社会」から、行政と私的領域の間に住民が連帯して直接地域社会を動かす社会的領域としての「共」が介在する「公・共・私型社会」への転換が叫ばれているが、[34]中国でも同様の観点から、「公VS私」の二項対立の構造を超えた「公共私」、ハンナ・アレントのいう「公的領域、社会的領域、私的領域」を含む公共圏の構築に関する議論が盛んになっている。[35]

公共圏は民主主義を支える重要な領域だが、利益と道徳が争われる闘争的領域でもあると、フィリピンをフィールドに研究する日下渉は主張する。日下は、フィリピンの公共圏が、英語で良い統治や説明責任を叫ぶ中間層・市民圏と、土着語で助け合いや優しさ、公平なまなざしを重視する貧困層・大衆圏に道徳的に分断され、市民圏と大衆圏の双方で「彼ら」を排除すべき敵とみなしていると指摘する。[36]このような階層的・道徳的な分断は昨今、多くの国に見られる現象だが、中国は地域格差が大きく、社会保障や土地所有の面で農村と都市を区分する戸籍制度を有し、漢族と少数民族との間の衝突も深刻化している。このような状況から、中国はフィリピンや日本以上に、複雑な分断の構造を抱えていると考えられる。

では、どのようにすれば階層的・道徳的な分断を乗り越えることができるのか。日下の言う、中間層と貧困層が出会い、支配、抵抗、協働などが展開する「接触空間」を見出すことは、中国では可能であろうか。

長い歴史をもつ巨大な国が抱える問題を一つ一つ解決し、国の体制を変えていくのは途方もない作業だ。急進的な改革は現実的ではなく、政府も社会も一丸となって各分野の課題に忍耐強く対応し、漸進的な変革を模索するほかはない。そして、その過程において何よりも重要なのは言論の自由ではないだろうか。法の支配が定着せず、思想・言論が厳しく統制される社会では、社会のモラルが低下し、正直者が馬鹿を見る風潮が広がっていく。そのような環境において、新たなアイデアや社会的に意義のある価値を創出するのは難しくなる。国の難局を前に、社会的責任を果たそうという国民が育たず、市民社会も発展しない。社会の矛盾が先鋭化することを恐れる政府は、使命感の強い良心的な知識人や弁護士を弾圧するという悪循環を繰り返す。そうした悪循環から抜け出すために、言論の自由の価値が改めて問われるべきだが、階層的・道徳的対立が障害になっている。

『シカゴ・トリビューン』の記者だったエバン・オズノスによるルポタージュ『ネオ・チャイナ』に登場する人物は、中国社会を巨大な池のようなものであるとし、それを便所と例え、中国人は汚れてもお構いなしに池を使ってきたが、「このままの状態が続けばみんな生き延びることはできない、と言って立ち上がってくれる人を求めている」と表現した。(37)人治の悪弊を断ち切るためには、政治改革を断行できない政府側にも、その環境に浸りきってきた社会の側にも問題がある。とはいえ、複雑に分断された社会を変革するには、途方もないエネルギーと時間がかかり、その過程で背負わなければならないコストが、莫大なものになるのは間違いない。中国の友人がこう言っていたのを思い出す。「中国の改革は、世界でも類を見ない壮大な実験だ」と。

注

(1) 維権運動については、呉茂松『現代中国の維権運動と国家』(慶応義塾大学出版会、二〇一四年)や阿古智子「現代中国における維権運動――その実態と影響」(『国際問題』二〇一〇年四月号、五九〇号)を参照。

(2) こうして就業差別を禁じる法律が施行されても、就業前に検査を強制したり、感染者の就職を拒否したりする企業は後を絶たず、差別撤廃を目指す活動は続いている。しかし、そうした活動に取り組む民間団体の中でも突出した役割を果たしていた北京益仁平センターは、二〇一五年六月、スタッフの郭彬、楊占青が「違法経営罪」などで拘束され、代表の陸軍は米国に居を移した。北京益仁平センターは、肝炎だけでなく、エイズ、糖尿病、鬱病、色盲などにする差別の撲滅に取り組んでいた。

(3) 「順応歴史潮流,实現律協直選一致全体北京律師、市司法局、市律協的呼吁」と題した書簡をインターネット上などに公開すると共に、約一万人の北京市弁護士協会会員に郵送した。「北京律師協会直選風波」(『南風窗』二〇〇八年十月十四日、http://www.nfcmag.com/article/1116.html)、「律協疑成〝富人倶楽部〟律師不満要求直選」(『南方週末』二〇〇八年十月二日 http://www.infzm.com/content/18005)を参照。

(4) 程海の選挙区では四十五票が、張立輝の選挙区では三十三票が無効票となったという。「北京律協第二輪選挙創造了奇跡」(『306doc個人図書館』二〇〇九年三月六日、http://www.360doc.com/content/09/0306/13/84177_272528.shtml)を参照。

(5) 弁護士資格試験は一九八六年に開始し、一九九二年までは二年に一度、一九九三年からは毎年行われている。一九九七年一月の『弁護士法』の施行と同時に、弁護士資格全国統一規則が施行された。

(6) 鄧玉嬌事件の一連の流れは雑誌『財経』が詳しくまとめている(http://www.caijing.com.cn/2009/dyj/ 二〇一五年十一月三日に最終アクセス)。

(7) 夏霖は鄧玉嬌の裁判の他、二〇〇六〜二〇〇七年、崔英傑(「城管」と呼ばれる都市管理員を殺害した貧しい農村出身の男性)の裁判でも弁護人を務めた。後述の浦志強と共に華一弁護士事務所の共同経営者であるが、二〇一四年十一月に詐欺罪の容疑で拘束された。

(8) 銭雲会事件については、ポータルサイト・『捜狐』(SOHU)が特集ページを組んでいる。http://news.sohu.com/s2010/leqingcunzhurensiwang/ 二〇一五年十一月三日に最終アクセス)。

(9) 二〇一〇年一月の一審では懲役二年六ヶ月の判決が出たが、二審では一年六ヶ月に短縮された。陳有西、斯偉江らが李荘の弁護人を務め、法廷内で密度の濃い陳述を行っただけでなく、その様子をインターネット上で発信し、議論を活性化させた。

(10) 「為了法治、為了我们心中的那一份理想——致重慶法律界的一封公開信」二〇一一年四月十二日(賀衛方ブログ:http://blog.sina.com.cn/s/blog_4886632001017xtf.html 最終アクセス日は二〇一五年十一月三日)。

(11) 李庄を被告とする裁判では証人を出廷させないまま裁判を終えている。李庄は第二審で罪を認めたが、一年六ヶ月の有罪判決が下されたとたん、「罪を認めたのは間違っていた。裁判所は私が罪を認めたとして処理しないで欲しい。罪を認めたのは公安と検察が誘導したからだ」と叫んだという(『経済観察報』二〇一〇年二月九日)。

(12) 中国で初めて出された違憲審査要求だと言われている。

(13) 筆者は二〇一二年から二〇一三年にかけて、旧知の北京の弁護士たちからしばしば会合の様子を聞いた。

(14) 一九六一年生まれの王功権は、勤務していた吉林省共産党委員会宣伝部の職を一九八〇年代末に辞し、海南島で馮侖、潘石屹、易小迪、劉軍、王啓富と出会い、万通集団を設立する。彼らは企業家として注目を浴び、「万通の六君子」と呼ばれた。一九九八年以降は、投資家として鼎暉投資基金管理会社などで腕をふるい、投資業界の「ジェームス・ボンド」と称されるほどにまでなったが、近年はビジネスの一線から身を引き、アメリカに遊学したり、社会活動に参加したりしていた。王功権は二〇一四年一月に釈放されたが、『京華時報』(二〇一四年一月二十四日)によると、釈放の条件は「許志永と断交する」ことだったという。「公共企業家」として注目されていた王功権は、当局の管理下に抑え込まれてしまった。「公共企業家」については、次の拙文を参照。阿古智子「静かに存在を示し始めた中国の公共企業家」(『ウェッジInfinity』二〇一三年九月二日 http://wedge.ismedia.jp/articles/-/3128)。

(15) 「五輪の囚人:中国活動家、人権訴え〝国家転覆扇動罪〟」「中国の弁護士の境遇」『朝日新聞』二〇〇八年四月二十八日、四月二十九日。

(16) 取り調べや拘束の対象となっている中国の弁護士に関するデータをアムネスティがまとめている。China: Lawyers and Activists Detained or Questioned by Police since July 7 2015 (https://

www.amnesty.org/en/documents/asa17/2277/2015/en/)。

(17) 浦志強は二〇〇四年、発禁処分となった『中国農民調査』に登場する安徽省阜陽市の党書記に名誉毀損で訴えられた作家の陳桂棣と春桃、北京文学雑誌社の編集委員・肖夏林（原告はベストセラー『文化苦旅』で有名な作家の余秋雨）、収賄罪で服役した元『南方都市報』副編集長の喩華峰などの被告弁護人を務めた。芸術家・艾未未が自身に課された巨額追徴課税の決定を不服とする行政訴訟を起こした際には訴訟代理人を務めた。詳しくは、拙稿「拘束された中国の弁護士・浦志強　歪んだ法学教育に毒されず言論の自由を主張し続ける（前編・後編）」（『Wedge Infinity』二〇一四年五月二十六日）、http://wedge.ismedia.jp/articles/-/3882?page=1 及び http://wedge.ismedia.jp/articles/-/3883を参照。

(18) 浦志強は労働教養制度の問題を追求するのに、薄熙来が書記の時代に多くの人を労働教養処分にしていた重慶市にターゲットを定め、処分撤回を求める訴訟の代理人を務めた。例えば、重慶市彭水県の「大学生村官」（農村を活性化するために臨時で派遣される大卒の村役人）だった任建宇は、薄元書記の政治手法を「第二の文化大革命」と批判するなど、一〇〇件以上の書き込みをネット上で行ったことが問題視され、二年間の労働教養処分を受けた。労働教養施設では、一日約十時間にわたって、イヤホンなどを作らされ、心身の疲労から体重が十五キロも減ったという。任建宇は処分撤回の訴訟を起こし、九カ月の労働教養期間を残して釈放された。浦志強はまた、「陳情の母」と呼ばれた唐慧の損害賠償訴訟も担当し、二審で逆転勝訴した。唐慧は不良に騙されて売春をしていた娘（二〇〇六年当時十一歳）を取り戻し、売春施設や客を訴えようとしたが、警察は動かなかった。そして、責任者の厳罰を求めて陳情を繰り返す中で、一年半の労働教養処分を受けていた。

(19) 逮捕状を取るといった法的手続きはまったく行われず、建前は任意出頭だが、突然連れ去られることが大半であり、拷問や自白の強要が問題となっている。中国語に「党規国法」という言葉があるが、党の規則は国法を超越する。党規は権力闘争の手段として恣意的に利用されることもあり、ライバルを双規で陥れようという者もいる。

(20) 四月九日、双規一カ月の間に氷水に頭からつけるなどの拷問で死亡した浙江省の国有企業・温州市工業投資集団の技術者・於其一のケースでは、遺族が起こした裁判の弁護を担当し、勝訴。取り調べの担当官ら六人が故意傷害罪で四〜十四年の懲役刑に処された。同じく拷問によって死亡したとみられる河南省三門峡市中級裁判所の副所長・賈九翔（四月二十三日死亡）や黄梅県地震局長の銭国良（六月十九日）についても調査を進めていた。

(21) 武力による学生運動の鎮圧に反対した鮑彤は、天安門事件後、国家機密漏洩罪、反革命宣伝罪で実刑判決を受け、七年間服役した。

(22) 一九八九年、高瑜は『経済学週報』の副編集長を務めていた。同年六月三日に逮捕されるもすぐ釈放されるが、一九九四年に再び逮捕され、同年十一月、国家機密漏洩罪で懲役六年の判決を受けた。二〇一四年四月に再び同罪で起訴され、二〇一五年四月の第一審で懲役七年の判決を受けた。

(23) “Chinese police question rights lawyer about meeting with former U.S. envoy.” Reuters 二〇一四年八月十九日、http://uk.reuters.com/article/2014/08/19/uk-china-rights-idUKKBN0GJ10Q20140819

(24) 鄒偉・黄慶暢「掲開〝維権〟事件的黒幕——公安部指揮摧毀一個北京鋒鋭律師事務所為平台、〝維権〟律師、推手、〝訪民"相互勾連、滋事擾序的涉嫌重大犯罪団伙」（『人民網』二〇一五年七月十二日）を参照。http://politics.people.com.cn/n/2015/0712/c1001-27290030.html

(25) ブロガーやフェミニストとして名を知られている葉海燕は、二〇一三年に海南省の小学校校長が女子生徒をホテルに連れ込んで乱暴した事件に対して反対運動を展開し、行政拘留の処分などを受けた。その際、王宇弁護士が代理人を務め、彼女の弁護を担当した。彼女は微博（中国版ツイッター）で、王宇弁護士が法廷で感情を高ぶらせた理由を述べている。http://overseas.weibo.com/user/2078765641/3867007881168224

(26) 「超級低俗屠夫」は著名なブロガーである呉淦のハンドルネーム。

(27) 蘇星河「大家談中国 論超級低俗屠夫 呉淦」（『BBC（中国語版）』二〇一五年七月三日）http://www.bbc.com/zhongwen/trad/comments_on_china/2015/07/150703_coc_activist_wugan_mode

(28) 郭玉閃と何正軍は九月十四日に突然保釈された。習近平訪米の前であり、外交カードとして使ったのではないかという分析もある。傑安迪「習近平訪美前維権人士郭玉閃獲釈」（『ニューヨークタイムズ中国語サイト』二〇一五年九月十六日）http://cn.nytimes.com/china/20150916/c16china/

(29) 北村豊「治安維持費が軍事費を上回る中国社会 海外メディアの報道に反駁も、その実態は」（『日経ビジネスオンライン』二〇一二年三月十六日）を参照。http://business.nikkeibp.co.jp/article/world/20120314/229787/?rt=nocnt

(30) 英国の歴史学者、シリル・ノースコート・パーキンソンが、英国の官僚制を分析して提唱した法則。

(31) 国保の主要な任務は国家の安全、社会と政治の安定であり、そして民族団結を維持し、中国に浸透しようとする海外の敵対勢力、民族分裂勢力、テロリスト集団、過激派宗教組織、台湾独立分子、邪教、闇組織、国家の主権や安全を脅かし、政権を転覆させようと企図する人物を取り締まることだという。

(32) このような中国の中央と地方の関係については、以下の文献が参考になる。磯部靖『現代中国の中央・地方関係：広東省における地方分権と省指導者』（慶応義塾大学出版会、二〇〇八年）、三宅康之『中国改革開放の政治経済学』（ミネルヴァ書房、二〇〇六年）、梶谷懐『現代中国の財政金融システム：グローバル化と中央——地方関係の経済学』（名古屋大学出版会、二〇一一年）など。

(33) 岸本美緒「中国の徳治」（『中国——社会と文化』二〇一五年、三十号）。

(34) 富野暉一郎「自治体における公共空間」（『新しい公共性』有斐閣、二〇〇三年）。

(35) ハンナ・アレント『人間の条件』（ちくま学芸文庫、一九九四年）、郭于華「今天我們為什麼読漢娜·阿倫特？」（『共識網』二〇一四年七月二日、http://guoyuhua.blog.21ccom.net/?p=32）。

(36) 日下渉『反市民の政治学』（法政大学出版会、二〇一三年）。

(37) 『ネオ・チャイナ』（白水社、二〇一五年）に登場する人物の言葉。本書は『シカゴ・トリビューン』の記者だったエバン・オズノスが独裁主義と人々の情熱、官と民のせめぎ合いを描いた力作のルポタージュである。戦う人権活動家、若い愛国主義者、台湾から海を泳いで渡った著名なエコノミスト、スクープを連発する敏腕編集者、若者の圧倒的人気を集める作家のほか、夢を追い続けるさまざまな市井の人々が登場する。

［Ⅲ　法治と人権を巡る闘い］

ウイグル人の反中武装レジスタンス勢力とトルコ、シリア、アフガニスタン

水谷尚子

いま中国共産党を相手に、独立建国のためのゲリラ戦を想定して、シリアのアル・カーイダ系組織ヌスラ戦線の中に「中国の少数民族」ウイグル人が多く入り込み、実戦を伴う訓練をしている。一九九〇年代から今日に至る在外ウイグル人による反中国政府武装闘争組織の変遷と、最新の状況を、トルコでの聞き取りの結果から解説していく。

はじめに

「三〇〇人余りの中国国籍者がマレーシアを経由して『イスラム国（以下ISILと記す）』に渡り、所謂聖戦《ジハード》に加わっている」。中国のタブロイド紙『環球時報』は中華人民共和国政府公安部の孟宏偉副部長が、二〇一五年一月二十一日訪問先のマレーシアでザヒド内務相と会談した際にこう述べたと報道した。『環球時報』は中国共産党中央委員会の機関紙を発行する人民日報社が大衆向けに刊行する新聞で、紙面にはナショナリズムを扇情する記事が頻繁に掲載されることで知られている。孟のいう「中国国籍者」とは、そのほとんどが新疆ウイグル自治区に原籍を持つウイグル人のことだ。テュルク系ムスリムのウイグル人は、彼等の住む地域が中華圏に併呑されたのは十八世紀後半と比較的遅く、中国の主体民族漢人とは言語・文化・宗教ともに異なり、それゆえアイデンティティを中国に見出せないウイグル人の反政府運動は、近年絶え間なく発生している。さらに中国政府はウイグル人にはパスポートを簡単には発給しないため[1]、パスポートも持

みずたに・なおこ――中央大学経済学部兼任講師。専門は中国近現代史。主な論文に「『革命的東トルキスタン』紙のタタール人記者ムニール・イブラギモヴィチ・イェルズィン回想録」（『社会システム研究』第二十四号、二〇一二年）、「キルギス共和国のウイグル人」（『麗沢大学紀要』第九十四号、二〇一二年）、著書に『中国を追われたウイグル人――亡命者が語る政治弾圧』（文春新書、二〇〇七年）などがある。

たず命を賭けて中国と東南アジアの国境地帯の山林を徒歩で歩き、密出国していくウイグル人が後を絶たない。以上のような「ウイグル問題」は、近年、中国の国家安定を脅かす火種と化している。

先の孟公安部副部長の話であるが、確かにマレーシアを経由してＩＳＩＬをめざすウイグル人がいるのは事実だけれども、この報道は幾つかの点に於いて意図して重要な事実を伏せている。

まず、中国から政治亡命するウイグル人の大多数はＩＳＩＬに渡るのが目的ではなく、トルコを永住地として普通の日常生活を営むことを望んでいる。テュルク系民族のウイグル人にとって、言語的にも宗教習慣的にも近いトルコは安住の地であり、トルコ人も新疆ウイグル自治区辺りをテュルク系民族の発祥地と考えており、テュルク系民族を擁護すべきだとの民意もあって、トルコ共和国は多くのウイグル人亡命者を受け入れてきた。アンカラ・ハジェテペ大学のウイグル人教授エリキン・エクレムが言うには、「トルコ共和国にはウイグル民族のアイデンティティと習慣を維持して生活している者が、約三万人いると言われている」（調査時二〇一五年）。筆者が十年前にトルコで調査した時は、トルコのウイグル人の数は一万人強と聞いていたので、急激な人口増である。

先の記事にある「ＩＳＩＬにはウイグル人が三〇〇人いる」との部分も印象操作の感が強い。数の出典が示されず「ウイグル人国家分裂主義者、テロリスト」がＩＳＩＬ内で大勢育成されている事を暗示させるが、実態はＩＳＩＬに渡っているウイグル人は少数派で、ウイグル人ムジャヒディンの大多数はＩＳＩＬに敵対するヌスラ戦線や自由シリア軍の中にいる。トルコ政府もＩＳＩＬに密行を試みる人々を国境地帯で拘束し、[2] 投獄しており、その中にはウイグル人もいる。これらの事象に先の記事は言及していない。

筆者は同年冬から夏にかけて数回トルコを訪れ、ウイグル人のイスラム宗教指導者や諸々の関係者にインタビューを行ない、ヌスラ戦線（**写真1**）やＩＳＩＬの中にいるウイグル人、そして中国からの独立を目指す「東トルキスタン・イスラム党」「トルキスタン・イスラム党」等の勢力の現状と実態について調査した。その結果を踏まえて、日本では知られていないウイグル人のレジスタンス集団と、その在外活動の動向について纏めてみたい。

一、ＩＳＩＬに渡るウイグル人

ちょうど筆者がトルコに滞在している最中の二〇一五年二月二十六日に、ＩＳＩＬ内で活動していると自称するウイグ

写真1　ヌスラ戦線の中のウイグル人。右上の黄色いマークがTIP公式ビデオの印

ル人が、facebook上に自らの主張をウイグル語でアップした。その書き込みは間もなく消去されたが、[3] これは彼等の現状を理解する一助となるので概要を以下に紹介する。

トルキスタン・イスラム党に属するメンバーたちは、未だＩＳＩＬの支配地域ではない場所にいる。トルキスタン・イスラム党のシャーム支部（シリア支部のこと）、及びその他の地域の支部は、いずれもＩＳＩＬを承認していないが、一刻も早く承認すべきだ。（略）我々は民族主義よりもイスラム主義、そしてカリフ制を正当としている。東トルキスタンを解放するのは、最終的にはＩＳＩＬのムジャヒディンたちだ。

この自称「ＩＳＩＬウイグル人戦闘員」の書き込みから読み取れるのは、①ウイグル人の反中武装抵抗組織「トルキスタン・イスラム党」（東トルキスタン・イスラム党から派生した組織。詳細は後述）は、ＩＳＩＬと良好な関係にはないこと②大テュルク主義を目標に掲げるトルキスタン・イスラム党と、スンニ派カリフ制世界の構築をプロパガンダに掲げるＩＳＩＬとは思想的に相容れないこと　③イスラム色の強い在外ウイグル人には幾つかの勢力があること、である。トルコの場合、大別して四つの勢力が存在する。ＴＩＰ（トルキスタン・イスラム党）関係者、旧ＥＴＩＰ（元の東トルキスタン・

イスラム党）関係者でＴＩＰとは少々距離を置く人々、ＩＳＩＬのシンパ、シリアでの軍事訓練に反対する者である。

ＩＳＩＬの前身の一つは、イラクを旅行していた日本人青年香田証生さんを拘束して殺害したイスラム過激派組織「イラクの聖戦アルカーイダ機構」で、この組織はトップのザルカウィが二〇〇六年米軍の空爆で殺害されると「イラク・イスラム国」に名称を変更し、アブ・バクル・バグダディをカリフと称して甦った。もとは地域的組織であったＩＳＩＬに近年、ウイグル人など他国の若年ムスリムが急速に吸引されている最大原因は、彼等が「カリフ制再興～スンニ派イスラム教徒インターナショナル」を掲げているせいだ。(4) スンニ派イスラム教徒の平等と他宗教に比べての優位性、既存の国民国家を打倒し、カリフ制世界の再構築を喧伝するＩＳＩＬに、ムスリム青年が感化されていく姿は、さながら昔、労働者の平等と連帯を説いたコミンテルン（共産主義インターナショナル）に共鳴しソ連に渡った若者の姿に似ている。

ではＩＳＩＬに向かうウイグル人とはどのような人々なのか。以下の報道が糸口となる。

今年二月五日、前述の『環球時報』が、「この半年間の内にＩＳＩＬは、脱走を図ろうとした約一二〇人の外国人戦闘員等を処刑し、その中に中国国籍者が三人含まれていた」と伝えた。イラク北部のクルド人自治区の治安関係者が『環球時報』記者に語った話によると、「その三人の内の一人は若い青年で、彼はトルコにやってきて間もなくシリアに潜入し、ＩＳＩＬに参加したものの、その現実に失望し、『トルコに戻って大学に入学したい』との理由で離脱を図ろうとしたが、二〇一四年九月末ＩＳＩＬのリビア人戦闘員に内通されて捉えられ、銃殺刑に処せられた。あとの二人も離脱しようとしたことから国家反逆罪の罪名を着せられ、二〇一四年十二月にイラク領域内で、その他六カ国十一人の戦闘員と共に斬首された。

トルコ在住の穏健派ウイグル人ムスリム、アブドゥラジズ・ベシトグラックはＩＳＩＬに赴くウイグル人の特徴を以下のように説明する。「この記事にあるように、周到な事前調査をせず、安易にＩＳＩＬに行って、現実に落胆しながらも離脱できない青年が多い。こうしたウイグル人青年がＩＳＩＬ内にいる理由として、私は中国で行われている『内地新疆中学・高校班（ウイグル人は専ら内地班と呼ぶ）』の弊害があると考える」。

内地新疆中学・高校班とは、中国政府が二〇〇〇年から新疆ウイグル自治区を対象に始めた教育制度で、漢語を母語とせず漢語が苦手なウイグル人など「少数民族」の子供達を親元から遠い新疆外の中国各都市に内地留学させ、まずは漢語を徹底して学ばせ、その後も全教育を漢語で受けさせるというシステムである。漢人社会に馴染まず、中華人民共和国にアイデンティティを持てないウイグル人を思想改造する為に中国共産党が実施している教育制度である。アブドゥラジズが言うには「これまでウイグル人は、自分たちが中国の支配にどう抵抗し、どう当局に運動が殲滅されたかとの民族史を、家庭内でこっそり伝えてきた。ところが、精神的成長期に親元から引き離され、すぐに帰って来られない遠い学校に長期間行くようになったので、子供達はウイグル人社会の常識を知る機会を失った。そして新疆では当局の規制で見られないイスラム過激派のサイトを、規制の緩い〝内地〟で見て、若者は社会的知識がない故に急速に極端な思想に感化されていく。新疆で反政府運動に参加したこともなく入獄経験もない、漢語を流暢に話せる若者は、過去の経歴が真っ白であるがゆえに、ウイグル人の中では比較的順調にパスポートを取得でき、留学などの名目で国外に出て、国外の亡命者組織に連絡もとらず直接ISILに入っていく。だから在外ウイグル人亡命者諸団体も、ISIL内部の若いウイグル人について全容が掴めていない」。

「内地新疆中学・高校班」制度のために中国各都市で暮らし、自らがマイノリティであると身を以て知ったウイグル人青年には、漢人社会の中で味わった差別や不条理について腹を割って話せる身内が身近にいない。異文化社会で孤独と不安を募らせ、ソーシャルメディアの世界に逃げ込むウイグル人青年は、ISILに入る欧州のイスラム系移民青年とよく似ている。(5) 三月二三日付アメリカABCニュースの報道によると、ISILを支持するインドネシアの過激派組織「ムジャヒディン・インドネシア・ティムール（MIT）」に二〇一四年九月スラウェシ島ポソで接触しようとして同国警察に拘束されたウイグル人四人の裁判が始まった。同ニュースにはまだ幼い面差しの少年たちの写真が掲載されている。報道によれば、彼等もネットサイトで連絡を取っていたという。

では、ISILの中でウイグル人はどのような位置付けなのか。

二〇一五年一月二十六日、クルド人部隊がアメリカ主導の空爆の「成果」によって、シリア北部トルコ国境に近いクルド人が主に居住する要衝地コバニをISILから奪還した。この戦闘でISILのウイグル人部隊を率いていたリーダーで、組織の中では比較的年長者のノルドゥン・ダモッラが、クルド人部隊ペシュメルガに拘束されたとの情報がトルコ・イスタンブールのウイグル人社会にもたらされている。ノルドゥンは四十歳代でカルグリク出身、妻と三人の子はイスタンブールの移民街ゼイティンブルヌに住んでいる。妻は、夫の部下が電話をかけてきて、その事実を知ったという。普段ISIL内部とは、電話でのやりとりさえもままならなかった。ノルドゥンの生死は依然不明である。

これについて先述のアブドゥラジズは、「ISILではウイグル人が、実戦の最前線で所謂『鉄砲玉』として戦わされ、ばたばた死亡しているとノルドゥン拘束のニュースで露呈した」と言う。ISILのウイグル人部隊と、以下に述べる自由シリア軍と友好関係にあるヌスラ戦線に属するウイグル人部隊が、同じ民族同士でそのうち戦闘を交える事態に発展する可能性も大きい。実際にヌスラの戦闘訓練基地があるシリア北部のトルコ国境に近い街まで、ISILの勢力範囲は間近に迫っている。

二、東トルキスタン・イスラム党（ETIP）とは何か

ISILに散発的に入っていくウイグル人青年とは異なり、シリアの自由シリア軍やヌスラ戦線の勢力圏で戦闘訓練を受けているウイグル人は、規律ある組織的行動が特徴である。「トルキスタン・イスラム党（TIP）」と旧「東トルキスタン・イスラム党（ETIP）」関係者が、それぞれシリアに組織的に訓練者を送り込んでおり、こちらの方が人的規模はISILに行く人々より遙かに大きい。

中国外務省の華春瑩・副報道局長は、今年二月十三日の定例記者会見で「中国の一部テロ勢力が国際的テロ勢力と結託を強め、違法なルートを通じ、シリアやイラクなどの戦乱地域での訓練や戦闘に加わり、実戦経験を積もうとたくらんでいる」と述べた。日本のメディアはISIL絡みで報じているが、これは明らかにTIP及び旧ETIPと、アル・カーイダ系ヌスラ戦線との関係を指摘した発言だ。

トルキスタン・イスラム党とは何か。まずはその原型となった「東トルキスタン・イスラム党」について、その概史を紹介する。

東トルキスタン・イスラム党は、「バレン郷事件」の首謀者ザイディン・ユスプが一九八九年十一月に結成した組織の名称である。新疆ウイグル自治区クズルス・クルグズ自治州アクト県バレン郷で一九九〇年四月に発生した大規模武装蜂起「バレン郷事件」では、鎮圧のために中国人民解放軍、武装警察、新疆生産建設兵団所属民兵が総動員され、政府側兵士と蜂起側民衆の双方に多数の死者を出し、ザイディン・ユスプ（死亡時二十六歳）は武装抵抗の際に射殺された。(6)

写真2　アブドゥカディル・ヤプチャン（東トルキスタン・イスラム党）

この凄惨な事件は、その後の中国共産党による新疆統治や、在外ウイグル人の組織活動など多方面に影響を与えている。たとえばバレン郷事件発生のニュースに驚いた在外ウイグル人は、一九九二年トルコで「東トルキスタン民族代表会議」を開催し、[7]これが世界ウイグル会議を結成する基盤となった。

一九九〇年代は、ソ連邦崩壊によって中央アジアのテュルク系諸民族がそれぞれ国民国家を形成した時期で、ウイグル人も独立の夢を抱き「バレン郷事件」を起点に多くの反政府暴動を起こした。けれども悉く中国当局に鎮圧され、特に香港の中国返還と同年の一九九七年二月に発生した「イリ事件」では、バレン郷事件以上に多くの死傷者を出した。

一九九七年末、ザイディン・ユスプと親交のあったハサン・マフスム、アブドゥカディル・ヤプチャン（**写真2**）、[8]イスマイル・ハジの三人はアフガニスタンのカーブルに密行し、タリバンのムッラー・ウメル（ムハンマド・オマル師）に、ウイグル人ムジャヒディンをアフガニスタンに受け入れてもらえるよう嘆願した。アフガニスタン・タリバンとの協定によって、土地や食事、宿、軍事訓練がタリバンから無償で提供されると決まり、パキスタンの宗教学校に留学していたウイグル人学生やカザフスタンのウイグル人商人など一二〇名が一旦パキスタンに結集して、その後アフガニスタンに造られた軍事教練基地に向かい、そこで訓練を受けることになった。三人はザイディン・ユスプを偲んで「東トルキスタン・イスラム党」と組織を命名した。

ハサン・マフスムらは、政治亡命の為に新疆ウイグル自治区を離れたのではなく、アフガニスタンやパキスタンで軍事訓練をする行為は「ヒジレット（ヒジュラ）」なのだと、集まってきたウイグル人ムジャヒディンたちに宣言したという。ヒジレット（ヒジュラ）とは、イスラムの予言者ムハンマドがイスラム教への迫害を逃れてメッカからメディナに移住したことを指す言葉である。

余談ではあるが、ウイグル人が居住地域外で失地奪還のための軍事訓練活動を行ったのは、実はハサン・マフスムが最初ではない。一九三三年カシュガルやホタンで「東トルキスタン・イスラム共和国」の建国が模索されたが、半年も経たずに蜂起は失敗し、運動の指導者ムハンマド・イミン・ボグラらはインド領カシミールとアフガニスタンの国境地帯に逃れた。そして祖国解放運動再起のためにボルギル山地を拠点に軍事訓練した。[9] ウイグル人が他者の地で軍事練習することにあまり抵抗がないのは、このような歴史的背景の由縁だ。

ハサン・マフスム等がアフガニスタン・タリバンの食客となっていた時期、そこには彼等のほかにオサマ・ビン・ラディン率いるアル・カーイダやエジプト・ジハード団から来たアラブ人などがいて、ウイグル人ムジャヒディンと「過激派アラブ人」の接点はここから始まった。二〇〇一年九・一一の報復として、カーブルで米軍の空爆が始まるまでに、多数のウイグル人がアフガニスタンで軍事教練を受けた。

米軍の空爆によってアフガニスタン・タリバン政権が崩壊した後、ウイグル人ムジャヒディンはパキスタンのワジリスタンに避難し、そこで組織の立て直しを図ろうとしたものの、ハサン・マフスムはパキスタン軍の空爆で二〇〇三年十月に死亡。[10] イスマイル・ハジは二〇〇三年ハサンが死亡するより前に渡航先のウズベキスタンで当局に拘束されて中国に強制送還となり、二〇〇五年十一月死刑となった。アフガニスタン・タリバンと協定を結んだ際の幹部三人のうち、唯一生き残ったのがアブドゥカディル・ヤプチャンである。

ハサンとアブドゥカディルはカシュガル地区インギサルの同郷出身で、一九五八年生まれのアブドゥカディルより、ハサンは四歳年下だった。カーグルックのメドレス（イスラム宗教学校）で同じ先生に教わった兄弟弟子で、一九九〇年から一九九六年まで政治犯として投獄された時期も同じだった。アブドゥカディルは、党組織の運営を巡ってハサン等と意見が合わなかったので彼等の元を離れ、サウジ、シリア、エジプトを経由してトルコに入り、現在イスタンブールで若い世代にクルアーン詠唱などを教えている。

三、一九九〇年代の在外武装組織とその特徴――「東トルキスタン解放組織」と「東トルキスタン・イスラム党」

イリ事件が発生した一九九七年から、九・一一の報復空爆の二〇〇一年にかけて、中央アジアには二つのウイグル人武装集団が存在した。一つは、先に述べたハサン・マフスム率いる「東トルキスタン・イスラム党」。もう一つがトルコ在住で、新疆ホタン地区カラカシ県生まれのメメットイミン・ヘズレットが率い、現場指揮をイリ出身のアブリミット・トゥルスンが執る「東トルキスタン解放組織」。「東トルキスタン解放組織」は一九九七年「イリ事件」の勃発に触発されて結成され、旧ソ連圏カザフスタンの山間部やカシミールに軍事教練基地を設けていた。(11)

中国共産党への武装抵抗を目標に掲げた両団体は、当時、支持率と力量は半々か「東トルキスタン解放組織」がやや優勢で、初期には協力し合うこともあったが、聖戦《ジハード》を巡って両者は激しく意見対立した。メメットイミンは、新疆で編集者やシナリオライターとして名を成した知識人で、ロシア語、漢語ともに堪能。合理的な考え方をし、政教分離の民主的国家樹立を考えていたので、ウイグル人が中国共産党との闘いで命を落とすことは「聖戦《ジハード》による殉教者《シェヒード》」とは考えておらず、ハサン・マフスムの前でもそれを主張した。ハサンはイスラム法による国家樹立を理想としたために、この件で両勢力は対立した。筆者は二〇〇七年にメメットイミン・ヘズレットとイスタンブールで会ってインタビューしたが、その時も「人間をイスラム教徒と非イスラム教徒に分けて、非イスラムとの戦いを主張するのは間違いだ」と強調していた。

多くの人々がこの二つの勢力を一緒にしようと尽力したが、平行線のままだった。先述のアブドゥカディル・ヤプチャンは、「民主国家を作るか、イスラム国家を建設するかなど、そんなことはどうでもよい。我々の手で国が建設できたら、民主国家だろうとイスラム国家だろうと、いや、たとえ共産主義の国になってもかまわない。我々が主権を持った国家を作るのが先で、国旗は何色だってかまわない」と現在では主張している。

両組織共に主な資金の出所は、中央アジアのウイグル商人の上納だった。しかし、小商いをしている商売人からも絞り上げるように取り立て、それはやがて暴力的脅迫に及ぶほど強引となり、次第に反感をかった。「東トルキスタン解放組織」は一九九八年、蜂起のためコンテナ二台分の武器を中央アジアから中国へ密輸しようとしてコロガスの通関(カザフスタンと新疆イリの国境)で発覚し、関係者は当局に拘束され、そして投獄され、構成員は四散し、組織は壊滅した。(12)上述二組織に多くの上納金を渡していたクルグズ共和国ビシュケクのトゥルバザールが、二〇〇〇年に原因不明の火災で全焼したことも組織壊滅の一因となった。

中国は、中央アジアに於けるウイグル人武装組織の活動に神経をとがらせ、二〇〇一年中央アジア各国と「上海協力機構」を締結し、ウイグル人が中央アジアで軍事教練をしたり、中央アジア経由で欧州に亡命したりできないよう、不法入国者の送還を各国と約束した。それ以来、ウイグル人政治亡命のルートは、中央アジアから東南アジアへと移り変わった。

東トルキスタン・イスラム党は二〇〇三年ハサン・マフスムの死後、九〇年代をハサンと共に歩み軍事部門長であったアブドゥル・ハクがリーダーとなり、現在に至る。彼は今でもパキスタンのワジリスタンに、一〇〇人程のウイグル人と共に暮らしているという。二〇〇一年以降、米国等による「テロとの闘い」の影響でメンバーの多くが中央アジアにいられなくなり、「中共との武装闘争も辞さない」と考えるウイグル人ムスリムが居住する地は、中央アジアからトルコ共和国に移動した。

東トルキスタン・イスラム党の内部では二〇〇二年あたりから、「今後はトルキスタン・イスラム党を名乗るべきだ」との論争が盛んに行われた。活動拠点がトルコに移り、ユーラシアのテュルク系民族国家の統一とオスマン帝国の再来を夢想するトルコ共和国のトルコ民族派（極右）がウイグル人独立運動の有力な支援者となったことも一因だが、最大の原因は「東トルキスタン」という名称が、トルコ国内で一般民衆に通じなかったためである。西欧の歴史家がロシア圏に属するテュルク系民族の多い地域「西トルキスタン」に対して中国領の「東トルキスタン」という線引きで使っていた名称が、トルコでは一般的ではないばかりか「トルコの東の方〜クルド人居住区」としか認識されず、運動に誤解が生じる恐れがあった。現在では彼等は専ら、「トルキスタン・イスラム党」の名称を使っている。TIPは強固なヒエラルキーのある組織ではなく、緩やかな連帯で成り立っている。シャーム（シリア）支部とアフガニスタン支部は存在するが、トルコ支部はない。トルコ政府が組織結成を認可しないのだ。

二〇〇八年頃、TIP中央アジア残留組の一人であるシャヒード・セイフッラーは、北京五輪を妨害する声明をネット上で複数公開していたが、二〇一二年に米軍無人機の攻撃によってパキスタンで死亡した。それ以降、中央アジア残留組は規模縮小の傾向にあったものの、ここ数年、中国からの新しい脱出組も加わり、再び活動が活発化している。

四、「トルキスタン・イスラム党」とシリア・ヌスラ戦線

シリアでの軍事教練をサポートしているのは、TIPや元ETIP関係者である。シリアに赴くウイグル人には軍事教練だけして戻ってくる者と、実際にアサド政府軍やISILとの戦闘に参加している者の二通りがあるが、いずれにせよトルコで手続きをして彼らはシリアに出かけていく。

ヌスラ戦線や自由シリア軍に属する基地で軍事教練に参加したウイグル人青年十数人と、これから参加する予定の青年

に、イスタンブールのゼイティンブルヌで話を聞いた。彼らの話を纏めると、以下の通りである。

どの訓練基地に行くか、どの組織を通じていくかで費用や条件は若干異なる。我々の場合二〇一四年夏、前もって仲介組織に訓練費用として五ヶ月分で約五〇〇ドルを支払い、五ヶ月間の訓練を受けた。

トルコの南ハタイ県から密出国し、国境付近ではトルコ側の電波が使えるので携帯電話で連絡し合って、現地の係員がトルコ国境まで迎えに来た。基地にはサウジアラビアやカタールから持ち込まれたアラビア語表記の食料品や日用品が多く、これらの国との深い繋がりを感じた。訓練は約十五～二十人が一小隊として一緒に訓練を受ける。訓練は早朝五時に始まり、朝礼拝まで一時間走る。週に一～二日は山岳野外訓練を行い、抜き打ちで深夜行軍もする。軍事演習時には電話もパソコンも禁止だ。訓練所で使われている主要な銃はロシア製のAK-47(カラシニコフ)で、それ以外にM-16、M-4、そしてアメリカ、エジプト、中国製の様々な銃や武器があり、それぞれの扱い方や射撃法を一日四時間程学ぶ。食事は全て自分たちで作り、みんなで食して夜は早く休む。戦闘訓練の教官はウイグル人で、クルアーン詠唱はアラブ人が教えた。シリア人やアラブ人と対話するときは、シリアの少数民族トゥルクメン人が通訳をすることもある。テュルク系言語を母語とし、シリアのアラビア語を解するトゥルクメン人ならば、意思疎通ができるからだ。

ヌスラや自由シリア軍にはウイグル人以外にも外国から来た義勇兵がいるが、普通ウイグル人とは同じ訓練所に配置されない。外国人は民族や国籍ごとに訓練施設や宿舎が割り当てられ、勝手に宿舎を出てはならないので、他民族とトラブルにはならない。

なぜ中国を出てきたのか、なぜ戦闘訓練に行くのか。その理由を訊ねたところ、ある青年は「恋人がウルムチ事件で行方不明になったままだ」と言い、ある青年は「漢人から農地の収奪に遇って農業が出来なくなった」「髭を蓄えて宗教学校に通っていたら、イスラム過激派を疑われ投獄された」「政治犯として指名手配された親戚を知らずに自宅に泊めたら、自分まで投獄された」などと中国当局に政治・経済的に抑圧された経験を語った。いずれの青年も「私たちは迫害を受けてヒジレット(ヒジュラ、遷移)をしているだけで、いずれはワタン(故郷)に帰りたい。外国や国連に頼って東トルキスタン問題を解決するのは不可能だ。軍事訓練は、自分たちの力でレジスタンス運動をするためだ。ワタン解放のためならば殉教してもいい」と言う。

中国政府は「シリアにいるウイグル人は、イスラム過激派・テロリストだ」と主張するがこれについてどう思うのか、との質問には、「我々にテロリストとレッテルを貼れる者は、我々が受けてきた弾圧を無視しているか、弾圧当事者だ。我々はレジスタンス運動をしているだけでテロリストではない。ましてや宗教的過激分子でもない。なぜなら髪も覆わずジーンズ姿で異教徒女性であるあなたにも、こうして会って普通に対話をしている」と答えた。

しかし、実際にはジハードによる蜂起と殉教を説くサイイド・クトゥブの著作『イスラーム原理主義の「道しるべ」』（邦題）を読んで感化され、中国を出国し、在外ムスリム組織に連絡をしてくるウイグル人青年もいるという。エジプト・ムスリム同胞団の理論的指導者であったサイイドの著作は、トルコでウイグル語に翻訳され、「東トルキスタン・教育と連帯の協会」（写真3）の関連下部組織「サトック・ボグラハン基金会」から出版されているが、そのデータ版が密かに新疆で出回っていると言われている。

さらにＴＩＰ（トルキスタン・イスラム党）は、エジプト・ジハード団のイデオローグであったアブドゥルカーディル・ブン・アブドゥルアズィーズのアラビア語著作[13]『シャリーアで定められたジハード』のウイグル語訳を二〇一一年「イスラムの声・宣伝センター」の名義で出版し、暴力破壊を辞さないジハードを喧伝している。立派な装丁の分厚い単行本で、印刷出版には相当な費用がかかったと推察されるが、この本にはＩＳＢＮ（国際標準図書番号）が付いておらず私費出版だと分かる。アラビア語からウイグル語への翻訳者は、東トルキスタン・イスラム党リーダーで、ハサン・マフスムの死後に三代目を継ぎ、現在もワジリスタンにいるとされるアブドゥル・ハクである。著者のアブドゥルカーディル・ブン・アブドゥルアズィーズはアフガニスタンに滞在したことがあり、著者と訳者は知人の可能性もある。同著は中国共産党との闘いのための理論武装や、若いウイグル人をジハーディストにするために刊行された可能性もある。

二〇一四年十二月三日付で三十歳代の「トルキスタン・イスラム党」シャーム支部長イブラヒム・マンスールが、トルコ人レポーター、ユミッド・エルドーアンのインタビューをシリアの某市某村で受けたとされる映像がyoutubeにアップされた。[14]その中でＴＩＰ支部長は、「（同組織は）二〇一二年からシリアに人員を派遣し」「アサド政権を倒すためのジハードを続けている」と述べており、ヌスラ戦線結成は二〇一二年なので、当初から両者には繋がりがあったと伺える。

ヌスラ戦線は、ＩＳＩＬの母体「イラクの聖戦アルカーイダ機構」にいたシリア人アブ・ムハンマド・ジャラウニーが、シリア内戦が始まると帰国して結成した団体である。当初は、シリア人民衆から「アル・カーイダ系」との理由で忌み嫌われたが、自由シリア軍の腐敗や士気の低下などに対して食料日用品提供を安価に行い、軍規正しいヌスラはシリアの人々から徐々に評価を得るに至った。こうしたヌスラ戦線の名声を知ったＩＳＩＬは、「元は同じ組織だった」との理由で二〇一三年に合併宣言を一方的に行うが、ヌスラ側が大反発し、ＩＳＩＬに移籍する人々とジャラウニー側に残留する人々に分裂した。外国人傭兵の多数がＩＳＩＬ側に移動したのに対して、ウイグル人の大多数はアサド政権の圧政と戦うシリア人のジャラウニー側についた。二〇一四年になるとあのアル・カーイダが、ＩＳＩＬはあまりに過激すぎるとの判断であろう、ＩＳＩＬに関係断絶・破門宣言を行った。

写真3　イスタンブールの「東トルキスタン・教育と連帯の協会」

　トルコ在住ウイグル人の中には、ウイグル人がアサド政権と敵対し、スンニ派サラフィー・ジハード主義の側だけに立って内戦に荷担することに反対する人々もいる。シリアで商売経験があるウイグル人達がトルコには少なからず存在するが、彼らは、「ワタン（祖国、故郷の意）では、長くイスラムの宗派を意識することなく暮らしてきた上に、ペルシャ系など他の民族とも良好な関係を続けてきた。他者の諍いに介入するのは我々のためにならない」と口を揃える。

　このように「トルキスタン・イスラム党」が公にする主張について、トルコ国内のウイグル人には、同意と反対の双方の意見がある。たとえば先のビデオでTIPシャーム支部長は、「(ウイグル人は)軍事的な訓練を受けて軍事経験を持つ必要がある。敵の前で落ち着いて対応する兵士達が必要だ。ここ(シリア)で祖国東トルキスタンのために行うジハードの準備をさせてもらっている」と語るが、これについては概ね、中国政府へのレジスタンスには軍事知識が必要だと賛成しているウイグル人が主流である。しかし、シャーム支部長はトルコ共和国への期待を、以下のように語っている。「トルコは過去数百年間カリフ制を執り、世界中のムスリムの世話をしてきた。トルコ国民が我々のジハードをサポートしてくれることを期待する。支援があれば我々は武器を用意し、残酷な中国政権と戦えて、侵略者を追い払うことができる。支援もムスリムの義務だ。トルコ国民とは民俗・宗教面の兄弟として、全面的協力をお願いしたい」

トルコ中部の街カイセリに拠点を構える「東トルキスタン・文化と扶助の協会」(**写真4**)のトップ、セイット・トゥムテュルク(**写真5**)は、ウイグル人ムジャヒディンがトルコ政府に公開で無茶な要望をすることを危惧している。「平和と安定を求めて命を賭して中国から逃れてきたウイグル人家族にとって、トルコ政府とトルコ社会の受け入れが命綱だ。二〇〇九年七・五ウルムチ事件以降、トルコ政府はトルコ在住ウイグル人の約三〇〇〇人に国籍を与えてくれた。(このような主張は)トルコ政府を困惑させる上に、亡命者全体にマイナスの影響を与える」。

五、カイセリの「東トルキスタン・文化と扶助の協会」と平和路線

トルコの中部、カイセリの街の東北部、カイセリ空港の近くには大規模なウイグル人定住者集落「トルキスタ―ニ村」が存在する。一九六〇年代に中華人民共和国からアフガニスタンを経てトルコに亡命してきた約三〇〇人のウイグル人が、トルコ政府の援助でここに住み着いて、ウイグル人集落が形成されて以来、この地はトルコに亡命してきたウイグル人が、最初に身を置く場所として存在し続けている。

一九九〇年代までのウイグル人亡命者は、新疆と国境を接する中央アジアを経てトルコを目指したが、二〇〇一年に締結された上海協力機構によって、中央アジア諸国がウイグル人亡命者を中国に強制送還するようになり、安全が保障されないルートとなった。それ以来、亡命者はまずは東南アジアをめざし、それから最終目的地であるトルコに向かう。出国地点の雲南省や広西チワン族自治区では出国を漢人蛇頭(ヤクザ)が手引きし、蛇頭や警察に金を積んで密出国させても

らうのだという。国外脱出を謀るウイグル人は皆、家や財産すべてを処分して大金を身につけて出国するため、道中に警察や蛇頭に金をだまし取られることもある。それでもウイグル人は危険な密航の道を選ぶ。

カイセリに一九六〇年代に定住したウイグル人によって結成された組織「東トルキスタン・文化と扶助の協会」(15)は、こうした現在の亡命者定住化を世話し続けている。同組織のリーダー、セイット・トゥムテュルクは、彼の父が一九六一年に新疆・ヤルカンドを出てトルコ・カイセリに住み着いたので「トルコ在住二世世代」である。セイットは、「二〇〇九年のウルムチ事件以降七〇〇〇人程のウイグル人がトルコへ逃げて来た」と言う。筆者はその数の多さに「トルコ政府が公にしている数値はあるのか」と聞き返したところ、「政府は中国を刺激しない為にも、正確な数値を公開はしない。この数は、私が世話をしてきた亡命者達の口コミから割り出した数だ」と答えた。「これは異常事態だ。実のところ私は、こんな多くのウイグル人に祖国を捨てて亡命してきて欲しくはない。金がない者もあ

写真4　カイセリの「東トルキスタン・文化と扶助の協会」

写真5　左「東トルキスタン・文化と扶助の協会」主席、セイット・トゥムテュルク。右セイットの父、セイット・リズワン

る者も、インテリも労働者もみんな逃げてくる。新疆には自由が無いからだ。この事態を招いているのは中国政府に他ならない」と彼は憤る。

同協会は当初、事務所敷地内に簡易宿泊施設を作り、亡命してくる人々を無償で受け入れていた。二段ベッドがずらっと並ぶその部屋で、亡命者は暫く過ごしてから各々の道を模索する。二〇〇九年ウルムチ事件より前は、この施設で充分足りていたが、それ以降は到底足りる数ではなくなった。「そのためカイセリ市に対応を願い出た」という。カイセリ市はここ数年間で激増したウイグル人難民の為に、街の西北に取り壊しを予定していた警察官舎十棟を滞在用アパートとして借入し、一〇〇〇人程を住まわせている（二〇一五年秋現在、**写真6**）。それでも部屋数が足りないので、一つのアパートに二家族以上が暮らす。一九一五年二月中旬からは、定住化のためトルコ語学校やイスラム宗教学校、子供の為のウイグル語学校などが開催されるようになった。

世界ウイグル会議のNo. 2を務め、地元やトルコ政府とも良好な関係を保ちつつ、ウイグル人の救済に政治手腕を発揮するセイットについて、イスラム系諸組織・諸勢力のメンバーは、彼の政治手腕は認めて尊重しつつも、互いの活動に触れないようにしている感がある。ワシントンDCに本拠地を置く『世界ウイグル会議（WUC）』は、欧米日本などではよく知られているが、トルコには同組織事務所は存在せず、その存在感はきわめて薄い。

六、世界最大規模のウイグル人イスラム組織――「東トルキスタン・教育と連帯の協会」とウイグルメディア

現在、トルコや中東で急激に支持者を増やし、活発に活動しているのがイスタンブールの中心地、トラムのチャパ駅近くに事務所を構える「東トルキスタン・教育と連帯の協会」である。[16] ウイグル人在外組織の中で支持率と活動への稼働人員では、もはや最大規模の組織だと言っても過言ではない。

二〇〇一年米国のアフガニスタン空爆の頃、パキスタンなど中央アジアや中近東に滞在し、イスラム学を学んでいたウイグル人タリブ一〇〇人程が、「中国に戻ればテロリスト扱いされる」ことを理由にトルコに逃れて来た。同組織は二〇〇六年にそれらのタリブ達によって結成され、協会運営の中枢を担っているのはイスラム学を修めたエキスパートたちだ。パキスタン・ラホールのパンジャブ大学でイスラム学の修士課程を終えたヒダイエット・オゴズハン（**写真7**）を主席とし、エジプトのカイロ大学でイスラム哲学を学んだアブリキ

ムハン・マフスムを監査役とする。会の運営は支持者の喜捨で賄われ、常勤は二十五名だが、多くの人々がアルバイトやボランティアで働いている。

同組織はイスラムによる民族の緩やかな団結を謳い、穏健派も急進派も理論派も武装闘争派も、ウイグル人ムスリムなら誰でも同組織の傘の下に集おうと呼びかける。またトルコ在住ウイグル人には、居留ビザや国籍申請の方法を教え、トルコ定住化を支援し、国籍を問わず「中国に対して様々なアクションをする人々をサポートする」と言う。週末には学者やジャーナリストを招聘して学習会を開き、子供にはウイグル語教育も積極的に行なっており、幼児から小学生までを対象とするウイグル語や自民族史のテキストを発行して、本部や支部でこの独自テキストを用いた週末児童教室を開講している。イスタンブールではウイグル人居留民の多い地域三カ所で、四～六歳児を対象とする幼稚園も運営している。

写真6　カイセリ「ウイグル1000人アパート」と、亡命者の子供達

同協会がイスタンブールで組織を立ち上げようとした時、一九五〇～六〇年代に亡命してきた老世代からは反対の声が上がった。たとえば、一九四九年中国共産党政権樹立時に新疆から出国し、トルコに政治亡命したウイグル人で、トルコの軍人となったリザ・ベキンも反対派の一人だった。世俗的トルコ社会に慣れた世代には、「イスラムによる民族団結」を謳う同組織に危なさを感じたのだろう。

組織のトップ、ヒダイェットはウイグル語、トルコ語、アラビア語、ウルドゥー語、パンジャブ語、ペルシャ語、英語を解すポリグリットで、一九七六年カシュガルの比較的豊かな商家に生まれた。筆者は同組織が二〇一三年八月一日付中国のタブロイド紙『環球時報』で、「テロ支援組織」「シリアで軍事教練する若者を送り込んでいる」と名指しで批判されている点を彼に問うたところ、以下の回答を得た。「協会では、それをしていないと断言する。ウイグル人は善良であっても諸々の知識が足りない。他国や他者の支持を得るには、その政府や勢力の言うことをある程度聞かなくてはならない。インターネットに影響された若者がシリアやＩＳＩＬに入ると、その中枢にいるアラブ人などの影響を受けて洗脳され、ワタン（故郷）を第一に考えなくなるケースもある。それでは本末転倒なのだ」。

写真7　ヒダイェット・オゴズハン（東トルキスタン・教育と連帯の協会会長）

「東トルキスタン・教育と連帯の協会」が最も力を入れている事業は、インターネットテレビ局、「イステクラルＴＶ」及び「サダＴＶ」の運営である。[17] ウイグル人ムスリムの立場から東トルキスタン問題を発信していくことをコンセプトに、二〇〇七年から言論活動を始め、現在ではセファキョイに本格的なスタジオを構えている。民族問題やイスラム学講座が主な放送内容であるイステクラルＴＶに対して、サダＴＶはウイグル人の文化芸能などを扱っていて、両者は棲み分けをしている。イステクラルＴＶは、世界各国に居住するウイグル人にイスラム学を教える役割も担っており、同放送のＨＰは動画のみならず活字でも記事を読めるようになっている。

イステクラルＴＶの統括責任者は、最初はイエメン留学経験があり、アラビア語が流暢なホタン出身のアブドゥワリズ・アブドゥハーリックだったが、現在ではカシュガル出身のアブドゥラハット・エリ（トルコ名。ウイグル名はムサ・ジャン）が務めている。ムサ・ジャンは三十五歳（二〇一五年訪問時、**写真8**）。イスラマバードにある国際イスラム大学でシャリーアとコンピューターテクノロジーを修めて卒業し、母語のウイグル語やトルコ語のみならず、ウルドゥー語、アラビア語、英語も流暢で、ＲＦＡ（Radio Free Asia）のトルコ・イスタンブール・リサーチャーも務める。髭は蓄えず、いつもスーツを着て穏やかな話しぶりの紳士である。

トルコには中国資本のＦＭ放送「ユィンラジオ」[18]があり、毎日朝昼晩の三回、各一時間半程の放送枠を、トルコの極左政治団体が運営するラジオ局にもらって放送している。ウルムチ事件直後の二〇〇九年七月末から放送を開始し、トルコ人やトルコ在住ウイグル人を対象に、「いかにウイグル人が中国で幸せに暮らしているか」などの政治宣伝をトルコ語やウイグル語で放送し、中国語ラジオ講座も放送する。イステクラルＴＶは、ウイグル語やアラビア語の報道は充実しているが、英語や漢語の内容は薄い。ムサ・ジャンは「ウイグル人とアラブ世界だけに発信しても大きな影響は見込めない。ウイグル人の抱える諸問題を世界に知らしめるには、英語や漢語で発信すべきだが、資金も人員も足りない」と語った。

写真8　ムサ・ジャン（イステクラルテレビ社長）

七、テロリストか政治亡命者か
——タイのウイグル人難民

二〇一四年三月八日、マレーシアのクアラルンプールから中国北京に向かったマレーシア航空機が失踪した。その直後、東南アジア一帯では墜落機を捜索するため大々的な山狩が行われ、それによって中国から密行してきた大勢のウイグル人が山間部で「発見」されることとなった。彼らは中国南部の国境地帯を密出国し、タイやマレーシアを経由してトルコに逃れようとしていた。

二〇一五年六月三十日、不法入国を原因に一年間あまりタイで拘束されていた約四〇〇人のウイグル人のうち、女性と子供一七三人がトルコに受け入れられ、イスタンブールに到着した。男は十五歳以下の幼子だけで、成人男性は一人もいなかった。彼女たちは暫定的居住地としてカイセリに住むこととなった。

彼等の拘束が一年以上に渡ったのには複数の理由がある。

「東トルキスタン臨時政府副主席」(19)を自称するイスタンブール在住のエリキン・エジズが、タイに渡って大量のＩＳＩＬの黒旗を難民達に配り、部屋に貼るよう命じたことがタイ当局に問題視されたこと。東南アジアではムスリムのロヒンギャ難民問題があり、難民対応に極めて敏感になっていた。エリキン・エジズは同年三月、イスラム国にウイグル人を勧誘して送り込んでいたことを理由に、トルコの公安当局に身柄を拘束され取り調べを受けている。(20)

トルコが難民を受け入れてから一週間あまり経った七月八日、タイ政府は残るウイグル人のうち一〇九人を中国に強制送還した。十九人が女性で、残りは全て成人男性だった。この時中国公安は、送還したウイグル人を「テロリスト集団」として扱い、全員に背番号を振った囚人服を着せ、覆面させ、二人の警官が両脇に付いて身柄を拘束した状態で機内に座らせた。彼らを引きずるように飛行機から乱暴に降ろす様が、世界中にニュース配信された。

七月十二日、タイ政府はさらに、ウイグル人の女と子供、計八人をトルコに出国させた。筆者は彼女たちがトルコに来るとの知らせを受けて急遽イスタンブールを訪問し、彼女たちの到着当日、インタビューを行った。証言内容は以下の通りである。

私は、最初にトルコに迎えられた一七〇あまりの人々も、次に中国に強制送還された一〇〇人あまりの人々も、両方を見ていたから、私たちがトルコに出国できるとタイ警察に言われても、最初は信じられなかった。中国にウイグル人が送還されたとき、タイ警察は「(収容されていたウイグル人の世話をしていたウイグル人男性で、タイ人女性と結婚して長くバンコクに暮らしていた) Ａさんも同行する。目的地はトルコだ」と彼らを安心させて騙して、収容施設から連れ出した。だから私たちも中国に送還されると思って、「絶対にここから出ない。その話が本当ならば、トルコ人の外交官を連れてきて欲しい」と要求した。実際にトルコ人外交官が施設まで迎えに来てくれて、やっと本当にトルコに行けるのだと安堵した。中国に送還された人々のうち、女性は無理矢理服を脱がされ、囚人服を着せられたが、そのときウイグル人男性と乱闘になったと携帯電話で聞いた。彼らの携帯はのちに、すべて没収されたようだ。

中国政府が発表したように、タイから送還されたウイグル人は、本当に「テロリスト」だったのか。送還から二ヶ月後の同年九月、筆者は「息子とその嫁が送還された」と証言する男性にイスタンブールで話を聞いた。上述「東トルキスタン・教育と連帯の協会」の監査役、アブリキムハン・マフスムである（写真9）。彼は「私の息子は反政府運動とは無関係だった。ただ、私の子だというだけでテロリスト扱いされ、強制送還された」と憤る。彼の話は以下の通り。

私は一九九〇年代から反政府運動をしていて、今回強制送還された息子は、私が監獄に入っていた時に生まれた子だ。中国政府は嫌がらせをして、その子ハサンに戸籍を与えてくれなかった。だからずっと「黒戸口（無戸籍）」のままで、パスポートを手に入れることもできなかった。だから国境を徒歩で越えたのだ。中国の監獄から出てまもなく私は国外に逃れたから、あの子と一緒に生活できたのは僅か三ヶ月だけだった。戸籍がないということは学校に上がれないと言うことだ。この子には学問を修める機会さえ与えられず、非識字者となってしまった。息子と嫁の間に生まれた二人の幼い子供（注：二歳と一歳）は、七月に他の女性がトルコに連れてきてくれた。今、私が育てている。私の息子の嫁であった故にこのような目に遭っている、会ったこともない嫁を思うと辛い。私はすでにトルコ国籍を得ているので、トルコに来たら私の戸籍に入る手続きなどをするはずだった。

写真9　アブリキムハン・マフスム

おわりに

かつてETIPに参加し、アフガニスタンやパキスタンで軍事訓練を経験したのは四十〜六十歳までの世代で、現在シリアに軍事教練のために入り込んでいる若者は二十〜三十歳代が中心だ。アフガニスタン体験世代は常々「一九九〇年代、中国共産党に抵抗するレジスタンス運動の為に敵の武器庫を襲撃し、武器を入手したとしても、使い方さえ分からず為す術も無かった。だから最低限の軍事知識は持っていた方が良い」と語る。その思いは、次世代に引き継がれている。

九・一一事件後、アメリカの始めた「テロとの闘い」に便乗して、中国が二〇〇三年初めて発布した「ウイグル人テロリスト一覧」に名があがっている元「東トルキスタン・イスラム党」幹部のアブドゥカディル・ヤプチャンは、中国の公式見解「新疆は中国の不可分の領土である」を一笑に付す。「中国は我々に国家分裂主義者とレッテルを貼るが、そもそもワタン（故郷・国）は中共のものではなく、その地に住む我々のワタンなのだ。失地回復のレジスタンスは道理にかなう。正義は我々のもとにある」。「（二〇〇二年にアメリカがテロ組織だと認定した）ＥＴＩＭ（東トルキスタン・イスラム運動）は存在しない。ＥＴＩＰ（東トルキスタン・イスラム党）ならば存在するが、それはテロ組織ではなくレジスタンス組織だ」。彼は、大トルキスタン建設を夢想するトルコ極右勢力と手を組むＴＩＰ（トルキスタン・イスラム党）や、カリフ制世界の構築を謳う「イスラム国」に共鳴するウイグル人とも友好関係を保ちつつも、「真の敵は中国だけだ。東トルキスタン共和国の建国のみを目標に掲げよ」と主張して回っている。

二〇一五年八月六日、イスタンブールでシリアでの教練と実戦参加を呼びかけていたＴＩＰメンバー、通称「小セイフッラー」ことヌル・メメットの息子が、アサド政府軍との戦闘で死亡したとの知らせが入った。九月に小セイフッラーに会った際、彼は息子の写真を携帯の待ち受け画像に入れて持ち歩いていた。「それでもジハードの道はあきらめない」という。シリアのウイグル人部隊は、二〇一五年九月イドリブ県の空港をアサド政権側から反政府軍側に奪取し、十月には、シリアの反体制派陣営を空爆するロシア軍とも戦闘行為を繰り返し、十一月のロシア軍空爆では三十人を越えるシェヒード（殉教者・死者）が出た。ＴＩＰがネット上で公開している映像には、戦闘で亡くなったウイグル人も少なからず写っている。

徐々に実戦参加による犠牲者の数が増えていく中で、ヌスラ戦線や自由シリア軍の中での存在感は強めているものの「シリアで死ぬのは無駄死だ。シリアでは戦闘訓練だけして、殉教するなら中国に行け」との意見もイスタンブールでは聞かれるようになっている。ＴＩＰはインターネット上に女子供が武器を持って軍事教練を受ける映像をアップするなど、最近その宣伝手法と思想動向には、ウイグル人社会でも異議を唱える者が増えている。トルコ社会にも馴染めず、トルコ国内で職を見つけられないウイグル人亡命者家族が、妻子同伴でシリアに出国し、こうした宣伝ビデオに登場しているのだ。例えば、二〇一五年タイから北京にウイグル人が送還されてから、カイセリの「ウイグル人難民アパート」では百人を超える人々が、前述の「教育と連帯の協会」に行き先を告げず、シリアに密出国した。ヌスラ戦線では少なくとも戦士たちに給与が支払われるからだ。こうしたウイグル人家族は、戦火を避けて国外脱出したシリア人キリスト教徒の村などを占拠し、その村落の家々に無断で定住しており、ウイグル人のシリアに於ける「素行」も、トルコ社会では問題視されている。

すでに「老世代」となったETIPのヤプチャン等に変わって、現在シリアで実戦に参加している若い世代の発言力と存在感が、このところ急激に増している。シリア内戦が終わった時、ウイグル人ムジャヒディンたちはきっと精強なゲリラとなっているだろう。けれども、彼らは本当に中国に戻って、軍事蜂起を起こすのか。中国は、シリアやトルコからは遠すぎる。中国を密出国してきた人々が、再度中国に入国するのは容易ではない。それに、彼らが蜂起をするならば、どのような思想的裏付けを以て、戦いを理論武装するのか。「中国と戦う」とスローガンで叫んでも、どう行動に結びつけるのかは、現在のTIPからは未だ見えてこない。

注

＊HPアドレスは二〇一五年十月末日現在閲覧可能なものである。

（1）ウイグル人がパスポートを申請する場合は、漢人が必要とされる書類以外にも提出しなければならない書類が複数あり、たとえば公安局国内安全保衛支隊（国家安全を司る部門）の許可印などが要求されている。国家安全部門の審査を経て、親類縁者に政治的問題がないと保障されると、パスポートを入手できるシステムになっている。新疆中国旅行社のHPより〝新疆办理护照程序大全　新疆人如何办理护照〟二〇一四年十一月五日更新　http://lxs.cncn.com/61420/n450847#?

（2）二〇一五年五月十五日付トルコの新聞報道 "Suriye sınırında 24 bin 591 gözaltı" http://www.milliyet.com.tr/suriye-sinirinda-24-bin-591-gundem-2028377/　同記事の日本語訳は「トルコ、シリア国境での逮捕者は二万四〇〇〇人超」http://synodos.jp/article/13433

（3）「イスラム国」に関する書き込みは、各種SNSが検閲の上、削除するのでウェブ上になかなか残らない。

（4）アブドルバーリ・アトワーン『イスラーム国』（集英社インターナショナル、二〇一五年）参照。

（5）小林恭子「『聖戦』へ向かう欧州の若者」（『メディア展望』新聞通信調査会出版、二〇一四年十月号）。

（6）中共新疆维吾尔自治区委员会党史研究室编「九、平息巴仁乡反革命武装暴乱」（『新疆民族分裂主义斗争史话』新疆人民出版社、一九九九年）。

（7）新免康「ウイグル人民族主義者エイサ・ユスプ・アルプテキンの軌跡」（『現代中国の構造変動7』東京大学出版会、二〇〇一年）。

（8）拙稿「胡錦濤が最も恐れるウイグル人、激白す――我々の正義に中国は怯えている　アブドゥカディル・ヤプチャン」（『諸君！』二〇〇八年十月号）。

（9）拙稿「ムハンマド・イミン・ボグラと『東トルキスタン

史』を語る——娘婿ユヌス・ボグラ、娘ファティマ・ボグラの口述」(『日本中央アジア学会報』総第四号、二〇〇八年)。

(10) Online edition of India's National Newspaper, Friday,Dec26,2003 "Chinese terrorist killed by Pakistan Army" http://www.thehindu.com/2003/12/26/stories/2003122600891500.htm

(11) 李琪「第五章 打击"东突"恐怖势力是国际反恐斗争的组成部分」(『"东突"分裂主义势力研究』中国社会科学出版社、二〇〇四年)。

(12) 馬大正「第五章 恶性膨胀 第二节 三、"东突"恐怖主义活动及其国际化倾向」(『"东突突厥斯坦国"迷梦的幻灭』新疆人民出版社、二〇〇六年)。

(13) 中田考「エジプトのジハード団——歴史と思想」(『(月刊)中東研究』中東研究会、一九九二年一月号)。

(14) この映像も最初にアップされたものはすでに消去されている。現段階で見られる同じ映像は以下の通り。"TÜRKİSTAN İSLAM PARTİSİ, ASKERİ BAŞ KUMANDANI İLE SURİYE RÖPORTAJ" https://www.youtube.com/watch?v=DtjzbMkCTu4

(15) 同協会のＨＰアドレスは以下の通り。http://www.gokbayrak.com/

(16) 同協会のＨＰアドレスは以下の通り。http://maarip.org/

(17) 同テレビ局のＨＰアドレスは以下の通り。http://www.istiqlaltv.com/

(18) 同ラジオ局のＨＰアドレスは以下の通り。中国新疆天山ネットのリンクがある。http://www.yonradyo.com.tr/

(19)「東トルキスタン亡命政府」は、在外ウイグル人の多数の民意を反映した組織ではなく、一部の人々によるインターネット上のペーパー組織であった。実質的に大した活動をせず、何度も分裂を繰り返し、一時期は組織が三つも存在した。しかし、二〇一五年十一月、この組織の「正常化」を望むカナダやオーストラリアのウイグル人を中心に日本東京で会合が持たれ、再結成と活動開始が宣言されたものの、今後の活動についてはまだ未知数である。

(20) 同時に拘束され取り調べをうけたＴＩＰメンバー「小セイフッラー」ことヌル・メメットらの証言による。二〇一五年九月聞き取り実施。

(21) ＴＩＰが公開した映像が見られるサイトは以下の通り。http://www.doguturkistanbulteni.com/

習近平時代の労使関係

――「体制内」労働組合と「体制外」労働NGOとの間

石井知章

いしい・ともあき――明治大学商学部教授、早稲田大学大学院政治学研究科兼任講師。政治学博士。主な著書に、『現代中国のリベラリズム思潮』（編著、藤原書店、二〇一五年）、『現代中国政治と労働社会――労働者集団と民主化のゆくえ』（御茶の水書房、二〇一〇年、日本労働ペンクラブ賞受賞）などがある。

現在、若年労働者における横の連帯は、すでに官製労働組合（工会）を必要とせずに集団的労働行為を可能にしているものの、習近平体制の成立後、労使関係の敵対的性格を隠そうとする傾向が強まっている。とりわけ総工会は、農民工の組織化を代行する一方で、実質的団体交渉活動を援助する労働NGOに対してはむしろ弾圧する側に回っており、今後ともその是非が根本的に問われる。

はじめに

習近平ははたして保守派なのか、改革派なのか、それともそのどちらでもない両者のバランサーなのか、いまだにその基本的性格が定まっていない。その徹底した反汚職運動は、たんなる権力闘争にはとどまっておらず、党の組織、政府ばかりか、実業界やあらゆる階層にいる党員たちにも大きな影響を与えている。過去の政治局員を含む最高位の指導者も反汚職運動の対象から免れないとされるが、その追及対象の選択基準はけっして明らかではなく、その方向性も不透明なままであり、トップリーダーとその周辺を取り巻く経済エリート、企業人の間でも不安が広がっている。たしかに、現指導部の支持者のなかの「トラ」も標的にすれば、反汚職運動は公共の利益に基づいて行われていることから、「下から」の国民的支持が得られるかもしれない。だが、この追及が進めば、政権内部の権力バランサーとなっている党指導部にとって大きな混乱を招くリスクにもなりかねない。

その一方で、中国の習近平体制は、市民社会に対する「上から」の弾圧姿勢をますます強めている。人権派弁護士や、活動家、作家、ジャーナリスト、新公民運動などの社会運動に参加する一般市民、民族問題や台湾、香港のデモに関連する発言で注目されていた人々が、次々と当局による弾圧の対象になっている。これらはみな、二〇一三年五月、党中央が普遍的価値、報道の自由、市民（公民）社会、公民の権利、中国共産党の歴史的な誤り、権貴資産階級、司法の独立について論じてはならないとした、いわゆる「七不講」（七つのタブー）と呼ばれる厳しいイデオロギー統制下で行われてきたことである。

労働の分野においても、同じような状況が展開している。二〇一五年五月、メーデー祝賀ならびに全国模範労働者・先進的活動家表彰大会で習近平は、「雇用をさらに創出し、第一線の労働者を重点に労働報酬を増やし続ける必要がある。第一線の従業員、出稼ぎ労働者、困難を抱える従業員などの層に注目し、労働者のディーセント・ワークと全面的発展の実現に努力する必要がある」と指摘し、労働者に対する権益擁護のための積極的姿勢を打ち出している。[1] だが、その一方で習近平政権は、労働組合（以下、工会と略）に組織化されていない農民工を支援する広州市の労働NGOに対して「社会組織管理弁法」（二〇一五年一月）を施行し、さらに全国規模では「境外非政府組織管理法」（草案）を二〇一五年春までに提出し、官製工会＝中華全国総工会の機能を補完してきた労働NGOに対する取締りをさらに強めている。ここではこのように大きな矛盾に満ちているように見える習近平体制下における労使関係の現在と今後のゆくえについて考察する。

一、習近平体制成立後の労働事情

北京や上海などの大都市よりも、地方の中小都市の方が都市と農村との経済格差によってもたらされる労働市場の縁辺化と、それにともなうさまざまな影響を受けやすいことはいうまでもない。だが、習近平体制成立前後の数年間、労働者の雇用情勢は、比較的順調に推移しており、城鎮での新規雇用者数もむしろ増加し続けてきた。二〇一二年秋の中国共産党第十八回全国代表大会では、（1）住民収入の増加と経済発展の比例、（2）労働報酬の増加と労働生産性の比例、（3）国民総所得における住民収入の割合の向上、（4）第一次所得分配における労働報酬割合の向上という「二つの増加の比例、二つの割合の向上」が提唱された。[2] これに続いて国務院は二〇一三年二月、発展改革委員会、財政部および人的資源社会保障部に対して、都市部・農村部の住民所得の倍増計画をし、二〇二〇年までに都市部・農村部住民の一人あたりの実質所得を二〇一〇年比で倍増させ、低・中所得者の収入増加の加速を目指す「所得分配制度改革の深化に関する若干の意見」を提出している。(3)

また同時に、所得分配の格差の段階的縮小、所得分配秩序の明確な改善、所得分配構造の合理化といった目標も定められた。中国共産党第十八期中央委員会第三回全体会議(二〇一三年十一月)における「中国共産党中央の改革の全面的深化における若干の問題に関する決定」では、賃金の決定とその正常な増加メカニズムを整備し、最低賃金・賃金支払保障制度と企業における賃金の団体交渉制度を改善していかなければならないとし、都市と農村、地域、業種間の所得分配格差の縮小に努め、中間層が厚い所得分配構造を段階的に形成していくことが強調された。(4)とはいえ、ここでいわれている「中間層」とは、多くの場合、比較的に安定した雇用を確保している「正規」労働者であることに留意しておきたい。

その一方で、二〇一三年までに各地の仲裁機関が立件、処理した労使紛争は前年比三・二パーセント増の四十九万四〇〇〇件となったものの、関係した労働者の数は同一・六パーセント減の六十五万人となった。労使紛争をめぐる情勢は全体として落ち着いており、案件の増加も小幅で、関係者数も低下している。(5)昨今の労働人事紛争案件の特徴としては、(1)八割近くの労使紛争案件が都市の機能拡張区・発展新区で発生しており、(2)労使紛争がなおも賃金(超過勤務手当、賞与または歩合給を含む)、労働契約解除における経済的補償または賠償金等に集中しており、(3)非公有経済組織での労使紛争が相対的に多く、労働使用管理にはなおも規範化が求められており、通常案件が明らかに複雑化している。(6)

労働者による集団的事案は、習近平政権成立直後の二〇一三年は低下傾向にあった。統計では、二〇一三年一月から八月の全国の陳情件数は前年同期比で二・五パーセント減少し、規模の大きな集団的事件の数は減少しており、とくに八月は五一パーセント減少した。だが、全体としての傾向としていえば、集団的労使紛争の数は減少しているものの、関係する労働者の数は増加し、規模が拡大している。二〇〇八年から二〇一二年の集団的労使紛争の案件数は減少傾向にあるが、関係する労働者の数はむしろ増加しているのである。各集団的労使紛争の平均人数は、二〇〇八年が二十二・八六人、二〇〇九年が二十一・四二人、二〇一〇年が二十三・五六人、二〇一一年が二十五人、二〇一二年が三十一・三人であった。(7)

ストライキ、操業停止のケースとしては、二〇一三年、たとえば四月の上海市嘉定区、江西省九江市等の十二の市・県でのタクシー会社に支払う契約料が高すぎること、初乗り運賃が低すぎること等を理由としたタクシー運転手による運転ボイコット、九月の家具量販店「百安居」チェーン店三十九店の従業員による賃金削減に対するストライキ抗議事件などが起きている。なかでも、広州等の地域では清掃労働者が賃金引上げのために、作業をボイコットし陳情を行ったため、ゴミが山のように堆積する事態となった。また、三月から五月まで四十日間続いた香港国際貨櫃公司の港湾労働者のストライキは、近年の香港では影響力が比較的大きい労使紛争で、交渉を経て、最終的に労働者の賃金を一律九・八パーセント引き上げることで決着している。さらに、七月初めには山東栄成固鉑輪胎公司の工会が労働者を率いて十七日間、操業を停止した。これはインドのタイヤメーカーのアポロによる米国クーパータイヤの買収に対する抗議と、未払賃金の支払いを求めるというもので、中国企業の工会が労働者を率いて挙行した初のストライキとなった。九月には、深圳塩田港のタワークレーンのオペレーター八〇〇人が賃金引上げを要求し、わずか二日の闘争で三〇パーセント、一七〇〇元の引上げを勝ち取り、短期間における闘争成功の新記録を打ち立てた。

その他、企業の閉鎖・移転が引き起こした労働者の権益保障や労働法規適用の問題が注目を集めている。二〇一三年後半から二〇一四年にかけて、外資系企業の構造調整が招いた集団的労使紛争が後を絶たなかった。たとえば、広東省東莞市のノキア、台湾の靴メーカー裕元鞋廠、深圳ＩＢＭ、ペプシコーラの複数の系列工場、湖南省常徳市のウォルマート等で従業員によるさまざまな規模の集団的事件が相次いで発生している。(8)

習近平体制の成立後におけるこうした労使紛争の逓減の背景の一つには、全体の雇用の六割を占める非正規労働の主な主体である農民工を工会の制度的枠組みに吸収していったことが挙げられる。二〇一三年までに、全国の工会の会員数は二億八〇〇〇万人に達したが、そのうち農民工は一億九〇〇〇万人であった。全国の基層工会組織の数は二七五万三〇〇〇件、カバーしている基層事業所は六三七万八〇〇〇件、従業員の工会加入率は八一・一パーセントに達している。二〇〇八年の工会員数二億一二〇〇万人と比較すると、この五年間で一年あたり平均一四四八万五〇〇〇人の工会員が増えたことになる。(9)

二、「中国の特色ある社会主義的労働組合」としての工会

習近平が二〇一三年四月、中華全国総工会で全国の労働模範代表との面談の際に強調したのが、「中国の特色ある社会主義」としての「中国の特色ある工会」の発展である。ここでは、中国工会の性質とその特徴が色濃く反映されており、工会の組織と活動を常に正しい方向に前進させることの重要性が指摘されている。さらに習近平は、工会が「労働者の家」であると従業員に感じさせるには、工会幹部がもっとも信頼できる「実家の家族」でなくてはならならず、そのうえで、各レベルの党委員会と政府が、工会の指導者、活動の展開に対する支援を強化・改善し、工会が職務を履行するためのよりよい環境を創出しなければならないとした。[10]

さらに習近平は二〇一三年十月、中華全国総工会での新指導部メンバーとの懇談の際、工会活動が、(1)正しい政治的方向性を堅持し、中国の特色ある工会としての発展の歩みを堅持し、(2)従業員を広く動員し、「中国の夢」の実現のため奮闘し、労働がもっとも光栄、崇高、偉大であり、美しいという観念を労働者の意識のなかに育て、(3)中国社会主義の根本的要求として、工会が労働者の身近な利益を保護し、社会的公平、正義を促進し、(4)労働者への同情心を強め、従業員との連携を密接化し、さまざまな困難を解決しなければならない、などとしている。[11] 李克強首相も、中国工会第十六回全国代表大会でおこなった経済情勢報告のなかで、「政府と工会の連合会議制度を改善しなければならない。連合会議制度を通じ、労働者、とくに一般労働者の心の声をより多く聞くことができる」と言及している。[12]

これらをうけて、「中国共産党中央の改革の全面的深化における若干の問題に関する決定」(二〇一三年十一月)も、農民工の同一労働・同一賃金を保障し、都市・農村の基本的公共サービスの均等化を推進しなければならないと強調している。とくに、農民工を中心とする農業移転人口の市民化を推進し、条件に合致する者を城鎮住民とするとしている。とりわけ、人口管理を刷新し、戸籍制度改革を急ぎ、建制鎮(省・自治区・直轄市が設置を許可した鎮)、および小都市への転入制限を全面的に解除するとともに、中規模都市への転入制限も順次解除し、かつ大都市の転入条件を合理的に決定することになったことは大きな注目に値する。城鎮の基本的公共サービスが定住人口をカバーすることによって、都市転入農民は城鎮の社会保障体系に組み入れられ、農村で加入している養老保険、医療保険を都市社会保障体系に移行しつつある

といえる。[13]

集団的労使関係の調整については、各レベルの工会が同レベルの政府との連合会議制度の設立を積極的に推進し、労使関係調整の三者メカニズムの改善・整備を推進し、労働協約や賃金特別合意書の締結を推進しつつある。これによって、団体交渉指導員チーム育成の強化、企業・機関の民主的管理制度の規範的建設、法律による支援の強化、労使関係の早期警戒メカニズムの構築が進んでいる。二〇一二年までに、全国の計三十の省・自治区・直轄市で工会と同レベル政府の連合会議制度が設立され、二十三の省・自治区・直轄市では、すべての地級・市レベルで連合会議制度が設立された。

これはもともと、一九八〇年代後半の趙紫陽による政治体制改革のプロセスで総工会によって提起された「工会改革の基本構想」(一九八八年)に対し、党と国家が正式なお墨付きを与えた制度である。当時、多くの省、市政府と工会、全国産業工会が、それまでの党=国家との「縦」の関係から、産業別社会という「横」の関係へと工会の役割を拡大しつつ、産業部と連合会議(協商対話)制度を確立していた。それは全国の末端から各省、国家レベルの上部団体にいたるまで、工会を媒介とした協商対話制度の立て直しを企図したものであった。たとえば、陝西省の総工会と人民政府が開いた第一回連合会議(一九八八年十二月)では、省総工会が提出した労働者の利益に関わる議題をめぐり協商対話が行われ、工会は地方行政の果たすべき役割の一翼を担いつつ、政府との具体的政策をめぐる共同決定プロセスに参与していったのである。[14]

こうしたかつての制度の復活もまた、強権的姿勢を強める一方で、「下から」の社会的対話の制度化を進めているように見える習近平体制の二面性を象徴しているといえる。

三、「個別的」労使関係から「集団的」労使関係へ

社会主義中国において長年停滞してきた官製工会運動の性格を大きく塗り変えた二〇一〇年春の一連ストライキについては、中国国内外で広く研究者らの注目を集め、さまざまな形で議論されてきた。とりわけ、中国広東省仏山市のホンダ部品工場で二〇一〇年五月、大規模なストライキが発生し、一八〇〇名余りの従業員が参加していったことは、きわめて大きな意味合いを持っている。それはたんなる「山猫ストライキ」として行使されたものではなく、官製工会が工場内に存在するものの、この改組を非正規労働者たちが「下から」求めるという、あくまでも「合法的」労働運動として繰り広げられていた。この九日間にわたるストライキで、ホンダ側

が二、三億元の損失を出す一方、労働者側は賃金、手当てなどの報酬面で三三パーセントの上昇を実現している。(15)

実際、こうした状況が、習近平体制を整えつつあった翌年からの新たな労働状況を方向づけているといえる。中央政府主催による「調和のとれた労使関係構築の経験交流会議」（二〇一一年八月）の開催後、中国の特色ある調和のとれた労使関係構築の全面的推進段階に入っていった。ここではまず、調和のとれた労使関係とは労使双方の根本的利益が一致していることであるとされた。労使関係の衝突は、国民内部の葛藤であり、体制への対抗といった性質のものではなく、交渉・調整・意思疎通という方法を通じた解決が可能である。調和のとれた労使関係の構築とその推進とは、労使関係の確立・運営・監督・調停等の段階をすべて法制度により、労使双方の利益に配慮し、企業と従業員を利益共同体・事業共同体・運命共同体へと作り上げていくことである。長期的メカニズムの確立は、従業員と企業双方の利益となり、経済発展、社会の安定、調和のとれた労使関係の新たな局面の形成によって衝突を避け、法治を堅持し、訴訟をできる限り減少させなければならない。したがって、理性的、合法的方法により矛盾を解決しなければならず、ストライキ、デモ等の強硬な対抗手段による労使関係における矛盾の解決を提唱せず、奨励せず、支持しないとされた。(16)

中国共産党第十八回全国代表大会（二〇一二年十一月）では、労使関係についてはじめて詳細な報告が行われ、労使関係が「中国の特色ある社会主義事業」における重要な地位に置かれることとなった。実際、習近平体制成立後の二〇一三年以降、労使関係における矛盾の根本的解決というテーマが全面的に強化されている。これは重要プロセスを前倒しし、労使関係の法的、制度的メカニズム・能力を構築することにより、その解決をたんなる指標から根本的解決へ、さらに「救済」から「予防」へと転換するためであるとみられている。(17)

ところで、こうした習近平体制の成立と同時に進んでいった労使関係における「救済」から「予防」へという転換は、労使関係の「集団化」という流れのなかでとらえることが可能である。既述のホンダのストライキに象徴される新たな形態の「非正規」労働運動を可能にした労使関係の形成は、「労働契約法」（二〇〇八年）の成立を一つの到達点とする、一連の政治・経済体制改革のプロセスのなかで進んでいった。それは大まかに、以下のような三つの段階を経ているといえる。

第一段階は、一九八〇年代中頃から一九九〇年代初めにかけてである。それは国営・国有企業改革の一部としての雇用制度改革期であると同時に、労働契約制普及のための前提条件をなす、さまざまな労働改革の試行期間でもあった。西側の資本主義国家とは異なり、社会主義市場経済体制下における中国の労使関係は、自由主義的経済発展とともに自然に形成されたものではなく、むしろ計画経済に対する政府主導の改革の一環として政策論的に築かれていったものである。ここで労使関係の「市場化」とは、経済体制の移行期における中心的局面を含んでいるが、とりわけ八〇年代後半における趙紫陽の時代には、「所有権と経営権の分離」を背景にして、労働雇用制度の改革として実施された。この「所有権と経営権」をめぐる政治・経済体制改革は、企業の「財産権の明確化」と「独立経営」の原則に基づき、労働雇用制度の改革に沿って進められた。それ以前の計画経済体制下における労働者とは、たんに国の財産権の一部を有する「人民」であったにすぎないが、今や労働市場において労働力を提供し、それが自由に売買される「商品」となったのである。この改革の直接的目標とは、労働力が需給の論理によって流通する一つの労働市場を創出することであり、そのうえで「市場化された」労使関係を築くことであった。

第二段階は、ポスト天安門事件期にあたる一九九〇年代初めから二〇〇〇年代初めにかけてである。それは党＝国家による強力なリーダーシップの下、近代的企業制度の確立を目標としつつ、全面的改革の実施に着手された時期である。国有企業の大部分が市場化されたのにともない、これらの企業の労働者・職員は、はじめて労働市場における「被用者」となった。また同時に、数億人もの農民が農業から離れ、「農民工」として近代産業に従事するようになり、純粋に市場化された産業労働者となったのもこの時期である。

さらに第三段階は、二〇〇〇年代初めから、「労働契約法」が公布、実施された二〇〇八年までである。とりわけこの時期、「労働契約法」の公布・施行は、労使関係の「集団化」への移行の転機となった。中国の労働法制史において、従来の関連法を踏襲しつつ、新たな諸条件を生み出していったのである。その公布・施行は、労使間の個別交渉に関する法的枠組み構築の初期段階が完了したことを示しており、かつ労使関係と団体交渉に関する起点として、労使関係の団体交渉に関する法的基盤ともなった。(18) そのことを実証するかのように、同法施行後の二〇〇九年前半期の労使紛争受理件数は、前年比一七パーセント増にあたる十七万件余りに達し、二〇一〇年のそれは、前年比一二・一パーセント増の四十・六万件に、さらに二〇一一年には、一三一・五万件にまで急速に増えている。(19)

これら一連のプロセスは、主に改革による成果の定着を図り、新たな労使関係を確たるものにし、法的にもそれを確立させた時期にあたる。だが、これまでのプロセスは、日本を含む西側の労使関係に比べれば、中国の労使関係における「市場化」の初期段階であったにすぎず、必ずしも労使関係の「市場化」への移行が完了したことを意味するわけではない。なぜなら、これまで「労働契約法」の諸規定によって確立している労使関係とは、あくまでも「個別的」雇用関係について言及したものであり、「集団的」労使関係を築き上げなければ、その「市場化」への移行が完了したとはいえないからである。こうした意味では、いまだに「市場化」が遅れている国営（あるいは国有）企業における労使関係は、旧態依然たる党＝国家中心のガバナンスのままであることが大きなネックになっている。たとえば、習近平は二〇〇九年五月一日のメーデーで、中華人民共和国の成立以来、個別労働者の権益拡大よりも国家全体の生産性向上を目指した現代の「スタハーノフ運動」ともいえる労働競争の果たした役割とその意義の重要性を強調している。[20] さらに、中央関連の国有企業では二〇一二年の時点でさえ、江沢民による「三つの代表論」の下に労働競争の意義が強調されているという事実は、工会をはじめとする労働者集団に対する中国指導層内部の保守派のもつ政治的基盤の堅固さを理解するうえできわめて重要である。[21]

既述の二〇一〇年春という一つの突破口を準備していた第三段階（二〇〇〇〜二〇〇八年）では、必ずしも外資系企業のような顕著なレベルではないとはいえ、工会という社会集団を媒介とする労働者による「集団的」労使関係の構築が、とりわけ中国の労働社会において新興領域部分を占めつつあった民間・民営企業で、静かに、しかし着実に進められていたことが分かる。したがって、ここには一つの「市場化」の流れとして、「個別的」労使関係から「集団的」労使関係という大きな社会的趨勢があったことが裏付けられる。

だが、「個別的」労使関係から「集団的」労使関係への移行とは、仮に市場経済における労使関係の調整に対する客観的要求であったとしても、けっして自然的過程で生じるものではなく、むしろ労使双方の駆け引きという力関係のなかでの作為的過程で生じてくるものである。その移行を促す内的要因のうち主要なものが、一人ひとりの個別の労働者というよりは、むしろ工会などの社会集団によって組織された労働者集団による、いわば「団体的」権利保護に対する「下から」の要求であることはいうまでもない。ここでは「集団的」労使関係が経済と社会のさらなる安定と持続可能な発展を促しており、良好な運営による労使間での不必要な対立の回避が、経営者にとっても団体交渉にともなう労働コスト上昇の抑制というメリットをもたらしている。さらに、こうした客観的状況を政府が正しく認識し、「集団的」労使関係の構築を労働政策の課題として取り組むことによって、最終的に一つの制度として形成される可能性をもつのであり、ここではＩＬＯ（国際労働機関）の提唱する政・労・使による三者構成主義の重要性が強調されることになる。

既述のように、労使関係の「市場化」というプロセスの最後の段階で行われたのが「労働契約法」の施行であり、これが二〇一〇年という新たな形態の労働運動への飛躍を生む基礎となっていたことは明らかであろう。とりわけ同法は、工会の改革を促進し、工会と労働者との関係強化をもたらした。二〇一〇年に発生したストライキはいずれも労働者が自発的に行ったもので、工会は主にストライキ対応の面で活動していた。実際に工会は、ストライキ発生後に工会の代表とその職員が企業側と協議交渉を行い、労働者の行動が理性的なものとなるよう働きかけ、事態の合法的解決を目指していた。労働者の自発的な団体交渉の成否が工会の介入と組織力にかかっていることは、たとえば、広東省の工会が南海ホンダの労働者による「工会改編（改組）」の要求をすぐに受け入れ、ストライキ発生後、同社の工会の再選挙を行ったことでも分かる。労働者の支持により生まれた新たな工会の委員会は二〇一二年、第二回目の団体交渉を行い、前年の操業停止による賃上げ交渉による増額を上回る六一一元の賃上げを勝ち取っている。(22) このように、労働者の集団行動は、「集団的」労使関係における労働者の組織化と工会の大衆化との結合を直接的に促すものになったといえる。

四、労働ＮＧＯと中華全国総工会との関係

これまでの中国における労働ＮＧＯ組織の大部分は、「非正規」労働者としての農民工組織に関するものである。一九八〇年代以降、都市産業へ押し寄せる農村からの出稼ぎ労働者の数は増加の一途をたどっており、都市の「非正規」労働の分野において、二〇一一年には二億五〇〇〇万人に及ぶ厖大な数の農民工が、広く権益侵害を受けていた。こうした状況が、社会の深刻な不平等の問題を引き起こしており、この問題を解決する過程で、農民工の組織化が広く世間の関心を集めてきている。これまでのところ、農民工の組織化に取り組む以下のような三つの勢力が存在してきたといえる。

その第一が、農民工の自発的組織化による組織である。彼らは組織資源の不足という不利な立場から脱却するため、問

題解決の実践において自ら農民工組織を立ち上げている。第二は、農民工の「社会化」のための非政府組織であり、より具体的には、研究者、および関連研究機関、海外のNPOネットワークやNGOボランティアである。彼らは農民工の権益保護や法的支援サービス、および研究組織に対し観察、研究、資金援助を行い、その活動を後押しし、ひいては自らこれを設立しているケースもある。第三は、政府（工会）主導型組織、すなわち、政府関連部門（工会＝中華全国総工会）である。彼らは農民工に対する権益保障の関連政策を積極的に打ち出しつつも、農民工の労働力資源に対するニーズを抑え、その自発的組織行為を抑制してきている。しかしその一方で、従来の工会体制に対し一定の改革を行い、企業工会の設立を推進して農民工を吸収し、「体制内」にある工会の権益保護のための施策を開拓している。

既述のような二〇一〇年の一連の労働運動は、「体制内」工会運動と「体制外」労働運動を切り結ぶ重要な結節点となっている。こうした「非正規」労働者に対する「非正規」労働運動をひとつのモデルとして追求し、さらに「体制外」での自立的労働運動のさらなる発展を企図したのが、広東を中心に活動を繰り広げてきた第二の形態、すなわち労働NGOである。二〇〇〇年以降、中央政府が農民工に対し積極的な政策を打ち出すのにともない、各地では農民工の雇用をコントロール、制限する政策や立法の取消し、変更が相次いで行われた。まず、関連する法律や政策の緩和とともに、社会から広い注目と同情が寄せられたことで、農民工集団にとって政治面、かつ道義上において有利な条件が生まれた。さらに、海外の政府・民間団体からの財政支援により、農民工を中心に自発的組織は空前の発展を迎え、珠江デルタ地域だけで二十を超える農民工自発的組織が相次いで立ち上げられた。また、これらをさらに「社会化」しようとする労働NGOについては、この時期に重要な役割を持つ組織・機関が続々と設立された。たとえば、深圳当代社会観察研究所（二〇〇一年）や、北京協作者文化伝播センター（二〇〇三年）といった機関では、法律面のコンサルティングやサポート、職業研修、権利の主張、文化・娯楽、教育を通じて農民工の生活の質を効果的に向上させている。また、深圳当代社会観察研究所は、研究者や弁護士、メディア、ボランティア、財団等から多くの参加とサポートを受けており、「リソースの宝庫」と呼ばれており、現在中国で最大規模の労働NGOに成長している。

これらを含めて、二〇一五年までに、広東を中心に全国で一一一カ所の労働NGOが活動を繰り広げている。これらのなかでも、中華全国総工会と労働NGOとの微妙な関係を象徴するものとしては、たとえば、活動領域の重複（とりわけ団体交渉）を理由に総工会に活動を停止された「海南島外来工管理協会」のケースが挙げられる。その名称と形式を変えつつも、二〇〇六年二月、同NGOは「海南NGO服務中心」として海南市工商局に登録した。たしかに、「海南島外来工管理協会」は二〇〇五年九月、その法的資格を失ったが、政府はその後も、この異なる名称での存続を認めている。前組織解体の背景には、現地総工会だけではなく、中華全国総工会による圧力の存在が指摘されているが、さらに政府部門と工会部門間での衝突があったと見られる。もともとは外交部と労働部だけが関与していて、総工会は参与していなかったが、二〇〇五年一月にEUのプロジェクトが始まり、その七月に総工会が調査団を送り現地調査をした。その後、同年九月には、組織の資格停止が決まっているが、このことからも総工会がその存在そのものを重大な挑戦であるとみなしたであろうことが容易にみてとれる。ただし、このケースは、NGOと総工会との一定レベル協力関係が進んでいったその後の状況を鑑みれば、むしろ初期段階での想定外の事態に直面した総工会による過剰反応であったともいえる。(23)

このほかにも、政府はこれまでも独立性の強いNGOの存在を認めない傾向が強かった。こうしたグレーゾーンの領域では、たとえ非合法組織で政府の干渉があったとしても、場合によっては、総工会と一定の協力の下で、労働NGOそのものは存続してきたが、二〇〇四年以降の状況は大きく変化していった。とりわけ、二〇〇五年九月以降、こうした総工会との対立事案は、広州、深圳でも同じように発生しているが、それらについての情報へのアクセスは、さまざまな制限により現在でもきわめて困難である。グラスルーツという「下から」の労働NGOが今後とも生き残る可能性については、二〇一四年から二〇一五年にかけての新たな法的規制によって労働NGOの縁辺化が進んでおり、ますます困難になっているといえる。工会も自らの弱点を認めざるを得なくなったことから、労働NGOから学ぼうとしている様子が窺え、少なくとも労働NGOとの決定的な対立を避けるように変化しているといえる。それゆえに、総工会側もたとえば深圳でもおなじような外来工に対する支援センターなどを作るようになっている。また総工会とNGOとの交流も進んでいるし、既述の農民工の組織化も総工会が行うように変化している。さらに、省や市の総工会内部だけでなく、北京など大都市の社区での農民工自身も工会を組織するようになっている。だが、それらは自らの職場としての企業内部にではなく、実際には、総工会内部の下部組織としてのたんなる「事務局」のようなものとして設立されているにすぎず、逆にそれゆえに政府もその組織化を許しているし、支援しているのだともいえる。いいかえれば、企業内部の工会は依然として「正規」従業員ら、既得権益を守る総工会の会員によって組織されていることに基本的に変化はないということである。

たとえば、広東省番禺区の広州騰麒機械製造有限会社のケースでは、総工会と労働NGOとの確執はむしろ公然としたものに変化していることが分かる。二〇一四年十二月中旬、同社は工場を郊外への移転を発表してからまもなく、従業員らが人員の配置転換についての経緯を知らされないまま、翌年一月に移転していった。この企業は、金属部品を製造する台湾資本の機械加工業者で、すでに番禺区で十数年間、経営してきており、もっとも多いときでその従業員は二百数人に達していたが、二〇一四年には六十数人にまで削減している。移転の通知が出てまもなく、労働者側は会社側に移転にともなう諸要求を提出した。さらに労働者側は、番禺区総工会、労働監督署などの部門に状況を説明していったが、それと同時に地区の労働NGOである「向陽花《ひまわり》女工服務部」への協力を要請して、法的アドバイスなどを受けつつ、さらに会社側に給与の長期未払い、社会保険の未負担、高温業務手当て、休暇手当てなどの諸手当を要求した。

労働者側はこの労働NGOのアドバイスによって、六名の団体交渉担当を選出し、会社側に二〇一四年十二月、（1）未納社会保険の不足分、（2）未納である住宅公共積立金不足分、（3）違法賃金遅配と労働関係解除にともなう賠償金、（4）新年休暇手当て、（5）高温作業手当、（6）工場移転にともなう手当て、などの支払いを正式に求めた。その後、番禺区総工会と労働局担当職員による仲介で、労使の双方は合計八回にわたって交渉を行った。二〇一四年十二月三十一日の交渉で、労働者側の妥協によって、双方は経済的補償金、新年休暇給、法定祝日・休日給、高温作業手当てなどについて一度は合意するにいたる。だが、二〇一五年一月に入ってから、会社側は突如態度を硬化し、交渉をすべて拒否し、合意を反故にしていった。既述の「社会組織管理弁法」が二〇一五年一月一日付けで施行されていることも、恐らくこの状況と無縁ではなかったであろう。

このため、労働者側は二〇一五年一月六日、工場の食堂から五枚のテーブルを運び、工場の門を塞いで、六人の労働者代表を含めた三十数名の労働者が集団座り込みに突入し、交渉しない会社側の不誠実な態度に対して強く抗議した。一方、会社側は同日午前、警察に通報し、同日夕方には、数十人の警官が現場に到着し、労働者側の行為が違法であると通知し、労働者にテーブルと椅子を運ぶように求め、労働者は即刻テーブルを食堂に運んで戻した。だが、警察側はこの六人を「中華人民共和国治安管理処罰法」（第二十三条）に基づき、三日間にわたって拘留するにいたる。ここでの重要なポイントは、拘束された人々はすべて労働者側を代表する労働者であり、しかもその集団的行為には基本的に社会的危害はなく、その行政処罰については準拠法そのものが誤っている、と主張されたことである。行政拘留された労働者のうち五人は、釈放後、広州市公安局の処罰を不服として、段毅弁護士（広東労維弁護士事務所）に依頼して行政訴訟に入った。

この訴訟で原告側は、公安の処罰決定をめぐり、（1）準拠法の誤り、（2）事実認定の誤り、（3）一部証拠の重大な瑕疵による証拠採用の不適切さなどを主張して、行政処罰の取り消しを求めていった。とくにこの訴訟において注目すべきなのは、本来、労使紛争の調停に当たるべき政府（労働局）側が、会社側の違法行為を追認して、労働者側の「違法」行為の証人になっていることであろう。これらの経験を通して労働者側は、工会と労働監督署が完全に会社側に立っており、労働者を弾圧し得るという印象を決定的に抱いてしまった一方で、労働ＮＧＯに対する信頼感を強めていったといえる。

一方、会社側は、法定社会保険、住宅公共積立金などさまざまな手当ての支払拒否によって三万元以上の、さらに計五十人に対する給与の未払いの放棄によって一〇〇万元を超える経済的利益を勝ち取ったことになる。かくして会社側は、仮に違法であっても、工会と政府との協力の下で、団体交渉を自らに有利に乗り切ることが可能であることを学んだが、逆にその大きな同義的責任が問われることで、労働者側との険悪なる労使関係という悪循環に陥ったといえる。さらに工会側は、この案件ではたしかに労使紛争に介入したものの、その姿勢は終始一貫して第三者としての立場に徹しており、具体的参与の過程では、むしろ会社側との接触時間が労働者に対してよりもはるかに長く、当初から労働者の利益代表者でないことは明らかであった。たとえば、二〇一四年十二月三十一日に会社側が交渉の途中で労働者側に退席を求めたものの、工会の代表は会場に残り、会社側との協議を続けていたという事実は、労働者側に大きな疑いをもたせる結果となった。しかも工会の代表は、公安機関に対していかなる抗議をすることもなく、結果的には政府と公安と行動をともにしていたということが誰の目にも明白になったのである。この一連のプロセスでは、逆に労働ＮＧＯの役割が際立っているが、こうした最近の労働運動型ＮＧＯは、労働者に労働組合や団体交渉についての知識を与え、育成訓練などのサービスを提

供しているという意味で、明らかに本来の労働組合の機能を代替しているといえる。(24)

既述のように、主に外資系企業での工会の設立、そして厖大な数に及ぶ農民工の組合加入にともなう工会組織そのものの強化により、「体制外」における農民工による自発的組織、およびそこでの「社会化」と「合法化」を弱めることにもつながっている。ここでは「体制外」の労働NGOがいまだに隠然として活躍しており、それらの力添えをもとに、新たな影響力を持つ農民工NGOが現れたものの、農民工による自発的組織、およびその「社会化」を推進する労働NGOの原動力は、むしろ減退に追い込まれていった。「体制内」総工会の改革と「体制外」労働NGOの発展には、一定の競合、あるいは相互補完関係が存在しており、農民工の自己組織内併合をはじめとする工会の改革が一定範囲で有効であればあるほど、たしかにそこへ吸収される農民工の数は多くなってきてはいる。だが、形式的には権益の保護を受けるとされる農民工の数が相対的に増えはするものの、ここでは逆に、「体制外」の労働組織を設立する必要性ばかりか、農民工としての本来の法的地位までも実質的には弱めてしまったのだといわざるを得ない。

これまで見たように、中国政府は独立性の強い労働NGOの存在そのものを認めない傾向が強いとはいえ、法的グレーゾーンでは、たとえそれが非合法組織であったとしても、中華全国総工会との一定の協力関係の下、労働NGOそのものの存続をいわば「暗黙の了解」として認めてきた。だが、二〇〇五年九月以降、競合関係にある総工会によってその活動を間接的に停止されるといったケースが目だってきており、労働NGOの縁辺化が、いまもなお進行中であるといえる。いわば「体制の安定的維持」のうえでは大きな不安材料でもあり続けている農民工の動向に対して、党と政府は昨今、過敏なまでに対応してきている。とりわけ二〇一二年の夏までには、習近平新体制を決定する同年秋の党大会を控えていたこともあり、おもに広東を中心とする「下から」の草の根労働NGOの多くが、半ば強制的な閉鎖に追いやられていった。さらに既述の法規制(二〇一五年一月)によって、とくに海外からの資金に頼らざるを得なかった労働NGOの多くが閉鎖に追いやられている。だが、これらの労働NGOは、いったんは閉鎖されても、次々と人を変え、場所を変え、体勢を変え、たくましく復活、再生を遂げているのもまた事実である。総工会側も自らの組織力の持つ弱点を認めつつ、労働NGOから学ぼうという姿勢を見せているとはいえ、農民工の組織化を総工会が代行する一方で、実質的団体交渉活動を行おうとする労働者集団や労働NGOに対してはむしろ弾圧する側に回っており、今後ともその社会的姿勢の是非が根本的に問われることは避けられそうにない。

おわりに

ホンダのストライキに象徴される「非正規」労働者による新たな形態の労働運動を可能にした「市場化」は、「労働契約法」（二〇〇八年）の成立をピークとする、一連の政治・経済体制改革のプロセスのなかで進んでいった。それは、とりわけポスト天安門事件期に、党＝国家による強力なリーダーシップの下、近代的企業制度の確立を目標としつつ、全面的改革として実施されていったといえる。この「労働契約法」の施行は、労使関係の「集団化」への移行の転機となり、また新たな起点として、健全な労使関係を創出する団体交渉のための法的基盤ともなった。たしかに、「労働契約法」は、多くの労働者に法的権利についての理解を深めさせ、労働者の意識に少なからぬ影響を与えている。市場経済における労働者としての「集団意識」が自ずと高まり、その結果、労使関係の「集団化」への移行における有力な推進力となっていった。とりわけ、携帯電話やSNSの普及によって、若い労働者の間で「集団的」行動が容易にとれるようになったことで、労使間での対等で効果的な団体交渉が可能となり、労働者主体の団体交渉を労使の対等な関係において実現したのである。ホンダのストライキに見られるように、ここでは「体制外」の労働者によって自発的に行われる「集団的」行動、かつ法的手段による解決が、「体制内」の労働協約制度の実施を直接的に促進したことになる。しかも、このモデルとなったホンダのストライキ以降発生してきた多くの「体制外」の労働運動を可能にしていたのが、労働NGOによる「下から」の組織的支援であった。だが、既述のように「正規」労働者に対する労働権益の拡大を図っている習近平政権は、とりわけこの一～二年の間、総工会の枠組みで農民工を直接組織化する一方、こうした自立性の高い草の根NGOをさまざまな手段で厳しく弾圧してきた。

現在、若年層における横の連帯は、すでに「工会」という組織を必要とせずに「集団的」行為を可能ならしめているものの、他方、とりわけ習近平体制の成立後、党＝国家側は「和諧社会」（調和の取れた社会）という名目で、労使関係の敵対的性格を隠そうとする傾向を強めている。しかも、さまざまな使用者団体の設立など、資本側には「結社の自由」が大幅に認められているものの、他方、労働側には官製工会たる中華全国総工会による独占的な「団結権」のみが許され、それ以外の労働者集団に対する「結社の自由」はいまだにまったく認められていない。だが、かつてトクヴィルが指摘したように、ビジネスや産業に関与する「市民的結社」で小さな事業での経験を積むなかで、やがて大きな事業を共同で遂行する能力を身につけたとき、「市民的結社」は「縦」の関係における「政治的結社」の活動を容易にする一方、逆に「政治的結社」がこうした「市民的結社」をさらに「横」へと発展させ、完成させる可能性をもち得るのだといえる[25]。仮に中国における使用者団体すら、「市民的結社」の経験の結果として「政治的結社」を生み、また「政治的結社」を許容する政府が「市民的結社」の育成を推進するのだとすれば、トクヴィルのイメージしたような市民社会を中国において構想することも、あながち不可能とまではいいきれないであろう。

その際、最大のポイントは、資本側と労働側とを問わず、「市民的結社」の経験を積んでいき、そのことが政府に承認された結果として、「政治的結社」としての自立的政治性がこの「市民的結社」に付与されるか否かにある。したがってここでは、「外部」からの行政的働きかけが、「上から」の国家権力を媒介としながらも、現行法に基づく「合法的」なものとして、労働者による「政治的結社」をはたしてどこまで「下から」正当化できるかが問われている。いまや農民工を支援してきた労働NGOがいったんは後景に退きつつあるが、逆に農民工自らによる自発的組織化によって実質的に工会と同じ団体交渉能力をもつ労働NGOとしての自立が、まさにこの同じプロセスで求められている。実際、二〇一五年九月までに、そうした農民工自らの労働組織(「工人小組」)が、広東省深圳だけでも十六カ所ほど設立され、ストライキを含むきわめて闘争的な集団行動を繰り広げていることが確認されている。ここでは、国家権力から独立した外的=法的権力として、「下から」の自力組織化を政府がどこまで承認でき、最終的に健全なる労使関係を築けるのかが、最大の鍵になっているのである。

注

(1)『人民網』、二〇一五年四月二十九日。
(2)『光明日報』、二〇一二年十二月十二日。
(3)『新華網』、二〇一三年二月五日。
(4)同、二〇一三年十一月十五日。
(5)「人力資源社会保障部発布会介紹三季度工作進展状況」、『中央政府門戸網站』、二〇一三年十月二十五日。
(6)「北京市第十五届労働人事争議案例研討会会議綜述」、『北京市労働和社会保障法学会官網』、二〇一三年十月十四日。
(7)人力資源和社会保障部『人力資源和社会保障事業発展統計公報』、二〇〇八―二〇一一年。
(8)これらの労使紛争については、喬健「2013-2014:中国経済結構調整中的労働関係」（「第十八回ソーシャル・アジアフォーラム」、二〇一四年九月十七～二十一日、ソウル）での報告にもとづく。

(9) 聞監「各地工会推進工会組建工作成効顕著」、『工会工作通訊』、二〇一三年第九期。

(10) 『光明日報』、二〇一三年四月二十九日。

(11) 「習近平同中華全国総工会新一届領導班子集体談話」、『新華網』、二〇一三年十月二日。

(12) 「李克強在中国工会十六大上的経済形勢報告」、『工人日報』、二〇一三年十一月四日。

(13) 『新華網』、二〇一三年十一月十五日。

(14) 拙著『中国社会主義国家と労働組合――中国型協商体制の形成過程』（御茶の水書房、二〇〇六年）、三二八～三二九頁。

(15) 顔輝主編『中国工会・労働関係研究2011』（光明日報出版社、二〇一二年）、二十一頁。非正規労働のあり方と労使関係の変化については、馮同慶「解決労務派遣問題的務実思路和方法――需要規範則規範、需要霊活則霊則」、『聚焦当代中国社会熱点問題（2012―2013）』（中国工人出版社、二〇一三年）、および拙稿「『工会運動』から『労働運動』への新展開――労働の非正規化と『非正規』労働運動の胎動」、『世界の労働』、二〇一〇年七月を参照。

(16) 王兆国「大力発展社会主義和諧労動関係推動科学発展、社会和諧」、中華全国総工会編『構建社会主義和諧労動関係』（中国工人出版社、二〇一二年）、五頁。

(17) 「穏中求進開拓進取全面推進構建中国特色和諧労動関係」、『中国労働』、二〇一三年第五期、六頁。

(18) 常凱「労働関係的集体化転型与政府労工政策的完善」、『中国社会科学』二〇一三年第六期、九五頁。

(19) 孫偉正「走向党政主導的集体談判」、前掲『中国工会・労働関係研究2012』、二四八～二四九頁。

(20) 郭志武『国有企業工会発展道路――理論与実践』（中国経済出版社、二〇一三年）、二〇五頁。労働競争については、前掲『中国社会主義国家と労働組合――中国型協商体制の形成過程』、第二章を参照。

(21) 前掲『国有企業工会発展道路――理論与実践』、一八七頁以下を参照。

(22) 『南方都市報』、二〇一一年三月二日。

(23) 当該労働NGOに対する現調査を含めて、科研費プロジェクト「中国における民間セクターをめぐる法と政治」（二〇〇七～二〇一〇年）、および「権威主義体制と市場を媒介する法と政治――中国的メカニズムの解明」（二〇一〇年―二〇一五年）において、断続的に継続してきた現地調査を含む、労働NGO、政・労・使関係団体、研究者らへの聞き取り調査に基づく。

(24) 段毅「政府不当介入労資博弈衝突的負面効果分析」、『第2回労働関係与労工問題中日学術研討会』、二〇一五年三月二十一～二十二日、北京。

(25) トクヴィル（松本礼二訳）『アメリカのデモクラシー』（岩波書店、二〇〇八年）、第二巻（上）、二〇二～二〇三頁。

中国の憲政民主への道
――中央集権から連邦主義へ

王建勛（翻訳：緒形康）

ワン・ジエンシュン――中国政法大学法学院副教授。専門は憲法理論。主な著書に“The Road to Democracy in China: A Tocquevillian Analysis,” in Conversations with Tocqueville: The Global Democratic Revolution in the 21st Century, ed., Aurelian Craiutu and Sheldon Gellar, 271-294. Lanham, MD: Lexington Books.『大家西学――自治二十講』（編著、天津人民出版社、二〇〇八年）、『美国聯邦主義』（翻訳、上海三聯書店、二〇〇三年）などがある。

中国が権威主義体制から憲政民主へ進むべきだという考えに反対する人はいない。だが、いかなる憲政民主を実現するかを巡る意見の隔たりは大きい。伝統的な大一統と中央集権は堅持すべきで、連邦制を実施すれば国家分裂が引き起こされるという主張は本当なのか。中国の憲政民主を実現する鍵は、単一制と連邦制の相違を理解することにある。現代中国の憲政民主への道のりを展望する。

「共和国は、小さければ外国の力によって滅び、大きければ内部の欠陥によって滅びる」――モンテスキュー(1)

「連邦は小国のように自由で幸福であり、大国のように輝かしく力強い」――トクヴィル(2)

「連邦主義は政府の形式にとどまらず、問題解決の方法であり、生活様式である」――オストロム(3)

はじめに

現在ますます多くの人々が、中国は権威主義的な統治を放棄して憲政民主（constitutional democracy）の政体を打ち立てるべきだと考えるにいたっている。けれども、こうした政体をどのようにつくるのか、またどうやったらほんとうに憲政民主の夢を実現できるかについて、人々の考えには少なからぬ隔たりがある。隔たりの一つは、中国が大一統の中央集権タイプの政体（単一制の政体）を守るのか、分権タイプの連邦主義の政体を打ち立てるのかを巡るものである。広く流布した見方では、連邦制と単一性の間に本質的な区別がなく、これらは「(国家)構造の形式」の違いにすぎず、いずれを採るかはそれぞれの国の歴史や伝統などの要因によるもので、憲政民主の実現や基本的権利と自由を守ることには関わらないと言われる。連邦制は、地方割拠や国家分裂をも引き起こし易いから、たとえ憲政民主の実現には有効だとしても、絶対にこれを用いることはできないとまで考える人々も少なくない。こうした見方は根拠のあるものだろうか。連邦主義の意味するものは何だろうか。それは、憲政民主とはどう関係するのだろうか。連邦制と単一制の違いとは、つまるところ何なのか。中国は連邦制を採るべきだろうか。これらの問題は、中国の憲政民主の転換にとって決定的なものであり、本稿はこれに対して初歩的な研究と検討を行うものである。確かなのは、中国の未来の制度変革が、「偶然と暴力」(accident and force)ではなく「熟慮と選択」(reflection and choice)に基づいてこそ、(4)憲政民主の政体を速やかに打ち立てられるということだ。

一、連邦主義の含意

思想史の角度から論ずれば、「連邦」の観念は、『聖書』と神学における「誓約」(covenant)の伝統に由来し、神と人の間の連帯関係(partnership)を意味するものから、政治共同体における人と家族、また混合政体(compound politics)を構成する政治共同体の契約関係を意味するものに変化した。十六〜十七世紀に勃興した「連邦神学」(federal theology)とは、プロテスタントが『聖書』の中の誓約思想を用いて発展させた、教会統治の方法を体現した神学伝統にほかならない。連邦の設計とは、誓約によって確立され規範化された連帯関係であり、パートナーの相互承認とそれぞれの独立を重んじ自ら連合することを願ってつくられた、特殊な分かち合いの関係を反映したものである。人と人との、共同体と共同体との平等なパートナー関係こそ、その核心である。こうした連邦の枠組みにおいては、人と人、共同体と共同体とは分かち合いの関係にあり、統治と被統治の関係にはないとも言える。そうした意味において、連邦主義は自治(self-governance or self rule)と共治(shared rule)が結びついた精神を表している。連邦主義は自由人がそれぞれ独立したまま、持続的ではあるが有限な政治連盟を自由に結成し、共同の目的や権利の保護を実現しようとする思想に由来し、政治と社会制度を誓約の締結や契約を通じて打ち立てることを主旨とした。(5)

哲学的に論ずれば、連邦主義は「一」(one)と「多」(many)の関係を適切に処理する思想観念である。「多」の価値を強調し、多様性(diversity)や多元主義(pluralism)を尊重する一方で、「一」の機能を重視し、共同性（unity）と普遍性（university）を承認する。アメリカ初期の国璽銘文にある"E Pluribus Unum"が寓意するように、「一」が「多」と共存し、「一」が「多」から出自し、あるいは「多」を合して「一」となる（one from many or out of many, one）のであり、アメリカ合衆国はこのロジックにしたがって形成された。(6) それは「多様性の中の連合」（unity in diversity）と表現しても良く、連合はするが統一はされず、多様ではあるが分裂はしないこと（unity without uniformity and diversity without fragmentation）を意味する。連邦主義の基本的な特徴の一つは、共同性と多様性をともに維持することであり、連合と多元をともに包容することである。(7) 多様性と共同性は共存できると言ってもよく、多様性を承認することで初めて共同性が表れ、その上に連合が実現されて、連盟（union）がつくられるとも言うことができる。同質性（homogeneity）や同一性（uniformity）こそが、連合を生み出し、それを強化するという見方は誤りであり、大一統と画一的規則は、ほんとうはかえって連合を困難に陥れるのである。

　政治理論としての連邦主義の出現は、比較的最近のことに属する。連邦主義の思想を早期に明らかにしたのは、十六〜十七世紀のドイツにおける政治哲学者であり法学者の、ヨハンネス・アルトゥジウス（Jonannes Althusius, 一五五七—一六三八）であった。彼は『政治学』（*Politica*）において誓約の伝統に裏付けられた連邦共和主義の理論を唱えて、人間が自発的な同意によって混合的な政治共同体を打ち立てるという基本構想を探求した。アルトゥジウスによれば、およそコミュニティーとは自発的な同意の上につくられるものである。個人は自発的な連合を通じて小さなコミュニティーを形成し、小さなコミュニティーは自発的な連合を通じて大きなコミュニティーを形成する。コミュニティーの間には序列従属の関係はなく、平等な連邦関係がある。それぞれのコミュニティーの行政長官は人民の代理人で、人民の幅広い同意によって統治を行い、人民の上に超越することはない。(8)

　三権分立の思想を提出したモンテスキューは「共和国があまりにも小さければ外部の力に破壊されるし、あまりにも大きければ内部の欠陥から崩壊する」(9) ことに気づき、共和国の内部の優勢を保つとともに君主国の外部の優勢をも兼ね備えた「連邦共和国」（confederate republic）の樹立を唱えた。彼によれば、こうした政府の形式は一種の契約であって、いくつかの小国がそうした同意に基づき大国をつくる、つまり、いくつかの社会が合体して大きな社会となって、共同体すべての安全を守るにいたるのである。こうした共和国は外からの侵略に抵抗できるし、内部の腐敗も防止し、さまざまな不都合をも克服できる。古代ギリシャ・ローマの繁栄はそうした国家連合もしくは同盟に関係しており、彼の生きた時代のオランダ、ドイツ、スイスもまた国家連合の特徴を備え、永遠の共和国と見なされる、とモンテスキューは書いた。[10]

アメリカの建国の父たちは、まず系統的に連邦主義の思想を打ち出し、それらを実行に移した。大国の安全と小国の自由を巧妙に結びつけ、小さな共同体、共和国を連合して、大きく自由な共和国、すなわち「連邦共和国」(federal republic)とも「混合共和国」(compound repblic)とも「広大な共和国」(extended republic)とも呼ばれるものを形成したことが、アメリカ連邦主義者のイノベーションだった。[11] 共和国は大小を問わず、すべて市民個人からつくられ、そこでは管轄権が重層し、共存していた(overlapping and concurrent jurisdictions)。大きな共和国と小さな共和国の間には服従や隷属の関係はなく、平等に統治を分かち合う関係があった。

アメリカ連邦共和国の誕生は、十八世紀以前の人々の共和国に対する誤解をかなりの程度修正した。初期の政治理論家たちは、面積が小さい土地にしか共和国はつくれないと考える傾向にあった。しかしながら、マディソンによれば、大きな共和国は可能であるばかりか、実際につくることができた。むしろ大きな共和国の方が、市民数の増加と地域の拡大によって派閥(factions)のもたらす脅威が減るために、かえって自由と繁栄を謳歌できるのである。彼は言う。社会が小さくなるほど、社会を構成するさまざまな利害集団と派閥は少なくなるから、同一の利益集団や派閥が多数となる可能性は大きくなる。つまり、多数を構成する人数が減るほど、一致して少数者を抑圧できるようになる。これに対して、社会が大きくなれば、社会を構成するさまざまな利害集団と派閥が多くなる。その際、これら数多くの利益集団や派閥が多数を形成するなら、共同の動機によって少数者の権利を侵害する可能性はますます小さくなる。つまり、共同動機がこんなふうに形成されると、人数が増えるにつれて、お互いの信頼関係を作り上げることが容易ではなくなるから、それほど多くの集団や派閥が一致して行動することはたいへん難しくなるのだ。[12] アメリカの実験は、連邦制の樹立によって大きな共和国が自由を守る可能性がさらに高まることを示した。

垂直方向の分権チェック、つまり全国の政府(連邦政府)と地方の政府(各州政府)の権力分立と相互チェックこそ、連邦主義の核心であり、それによって個人の自由や権利をもっとうまく守ることができるのである。マディソンが述べるように、「単一制の共和国(single republic)では、人民が政府に委譲した権力はすべて、単一の政府によって行使され、権力の侵害に対して分割した政府部門をつくることで防止できる。アメリカの混合共和国（compound republic）では、人民が政府に委譲する権力は、まず二つの政府に分割された後、それぞれの政府の権力がさらに区別された政府部門にもう一度分割される。そのため、人民の権利は二重の保障（double security）を得ることになる。異なる政府同士が相手を牽制し合うとともに、各政府が内部的に自分自身によって抑制されるようになっているのである」[13]。ここに見る通り、連邦主義が生みだした垂直方向の分権が、モンテスキューの唱えた三権分立に重要な横糸を加えたのである。この二つの分権を結びつけることによって、権力の濫用の可能性を大幅に減少させ、個人の権利や自由を二重に守ることができ、自由な社会をより効果的につくりあげることが可能となったのだ。

本質的なことを論ずれば、連邦主義の理念は、政府レベルの権力関係を大きく越えるものだ。単一中心的な（mono-centric）統治モデルを打破して、多中心の（polycentric）統治システムを打ち立て、ほんとうの意味での自治社会をつくる点に、その核心がある[14]。こうした社会では、誓約としての憲法によって政府の権力を制約し個人の自由を保障する一方で、人々は自己組織（self-organization）の術を身につけ、自主的に公私の事務を統治する。そのためには、社会の中に多くの政府部門の存在が必要であるばかりか、政府機構の外にも多くの組織や個人、多くの政策決定の中心が必要になってくる。連邦主義の精神はこれと合致するもので、「聖人」であれ「民選政府」であれ、一人の個人や単一の政府を信じずに、多くの個人や組織による自主的統治や共同統治の方をかえって信じ、個人や政府が社会の単一の中心であることを信じずに、各個人や組織はみな中心であって、個人や組織自身の中心であることを信じるのである。かかる意味において、連邦主義の核心とは、多中心の秩序を樹立することにある。

「多中心」（polycentricity）という言葉とそれが伝える観念は、科学者であり哲学者でもあるマイケル・ポランニー（Michael Polanyi）が一九四〇年代に発表した論文の中に早くも表れている。市場交換、学術研究、司法活動などの分野で、人々は複雑な多中心の任務に取り組んでおり、無数の政策決定者の調整や自発的な協同が求められ、中央の計画や命令に依存することのない多中心の解決プランが生み出されることに、ポランニーは気がついた[15]。政治学者のヴィンセント・オストロム（Vincent Ostrum）は、後になって、多中心の理念を政治理論へと応用した。多中心の政体の基本的な特徴とは、彼によれば、「多くの官僚や政策決定の枠組み（decision structure）が、有限かつ相対的に自由に、法律関係の権能を決定し、執行し、変更する権能をもって」おり、「いかなる機関や政策決定の枠組みも、強権を合法的に使用することについて最終的な独占権を有してはいない」[16]。そうした政体においては、「「統治者」と「被統治者」の間にある権力の不平等は意識的に避けられ、「統治者」は法律の「統治」に制約され、かつ「被統治者」に服することが求められる」[17]。こうした社会には多くの政策決定の中心があり、しかも、どの政策決定の中心も最高かつ至高無上の権能をもってはおらず、あらゆる権力は有限かつ相対的に独立しており、ほとんどの場合、そこで生じるのは平等に共治する関係、つまりは、人間と人間の関係が統治者と被統治者の関係ではなく、誰もが自ら同意した法律に制約され、政策決定と統治に参加する術があることを意味するのである。多中心の政体についての思想的な起源には、アルトゥシウス、マディソン、トクヴィルなどの誓約組織、主権の分かち合い、連邦主義、民主的統治の理論が含まれるが、個人の自由と有限な政府に基づいた自治社会をつくりあげるという主旨では一致している。

多中心の政体と対照をなすのは単一中心の政体であり、その基本的な特徴は、「ある単一の機関あるいは政策決定の枠組みが、法律関係を決定し、執行し、変更する政府権力を賦与され、その強権の合法的な使用について最終的な独占権をもつ」ことである。こうした政体にあっては、「「最終的な権力」をもつ政策決定の中心と、この権力の制約を受けた政策決定の中心には、権能の極端な不平等が存在する」[18]。こうした社会では、本当の政策決定の中心はたった一つであって、それのみが最高かつ至高無上の権力をもち、それ以外の個人や組織はみなその制約を受けて、ほとんどの場合、序列従属的な関係、すなわち最終的決定者と彼らの間が統治者と被統治者の関係、命令と服従の関係であるようなものがつくられることになる。単一中心の政体についての思想の起源には、ボダン、ホッブス、ヘーゲルなどの主権観念、ナショナリズム、さまざまな全体主義理論が含まれるが、序列秩序と無限の政府に基づいた他律的な社会をつくりあげるという主旨では一致している。

多中心の理念が連邦主義の理論の発展にもつ意味は重要である。伝統的な連邦主義の研究は、政府間の権力をどうやって分割するかという制度設計から理解される嫌いがあり、二つのレベルの政府——連邦政府と各州政府——の間の分権枠組みとしか理解されていない節がある。これはあまりにも狭い理解であると言わざるを得ない。連邦主義は、連邦政府と各州政府が分権チェックおよび重層的な統治の関係にあること、しかも各州政府以下の政府部門でも同じような関係があることを意味し、さらには、政府の枠組みの外にいる人と人との関係もまた連邦の方法によってつくられること、つまり、人と人との関係が誓約の上に打ち立てられた平等な連帯関係であり、社会における公私の事務において自治と共治を押し進めることを意味しさえするのだ。こうした意味からすれば、連邦主義の主旨とは、相互に独立した、地位が平等な無数の政策決定の中心を確立し、人々が規則的な統治によるさまざまな社会関係を自発的に形成することによって、多中心の秩序をつくりあげることなのだ。そうした秩序の基本的な特徴は、政府の活動範囲が有限であり——憲法が画定した権力の境界によって、個人の自由や権利が効果的に守られ、しかも、こうした基礎の上に、人々がさまざまな組織をつくろうとしたり、共同体が自主的に公私の事務を統治しようとすることなのである。

その他に、多中心の秩序は（ナショナル）国家を超越する理念であり、人類がどうやって自由で平和に共存できるかという問題を解決する上で有効である。アクトン卿はこう述べたことがある。「連邦主義は、さまざまな段階にある異なる民族・宗教・文明が平和裡に共存することを可能にする。連邦主義は無限に拡張する能力を有する」[19]。（ナショナル）国家は十六〜十七世紀に勃興してより、政治共同体の最高・最善の組織形式とみなされてきた。しかしながら、過去の数世紀において、（ナショナル）国家の間の衝突や戦争は頻発しかつ不断に悪化して、自らの狭い利益のために、あらゆる代償を惜しまずに、人類が数千年にわたって創造してきた文明を破壊することまでしてきた。連邦主義と多中心の秩序は、（ナショナル）国家を超越する政治思想であって、人間同士、エスニシティー間、宗教間、文明間に自由で平和な共存を実現しようとする。「アメリカ合衆国」や、変化の最中にあるEUは、こうした思想を体現する卓越した実験である。「アメリカ合衆国」はフランスや中国で言われるような（ナショナル）国家ではなく、幾つかの州と国が組み合わさった連合体であり、一つの連盟あるいは連邦である。ＥＵの形成はヨーロッパの民衆が（ナショナル）国家の限界を意識した結果であった。そこでの長年にわたる戦争によって、かの地の人々は、第二次世界大戦が終わってやっと、（ナショナル）国家間では避けることのできない衝突がヨーロッパの輝かしい文明を葬送しうることを認識したのであった。まだ時期尚早で多くの困難に直面してはいるものの、ヨーロッパの自由と平和を維持するために、ＥＵは今後とも連邦共同体へと発展してゆかねばならないと言えるであろう[20]。欧米以外のアジア・ラテンアメリカ地域でそうした理念を受け入れるのは難しいかもしれないが、この地域内部の、あるいは地域相互の衝突や戦争を解決するには、やはりこうした連邦主義や多中心の思考方法が必要であろう。

二、連邦制と単一制の違い

政治の枠組みから言えば、連邦制と単一制の間には根本的な違いがある。こうした違いは形式的なものではなく、実質的なもので、また憲政に関する意義をもっている。本質から言えば、連邦制とは垂直方向の分権チェックを意味し、有限な政府や憲政設計と内的な関係にあるが、単一制は中央集権と大一統を意味し、有限な政府や憲政設計とは矛盾する。具体的に言えば、両者の違いは、以下の幾つかの側面に表れている。

第一に、連邦制は主権の分かち合いという理念の上につくられるが、単一制は単一で不可分の主権を尊重する。連邦制の社会では、連邦政府と各州政府が主権を分かち合い、それぞれが部分的主権をもち、それぞれの権力の中で公共事業を管理し統治するのに対して[21]、単一制の社会では、主権は中央政府に独占され、地方政府はいかなる主権ももたず、その権力は中央政府から委譲されたものである。ハミルトンは両者の違いを適切に表現している。「各州を完全に国家的な主権(complete national soverignty)へとすべて統一するという意味は、部分を完全に従属的な立場に置くことであり、どのような権力を留保されたとしても、それらはすべて一般意志(general will)のもとに置かれるのである。ただし、憲法制定会議のプランは、部分を連合し統一しようとするだけで、各州政府が、憲法によって排他的に合衆国に委譲されたもの以外、それまでもっていた主権を留保できることは言うまでもない」[22]。

主権とは単一にして不可分の観念であり、ボダン、ホッブスなどの主権理論に由来するものである。彼らによれば、主権は絶対的、至高無上、不可分である。主権の統一は国家の統一にとって不可欠であり、主権の分割は国家の分裂や不安定化を生み出す[23]。こうした主権観は単一制の政治枠組みの理論的な基礎をなすもので、その主旨は、主権あるいは権力の統一が法律の統一に不可欠であり、権力と法律の統一が国家の平和や統一に不可欠であり、権力や法律の統一が政府の単一性や統治権の独占を意味し、単一性と中央集権の政治設計を意味する点にある[24]。

これに対して、連邦制は主権の分かち合いと分割可能という観念の上につくられた。アメリカの建国の父たちによれば、いかなる政府の主権や権力も有限でなければならず、異なる政府の間で主権や権力を分かち合うことは完全に可能であり、それぞれの管轄範囲内で主権や権力を行使できるのである。こうした理論によって生み出されたのが「混合共和国」であって、それは「単一共和国」とは好対照をなすものである。前者は人民の権利が二つの異なる政府——連邦政府と各州政府——の間で分割されることを意味し、後者は人民の権利が一つの政府にすべて集中して委譲されることを意味する。[25] 実際は、主権の分かち合いの観念は多くの場合、主権を解体させ、より正確に言えば、ボダんやホッブスが言う意味での主権を解体させた結果、アメリカ連邦主義の理念や実験が事実上、主権理論に代わる政治思想をもたらした。[26]

連邦制では、連邦政府と各州政府の権力は憲法と人民に由来する。各州政府の権力は連邦政府に由来するものではないから、連邦政府に各州政府の権力を剥奪する権限はなく、当然、各州政府の権力を廃止したり合併する権能ももたない。単一制では、地方政府の権力は中央政府に由来し、中央政府には地方政府にどれだけの権力を賦与するかを決定する権能があり、地方政府のいかなる権力をも剥奪する権能があり、地方政府を廃止したり合併したりする権能さえある。連邦制は最高にして至高無上の権力をけっして承認しない。連邦政府は最高権力を有した政府ではなくて、連邦政府と各州政府の間には行政の隷属関係ではなく平等の分立関係があるのだ。連邦政府と各州政府の違いは管轄する公共事業の違いにすぎず、前者は外交・戦争といった全国レベルの公共事業を管轄し、後者は民衆生活と密接な関係がある財産・婚姻・治安といった地方レベルの公共事業を管轄する。連邦政府と各州政府の管轄権は同時に存在し、かつ重層的であり（concurrent and overlapping jurisdictions）、その対象は同じく市民である。これに対して、単一制は最高にして至高無上の権力を承認し、こうした権力は中央政府に属し、中央政府と地方政府の間には序列従属の関係があって、地方政府は中央政府に服従せねばならない。中央政府にはあらゆる公共事業を管轄する権能があり、地方政府は地方における代理人もしくは派出組織にすぎず、中央政府の法令や政策を執行する責任は有しても、自らの責任でおこなう公共事業をもたない。中央政府は地方政府に権限を与えて斬新な実験を試みさせることはあっても、その権能をいつでも撤回して、そうした実験を中止させることができる。

第二に、連邦制と単一制のもう一つの違いは、前者が憲法と法律の多元性を認めるが、後者は憲法と法律の一元制を掲げることである。連邦制では、一般には二つの異なる憲法と法律システムがある、すなわち連邦には憲法と法律があるが、各州にも自分の憲法と法律があるのだ。こうしたシステムの最大の特徴の一つは、憲法と法律における多元性と多様性であり、人々は同時に異なる憲法と法律の下で生活をする。連邦憲法は全国レベルの公共事業に関する基本原則であり、各州憲法は各州の公共事業に関する基本原則である。連邦は全般的な事務を巡って普遍的な法律を制定でき、各州はその地の条件によって地方レベルの法律を制定する。これに対して、単一制では、一般にはただ一つの憲法と法律システムが存在し、全国の憲法と法律は単一かつ統一的である。そこには普通は一つの憲法しかなく、地方政府に立法権はない。あらゆる法律は中央政府に由来し、地方政府には独立した立法権がなく、あったとしても、中央政府が賦与したもので剥奪可能である。こうしたシステムにおいて、地方政府の権力とはすべて中央政府より賦与されたものであり、かつ自己にはまったく所属しない立法権なのである。

単一制の大国では、地域の民衆からすれば、法律は遥か遠くの中央に由来し、いつも首都あるいはその周辺の状況によって制定され、地域ごとの差異や多様性が軽視されるから、それを地方で運用しても必ず硬直化や重大な後遺症をもたらすのだが、そうして生まれた不正義が中央まで伝達されることは難しい。地域の民衆は、その手に自らの運命を握っているのではなくて、数百キロあるいは数千キロ離れた人々の手に握られているわけだが、そこにいる人々は地域の条件や民衆の訴えを知ろうともしないし、同情もしない。このような統治方法が暴政に向かうのは容易い。[27] 高度に集権された大国においては、常に首都という名の小国が作られ、しかも、「あらゆる野心がそこで自らを解放し、その他の都市はすべて動きをやめ、生気を欠き、前へと進むことはない」。[28]

法律と制度における違いの他に、連邦制と単一制は司法システムでも重大な差異を有する。連邦制では、法律と制度の多様性によって司法システムの多様化が促され、二つの異なった司法システム、すなわち、連邦司法システムと各州司法システムが生み出される。それらは各々独立して存在し、相互に従属しない。一般的には、連邦司法部は連邦の憲法と法律を巡る案件を責任をもって審議し、各州裁判所は各州の憲法と法律を巡る案件を責任をもって審議する。連邦司法システムは自己の最高裁判所を有し、各州司法システムも自己の最高裁判所を有して、両者に従属関係はない。単一制においては、法制度の画一的形式に類似した司法システムの単一性、すなわち全国でただ一つの司法システムがあり、ただ一つの最高裁判所がある。全国のすべての案件は、それが地域の事業に関するものか否かを問わず、単一の司法システム内で処理される。

連邦制と単一制の第三の重要な違いは、前者がその名の通りの地方自治を行うのに対して、後者は正真正銘の中央集権を行うことにある。連邦制では、連邦政府と各州政府が相互に分立し独立して、連邦政府の権力範囲は制限されるばかりか憲法においてもはっきりと規定される。外交や戦争など全国レベルの事務を連邦政府が管轄する他、その他の事務はすべて各州政府の管轄に委ねられる。このため、各州政府は高度な自治権を享受し、自己の憲法や法律を制定し、かつこれらによって統治を進める。連邦政府は各州政府の事務に干渉する権限はなく、各州政府を自己に従わせる権限もない。連邦政府と各州政府が管轄権を巡って衝突や紛争を起こした場合は、裁判所が憲法に従って審議を行う。ところが単一制においては、中央政府は至高無上の権力を有しており、同じことだが、あらゆる権力は中央政府に集中しているため、地方政府には自ら行使できる権能がなく、その権力は中央政府に由来する。中央政府には地方政府にどれだけの権力を賦与し何時その権力を剥奪するかを決定する権限があり、地方政府を廃止する権限さえ有する。中央政府は地方政府に比較的大きな権力を賦与できるかもしれないが、こうした権力をいつでも撤回することができる。ほとんどの場合、地方政府は中央政府のスピーカーにすぎず、中央政府の命令に服従せざるをえない。

単一制でも地方自治を実行できるではないかと言うかもしれない。イギリスなどの国家は単一制の国家であるのに、地方自治が存在するではないかと。まず制度の構造から言えば、単一制では本当の地方自治を実行しようがない。中央政府はあらゆる権力を享受し、地方政府には独立した権能がないからである。中央政府が故あって地方政府に一定の自治権を賦与したとしても、中央政府はいつでもそうした権力を撤回できる、つまり、地方政府の自治権を剥奪できる以上、そうした権力には憲法と制度面での保障がないのである。中央政府が地方政府の自治権を剥奪した後、地方政府を救済できる法律上の手段がないのだ。第二に自治の程度から言えば、単一制における地方自治を連邦制でのそれと同一に論じることはできない。単一制に一定程度の地方自治が存在したとしても、それは連邦制における地方自治には遥かに及ばないとも言える。単一制の中で地方政府が享受する自治権は、連邦制において各州政府が享受する自治権とは比較にならない。例えば、連邦制では各州は自己の憲法を制定でき、自己の司法システムを確立できるが、単一制の中の地方政府はこうした権能をもっていない。最後に、ある国家の政治構造を理解するには、その形式のみならず実体を見て、その権力枠組みの制度設計や全国政府と地方政府の関係などの要因を考えなければならない。イギリスは表面的には単一制の国家であるが——理論家の大部分もまたそう考えているが、実質的には、それは連邦国家に似たものであって、「事実上の連邦制の政体」(de facto federal system) とも言えるのである。[29]

連邦制と単一制の第四の重要な違いは市民という身分に表れている。連邦制では市民の身分は二重であり、多重でありさえする。すなわち、市民は連邦の市民であるとともに、ある州の市民でもある。例えば、アメリカ市民は連邦の市民(アメリカ合衆国市民)であるとともに、彼(彼女)が居住する州の市民である。スイスの市民身分は三重であり、スイス市民は、まずある市町村(commune or municipality)の市民であり、次にある州(canton)の市民であり、最後にスイス連邦の市民である。[30]こうした二重や多重の市民の身分は連邦制における混合共和の構造や重層的な管轄権とも一致する。連邦制に二重や多重の共和国があり、これらが同じ市民に管轄権を並行して行使しているのだから、市民の身分が二重あるいは多重となることは必然的である。これが何を意味するかと言えば、市民一人一人が享受する権利と負担する義務もまた二重であり多重であり、彼(彼女)が二つあるいは複数に分割された政府の保護を並行して受け、かつ二つあるいは複数に分割された政府に責任を並行して負っているのである。ところが、単一制では、市民の身分は単一か唯一であって、みな一つの身分しかない。中央集権と画一的規則を標榜する以上、単一制は市民の二重や多重の身分を承認できず、それどころか、一つの政府にだけ忠誠を誓い、一つの政府の法令だけを遵守するように市民に要求するのである。

連邦制と単一制の第五の違いは、連邦制が多数の暴政をより効果的に防げるが、単一制はそれを回避できない点にある。ほとんどの場合、連邦制とは多様性を維持し、地方ごとの独特な文化・伝統・習俗などを尊重し、少数者の利益を守って、多数による少数者の権利の侵害を防ぐことを主旨としている。[31]連邦制では、議会の組織枠組みにおいて二院制を実施し、一院(衆議院)は人口に応じて代表を選出し、別の一院(参議院)は地域ごとに代表——各州の代表は対等である——を選出し、すべての法律は両院で同時に批准されねばならず、このようにして二院の間で分権チェックがなされるのである。人口の多数を代表する衆議院が、少数者や特定の州の利益を損なう法律を通過させれば、参議院はそれを阻止し、多数の暴政を回避することができる。アクトン卿(Lord Acton)が述べたように、「民主主義を制限する施策の中で、連邦主義はもっとも有効でもっとも満足すべきものだ。(中略)連邦制は主権を分割し、範囲を限定された権能だけを政府に賦与することによって、主権を制限し、制約する。これこそ、多数のみならず人民権力の全体を制限する唯一の方法であり、議会の別の一院にもっとも確実な基礎——真正の民主政体においてはどこでも自由を保障する基本的な施策であるとされているもの——を提供するものだ」[32]。彼はさらにこう述べる。「絶対的な民主主義(absolute democracy)を本当の意味で自然に制御できるのは連邦制であり、各州に留保された権能によって連邦政府を制限し、各州の過渡的な権能によって各州政府を制限する。連邦制は、政治学に対するアメリカの不朽の貢献である。というのも、州権力そのものが同時に民主主義の最終目標でありその防衛装置であるからだ」[33]。アメリカの学者であるフェリクス・モーリィー(Felix Morley)も同じ見方をしている。「その本質からして、連邦制は多数の意志が無際限に勝利すること——政治的民主主義の本質——を阻止する力である。連邦制の分権の特徴とは、事務すべてに表れるいかなる「一般意志」(general will)をも阻止することが、自治を留保された地方のコントロールに委ねられていることなのだ」[34]。

だが単一制では、中央集権を実行しているがために、全国にはただ一つの政府しかなく、中央政府と地方政府には相互チェックの関係がない。こうしたシステムでは、政府が民衆選挙で誕生したとしても、そこには民主主義を抑制するメカニズムがないため、多数者の力が優位を占める。単一制社会の議会は一院制を実施するのが普通だが、人口によって代表を選出するので、人口の多数を占める地域の意思を制限することは難しく、多数の暴政が容易に発生する。例えば、人口が多数を占める地域出身の議会多数派は、人口が少ない地域の利益を侵害する法律を制定しても、議会少数派を救済できる手立てはほとんどない。司法審議は多数の暴政を防ぐ重要な手段ではあるが、一院制の議会には相互チェックにより多数の暴政を防ぐ制度設計が存在しないのである。

政治経済学の角度から論ずれば、連邦制と単一制の違いは十分に明らかである。連邦制は市場メカニズムと同じように、異なる政府間の——特に各州政府間の——競争を助け、より効果的なやり方で地方レベルの公共財や公共サービスの供給を促して、民衆にも退去する自由という選択肢を提供する[35]。連邦制では、各地域ごとに異なる法律や制度を実施するため、異なる地域で課税された税収や供給される公共財にもさまざまなものがあり、自由に移動できるなら、人々は「足による投票」を用いて、公共財の供給が比較的優位にある地域に移り住むことで、それ以外の地方政府が自分のところの公共財の供給を改善して、その地の民衆の需要をさらに満足させるよう促すのである。(36)もちろん、移動にはコストがかかるし、会社や企業の移動と比べて、住民移動のコストは、中心的な財産——特に不動産——を移動させることができないために、もっと大きくなる。けれども、連邦制での住民の自由な移動は、嗜好が一致するかよく似た人々が一緒に暮らすことを可能にし、公共財を供給する効率を高める上でも有効である。(37)

連邦制内部は競争というパターンをつくりだし、競争を通じて相互チェックの態勢を形成するだけでなく、競争を通じてイノベーションや多様性を促進する。連邦政府は、単一制で考えられているような中央政府ではない。なぜなら、連邦制には「中央」がなくて、アメリカの連邦を第五十一番目の州と同一視する学者に倣えば、連邦政府は第何番目かの州政府にすぎないからである。(38)連邦政府の起源は多様性と解されるべきで、大一統などではなく、その任務は各州の法律や政策の画一的形式を推進することではなくて、各州との競争の中へと参加し、さらなる選択の機会を人々に提供し、多様性と差異性を強めることである。(39)連邦制では資源が他の場所に流通する以上、資本と労働力の自由な移動があって初めて、地方政府による経済活動の制限や干渉という企図が挫折を余儀なくされる。地方政府間の競争とは、住民や資源を引き寄せるような公共政策を争って制定して、多様な公共財と公共サービスを生み出すことにほかならない。これと並んで、連邦制は、地方政府間の競争がレントシーキングの成功を妨げるために、そうした活動の程度と普及を弱める働きをする。というのも、レントシーキングの規則はまさに地域性に基づくものであり、その地域外の競争者が優位を占めることができるからだ。(40)

競争という側面の他に、連邦主義はさらに、民衆に対して政治選択に参加する機会を効果的に提供する。競争が人々にもたらすのが退去する自由（exit）の選択であるならば、参加とは人々が自分の声（voice）を発することであり、政治過程や公共政策に影響を与え、公共財の供給を左右するものである。連邦制では、地域における政治単位が大量に存在するために、それらの規模は全国政府に比べてはるかに小さいものになって、民衆が政治生活でさらに重要な役割を演じる可能性がより大きくなった結果、民衆が発する声は大きな政治共同体におけるよりもさらに有力かつ効果的なものとなる。(41)人口が一万あるいは十万という共同体での一人の声は、人口が数千万あるいは億以上となる共同体よりも影響力があることは容易に想像できよう。同時に、共同体が小さくなればなるほど、民衆の同質性が相対的に高くなるから、人々の間の政治的要求や倫理観もますます相似たものになり、相互の理解や共感を高めてゆくことができるし、人々が自由かつ平和裡に共存する助けにもなるのである。[42]

ところが単一制では全国に政府が一つしかないから、地方政府は中央政府のスピーカーにすぎず、また全国各地の法律や制度も画一的で、地方政府の間で競争状態をつくり出すことができず、民衆も足による投票を使って退去する自由という選択権を行使することができない。事実、このシステムでは、民衆がある地域から別の地域へ移動する意味は、それぞれの地域が判で押したように同じである以上、自然要因か、あるいは地方蔑視の制度から生み出された地域間格差以外のものではない。中央集権社会では、中央政府の所在地である首都や各地域の首府は、しばしば権力や資源が集中した場所で、他の地域がもち得ないような特権を享受している。民衆の移動の基本的な特徴は、辺境地域からそうした中心あるいは中央地域へ移動することであり、連邦社会のように人々が異なる地域の間を自由に流動し、こうした流動によって地方政府に公共財の供給の改善を促すという圧力を加えるものではない。連邦制が競争を生み出すとすれば、単一制は独占を形成する。のみならず、単一制には地方レベルの政治がなく、全国レベルの政治があるだけだから、もっと正確な言い方をすれば、地方レベルの政治がほとんど完全に全国レベルの政治に制御され、それに依存しているから、全国レベルの政治への民衆の影響などほとんど言うに足らず、連邦制のように効果的に声を発する機会を民衆に提供するものではない。

この他、地域から実験を始めて誤れば修正したり解決方法をぶつけ合うという観点からすれば、連邦制は単一制と少なからぬ違いを有する。連邦制では、地方自治が高く評価されるため、各地域は地方レベルの実験を十分に進めることができ、かつ、ある地域の実験の失敗やそれがもたらした誤謬は、他の地域まで影響を及ぼさないし、全国に危険や災難をもたらすこともないので、コストが相対的に低いのである。ブライスが述べるように、「連邦主義によって人々は、大きな中央集権国家では安全に試してみることのできないような立法や統治に関する実験を試みる。アメリカの州のような相対的に小さな共和国は、法律を制定し廃止することが容易にできる。誤ってもすぐに修正されるから、それほど深刻ではない。実験を進める州の立法や施策から得られた経験や教訓から他の州は利益を得るのである」。[43] 彼はさらに鋭く指摘する。「連邦主義は、国家の全体的力量を減少させはするが、その減少規模を緩和するし、地域の多様性によって暴露される危険をも緩和できる。国家の危険とは防水デッキで組み立てられた船のようである。あるデッキで漏水すれば、そこに搭載された貨物は損害を受けるかもしれないが、その他のデッキは乾いたままなので、船舶は沈まなくて済むのである。だから、社会衝突や経済危機が動乱を招いたり、連邦のメンバーの中から愚かな立法者が現れたとしても、被害はその州の範囲にとどまり、国家全体に危害を及ぼすまでには拡大しない」。[44]実際、連邦制は国家の異なる地域がその条件に合わせて自治を進めることを認めるから、かなりの程度で地域の不満を解消し、それが全国レベルの衝突にまで転換することを防いでくれるのである。[45]

これとは反対に、単一制システムは地方レベルの実験を許さず、こうした実験を中央政府のコントロール下に置こうとするか、中央政府によって統一的に設計しようとする。[46]画一的規則の要求は、多様で差異化された地域の実験が批准されることを難しくしている。このため、このシステムにおける実験は、実験をコントロールするほんとうの力が中央から出ているが故に、地方で推進されるかに見えても、その実は常に全国レベルのものである。こうした状況では、実験が失敗するや否や、その結果は全国に及ぶ災いとなる。ある地方レベルの実験が危険や衝突をもたらせば、それらはしばしば国家全体に波及し、中央政府もまたそれを全国レベルの事件あるいは災難とみなす。こうしたシステムでは、実験して失敗するコストは大きいのが一般的で、立法や政策の誤謬が現れるや、その損害は悲惨なものとなることが多く、民衆がこれに払う代価もきわめて高い。

以上の違いから分かるのは、連邦制が単一制と異なるのは、決して形式上のものではなく、本質的なものを含んでいることだ。憲政民主を確立することに関して言えば、連邦制には明らかに有利な点があり、それは「共同体が、小国のように自由と幸福であり、かつ大国のように栄光に満ち強大である」[47]ことなのである。垂直方向の分権チェクによって効果的に権力を制限し、地方自治を実施し、個人の自由と権利を守ってゆくというのが、連邦制の実質にほかならない。アクトン卿が述べたように、「連邦制の政治形態の基本的な特徴は、主権の分立と分割によって、野放図な権力にもっとも理想的な制御を加え、自由にもっとも効果的な保護を加えることである」。[48]のみならず、連邦制の社会では、独裁者が全国レベルで権力を奪取しようと企むことの難度は遥かに高くなる。各州や各地域が必ずしも連邦政府の命令に従うとは限らず、連邦に抵抗するのに必要な手段——各州が自己の民兵組織を持つことなど——を有してさえいるからである。つまり、

「連邦主義が盛んな地方では、全体主義は成功しない」[49]。単一制はこれとは反対で、中央集権と大一統をその実質とし、画一的形式と序列秩序を推し進め、個人の自由と権利を守ってゆくには不利である。トクヴィルが気づいたように、中央集権を掲げる社会では、中央政府が全てをコントロールしようと試み、かつ統一的な法令と政府によって社会全体を自分流につくろうとするから、地方の精神や活力が衰弱にさらされる[50]。こうした社会では、人々は消極的な服従と受動的な甘受に慣れ、公私の事務や自治をおこなうことに興味や能力を失い、その結果、そこでは「臣民は見られるとしても、市民はいない」[51]ことになってしまう。

三、中国は連邦制に向かうべきか否か？

周知の通り、大一統と中央集権は中国にあっては深い土壌を有し、秦代以来、分裂と統合はあったものの、主導的な地位をずっと占めてきた。中央集権の歴史の長さ、程度の深さにおいて、世界史上ユニークであり、トクヴィルがかつて鋭く指摘したように、中国は世界史上、高度な中央集権のもっとも良い例であった。彼は書いている。「旅行者が述べるところでは、中国人の静謐には幸福が欠け、その産業には進歩がなく、安定していても力はなく、物理的秩序は保たれていても公共の道義に欠ける。彼らにあっては、いつでも社会はそれなりに運営されているが、見事に運営されることは絶えてない。中国がヨーロッパ人に開放されたなら、ヨーロッパ人は世界中に存在するもっともすばらしい行政的集権のモデルをそこに見い出すであろう、と私は想像する」[52]。

同じように、中国専門家のルシアン・パイ（Lucian W. Pye）は、中央集権が過去と現在の中国においていかに深刻であったかを鋭くえぐり出している。「中国の歴史が、あらゆる権力は中央当局のうちにあるはずだとする強い信念――これは万人周知の事実です――によって形成されてきたことは確かです。そのため、中国では絶えず単一制の政治システムが維持され、人々は対抗的な政治的権威の登場によって世界が分断される事態に不安を抱いてきました。ほとんどの中国人は、国家に比べて身近で、本質的に私的な権威体制のもとで統制されてきたため――彼らは凝集性の強い家族や宗族組織、それに固有の秩序体系をもち、政府の公的負担を軽減させる別の私的集団に支配されてきました――、中央当局は万能を標榜することができたのです。中国は基本的には農村社会で、かなりの部分、村落組織によって統治されてきました。こういった地方の権威や権力は中国社会を構成する重要な要素となっていたものの、個別利害を保護してくれる国家体制を作ろうとせず、非公式な手段を通じて、そして時に袖の下を使って利益を守ろうとしていたこともまた否定できません」。[53]

ルシアン・パイは続けて述べる。地方の制度と地方の権威が元来弱かったことが、中国のユニークな政治制度を生み出した。というのも、歴史的に見て中国の政治経済制度には顕著な地理的違いが見られなかったからである。華南の経済が米作やこれに関連した技術によって支えられているのに対して、華北の村落は小麦や雑穀を中心に農業が組織されている。華東の文化には突出した経済的な影響力をもつ多くの都市が存在してきたのに対して、華西では遊牧文化に近い特徴が見られる。しかしながら、中国の政治経済制度はこれまでこうした驚くべき地理的な違いを映し出してこなかった。それどころか、政治的な命令は中央から出されるのが一般で、国の一部で緊急事態が生じたとしても、中央政府がすばやくそれを抑えるか、ただちにこれを問題にして、国全体に関する国家的な問題にすり替えたのである。[54]

歴史学者の銭穆も書いている。「漢から唐までに、過度の集権化の勢いはすでに存在していた。宋、明、清の三つの王朝はとりわけ集権化の度合いを段階的に強めたため、地方政治は日に日に衰えた。かくて現代にいたるや、中国政治におけるきわめて大きな問題となったのである」。[55] さらにこう述べる。「地方政治は中国政治史においては常に最大の問題であった。中国の国家が大きいため、地方行政の良し悪しがもっとも重要となった」。[56] 二十世紀に入ってから、中国の中央集権はますます顕著となり、「近代化」と「革命」を推進するというスローガンを用いるようになった。「近代化」を目標に功を急いだため、人々は「中央」や「中央集権」を過信し、中央政府にできないことはなく、中央集権であって初めて、その実現を願ってやまない「近代化」の目標を実現できると考えた。そして「社会主義革命」によって画一的規則が強調され、「異端」を許さず、中央の権威を重んじて、地方主義に反対した。現代中国では、中央集権はその極限の姿を現したと言うべく、立法権・行政権・司法権はすべて中央に掌握され、地方は中央のスポークスマンにすぎなくなった。

現行の「憲法」や「立法法」によれば、ほとんどすべての立法権は中央政府の手中にある。中央は、個人や公共事業を巡るあらゆる法律を制定し修正することができ、民事制度、刑事制度から訴訟制度、仲裁制度にいたるまで、各レベルの国家機関、さらには財政制度、税収制度にいたる全領域を掌握していると言ってよい。行政権とて例外ではなく、人事権について見れば、中央政府は「党が幹部を管理する」ことによって全国のあらゆる官僚人事をコントロールする。中央には省の部長レベル以下の地方官僚を直接任免する権限はないかに見えるが、省の部長レベルの最高位の官僚の任免を通じて、間接的に配下の官僚をコントロールしているのである。中央がどのような地方官僚でも任免できるというのは事実として少しも誇張ではない。財政権について見れば、一九九四年の「分税制」改革以後、財政の集権はきわめて顕著で、全国の財政年度収入の三分の二が中央政府の手に握られ、地方政府は三分の一の財政収入しかなく、全国の三分の二の財政支出を負担せざるをえなくなっている。司法権もやはり中央に握られ、最高当局者は中央政法委員会や最高裁判所の公布を通じて地方における司法の命令をいつでも指導しコントロールできる。高度の中央集権によって、中央はその行為がいかなる掣肘をも受けない政府と化している。

こうした高度な中央集権のために、地方政府は制度化の手段によって中央と対抗できずに、非公式の戦術によって自らの存在を維持せざるをえないし、少数民族地域では中央集権がもたらした弊害がさらに深刻で、大規模な騒乱が絶えず起こり、辺境の巨大な危機を生み出しているのは、パラドックスと言えよう。高度な中央集権政府はさらに、合理的な政策決定に必要な知識や情報をどうやって集めるかという統治の難題にも直面せざるを得ない。中央集権の政府は、一方であらゆるものを管理し指導しようとするが、他方で地域の状態についての知識を欠くため、そうした管理や指導が難しくなり、どうしても地域に依存して理性的な政策決定を下さざるをえないというパラドックスに陥るのである。そうした地域の状態についての知識が中央集権政府の全能化の傾向を阻み、さらには地方政府が中央政府を回避したりそれに挑戦したりするゲームをうまくやれるような鍵を与えてくれるのである。(57)現代中国における中央と地方が「引き締めれば衰え、緩めれば乱れる」関係にあるのも、高度な中央集権が主な原因の一つだし、中国史における「統治と反乱」の悪循環を断ち切れない重要な要因もここにある。こうした難問を根本から解決し、中国で憲政民主を実現するためには、中央集権と大一統を放棄し、連邦制を採用して、地方自治を行い、地域の多様性を重んじなければならない。

連邦制は地方保護主義を導きやすく、地方割拠や国家分裂を引き起こしやすいということが、連邦制に反対する理由としてよく言われる。こうした見方は正しいように見えて、実は取るに足らないものである。連邦制では、地方自治が行われているから、地域の利益や要求はしかるべく重んじられ、地域の遠心傾向はかえって弱まり、地方保護主義を標榜する必要がなくなるのである。ある地域の民衆が自主的にその地の公共事業を統治するなら、その地の法律や政策はみなこの民衆が制定したものだから、民衆たちはその地の利益に関心を向けそれを守ることになる。そうすることで他の地域の利益や全国の利益を損なわないなら、この人々の行為は正当なものであり、地方保護主義などではまったくない。これに対して、そうすることで他の地域の利益や全国の利益を損なうのなら、この人々の行為は正当なものではなく、地方保護主義という非難を受けるべきである。連邦制が事実として地方保護主義を引き起こしにくいのは、地域が不当な利益を追うことを防ぎ、地域が連邦内の普遍的な利益を損なわないことを、連邦政府が自らのレーゾン・デートルとしているからである。ある地域の行為が、他の地域の利益や連邦すべての利益を損なうのであれば、連邦政府は司法を通じてそれを止めることができる。

連邦制が分離主義を生み出すはずがないのは、求心力と離心力のバランスを効果的に保てるからである。ブライスは言っている。「連邦制の国家すべてが解決すべき問題とは、有効な中央政府を保ちながら国家の統一を維持し、そうして連邦のメンバーが多様性を実践できる自由な空間を生き、自由に権力を行使できるようにすることだ。流行りの天文学の比喩を使えば、——アメリカ連邦憲法の賛美者たちが忘れてならないことは、遠心力と求心力のバランスを保ち、惑星である各州が軌道を離れて大気圏に突入し、中央政府である太陽が壊滅的な爆発に巻き込まれることのないようにすることだ」[58]。彼によれば、アメリカ連邦憲法の優位は、この問題を解決するのに二つの方法を見出したことにある。一つは、連邦政府を市民個人の上に打ち立て、地方政府が広範な権力をもつようにしたことであり、もう一つは、連邦憲法を連邦政府と各州政府を凌駕するものとし、独立した司法機関を連邦と各州の衝突を審査する機構としたことである[59]。

実はほとんどの場合、地方保守主義を導き易いのは、連邦制ではなく単一制なのである。大一統と画一的形式を強調し、地域の利益を重んじないから、地域の遠心力がかえって強まり、地方保守主義や分離主義を避けるのが難しくなるからだ。単一制は地域が自らの利益を追うことを許さず、個人が自らの利益を追うことすら許さない。まるで利益と言えば国家利益だけであって、公共の利益や普遍的な利益しかないかのようである。しかしながら、コンスタンが言う通り、「こうした思考は、普遍的な利益（general interest）を極端に誇張した考え方である。個人の利益同士が影響を及ぼし合うことを措いて、普遍的な利益があるのだろうか。あらゆる地域の利益を代表することを措いて、普遍的な利益はあるのだろうか。普遍的な利益とは、特殊な利益と等しくないのは言うまでもないが、それと抵触するものでもない。特殊な利益が失われれば普遍的な利益が得られるというのが一般に流布した考え方のようだが、普遍的な利益は特殊な利益を集めた結果にすぎないのである。普遍的な利益が特殊な利益に等しくないのは、身体がそれを構成する部分と同じでないようなものだ。個人の利益は個人がもっとも関心を寄せる利益である。地域の利益（sectional interests）は――こちらを用いて、あちらを無くすという意味の言葉だが――、地域がもっとも関心を寄せる利益である。こうした個人や地域が政治的な共同体の全体を形づくっているのである。そのため、こうした個人や地域の利益は守られねばならないのだ。こうした利益が全て守られるなら、それぞれの利益の中で他の利益を損なう部分は消えてしまうだろう。そうして初めて、本当の意味での公共の利益を得ることができる。公共の利益は個人の利益が互いに損ない合うことを防ぐものにほかならない」[60]。「国家の利益を地域や個人の利益の上に置いたために、国家の利益はその存在の根拠を失い、人々に幸福や安寧をもたらすはずの地域における習俗・伝統・法律などが軽んじられ、消されさえしたのである」[61]。

連邦制は各地域の差異を尊重し、異なる文化・伝統・宗教・習俗などを十分に重んじるから、まさに社会の凝集力を、特に文化や民族などの面で多様性を現出している大国の凝集力を増すことができる。異なる民族・文化・宗教集団の利益と要求が重んじられる地域では、それらが分離する力は働かない。それどころか、単一制と中央集権の大国は、表向きは統一されているかに見えて、実は内的な凝集力や連帯精神を欠いている。大きな共同体の統一が、各地域や小さな共同体の利益、文化伝統、風俗習慣などと密接に結びついていなければ、そうした統一は砂上の楼閣にすぎず、しっかりした土台をもたない。大きな共同体の統一が、地域に対する個人の愛着としっかり結びついて初めて、大きな共同体の連帯は今にも崩れそうな連帯ではなくなる。地域への愛着は人々が大きな共同体に愛着をもつ基礎であり、それはしばしば小さな共同体への愛着の延長にほかならないから、地域の利益や文化習俗を重んじない限り、人々は大きな共同体に愛着を持てずに、それを脅威と考えるだけだろう。人々が自分の故郷に愛着を持つのは、そこでの利益・風俗・伝統などがほんとうのものであり、じかに触れることができ、自分の生活と密接な関係をもつからであって、人々は、遥か向こうにあり、冷え冷えとした自分とは無縁の抽象的なものに愛着をもつわけではないのだ[62]。

ほとんどすべての連邦制国家が分裂主義の危険にさらされるどころか、その危険がきわめて少ないことは経験から明らかである。アメリカ、スイス、オーストラリア、ドイツ、オーストリア、インドなどの連邦制国家は、いずれも民族・エスニシティー・宗教などの複雑で多様な国家でありながら、大きな分裂主義に見舞われていない。カナダの北ケベック州が連邦を離脱しようと試みてきたが、そうした努力は平和で理性的な政治と司法の範囲内で進められてきた。ところが、多くの単一制の中央集権国家では、分裂主義の活動が止むことがなく、暴力と戦争に訴えるものとなっている。理論的にも、経験的にも、連邦制が地方割拠や国家分裂を引き起こすことは証明されていない。それどころか、連邦制は多様性と地方自治を重んじるために、民族・エスニシティー・宗教・文化・伝統を異にする人々の集団は自由で平和に共存し、それぞれの差異を保ち、共同の利益を維持できるし、連邦からの離脱を促すような内的な力ももたないのである。

四、短い結論

本稿の検討から明らかになったことは、権威主義的統治の泥沼から逃れて、憲政民主政体を打ち立てるには、中央集権から連邦主義へと向かい、単一中心の社会から多中心の社会へと向かわねばならないということだ。連邦制と単一制の間にはたんなる「形式」面での違い以上の本質的な違いがある。連邦制は垂直方向の分権チェックによって有限の政府を打ち立て、個人の権利と自由を効果的に守ることができる。同時に地方自治や文化伝統などの多様性を重んじ、社会の長期にわたる安定を生み出す。ところが単一制は、中央集権と大一統によって無限の政府を打ち立て、憲政の実現を阻み、しかも、画一的な政策や法令によって地方保護主義や地方分離主義を免れ難いものにする。

中国のような大きな地域、多くの人口、異なる生態環境、物質資源、文化伝統、風俗習慣、生活様式の中で、憲政を実現し社会の長期的な安定を保とうとする上で、連邦主義は参照に価するものである。自らを固く閉ざし、大一統や中央集権の古いシステムを頑なに守るなら、「治世」と乱世が循環し「王朝が更迭する」落とし穴を抜け出すことは難しいだろう。

注

（1） Montesquieu, Baron de. 1949. *The Spirit of the Laws*.（Two Volumes in one）Trans. Thomas Nugent. New York: Hafner Publishing Company. p. 126.〔モンテスキュー著、野田良之他訳『法の精神』上、岩波文庫、一九八九年、二五一頁〕

（2） Tocqueville, Alexis de. 1990. *Democracy in America*. Vol. 1. The Henry Reeve Text. Ed. Philips Bradley. New York: Vintage Books. p.

165.〔トクヴィル著、松本礼二訳『アメリカのデモクラシー』第一巻（上）、岩波文庫、二〇〇五年、二六五頁〕

（3） Ostrom, Vincent. 1991. The *Meaning of American Federalism: Constituting a Self-governing Society*. San Francisco: ICS Press. p. 247.

（4） Hamilton, Alexander, John Jay, and James Madison. 2001. *The Federalist*. The Gideon Edition. Ed. George W. Carey and James McClellan. Indianapolis, IN: Liberty Fund. p. 1.〔A・ハミルトン・J・ジェイ・J・マディソン著、斎藤眞・中野勝郎訳『ザ・フェデラリスト』岩波文庫、一九九九年、一五頁〕

（5） Elazar, Daniel J. 1987. Exploring Federalism. Tucaloosa, AL: University of Alabama Press. p. 5, 33, 115.

（6） McDonald, Forrest. 1979. *E Pluribus Unum: The Formation of the American Republic, 1776-1790*. Indianapolis, IN: Liberty Fund.

（7） Elazar, *Exploring Federalism*, pp. 64-67.

（8） Althusius, Johannes. 1995. *Politica: An Abridged Translation of Politics Methodically Set Forth and Illustrated with Sacred and Profane Examples*. Ed. and Trans. Frederick S. Carney. Indianapolis, IN: Liberty Fund.

（9） Montesquieu, *The Spirit of the Laws*, p. 126.

（10） Ibid., pp. 126-127.

（11） Hamilton, Jay, and Madison, *The Federalist. The Gideon Edition*, pp. 270-271.〔『ザ・フェデラリスト』二四一―二四五頁〕

（12） Ibid., pp. 47-48.〔『ザ・フェデラリスト』六二頁〕

（13） Ibid., pp. 270-271.〔『ザ・フェデラリスト』二四一頁〕

（14） Ostrom, Vincent. 1991. *The Meaning of American Federalism: Constituting a Self-governing Society*. San Francisco, CA: ICS Press; 1999. "Polycentricity（Part 1 &2）." In *Polycentricity and Local Public Economies: Readings from the Workshop in Political Theory and Policy Analysis*, ed. Michael D. McGinnis, pp. 52-74, pp.119-138. Ann Arbor, MI: University of Michigan Press.

（15） Polanyi, Michael. 1998. *The Logic of Liberty: Reflections and Rejoinders*. London: Routledge. pp. 160-165.

（16） Ostrom,"Polycentricity（Part 1）, p. 55.

（17） Ibid.　ルビは原文。

（18） Ibid.

（19） Lord Acton. 1988. *Essays in Religion, Politics, and Morality: Selected Writings of Lord Acton*, Vol. III. Ed. J. Rufus Fears. Indianapolis, IN: Liberty Fund. p. 559.

（20） Siedentop, Larry. 2001. *Democracy in Europe*. New York: Columbia University Press. 本書の末尾で、筆者は意味深長に「連邦主義はヨーロッパの正しい目標だが、ヨーロッパはまだ連邦主義に対する準備ができていない」（p 231.）と書いている。

（21） 厳密に言えば、共和政においては、主権は人民にあり、あらゆる政府の権力は人民に由来するという「人民主権」（popular sovereignty）のゆえに、いかなる政府も主権を享受しない。政府の主権を議論する際、こうした主権は管轄権ないしは統治権――人民が委譲した部分的権力と解すべきである。

（22） Hamilton, Jay, and Madison, *The Federalist. The Gideon Edition*, pp. 154-155.

（23） Bodin, Jean. 1992. *On Sovereignty: Four Chapters from The Six Books of Commonwealth*. Ed. Julian H. Franklin. New York: Cambridge University Press. p. 49, 104. Hobbes, Thomas. 1994. Leviathan. Ed. Edwin Curley. Indianapolis, IN: Hackett Publishing Company, Inc. pp. 115-116. Bartelson, Jens. 2011. "On the Indivisibility of Sovereignty," *Republics of Letters: A Journal for the*

Study of Knowledge, Politics, and the Arts 2(2): 85-94.

（24） Ostrom, *The Meaning of American Federalism: Constituting a Self-governing Society*. pp. 29-52.

（25） Hamilton, Jay, and Madison, The Federalist. *The Gideon Edition*, pp. 270-271.〔『ザ・フェデラリスト』二四一頁〕

（26） Ostrom, *The Meaning of American Federalism: Constituting a Self-governing Society*. p.51.

（27） Constant, Benjamin. Principles of *Politics Applicable to All Governments*. Ed. Etienne Hofmann. Trans. Denni s O'Keeffe. Indianapolis, IN: Liberty Fund. p. 324.

（28） Ibid.

（29） Weingast, Barry R. 1993. "Constitutions as Governance Structures: The Political Foundations of Secure Markets," *Journal of Institutional and Theoretical Economics* 149（1）: 286-311. 293. ヴァリー・R・ワインガストが描いたのは一八世紀英国であるにもかかわらず、これは現在の英国にほとんど当てはまるものだ。

（30） 一九九九年スイス連邦憲法（Swiss Federal Constitution）第三七条。

（31） McClellan, James. 2000. *Liberty, Order, and Justice: An Introduction to the Constitutional Principles of American Government*. 3rd ed. Indianapolis, IN: Liberty Fund. p. 316.

（32） Acton, *Essays in the History of Liberty: Selected Writings of Lord Acton*, Vol. I. p. 84. 古代ギリシャ・ローマ時代の連邦の実験を語る際、アクトン卿はさらにこう述べている。「多頭政治とアゴラによって、政治知識が伝達され、健全な独立観念が守られた。それらは少数者を守る装置であり、自治の神殿だった。」(p.21.)

（33） *Acton, Essays in the History of Liberty: Selected Writings of Lord Acton*, Vol. I. p. 211.

（34） Morley, Felix. 1959. *Freedom and Federalism*. Chicago: Henry Regnery Company. p. 226.

（35） Buchanan, James M. 2001. *The Collected Works of James M. Buchanan*, Vol. 18: Federalism, Liberty, and the Law. Indianapolis, IN: Liberty Fund. pp. 68-70.

（36） Tiebout, Charles M. 1956. "A Pure Theory of Local Expenditures," *Journal of Political Economy* 64(5): 416-424. Bish, Robert L. 1987. "Federalism: A Market Economics Perspective," Cato Journal 7(2): 377-396. Dye, Thomas R. 1990. *American Federalism: Competition among Governments*. Lexington, MA: Lexington Books.

（37） Oakerson, Ronald J. 1999. *Governing Local Public Economies: Creating the Civic Metropolis. Oakland*, CA: ICS Press. p. 111.

（38） Wildavsky, Aaron. 1990. "A Double Security: Federalism as Competition," *Cato Journal* 10(1): 39-58.

（39） Ibid., pp. 46-47.

（40） Weingast, "Constitutions as Governance Structures: The Political Foundations of Secure Mar kets," pp. 286-311.

（41） Buchanan,*The Collected Works of James M. Buchanan*, Vol. 18, pp. 82-84.「退去する自由」の選択についての系統的な議論は、以下の文献を参照せよ。Hirschma n, Albert O. 1970. *Exit, Voice, and Loyalty: Responses to Decline in Firms, Organizations, and States*. Cambridge, MA: Harvard University Press.

（42） Buchanan,*The Collected Works of James M. Buchanan*, Vol. 18, pp. 84-86.

（43） Bryce, James. 1995. *The American Commonwealth*, Vol. I. Indianapolis, IN: Liberty Fund. p. 312.

（44） Ibid., pp. 312-313.

（45） Ibid., p. 309.
（46） McClellan, *Liberty, Order, and Justice: An Introduction to the Constitutional Principles of American Government*. 3rd ed. p. 319.
（47） Tocqueville, *Democracy in America*. Vol. 1. p. 165. トクヴィルは、アメリカの民主的共和政の維持に与っているものの中で、次の三つが重要であると考えた。一つは連邦制度で、大きな共和国の力と小さな共和国の安定性とを結びつけた。二つは地域自治の諸制度で、多数の暴政を抑制するとともに、自由を好み、自由である術を人民に教えた。三つは司法制度で、多数者の動きを止められないまでも、どのようにしてこれを方向づけるかを示した。以下を参照。Tocqueville, *Democracy in America*. Vol. 1. p. 299.
（48） Acton, *Essays in Religion, Politics, and Morality: Selected Writings of Lord Acton*, Vol. III. p. 558. アクトン卿は、連邦主義の制度設計において、アメリカが世界のどの国家にもまして「より強大で、より繁栄した、より知性あり、より自由な」社会だとさえ言っている。(p. 197.)
（49） McClellan, *Liberty, Order, and Justice: An Introduction to the Constitutional Principles of American Government*. 3rd ed. p. 319. コンスタンによれば、中央集権の弊害を避けるには、大国が何らかのかたちの連邦主義を行うべきだと言う。Constant, *Principles of Politics Applicable to All Governments*. p. 324.
（50） Tocqueville, *Democracy in America*. Vol. 1. p. 87.〔『アメリカのデモクラシー』一三八−一三九頁〕
（51） Ibid., p. 93.〔『アメリカのデモクラシー』一四八頁〕
（52） Ibid., p. 90. Note 49.〔『アメリカのデモクラシー』三四八頁〕
（53） Pyne, Lucian W., with Mary W. Pye. 1985. *Asian Power and Politics: The Cultural Dimensions of Authority*. Cambridge, MA: Harvard University Press. P. 184.〔ルシアン・W・パイ著、園田茂人訳『エイジアン・パワー』下、大修館書店、一九九五年、一二−一三頁〕
（54） Ibid.〔『エイジアン・パワー』一三−一四頁〕
（55） 銭穆『中国歴代政治得失』北京、生活・読書・新知三聯書店、二〇〇五年、一五四頁。
（56） 同上、一〇二頁。
（57） 知識の地方性や分散性については、以下を参照。Hayek, F. A. 1945. "The Use of Knowledge in Society," American Economic Review 35（4）: 519-530.〔ハイエク「社会における知識の利用」嘉治元郎・嘉治佐代訳『ハイエク全集』第3巻、春秋社、一九九〇年、一一一頁〕
（58） Bryce, *The American Commonwealth, Vol. I*. pp. 315-316.
（59） Ibid., p.316.
（60） Constant, *Principles of Politics Applicable to All Governments*. p. 327.
（61） Ibid.
（62） Ibid., p. 325-326.
〔邦訳の引用は、文脈によって、その訳語や表現を一部変えたところがある〕

中国新権威主義批判

張博樹（翻訳：中村達雄）

ジャン・ボーシュー――コロンビア大学客員教授。中国社会科学院博士課程修了。哲学博士。専門は政治学（中国政治）。主な著書に『中国憲政改革可行性研究』（香港、晨鐘書局）、『改変中国――六四以来的中国政治思想』（香港、溯源書店）などがある。

なかむら・たつお――明治大学兼任講師。主な論文に「蒋経国の贛南における派閥形成について」（『現代中国』第八十三号、現代中国学会、二〇〇九年九月）、著書に『「中国」の練習』（NHK生活人新書、二〇〇二年）などがある。

新権威主義は前世紀の一九八〇年代中後期以降に興り、今日の中国になお影響力を有する政治思潮である。一般的に言えば新権威主義の提唱者は中国の民主化に賛成しているが、改革は「経済先行、政治後行」、すなわち経済の市場化を政治の民主化に先行させるべきだと考えている。改革はたとえストロングマンによる段階的、暫定的な独裁であっても強力な権威のもとで進める必要がある、と強く主張している。新権威主義者は自由主義者とは異なり、中国の現実的な政治環境のなかでより柔軟な改革方式を称え、みずからが考える穏健な主張で執政当局に影響を与えたいと望んでいるが、同時に理想を堅持しながら迎合して統治者の戦略に如何に影響を与えていくかで左右に揺れている。新権威主義は全体主義体制の現実に真正面から向き合うことをせず、少なくともそれらを告発する勇気がないので、彼らの理論は徹底していない。新権威主義者に賛成する者はそれが中国の現実に適した主張だと考え、反対者はそれが政権に媚を売っているのではないか、政治的な投機行為ではないかと疑っている。この間ずっと民主転型の主張として、新権威主義には異なる解読空間が存在している。最近になって習近平が新たな独裁体制を構築するなかで、蕭功秦ら新権威主義者はこっそりとみずからの主張を修正し、当局に忠誠を誓う素振りさえ見せている。以下、本論ではこうした問題を整理してみよう。

一、中国新権威主義の起源

前世紀八〇年代の中後期、中国の経済体制改革が進むなかで政治体制の改革もそのとば口にあったのだが、この経済改革と政治改革の関係性はどのように見ればよいのか。如何にしてこの変革を導けば良いのか。どのような変革の道、変革のテンポが合理的なのか。だれを改革断行の主役にすればよいのか。新権威主義はまさにこれらの問題に解答が求められた際に生起してきたのである。まず当時、新権威主義の代表的な人物だった呉稼祥を検討する。

呉稼祥(一九五五〜)は北京大学経済学部を卒業後、八〇年代後期に中南海で奉職し、六四事件で三年間獄に繋がれ、出獄後はビジネス、著述、留学を経て、現在は北京の政治と学術の世界で活躍している。

青年期の呉稼祥はサミュエル・ハンチントン(Samuel P.Huntington,Political Order in Changing Societies,Yale University Press,1968)(内山秀雄訳『変革期社会の政治秩序』(サイマル出版会、一九七二年))の影響を強く受けた。本書は発展途上国における政治の近代化には、テンポと制御可能な政治プロセスが必要なことを強調している。呉稼祥は同書に依拠しながら社会発展の「三段階論」を提起した。それはすなわち転型途上にある国家はまず「伝統的専制主義」から「新権威主義の保護下における自由発展段階」に至り、その後に「自由と民主を合わせ持った段階」に到達する、というものである。印象的なのは「民主と自由の結婚に先立ち、一定期間にわたって専制と自由の恋愛期間がある。つまり民主が自由の生涯の伴侶になるためには、婚前に専制と恋愛することが肝要」とする内容で、転型期の中国にはあたかもこのような過渡期が必要なのだと主張していることである。

それでは「なぜ伝統的な権威主義段階から一足飛びに自由民主段階へ移行することができないのか。いずれの社会もこの高難度の課題をいまだに達成したことはない。その理由は旧権威の衰亡にともない高度に集中した権力が衰えていくプロセスを必要とするからで、権力が未だあるいはまだ完全には国民の手に届かず、旧権威が作り出した中間社会が層を成して残存しているからである。このように権力が残存すると社会に権威も自由も欠いた状況を生み、必要な権力の集中や民主がなくなり、あるのは分散だけという状況に陥る。分散主義は集中を呑み込み、民主をも呑み込んでしまう。民主と自由を発展させる措置は分散を拡大させ、個人の自由を削ぐ措置に変わってしまう。それを防ぐためには新たな権威で旧権威が作った旧社会の構造を除去する必要があり、中間で膨張した権力を両端に片付け、個人の自由を増大しながら必要な中央集権を利用して障害を除き、自由の発展を希求するなかで社会の安定を維持することが求められる」(1)。換言すれば、新権威主義を論証する核心は改革の目標(=民主化)ではなく、改革の道筋(民主化を模索する現実的なルート)なのである。それを技術的な面から説明すれば以下のようになる。

新権威主義が強調するのは政体ではなく領袖である。新権威主義は領袖となる人物をきわ立たせるだけでなく、それと黙契する政策集団をも重用し、英明な先見性、果断な行動、障壁を乗り越える力量、卓越した対応力を重視する。(2)

当時、このような視点に議論がなかったわけではない。栄剣は「〈新権威主義〉は中国で可能か」と題する論考で「政治の民主化は客観的に〈ハード〉な政府、すなわち効率的で清廉潔白、法治を実行する政府を必要とするが、この〈ハード〉とは伝統的で高度に集権化された行政制御システムのことではなく、また〈新権威主義〉が考える独裁政権でもない。それは政治の民主化から生まれる政府のことである」(3)と述べている。当時、多くの知識人たちは中国の改革が困難に陥ったのは政治体制の改革があとまわしにされ、人治が法治の上に置かれたからで、肝要なことは領袖が主導する社会を法理にもとづく社会に転換すること、すなわち人治社会から法治社会への転換が急がれると考えた。「こうした状況のなかで民間と学術界は一致していまこそ政治体制改革の歩みを加速するときであると求め、呉稼祥らが主張した新権威主義で改革を推進するという方法は時宜を得ずに知識人の大多数の指示を獲得することが出来なかった」(4)と栄剣は指摘している。

二、鄧小平と新権威主義

八〇年代の鄧小平も新権威主義に賛成だったようだ。それについては『走向憲政』(法律出版、二〇一一年)という本があり、呉稼祥が「新権威主義から憲政民主へ」と題する一文を寄せて以下のように指摘している。

中国の経済改革は、一九八六年から新権威主義の主導で実質的に経済と政治の総合改革に転じた。この年、鄧小平は少なくとも十回ほど政治体制改革をよびかけている。一九八九年三月六日、鄧はみずからが提唱する改革の意義を総合的に検証し、それに名前をつける機会に恵まれた。中共中央の主な指導者は思想界に流行する新権威主義思潮について報告し、それに対して鄧小平は「私の考えがまさにそれだ」と語った。

ところが鄧小平が賛成したのは「さきに市場化を、民主化はそのあとで」という新権威主義ではなく、実際は強い指導力で経済改革を推進して発展を加速するよう強調したにすぎなかった。政治改革についても「党の指導を堅持してさらに強化する」ためであり、党の指導を「減衰」し、「否定」するものではなかったのである。鄧小平は、共産党の「統一した指導」がなければ中国はいずれ「四分五裂」すると考えて[5]いた。これは民間の新権威主義者が憧憬した制御可能な改革を通じて民主化に向かう手法とは異なり、むしろまったく正反対のものだった。

独裁主義者も新権威主義者のこのような定式を受け入れることができるのは、「新権威主義」が異なった立場や角度から解読可能なことを証明している。民主化の賛成者は新権威主義を専制から民主に向かうプロセスと理解し、独裁者もまたそれを既定の政治的な枠組み内で経済発展と行政制度改革を進める道筋あるいは戦略と見なし、中国共産党による党国体制を温存する目的がある。

三、蕭功秦「左右の急進主義を超えて」

次に、新権威主義の代表的な人物、蕭功秦について検討しよう。

蕭功秦（一九四六〜）は上海師範大学人文学院歴史学部教授で、上海交通大学の政治学教授でもある。数年前に筆者が香港理工大学で開催された中欧論壇主催の民族問題研究会に出席して休憩時間に記念写真を撮りあっていたとき、グループから離れて座っていた蕭功秦は自分が他の人たちの「借景」になっていることに気づくと、すぐに立ち上がって写真撮影の列に加わり、「私はまだそんな大御所ではありません」と微笑みながら語ったのを覚えている。

蕭功秦が新権威主義を唱えはじめてすでに四半世紀になる。蕭教授が二〇一二年八月に出版した『超越左右激進主義――走出中国転型的困境』は、新権威主義の観点から著された一連の系統的な著作である。蕭功秦は「改革時代の中国には二つの急進主義思潮が存在し、ひとつは毛沢東時代への回帰を求める左翼急進主義で、もうひとつはすっかり西洋化された自由主義的な急進主義である。これらの思潮は十年前、中国の社会生活のなかで徐々に周縁化されはじめたが、改革の過程で吹き出したトラブルや矛盾が日々先鋭化するのにともないふたたび活性化してきた。うまく改革を深化させることができなければ社会矛盾が溶解して吹き出し、固く殻を閉ざして改革が滞れば矛盾はさらに激化し、中国はおそらく左右の急進主義、すなわちポピュリズムに挟撃されて厳しい危機と陥穽に陥るに違いない」[6]と指摘している。これに鑑み蕭功秦は、「中国は西洋化した自由化論者が鼓舞する〈色の革命〉を避け、極左が煽る教条主義者の〈文革復辟〉も忌避しなければならない」[7]と主張する。

蕭功秦はさらに二種類の「急進主義」に対して認知レベルから分析している。それは左右を問わず急進主義は方法論の上で「理性の構築」と「制度決定論」という特性を備え、「良い制度を構築しさえすれば、すなわち急進的リベラル派が目指す議会制度または民主プロセスの実現、あるいは急進的左派が希求する〈一大二公〉（大きな政府で財産の共有制を旨とする）を実現すれば、いずれも新社会を再建できる。ところが彼らは、制度が習俗や伝統、文化、発展レベルとのバランスをとることではじめて有効に運用できるのだという事実を軽視している。社会の諸条件に噛み合わない新制度は牛の足に馬の蹄鉄を打つのとおなじで、徒労に帰すばかりか本来社会に存在する有機体の生命力をも破壊する」。このように分析した蕭功秦は「中道の理性を堅持し、経験と試行錯誤を繰り返しながら民主化と近代化を目指す」ことを主張し、「穏やかな漸進主義」あるいは「漸進主義にもとづく実用的合理主義」は、哲学では「新保守主義」とも呼べるとしている。蕭功秦は「漸進主義にもとづく実用的合理主義」は、すなわち「歴史の伝統的な連続性を踏まえた上で、穏健な革命を通じて旧秩序から脱却し、民主憲政にもとづいた新秩序に軟着陸することを主張するものであると述べている。さらに「このプロセスのなかで歴史的に形成された秩序の統合としての政治的な権威、伝統的な文化的統合力、そして人心に対する相乗作用がひとしく安定した秩序と発展を前進させる重要な保障となる」と語っている。この意味において蕭功秦は鄧小平の権威主義的改革に高い評価を与え、「鄧小平の改革は、左右の争いを超える新権威主義政治[8]」だと考えているのである。

ここで認めなければならないのは、蕭功秦のような新権威主義者も上に引用した著作ではその骨子の部分で民主憲政に賛成しているということである。社会変革には一定の条件を必要とし、漸進的な改革が中国の民主転型と低コストの変革を実現するということを強調することにおいて、蕭功秦の観点と自由主義穏健派の間にはある部分で似たところがある。ただ、蕭功秦の主張する方法論には穏健すぎるきらいがある。たとえばこの新権威主義者は中国の市民（公民）社会を発展させるためには「強い社会」で「強い国家」を制御する必要があり、これが民主憲政に向けて通るべき道筋であることを論証しながら[9]、最近発生した「ジャスミン散歩」で政府の公民運動に対する弾圧に無関心を装い一言も発しなかったのは誠実性に欠け、自他を欺く行為である。蕭功秦が本書を出版する前の二〇一一年、北京、浙江、華南、西南などの地域でリベラル派の知識人や民間活動家に対する大量逮捕、弾圧事件が発生したが、蕭功秦がこれらに対して何らの行動も起こさなかったことは知っておくべきである。蕭功秦はアラブで発生した「ジャスミン革命」についても、「穏健化したリベラルな思潮を刺激してふたたび急進的な方向に向かわせた」[10]と非難し、このロジックに照らして、社会の急進的な勢力の関与が引き起こす「噴出効果」を防止するのに役立ったとして体制側の弾圧を合理的なものだと評価している。蕭功秦のいわゆる「急進的自由主義」に対する批判は、きわめて客観性を欠いている。中国大陸で生活する自由主義知識人の大多数は「急進的」でもなければ「過激派」でもなく、中国政治の民主転型の難しさを充分に認識し、みずから環境を創り出して一歩一歩取り組んできている。西洋の制度を安易に中国に適用できると考える人は皆無で、「すべての問題は一刀のもとに解決できる」ものではなく、これは党国統治者が自由主義の反体派を中傷する時に常用するもっともらしい言辞にすぎない。蕭功秦は存在しない標的を高く掲げて批判しているが、これは学理上の厳粛性を欠いている。自由主義者の徐友漁は、かつてこの新権威主義者を次のように批判したことがある。

蕭功秦は口を開けば政治的急進主義に反対するが、中国の現実は政治体制の改革が遅れ、一向にその動きすらない。いったい改革が性急すぎるのか、それとも粗雑すぎるからなのか。中国における政治的急進主義の党派的な区別はどこにあり、それらの主張と代表的な人物はどこにいるのか。一般に知られる老左派や保守勢力とおなじように、蕭功秦は人民の民主追求を「一晩にして成る民主」という無邪気な主張に、そして変革の要求を「大破大立」（大いに破壊し、大いに樹立する）という使い古された急進的な革命に置き換えてしまった。蕭功秦が鼓吹する新権威主義の民主化過程とは、田んぼの案山子に手足を振りまわさせるような時代錯誤のプロセスなのである。[11]

蕭功秦は『超越左右激進主義——走出中国転型的困境』で鄧小平を讃美し、とくに「四つの基本原則」には一方的な解読を試みて滑稽であり、こじつけと時代遅れに満ちている。それによれば「四つの基本原則」に内包されるのは「〈実践は真理を検証する唯一の基準〉を励行するマルクス主義」であり「〈市場経済の道〉を歩む社会主義」であるとともに、「〈開放路線を堅持する〉共産党の指導と人民民主独裁」[12]だとする。これは「四つの基本原則」をみずからが解釈する鄧小平の開明的な権威に近づけるための細工で、鄧小平が編み出した「四つの基本原則」の本当の意味や目的をまったく考慮していない。その本当の意味と目的は、「ブルジョア自由化」に打撃を与えて防止し、いかなる勢力も中国の既存の政治制度や中国共産党の執政への挑戦を許さないということである。

しかし、蕭功秦の問題点はこれだけにとどまらない。

四、習近平と新権威主義2.0版

中共十八全大会が閉幕して習近平が国家主席に就任すると、蕭功秦は「新権威主義2.0版」という中国の政局に対する新たな見方を示した。フェニックスTV（鳳凰衛視）が二〇一三年十二月に主催した政治サロンで蕭は、「鉄腕改革」の必要性と「新権威主義2.0版」の意味について述べ、まず「習近平新政」の八大特徴を称賛した。それは「新たな中央八項規定を執行して民心を慰撫し、焦燥感を緩和する」、「新たな綱紀粛正策を打ち出して官僚主義を克服し、官僚の自己改革と自浄努力で官僚風を糾す」、「腐敗摘発に力を入れてトラもハエも一網打尽にし、腐敗摘発で人心を獲得し、中央の権威と威嚇力を維持して抵抗する保守勢力に打撃を加え、山を叩いてトラを震え上がらせる」、「ネットワーク環境を見直すのは、急進主義がそれを利用して社会政治の爆発破壊に関与するのを回避して改革に必要な政治的安定を維持する」などと説明し、執政党の〈思想操作権や管理権、言語統制権〉さえも「民衆の無秩序な政治関与の噴出を抑え、改革開放の維持に必須の政治的安定を維持」するために必要な措置であると八大特徴を解読している。中共第十八期三中全会で決定された国家安全委員会と改革進化委員会の設立に至っては、「中国の政治制度は先進国家の常態政治（Normal politics）とは異なり、常態政治は制度面の分権を必要とするが中国の転形期は非常態政治に属し、運用に当っては効率を重視した〈可視的手法〉を採用して改革を推進し、統一的な集権力を発揮してこそ各部門の寡頭政治を防止して〈九龍治水〉（九頭の龍がそれぞれの部門を個別に管理することから生じる権限の分散）式の部門主義を抑え、〈号令が中南海に止まる〉悪弊の横行を避けることができる」[13]と解読しているのである。以上を総合すれば、蕭功秦は「習近平の新政」を新たな形式の新権威主義を代表するものと断言し、つづけて以下のように述べている。

たとえば鄧小平を改革開放であらわれた新権威主義の第一波とすれば、それは新権威主義1.0版とでもいうべきものである。そうであれば習近平の新政は改革開放以来にあらわれた新権威主義の第二波であり、2.0版と理解できる。1.0版と2.0版の違いはどこにあるのか。概括すれば第一波は政府がこの可視的手法を駆使して市場経済改革を始動させた。第二波は政府がこの手法を使って市場経済の改革を万全かつ決定的にし、これまでの過程で直面した矛盾、すなわち政府主導の改革が招いた水辺に近い楼台には真っ先に月の光が射す式の利益独占と利益の固定

化現象の克服に努めている。(14)

蕭功秦は習近平の「左傾」に対する自由主義者の批判に応じるかのようなかたちで「習近平は思想統制を強調しているだけで改革以前に回帰しようとしているわけではなく、(第十八期三中全会に上程された)改革六十条を見てもけっして原理主義者などではなく、党のイデオロギーを堅持して民衆による過度の政治関与が招来する政治や改革開放政策の混乱を防止しようとしているもので、その目的は中国における民主と国家統治の近代化にある」と解釈する。蕭は「習近平は蕭功秦が考える模範的な指導者としての鄧小平の化身か」という問いに同意し、「習近平は実際に鄧小平思想の神髄を理解している。習近平の行動はまさに鄧小平思想の体現である」(15)とする。蕭功秦は最後に鄧小平の「1.0版」であろうが習近平の「2.0版」であろうが、と前置きして以下のように締めくくった。

これら二つのバージョンは党の執政党としての地位を堅持するという意味でともに新権威主義であり、伝統的な集権国家が近代化の過程で陥る民衆の無秩序な政治関与の噴出と連鎖反応を避けるのは、大幅改革を通じて中国の全面的な近代化を実現するためであり、その最終目標は条件が熟した段階で中国的特色を有する民主体制に軟着陸するのを実現することにある。新権威主義は当面中国が発展するための過程であり、最終的な目標はさらに開放的で、民主的、自由な社会主義民主体制に向かうことにあり、この段階は相当に長い期間つづき、絶え間ない経済発展と社会変化を必要とする。習総書記は「改革は問題の解決を迫られるところに生まれ、その解決の過程で深化し……改革には終りがない」と語ったが、この言及のなかに中国の現在の体制の環境に挑戦する適応能力と発展の柔軟性を見て取ることができる。忍耐力が有りさえすれば中国の未来は希望に満ちている。(16)

五、「突然変異」——新権威主義への忠誠

注意深い自由主義者は蕭功秦が上に展開した主張に対して、これまで繰り返し論証してきた民主化の最終目標について、「憲政民主」から「中国的特色を有する民主体制」あるいは「さらに開放的で、民主的、自由な社会主義民主体制」の実現にいつの間にかこっそり鞍替えしている重要な変化を見逃さなかった。北京の老反体制派、江棋生(一九四八〜)は蕭功秦のこの変節を新権威主義の「突然変異」とよぶ。江はその評論『也説蕭功秦』(蕭功秦についての卑見)で次のように

指摘した。

この短文を構想した時点で、筆者は蕭功秦先生に対して少なくとも二つの点については肯定していた。ひとつは蕭がまだ学術的な良心を捨てていなかったということだ。その根拠は、中国の現行の社会制度を権威主義とみなして民主体制ではないとし、中国が威権体制と決別して憲政民主体制に向かうべきだと主張していたことである。このことは蕭功秦を中国様式の万世永続体制を持ち上げる語るべき良知のない御用学者たちと一線を劃させた。この一点をもって中共中央組織部は蕭功秦が西欧民主のイエスマンであり、マルクス主義のそれではないと断定するにちがいない。二つ目は蕭功秦がただの民主派シンパとは異なり、中国がいかにして威権主義から民主に向かうのかという大きな課題に対して前世紀八〇年代から現在に至るまで心血を惜しまずに中華民族のため民主に転形する方策を模索しつづけてきたことである。

昨年十二月十五日付の『共識網』で「鄧小平から習近平へ――中国改革の再出発」という一文に接したとき、蕭功秦が二十余年間も堅持してきた新権威主義に無視できない突然変異が生まれていることに気づいたのは、予想さえしなかったことである。蕭は文中で新権威主義について「その最終目標は、条件が熟した段階で『中国的特色を有する民主体制に軟着陸する』」と述べていた[17]。そしてさらに「新権威主義は現在の中国で発展段階にあり、最終目標はさらに開放的で、民主的、自由な社会主義民主体制にある」とまで主張していた。筆者は想像も出来なかったし、天成[18]も蕭功秦先生がにわかに初志を捨て、みずからこれまでの功績を捨てて中国の未来の目標を憲政民主から「中国的特色を有する民主」に鞍替えするとは考えもしなかっただろう。いわゆる「中国的特色を有する民主」とは一党支配下における啓蒙専制（Enlightened Despotism）ではなく、天成が言うところの一党統治下における穏やかな威権体制（Soft Authoritarianism）なのか。この体制は言論禁制、報道禁制、政党禁制の三禁を孕み、三権が分立せず選挙制度の影もない体制が民主と言えるのか。民主と如何に係わると言うのか。[19]

江棋生はさらに次のように続ける。「新権威主義の突然変異は秦暉教授によって指摘された。昨年十二月二十七日、フェニックスTVが主宰する鳳凰財経峰会（Phoenix Finance Summit）」の午餐会で秦暉が蕭功秦に対して「蕭功秦はこれまで主張してきた内容と現在ではひとつの違いがある。以前に主張していた新権威主義は自由民主あるいは憲政の道への過渡的段階だったが、現在は中国的特色を有する民主への過渡的段階としている。新権威主義の最終目標にある種の変化が起こり、一般的な意味における自由民主から中国的特色を有する民主に変わってしまった」と指摘した。秦暉はここまでしか語らなかったが、その言わんとするところは明確だった。それに対して蕭功秦は何ら否定することなく、具体的な言葉で次のように誠実に語りはじめた。中国社会の進歩にともない、新権威主義は中国的特色を有する民主に向かうと思う。将来の民主は西欧のような民主ではなく、賢人政治が行われ、十年ごとに交代する制度はある種の意味においてすでに賢人政治の萌芽といえる。賢人政治に協商民主を積み上げるのがすなわち中国的特色を有する民主である、と。ここまで行論してきて、筆者は感慨と悲嘆を禁じ得ない。蕭功秦はこれまで一貫して独立した見解を有する学者でありつづけ、政府におもねるような発言はなく、みずからの歴史研究の成果を下敷きにして正面から新権威を肯定し、新権威主義が中国社会の憲政民主の実現にもっとも相応しい過渡的な段階であると論証し、民主に転形するための道を志していたからだ。いみじくも天成が喝破したように、蕭功秦の主張は憲政民主への転形を回避し、先延ばしにしてしまったのか。現在はどうだろうか。権威主義の阿片に中毒してそれを売りつけ、ロマンとバラ色の夢に耽る蕭功秦は、堕落して権威主義の麾下に身を落とし、民主転形の取り消しを主張して、体制側にとっては一党独裁下の穏やかな権威主義体制を追い求める手弁当の員数外の「知恵袋」に成り下がってしまったのである。[20]江棋生はこのように蕭功秦を批判している。

六、呉稼祥の「習李新政」に対するもうひとつの解読

次に、もう一人の新権威主義者である呉稼祥は、「習近平の新政」をどのように見ているのだろうか。興味深いことに、この政治学者は習近平が本気で改革を考えており、一連の「左傾した言論」は保守派を惑わす「ポーズ」にすぎない、と信じて疑わない。呉稼祥は二〇一四年二月に共識網のインタビューに答え、政治家を見抜くにはその言葉で判断するのではなく、行動を見るべきである。「政治家が語る話は政敵を煙にまくためのものかもしれない。このことは山の上で闘うのにわざわざ不必要な迷彩服をまとうのとおなじで、たいして重要なことではない」[21]としている。呉によれば習近平は今まさに中国の法治の整備を進めており、「この報告[22]のように、それがどのような帽子を被っているかではなく、どこに

立脚しているのかを見きわめるべきであり、この基本方針は国民に政策とその遂行能力の近代化を示したものである。政策とその遂行能力とはすなわち政治制度の近代化であり、それが民主を拒否するとでも言うのだろうか。この報告は政治体制改革の大綱であり、残念ながら一般人にはそれが理解されていない」と語っている。呉稼祥はさらに「この報告が起草される以前に政治体制改革はすでに始まっていた。三十一の省、市、自治区の政協主席は中共常務委員の職を解かれ、来年の全国政治協商会議と全国人民代表大会の開催期間中には中共省委員会書記による省全人代主任職の兼務もおそらく廃止されるだろう。それはなぜなのか。すなわち組織外からの異体監督、組織体系の近代化にほかならない。政協主席を共産党内の役職に止めておいて効果のある監督がまっとうできるだろうか。これまで政協内におけるすべての反党言論は制裁を受けてきたはずだ。それは発言者が党組織内の要職をも兼務していたからで、もしも常務委員会のなかにいなければその発言は外部組織からの有効な提案ということになるのである。現在の制度では発言者を逮捕することは不可能で、もし逮捕すれば問題になり、これは中共中央が付与した権利であり、その提案については真摯に協調していかなくてはならない。すなわち同体から異体への転換は、制約の形成にもなる。そしてこの報告は〈簡易型報告〉であり、今後十年間にどれだけのことを達成できるのかを約束する内容ではなく、現状で改革可能なことを言っているだけで、すべての不具合が解決できるわけではない」。呉稼祥から見れば、習李新政は希望に満ち、「今後の九年間は中国がふたたび世界の頂点に立つ契機となる」のである。呉はさらに次のように主張する。

習近平と李克強は過去百年に出会ったもっともすぐれた「大人《たいじん》」であり、指導者である。彼らのような人材を輩出するのは容易なことではなく、大きな苦難をともなうものだ。彼らはともに下放して苦しみを味わった経験があり、当然のことながら苦難を舐めたすべての人が有為になるわけではないが、一旦突出すればそれは並の人材ではない。また彼らに限らず、常務委員会に在るメンバーはみな有能だ。故に今期の指導グループが執政する期間に中華民族（台湾は含まず）はふたたび世界の頂点に立つ鍵となる時期を歩むのであって、あと九年を残す次の十年期に筆者は大いなる自信を抱いている。(23)

呉稼祥は蕭功秦のように憲政民主をこっそり「中国的特色のある民主」に取り替えるような「自爆行為」を行ってはいないが、習近平に対する一方的な思い込みは学術界やネット空間で批判されている。それはここ一年以来における習近平の「左傾」した行動がすでに単なる「ポーズ」などの言葉では説明が難しいからである。実際に習近平が国家主席に就任してからの権力集中傾向、政府の反不敗と民間への圧迫を同時進行する手法、政府が起こした反憲政キャンペーン、急速に浸透する新国家主義と高圧的な外交姿勢などは自由主義のインテリ層から警戒されている。栄剣、李偉東らが強調する「全体主義は権威主義を経て憲政に向かうのではなくファシズムに向かうのであって、このことが最大の杞憂」という警戒心はまさにこのことである。これに対して新権威主義者たちの懦弱性や日和見的な心理はこの視点から問題を観察思考することを拒ませる。

呉稼祥の「弁護」や蕭功秦の「変節」はともに、中国語のコンテクストにおける新権威主義者のある種の懦弱性、甚だしきは投機性の証明であると筆者は考えている。新権威主義者がなぜこのような言語表現方式をとるのか、それは知識社会学の視点から見れば理解できるのである。精緻な言論統制を敷く党国全体主義体制のなかでインテリゲンチャはみずからの独立した政見を述べるとき、往々にして迂回曲折した表現方法をとる。現状に直面しようとせず、あるいは現状を曲解して核心の問題を避け、同時にみずからの主張が当局の耳に届き、それが受け入れられることを望む。こうして政権側のイデオロギーと指導者層を善意に「解釈」し、「期待」をするのは仕方のないことであり、また策略でもあるのだ。そのような心理状態は徐々に研究者本人の認識を蝕み、無意識のうちに政権が指向する政体を現実政治が向かうべき将来の方向と解釈するようになってしまう。蕭功秦や呉稼祥の「習近平の新政」に対する解釈のなかにそれを見てとることができる。二人の異なる点は、ただ蕭功秦がすでに自己「変節」を起こして目指すべき憲政民主を「中国的な特色を有する民主」に乗り換えたのに対し、呉稼祥は一方的な思い込みで習近平の「潔白」や「偉大性」を鼓吹し、さらには言論界の左傾を習近平に対する誣告などと非難していることである。(24)

七、権威主義からの転換戦略は如何なる条件下で可能になるのか

蕭功秦と呉稼祥に対する批判を終えたところで、最後に自由主義の立場にもとづく「権威主義からの転型戦略」はあるのか、いかなる条件下でこのような「権威主義からの転型戦略」は可能なのか、という二つの問いを検討してみよう。

まず、第一の問いに対する答えは「ある」だ。

もう二十数年前にロシアのアンドラニク・ミグラニャンは

「権威主義からの転型戦略」について次のように論証している。「権威主義制度から民主制度への移行は一足飛びには実現できない。……経済と精神の領域で公民社会が姿をあらわし、形を整え、根付いていくまでの複雑なプロセスにおいては、政治領域に強大な有限の民主を実行する権威主義政権を温存することが肝要である。過渡的な社会では人民に種々の幻想を抱かせず、改革を実行する当局は民主を制限することの必要性とその理由を明確に説明することが求められる。権威主義政権はこの時期に民主政治のメカニズムを確立して形成されつつある公民社会から代表的な人物を取り込んで漸進的に権利と権力を付与し、同時にみずからは仲裁と修正の役割を留保すべきである。言い換えれば、権威主義政権の政治領域における当該時期の任務は、社会的な利益獲得にともなう衝突を公共権力の中に生起しはじめた政治組織を通じて合法的に解決する道を模索し、合法的な解決にともなう衝突を政治文化の有機的な組成機能につくり上げていくプロセスを保障していくことにほかならない。[25]」ミグラニャンはこのように述べている。

筆者は「中国憲政改革可行性研究報告」でミグラニャンの観点を評価するとともに、上に掲げた第二の問いに対して以下のような解答を添えた。

改革の漸進、秩序、理性、そして低コストを保障する視点から、上述の「権威主義からの転型戦略」は道理がまったくないわけではない。それはつきつめて言えば執政党がみずからおこなう「自己を革命」する政治革命の比較的に現実的な選択である。当然、この戦略の前提は第一に執政党内にすでに主要な勢力としての改革勢力が存在していること、第二に民間の反対勢力が政権に対してすでに充分な圧力となっており、この手法を通じて体制内の改革派と呼応できる体制が整っていることである。これら二つの条件を満足させることで憲政改革は計画的な選挙制度改革、「党禁」の解除による政党政治の確立、公共メディアの改革、党軍関係の整理などの課題について実質的に順を追って進めることが可能になる。整備中の政党制度について言えば、権威主義からの転型戦略はおそらく執政党が枢要な部分の統治権力を留保するが、その他の政党組織は合法的な反対派勢力としての資格を獲得するような枠組みになり、これは過渡的であり、さらに進めば完全な意味での多党競争体制に発展していくことになる。中国の憲政改革がこのように推移すれば、それは好ましいことである。なぜなら憲政に到るコストを大幅に低減し、改革途上で予想される混乱リスクを下げ、権力の真空状態と転型にともなう無秩序状態を回避し、大枠において改革を計画通りに進め、体制内外の各勢力（中道左派と中道右派）に担うべき役割と立場を割り当てることができるからだ。(26)

但し、筆者は同報告で「権威主義からの転型戦略にはリスクもあることを冷静に認識すべきだ」として以下のように強調している。

やみくもに「強力な権威主義政権を庇護する」ことは、新たな独裁主義の陥穽にはまる危険性がある。ロシアでも中国でもこうした独裁は根が深い。たとえ改革に信念を持つ指導者がいたとしても、合理的に民主を掌握する方法と、民主へのプロセスを推進するために仕方なく実施する制限との間で大きな困難に遭遇する可能性がある。このため体制内外の風通しや連合をうまく処理し、民間の自由勢力が政権に民主を促す過程で力を発揮できるようにして体制内外の意思疎通をうまくすれば、上述した体制内にある改革派が遭遇する困難を実践の中で克服することができる。

また「強力な権威主義」の領袖が本気で憲政民主に向かう気持ちはなく、経済を活性化してみずからの統治力を強化したいだけだとしたら、それは私たちが主張する権威主義からの転型戦略とは無縁で、政権が共産党の一党独裁体制を維持するために採る手段であることを見極めなければならない。(27)

惜しいことに、現在の中国における統治集団は明らかに後者に近いものである。新権威主義者の蕭功秦や呉稼祥らはこの点を認めたがらないだろう。しかし私たちは自由主義者としてこのことに対して最低限の誠意を持つべきなのである。

注

（1）以上は、呉稼祥「新権威主義述評」『世界経済導報』一九八九年一月十六日から引用した。

（2）同。

（3）栄剣「〈新権威主義〉在中国是否可行？」『世界経済導報』一九八九年一月十六日。同報は主張の異なる上記呉稼祥論文と栄剣論文を同時掲載して論争させている。

（4）同「新権威主義再批判」二〇一三年十二月三十一日の『財経網』上にある栄剣の個人ブログを参照。

（5）鄧小平『鄧小平文選』第二巻、人民出版社、一九九四年、三四一～三四二頁。

（6）蕭功秦『超越左右激進主義：走出中国転型的困境』浙江大学出版社、二〇一二年、一頁。

（7）同二十九頁。

（8）同十四～十五頁。

（9）蕭功秦は中国の民主化を実現するために通るべき五つの段階を次のように示している。第一段階―改革集団が政治の核心に参画する。第二段階─改革者が政治に参画した後に経済構造を転型させ、経済をテークオフさせる。第三段階─経済発展の成果を社会で共有する。第四段階─社会が均等に富んだ条件下で公民社会を発展させる。第五段階─第一～四段階の基礎の上に憲政民主を中核とする民主化を実現する。以上は同上『超越左右激進主義──走出中国転型的困境』四十一～四十二頁を参照。

(10) 同。
(11) 徐友漁『蕭功秦的新権威主義──一剤不対症的薬方』中国影響力網、二〇一四年三月三日。
(12) 同前『超越左右激進主義：走出中国転型的困境』十六頁。
(13) 蕭功秦「中国為何需要鉄腕改革」『鳳凰網』、二〇一三年十二月八日。
(14) 同。
(15) 同。
(16) 同。
(17) 蕭功秦「中国為何需要鉄腕改革」を指す。『共識網』に発表した際、この題名に変更した。
(18) 王天成（北京大学法律系卒業後、同大講師。中国自由民主党の創立に関わり同党宣伝部長を務める。一九九二年に逮捕され、九七年に釈放された。二〇一三年、天安門民主大学を開学し同大教務長）を指す。
(19) 江棋生「也説蕭功秦」『自由亜洲電台中文網』、二〇一四年七月二十九日。
(20) 同。
(21) 呉稼祥「習李改革是中国重登世界之巓的契機」『共識網』、二〇一四年二月二十日。
(22) 中共第十八期三中全会を通過した「改革を全面的に深化させることについての中共中央の若干の重要問題に関する決議」のなかに提起された六十条改革のことを指す。
(23) 前掲「習李改革是中国重登世界之巓的契機」。
(24) ラジオ・フランス（Radio France International）は二〇一四年七月十一日、「中央規律委員会は先ごろ中国社会科学院が国外勢力の浸透を受けたと批判し、このため同院は所属の研究者を審査する基準として政治規律を第一に課すことを決め、中国共産党機関紙『人民日報』も十日、同院は幹部や研究人員がイデオロギー面で逸脱するのを防止する工作を始めた。これに対して呉稼祥は自身のブログなどで中国社会科学院のやり方は〈豚の柵〉をつくることに等しいと批判し、ドイツ国際公共放送（Deutsche Welle）のインタビューには、中国共産党の党内派閥抗争に波及するだろう、と答えている。呉稼祥は、現在、党内抗争は異常に激烈で、これは実質的に同院による習近平ら改革派に対する攻撃だ」と伝えている。
(25) 安・米格拉尼揚『俄羅斯現代化与公民社会』新華出版社、二〇〇三年、六十三頁。
(26) 張博樹『中国憲政改革可行性研究報告（全文）』香港・晨鐘書局、二〇〇八年十月、三〇二～三〇三頁。
(27) 同、三〇四頁。

［あとがきに代えて］

現代中国社会とリベラリズムのゆくえ

石井知章

現代中国におけるリベラリズムといわれても、あまりピンとこないかもしれない。というよりも、本来リベラリズムに対して批判的立場を取るマルクス主義の社会主義中国で、いったいなぜリベラリズムなのか。一党独裁による言論統制下で、リベラリズムについて語る余地が、その政治空間のいったいどこにあるというのか。これらはいかにもごく自然な問いだが、こうした疑問が投げかけられること自体、じつは日中間において横たわっている、ある種の「歪んだ」言説空間の存在そのものを物語っている。

そもそも、この「リベラリズム」という言葉自体、中国の体制側によって「反体制」派というレッテル貼りに利用されてきたという長い歴史を持っている。なぜなら、現代中国におけるリベラリズムが、実際にはリベラル・マルクス主義（党内改革派）からコミュニタリアニズム（共同体主義）、社会民主主義（中道左派）、民主社会主義（中道右派）、さらにはリバタリアニズム（自由至上主義）まで視野に入れているにもかかわらず、現執行政権に対して根源的（ラディカル）に「批判的」であるというだけの理由で、多くのリベラル派知識人たちが、党=国家側の一方的評価である「反体制派」として一括して分類されてきたからである。だが、こうした没理性的分類法は、共産党一党独裁体制という権力側の意思によって恣意的にフレームアップされたものであり、このこと自体が、唯一の政治的価値を絶対化し、それ以外を排除しようとする意思を反映したものであることを示唆している。

ここで指摘しておかなければならないのは、こうした体制=権力側の作り出した一方的価値判断は、いわゆる「新左派」と呼ばれる毛沢東主義の影響の下にある現代中国「新保守主義」の政治的立場を代表する勢力と、日本の「進歩的左派」勢力との歪んだイデオロギー的「結託」によって「演出」されている、ということである。実際、「新左派」は「リベラル派」を批判する際、現代中国リベラリズムのもっている既述のような現実的多様性を視野に入れることなく、「リベラル派」内部ですら批判の対象になっている「新自由主義」批判へと矮小化するのをつねとしている。つまり、自らの政治性を隠蔽し、あたかもその思想が現代中国社会の支配的正当性を反映しているかのごとく描き出す「新左派」（あるいは日本の一部の「進歩的」知識人とメディア）の思想戦略そのものが、中国共産党によるイデオロギー戦略の意図と期せずして重なり合っているということである。それはいったいどういうことなのか。

八九年の天安門事件以来の政変とも呼ばれた二〇一二年の薄熙来の解任劇（いわゆる重慶事件）とは、長年にわたる経済改革と開放政策の努力に背を向ける人物として温家宝が薄を断じることで、その政治手法をめぐり、「政治改革の推進か、文化大革命という歴史的悲劇の再来か」の選択を迫るものであった。その特異ともいえる手法とは、「紅を歌い（唱紅）、黒を打つ（打黒）」、すなわち、毛沢東や中国共産党を讃える文化大革命当時の革命歌などを歌い、かつ黒社会（マフィア、暴力団）を追放するという名目で、実際には、自らとは政治的に対立する善良な市民を集中攻撃し、きちんとした法的手続きも経ずに冤罪のまま無辜なる人々を弾圧していくという、いわば文化大革命の二番煎じともいうべきものであった。だが、これらは明らかに、市場経済そのものは否定せずに、毛沢東時代への部分的回帰を訴える国家統制派、すなわち「旧左派」に属する「保守派」への人気取りによって築かれた権力基盤をよりどころにして繰り広げられたことである。しかも、この背景には、この十年余りの間にその影響力を拡大してきた、いわゆる「新左派」（＝新保守派）の直接・間接関与があった。

一九八九年の天安門事件を契機に政治的には完全に排除された趙紫陽とは異なり、いまも政治的な基盤を残しているのが胡耀邦であり、八九年四月の胡の死去に伴い、そのあとをついだ改革派の趙紫陽を補佐していたのが温家宝である。八七年の「反自由主義」運動の手法と思想が文化大革命の流れを汲むものと考えていた胡耀邦は、当時の状況を「中堅の文革」と呼び、その後も「小さな文革がくるだろう」と警告しつつも、「やがてそれは歴史の表舞台から徐々に消えていくだろう」との認識を示していた。この意味でいえば、この重慶事件とは、まさにこの「中堅の文革」の再来であったといえる。こうした薄熙来の手法が「重慶モデル」と呼ばれるのに対して、その対極に位置づけられるのが新自由主義的「広東モデル」（内陸部低賃金労働と外国資本による沿岸部経済開発）である。これらは実際の政治、経済、社会をめぐる諸政策に具体的に反映されているという意味では、中国共産党の路線対立そのものでもあった。いずれにせよ、このことが毛沢東時代への部分的回帰を訴える国家統制派、すなわち「旧左派」に属する「保守派」と「新自由主義派」との現実的対立構図を生んできたことだけはたしかである。こうした現実政治の背後で、思想的、かつ学問的に対立してきたのが、いわゆる「リベラル派」と「新左派」に他ならない。

この三十年間にわたって国家の開発戦略として採用されてきた「改革・開放」政策の下、中国では「社会主義市場経済」という名の新自由主義的な経済システムが拡大していった。このことが二桁成長という高度な経済発展を実現する一方、とりわけ都市と農村との間の貧富の格差を急激に拡げていったことはいうまでもない。グローバリゼーションが急速に進展した一九九〇年代の後半以降、こうした社会的不公平さの発生原因とその是正のための方策をめぐり、その問題の根源を市場経済化の不徹底と見る「新自由主義派」と、市場経済化を資本主義化そのものととらえるいわゆる「新左派」とが対立してきた。前者が基本的に大勢＝体制派を占めつつも、とりわけ二〇〇八年の経済危機以降、農村では農地を失い、はるばるやってきた都市では不安定な職さえ失うといった農民工や、先進国並みに拡大する非正規雇用、そしてワーキングプアといった社会的現実の展開など、いわば「新自由主義的」市場経済政策の行き詰まりをめぐって対立してきたといえる。だが問題は、「新左派」が表面的にはこうした新自由主義を批判するような形式を採りながら、本来、新自由主義に批判的である「古典的リベラル派」の主張までも、すべてまるごと隠蔽していったことにある。

しかるに、その代表的知識人である汪暉は、こうした「文革の再演」論が「何の根拠も持たない」ものであり、「それは空洞化したイデオロギーに基づいて作り出されたもの」として、「新たな新自由主義改革のための政治条件」を作り出している、などとする自己弁護の論を公然と表明している。この重慶の「改革」モデルについて、「この改革が一種の公開政治であったこと、また民衆の参与に開かれた民主のテストであったことを証明している」と熱心に擁護し、逆に毛沢東時代の文革型大衆迎合「運動」にノーを突きつけた温家宝に対しては、デマを撒き散らす「密室政治」であると批判している（丸川哲史訳「重慶事件——密室政治と新自由主義の再登場」『世界』二〇一二年七月）。だが、温家宝政治の是非はともかく、こうした論法自体が、毛沢東時代の「上から」の扇動を正当化する「大民主」という名の「前近代的」手法をすでにして象徴するものであろう（これについては、張博樹「中国新左派批判——汪暉を例にして」石井知章編『現代中国のリベラリズム思潮』藤原書店、二〇一五年所収などを参照）。

この重慶事件が社会問題になっていた頃から、われわれは現代中国リベラリズムの思想状況をまとめて日本で紹介できないものか、と緒形氏をはじめ、関係者数人であれこれ話しあっていた。だが、なかなか具体的構想がまとまらないでいるうちに、『現代思想』「いまなぜ儒教か」特集号（二〇一四年三月）は、中国の「新左派」の言説体系を中心にして、リベラル派をいっさい排除するかたちで、しかもほとんど閉鎖的、かつ孤立的ともいえるような狭い言説空間として中国の「現代思想」なるものを描き出すにいたる。それはいわば、「儒教」という学問の名を借りた、中国の現執行体制を擁護するための言説の体系そのものであった。さらに、この出版とほぼ軌を一にして、柄谷行人『帝国の構造』（青土社、二〇一四年）も、共産党政権の中国を「王朝」に見立て、その共和国以前の「前近代的」帝国のあり方を基本的に擁護しつつ、世界の社会主義国家が崩壊していった一九八九年以降にも同政権が維持してきたことが「文化大革命の遺産」の残存ゆえであるとしている。つまり、毛沢東による悪しき「平等」主義の原理に基づく大衆動員としての中国的「民主主義」概念を擁護しつつ、一〇〇〇万人を越える犠牲者を出した文化大革命という「前近代的」非合理性の噴出をめぐり、そのことをもたらした執行政権の維持そのものを擁護しているのだ。しかも、これらの出版自体は、中国の習近平体制が市民社会に対する弾圧姿勢をますます強めるのに対して、「ひまわり運動」（台湾）と「雨傘（オキュパイ・セントラル）運動」（香港）とが大きなうねりとして展開されるという、まさにそのまっただなかで行われたのである。こうした日本における倒錯した思想状況が、われわれの抱いていた大きな違和感をさらに大きく増幅させる結果に導いたことはいうまでもない。

では、リベラリズムが現代中国社会でなぜ求められるのか。それは健全な社会民主主義の発展にとって、民主主義よりも、むしろ自由の理念が不可欠だからである。マルクスにすら擁護されていた社会民主主義のもつ政治理念とは、本来的には伝統的専制主義から抜け出す力すら内在させていたにもかかわらず、共産党支配下の中国では、自由主義の思想的基盤が社会に定着することは、現在にいたるまで一度もなかった。このため、独立自主の立場で憲政を支えるだけの力とはなりえず、逆に党＝国家側はリベラル・デモクラシーを「虚偽のブルジョアイデオロギー」とみなし、「平等」という言葉の下で「専制主義」を容認しさえする脆弱さを孕んでいたのである。これはまさに、地位の平等化ゆえに民主主義の個々の内実を問わず、最大多数が中央集権化していく「多数者の専制」（トクヴィル）とも呼ぶべき状況である。こうした中国的コンテクストにおける「自由主義」と「社会民主主義」をめぐる政治力学の歴史を踏まえれば、リベラリズムを社会民主主義に先んずる地位におかなければ、リベラリズムによって牽引されつつ、社会民主主義を育成することはきわめて困難であろう。なぜなら、もし両者の順番が逆になれば、健全なる社会民主主義の発展がむしろ抑圧の対象となり、すでに悪しき伝統の一部となっている全体主義的共産主義が復活する危険性すら捨てきれないからだ。しかもその兆しは、すでに重慶事件で一部垣間見られているのである。しかるに柄谷行人は、「中国の現状に関しては、社会主義的な体制を否定して、自由主義的にすればよいという見方が普通である。しかし、自由民主主義と称する体制で、うまくいっている国などどこにもない。実際は新自由主義が支配しているに過ぎない。一方で、中国では社会主義は存在しない。事実上、新自由主義が席巻しているのだ」と、既述のような「歪んだ」言説空間にどっぷりと浸かりつつ、「自由主義」を「新自由主義」にすりかえて問題を矮小化し、いまだにリベラリズムの論理を完全に排除しているのである（汪暉〔丸川哲史編訳〕『世界史のなかの東アジア――台湾・朝鮮・日本』青土社、二〇一五年九月推薦文）。

したがって、現代中国リベラリズムをめぐる最終的な問いは、いかにして自由や民主主義といった社会的規範性のともなう「普遍的価値」を創造（あるいは自己の内部に発見）し、それを中国独自の個別具体的な土壌に根付かせることができるのかにある。そのうえで、さらに具体的には、社会に自由と権利が十分に保障され、憲政民主が実行可能となり、各市民が平等に尊重されつつ、公平な分配を獲得できる制度のもとで、自由で平等な市民のための政治共同体を築けるかどうかが問われている。冒頭の序文で緒形氏が触れたフランシス・フクヤマと青木昌彦との鼎談（二〇一五年四月）で王岐山は、「普遍的価値」を外部から導入することは不可能だしその必要もない、なぜならそれはすでに中国に存在しているからだ、と述べている。この発言はきわめて逆説に満ちているが、本書において成し遂げられた日中間での知的共同作業の成果は、それがあながち根拠のないものではなく、むしろわれわれの現実によって裏付けられていることを示唆している。だからこそ、われわれの共同作業は、それへの第一歩をすでに踏み出しているのである。

執筆者一覧（掲載順）

李偉東	石井知章	緒形　康
鈴木　賢	及川淳子	秦　暉
徐友漁	梶谷　懐	王　侃
吉岡桂子	栄　剣	牧　陽一
賀衛方	阿古智子	水谷尚子
王建勛	張博樹	

【アジア遊学193】
中国《ちゅうごく》リベラリズムの政治空間《せいじくうかん》
2015年12月25日　初版発行
編　者　石井知章《いしいともあき》・緒形康《おがたやすし》
発行者　池嶋洋次
発行所　勉誠出版株式会社
〒101-0051　東京都千代田区神田神保町3-10-2
TEL：(03)5215-9021(代)　FAX：(03)5215-9025
〈出版詳細情報〉http://bensei.jp/
編　集　岡田林太郎
営　業　青木紀子・松澤耕一郎
印刷・製本　太平印刷社
装丁　水橋真奈美（ヒロ工房）
組版　服部隆広

ISBN978-4-585-22659-8　C1331